유네스코 세계유산
산사, 한국의 산지승원
마곡사와 화승계보

마곡사와
화승계보

유네스코 세계유산
산사, 한국의 산지승원

임창옥(정우) 지음

태화산泰華山 마곡사麻谷寺는 충남 공주시 사곡면 태화산 기슭에 위치한 사찰로 전략 교통의 중심지이자 심승지지十勝之地로도 유명한 곳입니다. 무엇보다도 마곡사는 계곡을 따라 양분되는 독특한 가람 배치가 특징입니다. 일반적으로 대광보전의 중심 북원은 교화를, 영산전 중심의 남원은 수행을 담당하는 공간으로 알려져 있으며, 북원과 남원의 공존과 조화는 선교일원론禪敎一元論의 사상적 의미를 지니고 있습니다.

도서출판 모시는사람들

    태화산泰華山 마곡사麻谷寺는 충남 공주시 사곡면 태화산 기슭에 위치
한 사찰로 전략·교통의 중심지이자 십승지지十勝之地로도 유명한 곳입니
다. 무엇보다도 마곡사는 계곡을 따라 양분되는 독특한 가람 배치가 특징
입니다. 일반적으로 대광보전의 중심 북원은 교화를, 영산전 중심의 남원
은 수행을 담당하는 공간으로 알려져 있으며, 북원과 남원의 공존과 조화
는 선교일원론禪敎一元論의 사상적 의미를 지니고 있습니다. 또한 마곡사
는 근대불화 제작의 중심지로 불모비림佛母碑林 다례茶禮가 행해지는 등
한국 불교문화의 중추적인 역할을 해 오고 있습니다.

    마곡사에 남아 있는 유물 중 가장 널리 알려진 것이 바로 오층석탑입니
다. 이 오층석탑은 제작연대에 논란의 여지가 있지만, 대체로 고려 후기
라마탑 양식을 반영하고 있으며, 17세기 제작된 석가모니불 괘불탱, 중
심 법당인 대광보전에 있는 조선 후기의 불상 역시 모두 당대 최고 장인
의 유산입니다. 특히 마곡사는 마곡사 화소로 불리는 근대기 불화의 제작
소로서 역할하였습니다. 또한 마곡사가 만공滿空(1871-1946), 백범 김구白
帆金九(1876-1949)와 같은 독립운동가들을 품을 수 있었던 이유는 임진왜
란 때 기허영규騎虛靈圭(?-1592)가 승병을 일으켰던 호국불교의 전통을 가
진 화엄도량이었기에 가능했을 것입니다. 즉, 마곡사는 불교계의 인연을
바탕으로 한 한국 독립운동의 근거지였으며 뛰어난 금어金魚들을 배출한

곳으로 명찰의 사격을 완벽하게 갖춘 곳이라고 할 수 있습니다.

사찰은 다른 종교 건축물에서는 찾아보기 어려운 다양한 종교적 요소와 미술적 요소가 많은 곳입니다. 특히 단청과 벽화, 탱화 등의 불교 미술은 오랜 시간 이어온 화승들의 전통 계승의 산물입니다. 수화승의 지도와 감독 하에 엄격한 통제를 받으며 초월의 세계를 표현해 낸 것이 바로 불화입니다. 단순한 '그림 그리기'가 아닌, 오랜 수행의 결과가 표출된 것입니다. 그리고 불화 제작을 완료하면 화기를 작성하여 훗날 모범으로 삼았습니다.

이러한 전통은 현대에까지 오롯이 전승되고 있고, 우리는 그 화기를 통해 해당 불화를 그린 주인공들을 파악할 수 있습니다. 충청도 계룡산을 중심으로 활동한 마곡사의 화승들이 가장 활발하고도 규모 있는 집단을 이루었고, 현대에까지도 그 맥이 이어지고 있다는 점은 마곡사가 현대 화승들의 교육처로서 역할 해야 할 당위성을 입증하고 있습니다. 그렇기 때문에 마곡사의 금어원金魚院은 앞으로 막중한 책임 의식을 지니고 한국 불교를 대표하는 금어 양성소로서 발전해 나갈 수 있어야 할 것입니다.

마곡사는 2018년 통도사, 부석사, 법주사, 대흥사, 봉정사, 선암사의 6개 사찰과 함께 '산사, 한국의 산지 승원'이라는 명칭으로 유네스코 세계유산에 등재되었습니다. 마곡사가 세계유산에 등재될 수 있었던 가장 큰 동력은 마곡사의 불교 문화유산과 더불어 금호약효錦湖若效(1846-1928)를 위시한 근대의 화승畵僧들과 불화佛畵에서 찾을 수 있습니다. 화승들은 어느 한 곳에 머물면서 작품 활동을 한 것이 아니라 요청에 의해 여기 저기 다니면서 작품 활동을 했습니다. 마곡사 불화소의 화승들은 불사를 마치고 보시를 나눌 때면 자신은 물론 초학조수에 이르기까지 차별하지 않고 평등하게 분배한 화풍을 보여줍니다.

금호약효가 활동하기 이전 충청도에는 이렇다 할 화승이 없었습니다. 그래서 18세기 전반 전라도·경상도를 중심으로 활동한 의겸義謙, 경상도에서 활동한 유성有誠, 경상도와 경기도에서 활동한 상겸尙謙 등 다른 지역 화승들을 초빙하여 불사를 행했습니다. 그러나 약효가 등장하면서 마곡사 화맥이 형성되어 충청도 지역 대부분의 불화 제작을 맡아 진행했습니다. 불화는 낡으면 불에 태워 버린 후 새로 조성했으므로 이를 새로 조성하기 위해서는 화승의 역할이 중시될 수밖에 없었습니다. 더군다나 화승은 그림만 그리는 것이 아니라 불상을 만들거나 조각을 하는 등 조각승의 역할까지도 도맡았기 때문에 장르를 넘나드는 복합적 기능의 소유자였습니다.

마곡사는 금호약효를 스승으로 하여 제2세 보응문성, 호은정연, 춘화만총, 춘담성한의 뒤를 이어 제3세 태산지정, 청운진구, 금용일섭, 영성몽화, 남산병문, 회응상균 그리고 제4세 진호병진, 해봉석정 등과 5세, 6세로 이어지는 그들의 제자들까지의 화맥 전승은 다른 불화소에서는 쉽게 찾아보기 어려운 전승사를 보여줍니다. 그러나 불교문화도 시대의 변화에 유동적으로 대처해 가야 하는 현실을 무시할 수만은 없기 때문에, 과거 전통의 고수만을 고집할 수는 없었습니다. 화승의 경우, 사미시절부터 스승을 따라다니며 불화 제작의 현장을 함께하는 경우가 거의 없을 정도로 극히 드물어졌고, 이러한 현상은 앞으로 더욱 심해질 것입니다. 그렇기 때문에 앞으로 어떻게 화맥 전승을 해 나갈 것인지 고민해야 할 것이며, 스승의 역할이 더욱 강조되는 현실입니다.

특히 필자에게는 보응문성普應文性(1867-1954)의 제자인 금용일섭金蓉

日燮(1900-1975)이 남긴 『연보年譜』는 일기체로 기록되어 구체적인 날짜와 활동 내역이 적혀 있어 집필에 많은 도움을 주었습니다. 현재는 호은정연의 손제자인 진호병진과 보응문성의 제자인 금용일섭의 문도가 마곡사 화소의 핵심을 이루고 있습니다. 마곡사의 불화는 괘불을 필두로 화면의 주인공에 따라 크게 후불탱, 보살, 명부중, 신중, 고승진영 등으로 구분됩니다. 화승들은 다른 불사에서 범본範本으로 활용하기 위해 불화 제작과 별도로 초본을 남기기도 했습니다. 이런 경우 밑그림이라는 성격을 넘어 하나의 완성 작품의 수준에 도달할 정도로 높은 경지를 보여줍니다.

괘불과 같은 대형 불화를 그리려면 큰 방이 작업실로 필요합니다. 작업실은 주로 불사가 있는 사찰에 차려졌는데, 해당 사찰을 중심으로 시주자의 모연, 재료의 수급, 공사의 감독, 증명 절차가 이루어졌기 때문입니다. 작업실은 누각이나 암자를 활용하기도 했고, 큰 불사에는 임시 작업장을 만들기도 했습니다. 많은 수의 화승들이 모여 작업을 하기 위한 공간을 갖춘 사찰이 극히 드물었지만, 마곡사에는 불화소가 마련되어 있어서 가능했습니다.

화승 집단은 근거지가 되는 사찰과 자신이 속한 문중이라는 인적 연결망을 기반으로 작업했기 때문에 활동 지역 범위가 넓었습니다. 의뢰를 받은 사찰의 상황에 맞춰 작업하는 일종의 공방적 체계를 따랐으며 후원자의 신분이나 모인 물품과 자금에 따라 제작 환경도 달라졌습니다. 또한 불사를 위해 모인 다른 집단의 화승들과의 협업도 있었으며, 화승들은 개인의 이익을 위해 제작 활동에 임한 것이 아닙니다. 불·보살이나 신중, 칠성, 산신, 독성 등 신앙의 대상을 형상화하는 성스러운 일을 담당하였습니다.

마곡사의 화승들은 전통성과 근대성이 융합된 자신들만의 화풍을 형성하였고, 당시 전통불화를 계승하면서 현실에 대응할 수 있는 화풍을 개척해 한국불화사의 새로운 출로를 제시하였습니다. 또한 근대기 활동하였던 여러 화파 중 유일하게 현재까지도 그 맥이 이어져오고 있기 때문에 그 의미와 가치가 더욱 크다고 볼 수 있습니다. 금호약효를 필두로 하는 마곡사 화승들은 보수적이고 전통적인 불화를 학습하였으나 서구적 화풍으로 대변되는 음영법과 서양화법의 수용에도 적극적이었습니다. 이들의 화풍에서는 대좌 아래로 천이 내려오는 형태가 불화에서 자주 확인됩니다. 대개 주황색 계열의 바탕에 문양을 그려 넣었으며, 또 불화 하단의 지면에 인물의 그림자를 표현하였습니다.

선종에서는 자급자족하는 공동체 생활을 영위하면서 승려 개개인에게 특성에 맞는 임무가 주어져 왔습니다. 한국불교 또한 이러한 영향을 받아 각 분야에서 특출한 능력을 가진 승려들이 나오게 됩니다. 마곡사가 세계유산으로 등재되기까지 다른 사원과 비교되는 특징이 바로 불화소에 있는 만큼 이에 대한 탐색은 마곡사의 특징을 정초 짓는 일이라 하겠습니다.

마곡사는 유네스코 세계유산으로서 갖춰야 할 탁월한 보편적 가치(OUV), 완전성과 진정성, 관리와 보호요건 충족이라는 기본 항목을 모두 충족하였고, 보물로 지정된 영산전, 대광보전, 오층석탑, 대웅보전, 마곡사 괘불 등 다수의 문화재를 보유하고 있습니다. 특히 영산전은 마곡사에서 가장 오래된 건물로 김시습金時習(1435-1493)을 찾아 나선 세조世祖가 이곳에 들렀을 때 친필을 내린 것으로도 유명합니다. 또한 영산전이 자리한 곳은 천하의 대혈로 부르는 '군왕대'의 맥이 흐르는 곳이어서 입시나 승진 등의 발원을 하려는 신도들의 기도가 끊이지 않는 곳이기도 합니다.

'산사, 한국의 산지 승원' 중에서도 마곡사에만 '불모비림'이 조성되어 있다는 점이 가장 큰 특징이라고 할 수 있습니다. 한국의 전통 사찰들이 산지에 조성된 특성상 사람들의 왕래에 편리성을 제공하지는 못하였습니다. 그럼에도 불구하고 사찰을 찾는 사람들의 공통된 서원誓願은 우리의 산사가 발전적으로 보존되기를 바라는 점에 있을 것입니다. 따라서 앞으로 '산사, 한국의 산지 승원'을 세계에 널리 알리는 작업이 다방면에서 진행되기를 기대합니다.

끝으로 숙겁의 인연으로 부처님의 법을 만나 현생에 법연이 되어 주시고, 이 책의 발간에까지 큰 도움을 주신 마곡사 주지 취성원경醉性圓鏡 스님과 마곡사 화승 진호병진眞皓炳震 스님께 성불의 기도를 드립니다.

불기2567년(2023) 부처님 오신날

임창옥(정우) 삼가 적음

* 이 책에 실린 사진들은 마곡사에서 제공한 것입니다.

추천사

봄이면 뭇 생명의 기운이 온 우주에 가득 차는 곳이 이곳 태화산 마곡사입니다. 호젓한 산길을 산보하며 경내를 둘러보면 범부 중생이라 할지라도 포근한 부처님의 품을 느낄 수 있고 산사의 따뜻함과 단아하면서도 웅장한 미학적 정취를 느낄 수 있습니다.

마곡사는 2018년 6월 '산사, 한국의 산지 승원'Sansa, Buddhist Mountain Monasteries in Korea이라는 이름으로 유네스코 세계유산에 등재되었습니다. 마곡사는 이제 명실상부한 세계인의 유산이 된 것입니다. 태화산의 나무와 꽃들, 전각들이 세계의 유산으로 승격되었습니다. 그 이면에는 자연환경을 거스르지 않고 자연과 일체화되어 전각을 자유롭게 배치한 점, 살아 있는 유산으로서 불교유적의 특성을 오롯이 유지 보존하고 있는 점, 그에 따라 세계유산으로서 탁월한 보편적 가치와 진정성 및 완전성을 충족시키고 있는 점 등이 주요하게 작용했습니다. 그러나 무엇보다도 세계 유일의 마곡사만의 가치는 바로 불모비림佛母碑林에 있다고 생각됩니다. 금호약효錦湖若效 스님을 필두로 한 화맥 전승은 이곳 마곡사만의 자랑입니다. 이를 포함하여 앞으로 문화재보호법에 의해 법령에 의한 보호와 관리를 잘 해야 할 책무가 있습니다. 금어원의 신속한 건립이 기대됩니다.

오층석탑과 괘불, 세조대왕의 연輦, 감지은니묘법연화경, 대광보전, 대웅보전, 영산전 등의 유형문화재가 갖는 의미는 더 이상 부언할 필요도 없으리만큼 한국 전통 불교의 정신을 대변하고 있는 것이고, 춘담봉은, 금호약효, 보응문성, 호은정연, 춘화만총, 춘담성한, 태산지정, 청운진구, 금용일섭, 영성몽화, 남산병문, 회응상균, 진호병진, 해봉석정스님 등은 마곡사를 근대 한국 화승의 산실로 이끈 분들로 부처님의 마음을 화폭에 담아 길이 전승해 주셨습니다. 또한 만공스님, 백범김구 원종스님은 독립 운동을 이끈 분들로 마곡사의 세계 평화 정신을 대변하시는 분들입니다. 이렇듯 마곡사는 충청권은 물론이고 한국, 아시아, 세계를 대표하는 산지 승원이라고 할 수 있습니다. 이번 정우스님의 책에서 마곡사가 한국 불교 문화를 대표하는 사찰임이 증명되었습니다. 책을 집필하기 위해 장고의 노력을 경주하셨을 스님께 진심으로 감사합니다.

부처님께서 영산靈山에 계시면서 설법을 하시자 사화四花가 떨어졌고, 부처님께서 그 꽃을 집어 대중에게 보이자 가섭이 빙긋 미소를 지으니, 부처님께서 "나에게 정법안장正法眼藏이 있으니 마하가섭에게 부촉하노 라"고 하셨습니다. 우리는 이 시대에 부처님의 정법안장을 늘 가슴에 새 기며 수행 정진해 나가야 합니다. 그것이 어떠한 형식의 수행이든 궁극에 는 불법佛法을 만나는 환희가 기다리고 있을 것입니다.

사실, 제가 천안통天眼通의 신통력을 수행하지 못하여 정우스님께서 어 떻게 수행 정진하고 있는지 늘 궁금했습니다만, 오늘 이렇게 귀한 원고를 들고 찾아와 주시니 감개무량할 따름입니다. 정우스님은 진리를 볼 수 있 는 지혜의 눈으로 깨달음을 구하고자 각고刻苦의 수행을 해 오고 있습니 다. 이번 발간되는 스님의 책에서 그 기나긴 여정을 여실히 엿볼 수 있을 것 같아 불도를 걷는 도반의 한 사람으로서 함께 기뻐할 수 있게 해 주셔서 감사할 따름입니다.

법을 배우는 사람은 오음五陰에 실체가 없어서 마치 뜬구름과 같은 것임을 요달하고, 삼독三毒은 허깨비여서 물거품과 같음을 안다고 합니다. 오음은 색色, 수受, 상想, 행行, 식識입니다. 색은 막혀서 장애하는 것[窒礙]으로 뜻을 삼고, 수는 수령해서 받아들이는 것[領納]으로 뜻을 삼고, 상은 형상을 마음에 그리는 것[想像]으로 뜻을 삼고, 행은 옮겨서 흘러가는 것[遷流]으로 뜻을 삼고, 식은 분별해서 아는 것[別識]으로 뜻을 삼습니다. 오음이 뜬 구름과 같음을 아는 것은 인공人空입니다. 삼독의 탐貪, 진瞋, 치癡는 순경順境에서는 탐심을 일으키고, 역경逆境에서는 진심을 일으키며, 지혜가 없어서 이것을 용납해 받아들이는 것은 치심입니다. 이 삼독이 물거품 같은 것임을 알면 그것이 바로 법공法空입니다. 오음은 태허공에서 뜬구름이 부질없이 절로 오고 가는 것과 같고, 삼독은 물가에서 물거품이 헛되이 생겼다 꺼졌다 하는 것과 같습니다. 이제 우리는 오음과 삼독을 내려놓고 부처님의 정법을 만나기 위해 수행 정진 해야겠습니다. 정우스님의 이 책이 여러분의 수행에 조금이나마 도움을 줄 것이라 생각합니다. 성불합시다.

불기 2567년 부처님 오신날
대한불교조계종 제6교구 본사 마곡사
주지 취성원경 합장

차례 ══════════ 마곡사와 화승계보

제1장

총론

21세기에 들어서면서 우리의 문화는 지구촌 사람들과 인드라망因陀羅網처럼 엮여 시간적 제약 없이 실시간으로 공유되고 있다. 더군다나 메타버스metaverse 시대로 접어들어 공간의 경계도 무의미해지고 있다. 이와 같이 매 순간 순간 변하는 사회에 우리 불교는 어떻게 대응해야 할까? 제행무상을 진리의 가르침으로 전하고 있는 불교는 그 어느 종교보다 변화에 적극적이어야 한다.

브라질의 세계적인 작가 파울로 코엘료Paulo Coelho(1947~)는 방탄소년단(BTS)의 춤과 음악이 단순한 팬덤을 넘어 세상에 선한 영향력을 전한다고 존경심을 표한 바 있다.[1] 대중문화가 세계문화유산에 등재될 수는 없겠지만, 이러한 영향력만 놓고 본다면 방탄소년단이 세계문화유산에 이름을 올린다고 해도 하나도 이상할 게 없을 것 같다. 그러나 아직까지는 한류문화의 역사성이 부족한 만큼 이러한 문제는 세기世紀가 달라져야만 재논의될 수 있는 일이다.

이 책에서는 세계유산 등재와 관련한 사항에 주목하면서 충청남도 공주시에 소재한 태화산泰華山 마곡사麻谷寺가 세계문화유산에 등재될 수

---

1 「파울로 코엘료도 '아미'… "BTS 음악은 세상에 선한 영향력, 존경심 느낀다"」, 『여성조선』 2022.07.15.

있는 동력은 어디에서 비롯되었는지를 이야기하려 한다. 이를 위해 마곡사의 불교문화유산과 금호약효錦湖若效(1846-1928)를 필두로 한 마곡사의 화승畵僧들과 불화佛畵를 제시하였다.

불화는 회화문화재의 중요한 대상이 되는 만큼 그 소장처라든지 작가, 작품의 소재, 회화적 기법, 안료 및 접착제 등에 대한 명확한 조사가 뒤따라야 하지만 이는 또 다른 차원의 문제이므로 필자는 주요한 작품을 소개하는 정도에 그치고 후진들에게 화두를 던져 주는 것으로 만족한다.

여기서 살펴보려고 하는 마곡사는 한국불교사에서 걸출한 인물들을 많이 배출하였고, 김구金九(1876-1949)를 중심으로 한국독립운동사에서도 중요하게 거론되는 곳이다. 또한 출중한 금어金魚를 다수 배출한 곳으로 명찰의 사격寺格을 두로 갖추었다. 마곡사의 이러한 성격이 인정되어 2018년 6월 30일 제42차 세계유산위원회에서 마곡사를 비롯한 통도사, 부석사, 법주사, 대흥사, 봉정사, 선암사의 7개 사찰을 '산사, 한국의 산지 승원' Buddhist Mountain Monasteries in Korea으로 세계문화유산에 등재하였다.

마곡사를 비롯한 7개 사찰은 모두 주변 환경과의 조화를 이루는 한국의 산지 가람의 특성을 잘 나타내고 있으며, 완전성과 진정성을 모두 갖추고 있어 세계유산으로서의 가치를 인정받아 현재에 이르고 있다. 특히 마곡사는 주산인 태화산에 입지하여 내·외부 공간이 자연과 조화를 이루며, 불교 회화를 중심으로 한 한국 불교의 사상과 생활, 문화를 현재까지 잘 계승 발전시키고 있는 점에서 세계유산으로서의 가치를 지니는 것으로 평가된다.

마곡사는 충청 지역을 대표하는 전통사찰이다. 태화산을 주산으로 한 산중사찰로, 계곡을 따라 양분되어 있는 독특한 공간구성이 특징이다. 마곡사 대광보전이 자리한 북원은 교화를, 영산전 중심의 남원은 수행을 담당하는 공간이다. 북원과 남원의 공존과 조화는 곧 선교일원론禪敎一元論의 사상적 의미를 지니며, 대적광전과 비로자나불의 중심적 위치를 통해 마곡사가 과거 화엄종 계통의 사찰임을 알 수 있다. 무엇보다도 마곡사는 근대불화近代佛畵 제작의 중심지이다. 또한 우리나라에서 유일하게 불모비림佛母碑林 다례茶禮가 행해지는 등 한국 불교문화의 중추적인 역할을 해 오고 있다.

마곡사의 역사적, 문화적 가치에 대한 이해를 위해 2013년 문화재위원회(세계유산분과) 제4차 회의록의 내용을 잠깐 살펴보자.

> 마곡사는 처음 창건된 신라시대부터 지금까지 한국 불교의 흐름에 따라 배치와 시세 등을 확장 구성해 오며 초기 조성 영역을 온전히 지켜옴과 동시에 주변 지형과 조화를 이루며 변화를 이룬, 독특한 배치를 지닌 사찰임. 또한 각종 사지, 회화작품, 석조물 등 다양한 형태의 유산을 보유하고 있어 문화적 가치가 뛰어남. 향후 마곡사의 입지 및 배치가 가진 공간적인 중요성을 강조하기 위하여 유산 구역 전체를 사적으로 지정할 필요가 있음.[2]

여기서 마곡사 입지의 수월성과 역사성, 다양한 문화유산을 보유한 뛰어난 문화적 가치가 입증된 곳이라는 점, 공간적 중요성 등이 잘 표현되

---

2 〈2013년도 문화재위원회 제4차 세계유산분과 위원회 회의자료〉, 2013, 문화재위원회.

어 있다. 그러나 마곡사 화승들의 중요성은 간과하고 있다. 단순히 '회화 작품 등 다양한 형태의 유산' 정도로만 축약하고 있다. 이는 마곡사의 사격을 충분히 드러내지 못한 것이다. 어쨌든지 간에 바로 이러한 점들이 인정되어 마곡사가 세계유산으로 등재되었다. 여러 절차에 의해 선정된 '산사, 한국의 산지 승원'은 이후 한국을 대표하는 세계문화유산으로서 한국 문화의 정체성과 우수성을 세계만방에 알릴 수 있게 되었다.

세계 문화와 유산의 다양성은 다른 무엇으로도 대체할 수 없는 '전 인류의 풍부한 영감과 지성의 원천'이다. 전 세계 문화와 유산의 다양성을 보호하고 증진하는 일은 인류 발전의 중요한 측면으로 적극 장려되어야 한다. 이러한 문화유산의 다양성은 시공간에 걸쳐 존재하며, 타 문화와 그들의 신념 체계를 구성하는 전 측면에 대한 존중을 요구한다. 그러나 문화적 가치가 상충되는 것으로 보이는 경우 문화적 다양성을 존중하려면 모든 당사자가 해당 사적의 문화적 가치에 대한 정당성을 인정해야 한다. 모든 문화와 사회는 각자의 유산을 구성하는 유무형의 표현 형태와 수단에 뿌리를 두고 있으며, 이는 마땅히 존중되어야 한다.

그간 마곡사와 불교문화에 대해서는 여러 연구[3]가 진행되었다. 그러나

---

3 주요한 것만 제시해 보면 다음과 같다. 정은우, 「공주 마곡사 오층석탑 금동보탑 연구」, 『백제문화』52, 공주대학교 백제문화연구소, 2015, pp.29-45; 이찬희 · 조영훈 · 전병규, 「마곡사 오층석탑 상륜부 금동보탑의 재질 특성과 조성시기 해석」, 『백제문화』52, 공주대학교 백제문화연구소, 2015, pp.47-69; 조원창, 「中國 喇嘛塔의 性格과 麻谷寺 5層 石塔의 系統」, 『문화사학』44, 한국문화사학회, 2015, pp.121-146; 박경식, 「마곡사 오층석탑에 관한 고찰」, 『백제문화』52, 공주대학교 백제문화연구소, 2015, pp.5-27; 홍대한, 「麻谷寺 五層石塔의 樣式과 建立時期 硏究: 라마양식 석탑구분에 대한 문제제기를 중심으로」, 『동아시아 문화연구』53, 한양대학교 동아시아문화연구소, 2013, pp.175-217; 김소의, 「畫僧 錦湖堂 若效의 佛畫 硏究」, 『불교미술사학』14, 불교미술사학회, 2012,

아직까지 마곡사에 대한 박사학위논문은 단 2편에 불과하다. 이것도 마
곡사를 중점적으로 연구한 것은 아니고 다른 연구의 과정에서 마곡사를
소주제로 다루는 것에 지나지 않았다. 더군다나 연구의 주제도 석탑과 암
자의 입지에 한정되어 있다. 먼저 홍대한[4]이 고려 석탑을 종합적으로 연
구하는 과정에서 마곡사 오층석탑에 주목하여 석탑 상륜부에 청동제 라
마탑을 설치한 것은 한국석탑 상륜부가 탑파를 축약한 상징기능을 갖고
있었기 때문이라고 보았고, 탑신석에 조각된 사방불과 동국대학교 박물
관 소장의 은입사 향완을 통해 건립 시기를 14세기 고려 말기로 추정하였
다. 그의 연구는 마곡사 오층석탑을 종합적으로 분석하여 논의의 장을 확
대하였다는 의의가 있다.

　다음으로 배정관[5]은 마곡사의 암자의 입지 특성을 자세히 분석하였다.
마곡사를 월정사, 통도사와 같이 자장계慈藏系 사찰로 분류하였고, 마곡
사의 암자들이 전반적으로 주위에 계류가 없고, 영은암을 제외하면 구릉
지대에 위치해 있는 전형적인 중간산지형 입지라고 밝혔다. 그리고 사찰
부속암자의 입지와 암자 간 상관성을 밝힌 것은 이 분야 연구의 초석을
이룬다고 하겠다. 그러나 암자 입지의 개관과 암자 간 상호 관련성에 한
정한 연구라는 연구의 제한을 두고 있어서 신앙체계와 암자조영의 상관
관계에 대해서는 더 많은 논의가 요구된다.

　　pp.107-137; 김정희, 「금호당 若效와 남방화소 계룡산파: 조선 후기 화승연구(3)」, 『강좌
　　미술사』 26-2, 한국불교미술사학회, 2006, pp.711-752.
4　홍대한, 「高麗 石塔 硏究」, 단국대 박사논문, 2012, pp.257-263.
5　배정관, 「寺刹 內 庵子의 立地特性에 관한 硏究: 曹溪宗 寺刹을 中心으로」, 배재대 박사
　　논문, 2006, pp.133-144.

연구논문에서 엄기표[6]는 앞서 홍대한이 밝힌 바와 같이 마곡사 오층석탑에 주목하여 양식과 결구 수법 등으로 보아 고려후기인 14세기 전반 경건립된 것으로 보았다. 아울러 이 오층석탑은 고려와 원나라의 장인이 함께 설계 시공한 것일 수도 있다고 추정하고, 국제적이고 다국적 양식의 석탑이라는 미술사적 의의를 드러냈다.

조원창[7]은 마곡사와 조선 왕실 간의 관계를 조명한 연구에서 마곡사 대광보전의 청기와에 주목하였다. 대광보전은 1782년 화재로 전소된 후 오랜 기간에 걸쳐 중건되었는데, 팔작지붕의 용마루 중앙부에 청기와 한 점이 놓여 있다. 이 청기와는 조선시대 궁궐의 정전과 편전, 원찰 등에만 일부 사용된 것으로 양주 회암사지를 비롯한 원각사지, 중흥사지 등 왕실 사찰에서만 발견된 것이다.[8] 이러한 청기와가 마곡사에서 발견된 것을 두고 마곡사 스님들의 천일기도로 인해 순조純祖가 탄생한 것에 이유를 대고 있다.

한상길[9]은 김구와 불교계의 인연을 밝히면서 마곡사와의 관계를 조명하였다. 이 연구에서 김구가 마곡사에서 비록 짧은 기간이지만 출가를 했

6 엄기표,「公州 麻谷寺 五層石塔의 건립 시기와 미술사적 의의」,『문화사학』52, 한국문화사학회, 2019, pp.81-117.
7 조원창,「麻谷寺 청기와와 朝鮮 國王의 關聯性 檢討」,『문화사학』52, 한국문화사학회, 2019, pp.119-142.
8 청기와는 현재 마곡사 외에도 공주 갑사 대웅전, 부여 무량사 극락전, 고창 선운사 대웅보전, 완주 위봉사 대웅전, 구례 화엄사 대웅전, 해남 대흥사 대웅보전, 김천 직지사 대웅전, 대구 파계사 원통전, 강화도 전등사 대웅보전, 홍천 수타사 대적광전 등 주불전의 용마루에만 주로 놓여 있다. 조원창, 앞의 논문, p.133; 불교문화재연구소 편,『북한산 중흥사지』II, 불교문화재연구소, 2018, pp.155-156.
9 한상길,「백범 김구와 불교」,『대각사상』29, 대각사상연구원, 2018, pp.143-176.

다는 사실을 들어 이것이 불교계의 커다란 긍지가 될 만하다고 하였다. 그동안 김구의 출가 사실은 잘 알려져 있었지만 구체적인 출가 배경과 환속 과정에 대한 연구가 부족한 상황에서 한상길의 연구는 이 분야 연구에 지침을 제공한다.

다음으로 화승畵僧의 계보에 대한 연구는 안귀숙,[10] 장희정[11] 등이 일정한 결과를 내고 있고, 화승 개인에 관한 논문으로는 위의 안귀숙의 논문을 비롯하여 이은희,[12] 김정희[13] 등의 연구가 있다. 이 중 안귀숙은 18세기 초·중반에 지리산을 중심으로 전라남도와 경상남도 지역에서 활동한 화승 의겸義謙을 중점적으로 다루었다. 의겸은 통도사 출신의 임한任閑을 비롯한 직지사 출신 세관世冠 등과 당시 최고의 기예를 다투던 화승이다. 안귀숙은 의겸의 화맥과 전체 화단에서의 위치, 당시 불화의 경향에 주목하여 의겸이 불교회화사에서 차지하는 비중을 밝혔다. 특히 화승의 지역적 계보를 명옥明玉·응열應悅·신겸信謙·학능學能·상겸尙謙·관허설훈寬虛雪訓·금곡영난金谷永嬾·금호약효의 경기·충청지역 계보, 천신天信·의겸·풍계현정楓溪賢正·금암천여金岩天如의 전라 지역 계보, 의균義均·세관·퇴운신겸退雲信謙·유겸有謙·신민信敏·임한·하은위상霞隱偉祥과 동호진철東昊震徹의 경상 지역 계보, 석옹철유石翁喆侑·고산축연古山竺演의 강원 지

10 安貴淑, 「朝鮮後期 佛畵僧의 系譜와 義謙比丘에 관한 硏究」상, 『미술사 연구』8, 미술사연구회, 1994, pp.63-136.
11 張姬貞, 「朝鮮後期 佛畵의 畵師 硏究」, 동국대 박사논문, 2000.
12 이은희, 「雲興寺와 畵師 義兼에 관한 硏究」, 『文化財』24, 文化財管理局 文化財硏究所, 1991, pp.180-197.
13 金廷禧, 「朝鮮後期 畵僧 硏究(Ⅰ): 錦巖堂 天如」, 『省谷論叢』29, 省谷學術文化財團, 1998, pp.427-506.

역 계보를 간략히 정리한 점은 탁월한 업적이다.

그러나 지역적 계보를 정리하다 보니 '파派'로 묶어 내어 화승들의 입지를 좁혀 버린 우愚를 범하였다. 이들이 하나의 단團을 형성하였음은 사실이지만 공동 작업 등 화업畫業에 임할 때는 울타리를 뛰어 넘는 모습을 보여주고 있다는 점에서 새로운 시각으로 바라봐야 할 것이다.

장희정은 경기·경상·전라·강원·충청도의 불화 현황을 살펴보고 이 중에서 경기·경상·전라도 지역 화사의 활동과 유파流派를 정리하였다. 그러고 나서 동 지역 불화의 지역적 특징에 주안점을 두고 화사들의 계보를 밝혔다. 그러나 강원도와 충청도 지역의 불화와 화사 계보는 밝히지 않은 한계가 보인다. 더군다나 충청도 지역은 "경상·경기·전라의 접경지로서 갑사, 무량사, 안심사, 법주사, 수덕사 등 대사찰에 전통불화가 간간히 산재되어 있다"[14]라고만 하여 마곡사를 언급하지 않은 점은 역설적으로 이 글을 촉진하는 계기를 제공하였다. 그 밖에 『한국의 불화』(전 24권, 성보문화재연구원, 1996~2001)는 각 사찰에 남아 있는 불화들을 조사하여 19-20세기 불화의 연구에 큰 도움을 주고 있다.

불화에 대한 연구가 많은 반면 '산사, 한국의 산지 승원'에 대한 집중 연구는 매우 부족하다. 이는 세계유산으로 등재된 것이 2018년이기 때문에 그에 따른 연구의 기간이 짧기 때문일 것이다. 그러나 세계유산으로 등재하기 위해 그간 수차례의 국내외 학술회의를 거쳤기 때문에 학술발표 실

---

14 張姬貞, 앞의 논문, p.6. 장희정은 강원도와 충청도의 불화와 화사 계맥을 밝히지 않은 이유를 이들 지역의 화사들이 교통의 요지에 위치하여 대개 유동적이었으며, 나머지 지역의 화사들과 중복되는 경우가 많아서 제외하였다고 하였다.

적은 많이 나와 있다. 학술회의에 관한 사항은 『세계유산 등재 기념 백서: 산사, 한국의 산지 승원』에 자세히 밝혀져 있다.[15]

① 한국의 전통사찰 세계유산 등재를 위한 국제학술회의(2012)

일시: 2012년 9월 22일 9시~17시 30분

· 기조강연: 「세계유산, 탁월한 보편적 가치와 불교사찰」 존 허드(John Hurd, 이코모스 자문위원회 회장)

·주제발표1: 「한국의 전통문화와 불교」 김상현(동국대 교수)

·주제발표2: 「한국 불교미술의 몇 가지 남다른 양상」 홍선스님(불교중앙박물관장)

·주제발표3: 「중국 불교사찰의 보존과 관리사례들」 구오 짠(Guo Zhan, 이코모스중국위원회 부회장)

·주제발표4: 「세계유산으로 등재된 일본의 불교유산」 노부코 이바나 (Nobuko Inaba, 쓰구바대학 교수)

·주제발표5: 「인도의 영향을 받은 불교유산: 태국 및 동남아시아의 예」 바수 포샨안다나(Vasu Poshyanandana, 이코모스태국위원회 사무총장)

·주제발표6: 「한국 산지 가람의 세계유산적 가치」 김봉렬(한국예술종합학교 교수)

② '한국의 전통산사' 세계유산 등재를 위한 제1차 국내학술회의(2014)

---

15 산사세계유산등재추진위원회 편, 『세계유산 등재 기념 백서: 산사, 한국의 산지 승원』, 산사세계유산등재추진위원회, 2019, pp.35-37, pp.50-62, pp.236-241.

일시: 2014년 12월 12일 13시~18시

· 기조강연:「한국 산지가람의 형성과 전개」홍선스님(직지사 주지)

· 주제발표1:「전통산사의 창건과 전승」정병삼(숙명여대 교수)

· 주제발표2:「전통산사의 입지조건」김일림(상명대 교수)

· 주제발표3:「전통산사의 가람배치」이상해(성균관대 명예교수)

· 주제발표4:「한국 전통산사의 조경과 세계유산적 가치」홍광표(동국대

교수)

③ '한국의 전통산사' 세계유산 등재를 위한 제1차 국제학술회의(2015)

일시: 2015년 4월 23일 8시 30분~20시

· 「세계유산에 등재된 종교유산의 탁월한 보편적 가치에 대한 개관」

구오 짠(Guo Zhan, 이코모스중국위원회 부회장)

· 「종교유산의 보편성, 종교 및 의례의 공간은 어떻게 세계유산으로

인정받는가?」브리타 루돌프(Britta Rudolff, 브란덴부르크 기술대학교 교수)

· 「지역에서 세계로: 기독교 세계유산의 통합성과 다양성」코마스 쿠

먼스(Thomas Coomans, 루뱅대학교 교수)

· 「유산보존을 위한 유대적 개념」마이클 터너(Michael Turner, 예루살렘

베자렐 예술아카데미 교수)

· 「세계유산에 등재된 스리랑카 불교유산의 탁월한 보편적 가치와 관

리체계」티락 위제싱허(T.K Wijesinghe, 스리랑카 문화부 고고학 연구원)

· 「힌두교 유적의 유산 가치와 건축전형」라나 싱(Rana Singh, 바라나스

힌두대학교 교수)

· 「세계유산에 등재된 이슬람 유산의 가치」샤리프 샴즈 이몬(Sharif

Shams Imon, 이코모스방글라데시위원회 위원장)

·「한국 전통산사의 유산적 가치」 이상해(성균관대 명예교수)

④ '한국의 전통산사' 세계유산 등재를 위한 제2차 국내학술회의(2015)

일시: 2015년 9월 4일 10시~18시

·기조강연: 「한국 산지가람의 형성과 전개(고려~조선)」 홍선스님(직지사 주지)

·주제발표1: 「한국 산사 입지의 OUV적 가치」 박종관(건국대 교수)

·주제발표2: 「법주사의 불교문화유산과 가치」 엄기표(단국대 교수)

·주제발표3: 「부석사의 불교문화유산과 가치」 양은경(부산대 교수)

·주제발표4: 「통도사의 불교문화유산과 가치」 한정호(동국대 교수)

·주제발표5: 「봉정사의 불교문화유산과 가치」 손신영(한국미술사연구소 책임연구원)

·주제발표6: 「선암사의 불교문화유산과 가치」 김정희(원광대 교수)

·주제발표7: 「대흥사의 불교문화유산과 가치」 송은석(동국대 교수)

·주제발표8: 「마곡사의 불교문화유산과 가치」 주수완(고려대 교수)

⑤ '한국의 전통산사' 세계유산 등재를 위한 제2차 국제학술회의(2015)

일시: 2015년 11월 20일 9시~17시 30분

·「한국 역사 속의 불교문화의 위상」 이배용(한국학중앙연구원장)

·「불교유산의 보호와 관리: 소림사를 중심으로」 구오 레이(Guo Lei, 중국 정저우시 문화유산국 부국장)

·「일본의 세계불교유산」 노부코 이나바(Nobuko Inaba, 쓰구바대학 교수)

· 「엔뚜 기념물 및 경관지구 세계유산 등재 준비」트란 딘 탄(Tran Dihn Thanh, 베트남 문화체육관광부 문화유산과부국장)

· 「도시 확장을 제한하는 방법: 스리크세트라의 가장 큰 위협」수 수 (Su Su, 만달레이 기술대학교 교수)

· 「중국 티베트 불교 건축물 입지 선정에 관한 고찰」차 췬(Cha Qun, 중 국 문화재연구소 부소장)

· 「태국의 세계불교유산」바수 포샨안다나(Vasu Poshyanandana, 이코모 스태국위원회 사무총장)

· 「한국 전통 산사의 세계유산적 의의」정병삼(숙명여대 교수)

⑥ '한국의 전통산사' 세계유산 등재를 위한 제3차 국내학술회의(2016)

일시: 2016년 4월 29일 10시~18시

· 기조강연: 「연속유산으로서 한국전통산사의 진정성」이혜은(동국대 교수/이코모스한국위원회 위원장)

· 주제발표1: 「전통산사의 공간배치와 건축」류성룡(계명대 교수)

· 주제발표2: 「전통산사의 자연환경」이승희(서울시립대 도시과학연구원 연구원)

· 주제발표3: 「한국의 전통산사 보존관리 현황과 과제」이동주(백제고 도문화재단 고도유산부장)

· 주제발표4: 「전통산사 기록자료의 역사적 의의」정병삼(숙명여대 교수)

· 주제발표5: 「한국의 전통산사의 유형유산 가치」김경미(추진위 사무 국 책임연구원)

· 주제발표6: 「전통산사 무형유산의 가치와 특성」구미래(동방문화대학

원대 교수)

⑦ '한국의 전통산사' 세계유산 등재를 위한 제3차 국제학술회의(2016)

일시: 2016년 10월 6일 8시~21시

　·기조강연: 「연속유산 보존관리 계획: 신규 등재신청서에 대한 요구사항」 미셸 코트(Michel Cotte, 프랑스 낭트대학교 명예교수)

　·주제발표1: 「공동등재 연속유산관리: 스트루베 측지 아크를 중심으로」 페카 타탈라(Pekka Tätilä, 핀란드 국토조사국 수석엔지니어)

　·주제발표2: 「연속유산등재: 실크로드를 중심으로」 구오 짠(Guo Zhan, 이코모스중국위원회 부회장)

　·주제발표3: 「세계유산 통합 보존관리 계획: 기이 산지의 영지와 참배길을 중심으로」 히로시 츠지바야시(Hiroshi Tsujibayasi, 일본 와카야마현 세계유산센터 국장)

　·주제발표4: 「세계유산 조선왕릉의 보존관리 및 활용방안」 이창환(상지영서대 교수)

⑧ 세계유산 등재 기념 국제학술회의(2018)

일시: 2018년 11월 29일 9시~17시

　·기조강연: 「'산사, 한국의 산지승원'의 세계유산 등재 의의」 이혜은 (동국대 석좌교수)

　·주제발표1: 「산사의 건축: 한국전통건축의 유구한 역사」 류성룡(고려대 교수)

　·주제발표2: 「세계유산 산사와 미술문화 콘텐츠」 최성은(덕성여대 교수)

·주제발표3: 「탁월한 보편적 가치 증진을 위한 연속유산의 보존관리 체계 구축방안」 이동주(백제고도문화재단 고도유산부장)

·주제발표4: 「세계유산의 찬란함, 그리고 책무와 의무: 산사, 한국의 산지 승원의 세계유산 등재를 축하하며」 구오 짠(Guo Zhan, 이코모스중국위원회 부회장)

·주제발표5: 「부석사 보존관리 현황 및 계획」 금창헌(영주시청 문화재 관리팀장/학예사)

·주제발표6: 「역사의 증언자: 키질 천불동 보존 계획」 왕 리준(Wang Lijun, 중국건축역사연구소 소장)

·주제발표7: 「한국불교와 세계문화유산: 한국의 산사」 정병삼(숙명여대 교수)

특히 2018년 세계유산 등재 기념 국제학술회의에서는, 첫째, '산사, 한국의 산지 승원'의 건축적·미술적·불교학적 관점에서의 의의 고찰. 둘째, 해외의 세계유산 보존관리 방식 및 참고 가능한 예의 소개를 통해 향후 산사의 보존관리에 적용할 수 있는 점에 대한 논의. 셋째, 부석사의 예를 통한 현재 산사의 보존관리 상황에 대한 보고 및 향후 보존관리 계획 논의. 넷째, 연속 유산의 보존관리 체계 구축에 대한 심도 있는 논의, 연속 유산의 통합관리단 설립 방향에 대한 다양한 안 제시. 다섯째, 종합토론을 통해 산사 및 세계유산 전반에 대한 전문가들의 의견 제시. 여섯째, 산사의 OUV에 대한 논의를 통해 추가 개발 가능한 OUV와 확장 등재에 대한 토론 등이 이루어졌다. 이러한 학술회의와 토론으로 '산사, 한국의 산지 승원'에 대한 학술적 진전이 한순간에 이루어질 수는 없겠지만, 부단한 연구를 통해 이들 7개 산사의 세계유산으로서의 의의가 학문적으로 승화될 수 있기를 기대한다.

　다음으로 세계문화유산에 대한 국내 연구는 학위논문부터 연구논문에 이르기까지 양적으로 매우 많은 연구가 진행되었다. 최근의 연구 경향만 살펴보면, 먼저 학위논문에서는 2021년 이나연[16]이 한·중·일의 세계유산 갈등 사례를 통해 세계유산 해석에 관해 비판적으로 접근하였다. 그는 문화유산이 한 국가 차원에서 전 세계 모두를 위한 문화유산으로서 역할이 확장되었음을 인정하였지만, 한번 세계유산으로서의 가치를 인정받게 되면 그 가치는 변하지 않고 고정되는 특성이 있다고 하였다. 이를 통해 국가의 특정 기억을 공식화하려는 움직임이 동아시아에서 발생한다는 점을 지적하였다.

　세계문화유산에 대한 연구논문은 연구자의 전공에 따라 다양한 논의가 진행되었는데, 그중에서도 불교문화와 관련한 연구는 최영호[17]의 연구가 주목된다. 그는 2007년 6월 유네스코 세계기록유산으로 등재된 해인사대장경판에 담긴 역사·문화적인 공유의식을 진단하였다. 김경미[18]는 '산사, 한국의 산지 승원' 중 선암사의 가치에 대해 연구하였다. 선암사가 과거로부터 선원을 유지하면서 종교 활동을 통한 종교적 신성성을 유지하고

16　이나연, 「세계유산 해석에 관한 비판적 연구: 한·중·일의 세계유산 갈등 사례를 중심으로」, 한국전통문화대 박사논문, 2021.
17　최영호, 「海印寺大藏經板의 역사·문화적 공유의식」, 『석당논총』76, 동아대학교 석당학술원, 2020, pp.65-83.
18　김경미, 「산지 승원 선암사의 세계유산 가치 연구」, 『남도문화연구』36, 순천대학교 남도문화연구소, 2019, pp.91-120.

있는 종교공동체임을 밝히고, 이를 통해 한국불교의 전개과정에서 다층적인 가치를 지닌 산사라는 점을 강조하였다.

마곡사는 유네스코 세계유산으로서 갖춰야 할 항목[19]을 모두 충족하였고, 다수의 문화재를 품고 있다. 보물로 지정된 영산전, 대광보전, 오층석탑, 대웅보전, 마곡사 괘불 등이 그것이다.[20] 특히 영산전 편액은 마곡사에서 가장 오래된 건물로 김시습金時習(1435-1493)을 찾아 나선 세조世祖가 이곳에 들렀을 때 친필을 내린 것으로도 유명하다. 이런 이유로 영산전 편액에는 '세조대왕 어필'이라는 글이 적혀 있다. 또한 영산전이 자리한 곳은 천하의 대혈로 부르는 '군왕대'의 맥이 흐르는 곳이어서 입시 합격이나 승진 등의 발원을 하려는 신도들의 기도가 끊이지 않는 곳이기도 하다. 그래서 해마다 10월말경 '군왕대제'가 열리고 있다.

마곡사의 불화와 화승의 화맥은 앞서 살펴본 선행연구를 참조하여 객관적 기반을 확보하였다. 또한 금호약효[21]를 정점으로 하여 현대에 이르

---

19 유네스코 세계유산에 등재되기 위해서는 문화 및 자연유산 중에서 탁월한 보편적 가치(OUV) 완전성과 진정성 관리와 보호요건 충족이라는 항목을 완벽하게 갖춰야 한다.

20 문화재청에서는 2021년 11월 19일부터 그간 국가지정·국가등록문화재를 표기할 때 지정 시 부여된 번호를 표기하지 않도록 개선하는 내용을 담은 문화재보호법 시행령과 문화재보호법 시행규칙을 발표하였다.(〈문화재청 보도자료〉, 2021. 11.19 참조). 이에 따라 본고에서도 문화재 지정번호를 붙이지 않도록 하겠다. 단, 선행연구와 혼동의 우려를 피하기 위해 과거 마곡사 보물 지정번호를 남겨 둔다. 영산전(보물 제800호), 대광보전(보물 제802호), 오층석탑(보물 제799호), 대웅보전(보물 제801호), 마곡사 괘불(보물 제1260호).

21 약효에 관한 연구는 다음을 참조. 김정희, 「금호당 若效와 남방화소 계룡산파: 조선 후기 화승연구(3)」, 『강좌미술사』 26-2, 한국불교미술사학회, 2006, pp.711-752; 김소의, 「畵僧 錦湖堂 若效의 佛畵 硏究」, 『불교미술사학』 14, 불교미술사학회, 2012, pp.107-137.

기까지 화승들의 화맥을 마곡사에 전하고 있는 불화의 화기 등을 통해 확인하고, 금호약효 - 호은정연 - 태산지정 - 진호병진으로 이어지는 근현대의 화맥에 대해 화승 진호병진의 인터뷰를 통해 증명하였다.[22] 특히 금호약효의 4대 제자 중 보응문성普應文性(1867-1954)의 제자인 금용일섭金蓉日燮(1900-1975)이 남긴 『연보年譜』[23]는 비록 금용일섭 개인의 기록이지만 그 내용이 매우 자세하고 일기체로 기록되어 구체적인 날짜와 활동 내역이 적혀 있어 집필에 많은 도움을 주었다. 화승 개개인의 이력은『한국역대서화가사전韓國歷代書畫家事典(상·하)』(국립문화재연구소 편, 2011)에서 방대한 조사를 통해 화승들의 생애와 간략한 활동 내역 그리고 작품까지 제시해 주고 있어서 추후 이 분야 연구자들에게 좋은 참고 자료가 될 것이다.

22 인터뷰 내용은 이 책의 말미에 〈더 보기〉로 제시하였다.
23 古鏡 감수, 申恩英 역주, 『(金魚 金蓉日燮의) 年譜』, 송광사성보박물관, 2016.

참고문헌

1. 단행본

古鏡 감수, 申恩英 역주,『(金魚 金蓉日燮의) 年譜』, 송광사성보박물관, 2016.

불교문화재연구소 편,『북한산 중흥사지』II, 불교문화재연구소, 2018.

산사세계유산등재추진위원회 편,『세계유산등재기념백서: 산사, 한국의 산지 승원』,
　　　　산사세계유산등재추진위원회, 2019.

2. 논문류

김경미,「산지 승원 선암사의 세계유산 가치 연구」,『남도문화연구』36, 순천대학교 남도문
　　　　화연구소, 2019.

김소의,「畵僧 錦湖堂 若效의 佛畵 研究」,『불교미술사학』14, 불교미술사학회, 2012.

김정희,「금호당 若效와 남방화소 계룡산파: 조선 후기 화승연구(3)」,『강좌미술사』26-2,
　　　　한국불교미술사학회, 2006.

----------,「朝鮮後期 畵僧 硏究(Ⅰ): 錦巖堂 天如」,『省谷論叢』29, 성곡학술문화재단, 1998.

박경식,「마곡사 오층석탑에 관한 고찰」,『백제문화』52, 공주대학교 백제문화연구소,
　　　　2015.

배정관,「寺刹 內 庵子의 立地特性에 관한 硏究: 曹溪宗 寺刹을 中心으로」, 배재대
　　　　박사논문, 2006.

안귀숙,「朝鮮後期 佛畵僧의 系譜와 義謙比丘에 관한 硏究」상,『미술사 연구』8,
　　　　미술사연구회, 1994.

엄기표,「公州 麻谷寺 五層石塔의 건립 시기와 미술사적 의의」,『문화사학』52, 한국문화
　　　　사학회, 2019.

이나연,「세계유산 해석에 관한 비판적 연구: 한·중·일의 세계유산 갈등 사례를
　　　　중심으로」, 한국전통문화대 박사논문, 2021.

이은희,「雲興寺와 畵師 義兼에 관한 硏究」,『文化財』24, 文化財管理局 文化財研究所,
　　　　1991.

이찬희·조영훈·전병규,「마곡사 오층석탑 상륜부 금동보탑의 재질 특성과 조성시기
　　　　해석」,『백제문화』52, 공주대학교 백제문화연구소, 2015.

장희정,「朝鮮後期 佛畵의 畵師 硏究」, 동국대 박사논문, 2000.

정은우,「공주 마곡사 오층석탑 금동보탑 연구」,『백제문화』52, 공주대학교 백제문화연구
　　　　소, 2015.

조원창,「中國 喇嘛塔의 性格과 麻谷寺 5層石塔의 系統」,『문화사학』44, 한국문화사학회,
　　　　2015.

----------,「麻谷寺 청기와와 朝鮮 國王의 關聯性 檢討」,『문화사학』52, 한국문화사학회,

2019.

최영호, 「海印寺大藏經板의 역사·문화적 공유의식」, 『석당논총』 76, 동아대학교 석당학
　　　술원, 2020.

한상길, 「백범 김구와 불교」, 『대각사상』 29, 대각사상연구원, 2018.

홍대한, 「高麗 石塔 硏究」, 단국대 박사논문, 2012.

＿＿＿, 「麻谷寺 五層石塔의 樣式과 建立時期 硏究: 라마양식 석탑구분에 대한 문제제기를
　　　중심으로」, 『동아시아 문화연구』 53, 한양대학교 동아시아문화연구소, 2013.

3. 기타

「파울로 코엘료도 '아미'… "BTS 음악은 세상에 선한 영향력, 존경심 느낀다"」, 〈여성조선〉
　　　2022.07.15.

〈2013년도 문화재위원회 제4차 세계유산분과 위원회 회의자료〉, 2013, 문화재위원회.

제 2장

유네스코 세계유산과
한국의 세계유산

1. 유네스코 세계문화유산

2차 세계대전이 종료된 후 전쟁을 방지하고 인류의 지적·도덕적인 결속력을 다지기 위해 교육, 과학과 문화 분야에서 국제적인 사업을 추진할 기구가 필요하다는 인식이 나타났다. 1945년 각국 정부 대표와 주요 인사들이 영국 런던에 모여 국제연합United Nation을 창설했고 이듬해인 1946년에는 미국, 영국, 프랑스 등 20개 나라의 대표가 모인 가운데 국제연합교육과학문화기구United Nations Education, Science and Culture Organization, UNESCO 설립을 공포하였다.[1]

유네스코 설립 이후 유적지 보호를 위한 다양한 아이디어들이 논의되는데, 1959년 이집트의 아스완댐Aswan High Dam 건설로 누비아Nubia 유적이 위험해지자 유네스코는 이를 보호하기 위한 국제적 캠페인을 시작하였다.

1964년에는 베네치아에서 건축가 및 기술자들이 모여 역사적 기념건

---

1   국립경주문화재연구소 편, 『세계유산 보존관리 제도와 경주 월성』, 국립경주문화재연구소, 2020, p.60.

조물의 보수와 복원에 관한 원칙[2]을 발표하였고, 이는 세계유산협약 실행을 위한 기반이 되었다. 1965년에는 미국이 세계유산신탁World Heritage Trust을 설립하자는 제안을 하였다. 제안 의도는 옐로스톤 국립공원 Yellowstone National Park 지정 100주년을 계기로 세계의 문화유산과 자연유산의 국제적인 보호 시스템을 구축하자는 것이었다. 이러한 시스템 구축을 목표로 1972년 제17차 유네스코 정기총회에서 〈세계문화 및 자연유산의 보호에 관한 협약Convention Concerning the Protection of the World Cultural and Natural Heritage〉이 채택되었다.[3]

그 후 1989년 '전통 문화 및 민속 보호에 관한 유네스코의 권고'를 시작으로, 유네스코는 산업화와 지구화 과정에서 급격히 소멸되고 있는 무형유산을 보호하고 계승하기 위하여, 2003년 제32차 유네스코총회를 통해 최초의 무형유산 보호 국제협약인 '무형문화유산 보호 국제협약'을 채택하였다.

세계기록유산의 경우 1992년 '세계의 기억Memory of the World: MOW' 사업이라는 이름으로 시작되어 전쟁과 사회적 변동, 그리고 자원의 부족으로 소멸 위기에 놓인 인류의 중요한 기록들을 보호하고 보존하는 일을 시작하였다.[4] 각각의 세계유산은 구글 위성지도google map와 연동해 지도 위에 점으로 표시되는데, 점을 누르면 작은 사진과 함께 명칭을 확인할

2 〈기념건조물과 유적의 보존, 복원 국제헌장〉. International Charter for the Conservation and Restoration of Monuments and Sites(The Venice Charter 1964)
3 World heritage Centre, *World Heritage: Challenges for the Millenium*, UNESCO, 2007, pp.26-29.
4 〈유네스코와 유산〉(https://heritage.unesco.or.kr) 최종검색: 2021. 01. 07.

수 있으며, 더 자세한 자료를 원할 경우 해당 사진을 누르면 세계유산 관련 기본정보(위도, 경도, 지정년도, 국가, 면적 등), 사진, 주요사항, 관련 미디어자료 등의 내용을 영어, 프랑스어, 아랍어, 중국어, 러시아어, 스페인어 등의 언어로 확인할 수 있다.

세계유산은 아래 〈표1〉과 같이 세계유산, 무형문화유산, 세계기록유산으로 구분된다. 각각에 대해 살펴보도록 하겠다.

표1. 유네스코 유산의 종류

세계기록유산
세계기록유산 국제목록
세계기록유산 지역목록
세계기록유산 국가목록

1) 세계유산

'유산'이란 선조로부터 물려받아 오늘날까지 영위하고 있으며, 미래 후손들에게 물려주어야 할 자산이다. 자연유산과 문화유산 모두 다른 어느 것으로도 대체할 수 없는 우리의 삶과 영감의 원천이다. 유산의 형태는 독특하면서도 다양하다. 아프리카 탄자니아의 세렝게티Serengeti 평원에서부터 이집트의 피라미드, 호주의 산호초와 남미대륙의 바로크 성당에 이르기까지 모두 인류의 유산이다. '세계유산'이라는 특별한 개념이 나타난 것은 이 유산들이 특정 소재지와 상관없이 모든 인류에게 속하는 보편적 가치를 지니고 있기 때문이다. 한마디로 '공공재'의 개념이다.

세계유산World Heritage은 모든 인류가 공동으로 보존하고 관리해야 할 탁월한 보편적 가치OUV가 있다고 인정된 것으로 유네스코 세계유산 목록에 등재된 유산을 말한다. 세계유산협약 제1조와 제2조에서는 세계유산을 다음과 같이 정의하고 있다.

제1조. 이 협약의 목적상, 다음의 것이 '문화유산'으로 간주된다.

기념물: 건축물, 기념적 조각품 및 회화, 고고학적 성질을 가진 요소 또는 구조물, 비명, 동굴 주거 및 조형물의 결합으로서 역사, 예술 또는 과학의 관점에서 탁월한 보편적 가치(OUV)를 가진 것.

건물의 집단: 분리 또는 연결된 건물의 집단으로서 그의 건축술, 균질성 또는 는 풍경 내의 위치로 인하여 역사, 예술 또는 과학의 관점에서 탁월한 보편적 가치(OUV)를 가진 것.

유적: 인조물 또는 자연과 인공의 결합물 및 고고학적 유적을 포함한 지역으로서 역사적, 미학적, 인종학적 또는 인류학적 관점에서 탁월한 보편적 가치(OUV)를 가진 것.

제2조. 이 협약의 목적상 다음의 것이 '자연유산'으로 간주된다.

물리학적 및 생물학적 생성물 또는 그 집단으로 구성된 자연적 조형물로서 미학적 또는 과학적 관점에서 탁월한 보편적 가치(OUV)를 가진 것.

지질학적 및 지문학적 생성물 및 정확히 한계가 정해진 지역으로서 과학 또는 보존의 관점에서 탁월한 보편적 가치(OUV)를 가진 위협에 처한 동·식물 종의 서식지를 이루는 것.

자연유적 또는 정확히 한계가 정해진 지역으로서 과학, 보존 또는 자연미의 관점에서 탁월한 보편적 가치(OUV)를 가진 것.[5]

세계유산협약이 규정하는 세계유산은 유형 유산 가운데 문화유산과 자연유산으로 나뉘어 그 범위가 한정되어 있다.

---

5 〈세계유산협약〉 제1조, 제2조.

유네스코는 이러한 탁월한 보편적 가치를 지
닌 인류의 자연유산 및 문화유산 들을 발굴 및 보
호, 보존하기 위해 1972년 유네스코의 '세계 문화
및 자연 유산 보호 협약'Convention concerning the
Protection of the World Cultural and Natural Heritage을

세계유산 엠블럼

채택했다. 이에 의해 문화유산, 자연유산 혹은 복
합유산으로 등재된 유산 지역을 세계유산이라 한다. 이 협약은 약칭으로
'세계유산협약'이라 한다. 탁월한 보편적 가치에 대해 〈세계유산협약 이
행을 위한 운영지침〉 제49조에서는 '국경을 초월할 만큼 독보적이며, 현
재와 미래 세대의 전 인류에게 공통적으로 중요한 문화 및 자연적 중요성
을 의미한다'라고 명시되어 있다.

세계유산 엠블럼[6]은 문화유산과 자연유산의 상호 의존을 상징한다. 중
앙의 사각형은 인간이 만든 형태이며 원은 자연을 나타내는데 이 둘은 밀
접하게 연결되어 있다. 이 엠블럼은 세계처럼 원형이지만 동시에 보호를
상징하기도 한다. 이는 협약을 상징하며 당사국의 협약 준수를 의미하는
한편 세계유산목록에 등재된 유산을 구분하는 표시이기도 하다. 이는 협
약에 대한 대중적 지식과 연관되어 있으며, 협약의 신뢰성과 위상의 징표

---

6   세계유산위원회는 제2차 회의(1978년 워싱턴)에서 미셸 올리프가 디자인한 세계유산
     엠블럼을 채택하였다. 위원회는 그 용도와 기술적 가능성, 예술적 본질에 대한 고려에
     따라 위 예술가가 제안한 엠블럼을 어떤 크기나 색상으로도 사용할 수 있도록 결정하였
     다. 엠블럼에는 항상 'WORLD HERITAGE · PATRIMOINE MONDIAL'이라는 문구가 명
     시되어야 한다. 'PATRIMONIO MUNDIAL'이 차지하는 공간은 엠블럼 사용국의 언어로
     된 번역 문구로 대체할 수 있다. 문화재청 세계유산팀, 『세계유산협약 이행을 위한 운영
     지침』, 문화재청, 2018, pp.141-142 참조.

다. 무엇보다도 협약이 상징하는 보편적 가치의 표상이다.

〈문화유산〉

문화유산은 기념물, 건물군, 유적지로 구분된다.

첫째, 기념물은 건축물, 기념비적 조각과 회화, 고고학적 성격의 유물 및 구조물, 금석문, 혈거지, 그리고 역사, 예술 또는 학술의 관점에서 '탁월한 보편적 가치'[7]를 갖는 여러 요소의 복합체이다.

둘째, 건물군은 독립되거나 연결된 건물들의 군집체로서, 그의 건축, 동질성 또는 경관에서의 장소로 인해 역사, 예술 또는 학술의 관점에서 탁월한 보편적 가치를 갖는 것이다.

셋째, 유적지는 사람의 소산 또는 자연과 사람의 합작품, 그리고 고고학적 유적을 포함한 지역으로서 역사, 미학, 민족학 또는 인류학의 관점에서 탁월한 보편적 가치를 갖는 것을 말한다.[8]

〈자연유산〉

자연유산은 물리적 또는 생물학적 생성물들로부터 이룩된 자연의 기념물로서 관상상 또는 과학상 탁월한 보편적 가치가 있는 것이다. 지질학적

---

7   '탁월한 보편적 가치'란 국경을 초월할 만큼 독보적이며, 현재와 미래 세대의 전 인류에게 공통적으로 중요한 문화 및 자연적 중요성을 의미한다. 그러므로 이와 같은 유산의 영구적인 보호는 국제사회 전체의 가장 중요한 일이다. 위원회는 세계유산목록 등재기준을 정의한다. 문화재청 세계유산팀, 『세계유산협약 이행을 위한 운영지침』, 문화재청, 2018, p.39.
8   〈세계유산협약〉 제1조.

및 지형학적 생성물과 이와 함께 위협에 처해 있는 동물 및 생물의 종의 생식지 및 자생지로서 특히 일정 구역에서 과학상, 보존상, 미관상 탁월한 보편적 가치가 있는 것이 해당된다. 과학, 보존, 자연미의 시각에서 볼 때 탁월한 보편적 가치를 주는 정확히 드러난 자연지역이나 자연유적지가 자연유산에 포함된다.[9]

〈복합유산〉

복합유산은 문화유산과 자연유산의 특징을 동시에 충족하는 유산이다. 문화경관은 문화재이자 자연과 사람의 합작품을 나타낸다. 문화경관은 자연환경에서 주어지는 물리적 제약 및 또는 기회와 외부와 내부에서 주어지는 연속적인 사회적·경제적·문화적 힘의 영향 아래에서 오랜 세월에 걸친 인간 사회와 정주지의 진화를 잘 보여준다. 세계유산위원회는 특정 유형의 문화유산과 자연유산을 확인, 정의하고 세계유산 등재신청 시 해당 유산의 평가를 원활히 진행하기 위해 관련 지침을 채택하였다. 추후 다른 항목이 적절한 과정에 추가될 수 있지만 현재의 구성항목은 문화경관, 역사도시와 도심, 운하유산, 경로유산으로 되어 있다.

가. 문화경관

문화경관[10]은 자연환경과 연속적으로 내외부에서 가해지는 사회, 경제,

---

9 〈세계유산협약〉 제2조.
10 아래 내용은 문화경관 전문가 그룹(1992. 10. 24~26., 프랑스 라 쁘띠 피에르)에 의해 작성되었다(WHC-92/CONF.202/10/Add 참조). 세계유산위원회는 이후 제16차 회의에서 본 내용을 운영지침에 수록하도록 승인하였다(1992, 산타페) (WHC-92/

문화적 힘으로 인해 유발되는 물리적 제약 및 또는 기회의 영향 아래 오랜 시간에 걸쳐 진행된 인간 사회와 정주지의 진화 흔적을 담고 있다. 또한 문화경관은 명확히 표시된 지리문화권역의 관점에서 탁월한 보편적 가치와 대표성을 토대로 선정되어야 하며, 해당 지역 고유의 특수한 문화 요소의 반영 정도에 근거해야 한다.

이와 같이 문화경관이란 용어는 인간과 자연환경의 상호 작용을 보여주는 다양한 측면을 포괄 지칭한다. 문화경관이 주변 자연환경의 특성과 한계, 자연과의 특수한 영적 관계를 고려할 때 지속 가능한 토지 사용을 위한 고유의 기술을 반영하는 경우가 종종 있다. 문화경관의 보호는 지속 가능한 토지 사용을 위한 현대의 기술에 기여할 수 있으며, 경관의 자연적 가치를 유지 또는 증진시킬 수 있다.

전통적인 토지 사용 방식의 존속은 세계 다수 지역에서 생물학적 다양성을 뒷받침한다. 따라서 전통적 문화경관의 보호는 생물학적 다양성 유지에 유익하다.

나. 역사도시와 도심

역사도시와 도심은 다음 세 가지 유형으로 분류된다. 주거 기능은 사라졌으나 변하지 않은 옛 고고학적 증거를 보유하고 있는 도시, 본질적으로 사회경제, 문화적 변화의 영향 아래 발전해 왔고 계속 발전할 예정이며 주거 기능을 유지하고 있는 역사도시, 역설적으로 앞서 언급한 두 범주와

CONF.002/12 참조).

모두 일정한 공통점을 보유하고 있는 20세기 신도시.

다. 운하유산

운하유산은 오랜 시대를 지나는 동안 해당 운하의 사용 방식과 그간 기술상의 변화와 연관된다. 이러한 변화의 범위는 유산으로서의 요건에 해당한다. 운하의 진정성과 역사적 해석은 실제 유산(협약의 대상), 동산유산(배, 임시 항해수단)과 관련 구조물(교량 등), 그리고 경관 사이의 연관성을 포괄한다. 운하의 중요성은 기술적·경제적·사회적·경관적 요소를 바탕으로 검토될 수 있다.

라. 경로유산

경로유산은 국가나 지역 간 교류와 다차원적 대화를 통해 문화적 중요성이 부여되며, 해당 경로를 따라 이루어진 시간과 공간상 이동의 상호작용을 보여주는 유형의 요소로 구성된다. 경로유산의 세계유산 등재를 결정할 때는 세계유산 필수 요건인 탁월한 보편적 가치를 지녀야 한다. 경로유산은 공간적·시간적 연속성과 함께 이동의 역동성과 교류의 이념에 기초한다. 해당 경로가 그 경로를 구성하며 거기에 문화적 중요성을 부여하는 구성요소의 합 이상의 가치가 있을 때 그 전체를 의미한다. 또한 경로유산은 국가나 지역 간 교류와 대화를 중시한다. 이것은 종교, 상업, 행정 또는 기타 주요 목적을 발전시키고 보강하는 측면이 있으므로 다차원

적이다.[11]

　이상의 세계유산 협약의 탄생은 앞에서 살펴본 대로 이집트 누비아 유
적[12] 보호 운동이 주 배경을 이룬다. 1950년대 이집트는 전력 사정 개선
과 안정적인 수자원 확보하기 위해 나일강 유역에 아스완 하이 댐을 건설
하기로 결정하였다. 그로 인해 이집트 아스완 지역은 물론 이웃한 나라인
수단의 누비아 계곡에 남아 있던 고대 누비아 유적은 물에 잠길 운명에
놓이게 되었다. 이집트와 수단 정부는 유적을 보호하고자 1959년 유네스
코에 지원을 요청하였으며, 사태의 심각성을 인식하고 있던 유네스코는
곧바로 세계적인 누비아 유적 보호 운동을 전개해 국제사회에 큰 반향을
일으켰다. 당시 운동 기간 중 약 8천만 달러가 모금되었는데, 약 50개국이
모금에 참여하였다.

　1965년에는 미국 자연자원 보존 및 개발 위원회는 문화와 자연 유산
양쪽을 포괄하는 '세계유산신탁World Heritage Trust' 사업에 착수하였고,
1968년에 누비아 유적의 핵심 '아부심벨 사원'이 해체 이전되었다. 1973년
수단 내 유적 발굴 완료 후 이 운동은 1980년 공식적으로 종료되었다. 이
를 통해 인류사적으로 중요한 유산을 상시적으로 보호할 수 있는 체제의
필요성을 절감하게 되었다.

　세계유산협약은 협약 가입국들로 구성된 총회, 총회에서 선출한 21개

11　문화재청 세계유산팀, 『세계유산협약 이행을 위한 운영지침』, 문화재청, 2018, pp.172-
　　186.
12　고대 이집트 문명으로서 람세스 2세가 세운 아부심벨 대신전과 소신전, 프톨레마이오
　　스 왕조 시대에 세운 필레 신전 등이 대표적 유적이다.

위원국으로 구성된 세계유산위원회, 세계유산위원회 업무를 자문하는 3개 자문기구로 구성되어 있다. 3개의 자문기구는 다음과 같다.

① 국제기념물유적협의회(ICOMOS; International Council on Monuments and Sites / 문화유산 분야)

② 세계자연보전연맹(IUCN; International Union for the Conservation of Nature and Natural Resources / 자연유산 분야)

③ 국제문화재보존복원센터(ICCROM; International Centre for the Study of the Preservation and Restoration of Cultural Property / 문화재 보존과 복원 분야)

이 밖에 세계유산 행정업무를 처리하기 위해 유네스코 내에 설치된 세계유산센터가 있다. 세계유산협약 운영기구 조직도는 다음과 같다.

표2. 세계유산협약 운영기구 조직도

총회는 최고의사 결정기구로서 세계유산위원회 위원국을 선출하고,[13] 세계유산위원회는 세계유산의 지정, 세계유산 등재기준 결정, 세계유산 기금 사용 결정의 기능을 갖는다.[14] 그리고 세계유산센터의 사무국은 유네스코 내에 설치(세계유산센터)하여 유네스코 사무총장의 소관하에 둔다. 총회는 모든 당사국에 적용되는 일정한 비율의 세계유산기금 분담금을 결정하며 세계유산위원회의 위원국을 선출한다. 당사국 총회와 유네스코 총회 모두 세계유산위원회로부터 그 활동을 보고 받는다.[15] 위원국의 임기는 6년이지만 총회는 대표성과 윤번의 형평성을 위해 각 당사국이 자발적으로 임기를 6년에서 4년으로 단축할 것을 검토하고 연임을 삼가도록 권유하고 있다.[16] 또한 세계유산센터 사무국의 주요 업무는 다음과 같다.

① 총회와 위원회 회의의 주관-세계유산협약 14조 2항

② 세계유산위원회 결정 내용과 총회 결의사항 이행, 양측에 집행 현황 보고-세계유산협약 14조 2항과 세계유산에 관한 부다페스트선언(2002)

③ 세계유산목록 등재신청서의 접수, 등록, 완성도검사, 문서관리와 관련

---

13 총회 운영은 절차규칙에 의거하며 이는 http://whc.unesco.org/en/garules에서 확인할 수 있다.

14 세계유산위원회는 21개 위원국으로 구성되며, 매년 최소 1회 소집된다(6월/7월). 위원회는 의장단을 조직하고, 이들은 위원회 회기 중 필요시 수시로 회의를 진행한다. 위원회와 의장단 구성은 다음에서 확인할 수 있다. http://whc.unesco.org/committeemembers.

15 〈세계유산협약〉 8조1항, 16조1항, 29조; 〈세계유산위원회 절차규칙〉 49조 참조.

16 〈세계유산협약〉 9조1항, 〈세계유산협약〉 8조2항과 세계유산협약 당사국 7차(1989), 12차(1999), 13차(2001) 총회 결의 참조.

자문기구로의 전달- Decision 39 COM 11

④ 세계유산목록의 대표성, 균형성과 신뢰성을 위한 '세계전략(Global Strategy)'의 일부로서 연구와 제반 활동의 운영

⑤ 정기보고의 주관

⑥ 대응 모니터링 실사[17] 등 대응 모니터링의 운영과 시행, 적절한 자문실사의 운영과 참여

⑦ 국제지원의 운영

⑧ 세계유산의 보존과 관리를 위한 비정규예산 재원 확보

⑨ 위원회의 프로그램 및 프로젝트 이행 시 당사국 지원

⑩ 당사국, 자문기구 및 일반 대중을 상대로 정보를 전달함으로써 세계유산 및 협약 홍보.

　여기서 ⑥항에 해당하는 '자문실사'는 엄격하게 규정에 따라 행하는 의무적인 과정은 아니다. 당사국의 자발적 의사에 따라 진행하며 실사를 요청한 당사국의 고려사항이나 판단에 따른다. 자문실사는 특정 사안에 대해 당사국에 전문가 자문을 제공하는 실사로 볼 수 있다. 자문실사는 유

17　대응 모니터링 실사는 위협을 받는 특정 유산의 보존상태에 대해 사무국과 자문기구가 세계유산위원회에 행하는 규정상 보고이다. 대응 모니터링 실사는 세계유산위원회가 관련 당사국과 협의해 유산의 상태, 유산에 대한 위험요소, 적절한 복구 가능성을 확인하거나 그러한 시정조치 이행의 진전을 평가하기 위해 요청된다. 그리고 실사를 통해 확인된 사항은 다시 위원회에 보고한다. 실사단 위임 사항은 세계유산위원회 결정에 따라 세계유산센터가 제시하며 당사국 및 관련 자문기구와 협의하여 정한다. 대응 모니터링 실사 비용은 세계유산기금에서 충당한다. 문화재청 세계유산팀, 『세계유산협약 이행을 위한 운영지침』, 문화재청, 2018, p.28.

적의 확인이나 잠정목록, 세계유산목록 등재를 위한 유적의 신청에 대한 '사전upstream' 지원과 자문의 제공과 관계되거나 또는 유산 보존상태와 관련되며 주요 개발사업이 유산의 탁월한 보편적 가치에 끼칠 수 있는 영향을 평가하는 데 있어, 그리고 관리계획의 마련/수정, 구체적인 완화 조치 등의 이행 경과에 대한 자문을 제공할 수 있다. 실사단 위임 사항은 당사국이 자체 제시하며, 세계유산센터와 관련 자문기구, 기타 기구와 협의하여 정한다. 자문실사에 소용되는 총 비용은 실사단을 초청한 당사국이 부담하며, 단 해당 당사국이 관련 국제지원이나 Decision 38 COM 12에 의해 승인된 자문실사를 위한 신규예산으로 지원받을 자격이 있는 경우는 예외이다.

위 기구도에서 볼 수 있듯, 세계유산위원회 자문기구는 ICCROM(국제문화재보존복구연구센터), ICOMOS(국제기념물유적협의회), IUCN(국제자연보존연맹)이다. 자문기구의 역할은 다음과 같다.

① 세계유산협약의 이행에 관해 해당 전문 분야 자문-세계유산협약 13조 7항, Decision 39 COM 11
② 위원회 문서, 회의 안건의 준비와 위원회 결정사항 이행에 있어 사무국 지원
③ 세계유산목록의 대표성, 균형성, 신뢰성을 위한 세계전략과 국제훈련 전략의 개발과 이행, 정기보고, 세계유산기금의 효과적인 사용 강화에 대한 지원
④ 세계유산 보존상태 모니터링(위원회 요청에 따른 대응 모니터링 실사와 당사국 초청에 의한 자문실사 등)과 국제지원 요청의 검토-세계유산협약 14조 2항

⑤ ICOMOS와 IUCN의 경우 신청 당사국과의 협의와 대화를 통해 세계유산목록 등재 신청유산의 평가, 위원회에 평가 보고서 제출

⑥ 자문기구자격으로 세계유산위원회와 의장단회의 참석-세계유산협약 8조 3항.

ICCROM(국제문화재보존복구연구센터)은 정부간 국제기구로서 이탈리아 로마에 본부를 두고 있다. 1956년 유네스코가 설립하였으며, 부동산과 동산 문화유산의 보존을 강화하기 위해 연구, 기록, 기술 지원, 훈련과 일반 대중의 인식 제고 프로그램 등 기관 규정에 명시된 기능을 수행한다. 협약과 관련해 ICCROM이 수행하는 구체적인 역할에는 문화유산 교육에서 우선적 협력자 역할, 세계유산 문화재의 보존상태 모니터링, 당사국이 제출한 국제지원에 대한 요청 검토, 역량구축 활동을 위한 자원과 지원 제공이 있다.

ICOMOS(국제기념물유적협의회)는 비정부기구로서 프랑스 파리에 본부를 두고 있다. 1965년에 설립되었으며, 이론과 방법론, 과학적 기법을 건축 및 고고학 유산의 보존에 적용하도록 촉진하는 역할을 한다. 본 기구의 활동은 '기념물 및 유적지의 보존과 복구에 관한 1964년 국제헌장(베니스헌장)'의 원칙에 근거한다. 협약과 관련해 ICOMOS가 수행하는 구체적인 역할에는 세계유산목록 등재 신청유산의 평가, 세계유산 문화재의 보존상태 모니터링, 당사국이 제출한 국제지원에 대한 요청 검토, 역량구축 활동을 위한 자원과 지원 제공이 있다.

IUCN(국제자연보존연맹)은 1948년 설립되었으며, 각국 정부와 NGO, 과학자를 규합해 세계적인 협력관계를 구축한다. 본 기구의 임무는 세계 각

국이 자연의 완전성과 다양성을 보존하도록 영향력을 행사하고 장려, 지원하는 한편 자연자원을 공평하고 생태적으로 지속 가능한 방식으로 사용하도록 하는 데 있다. IUCN는 스위스 글랜드에 본부를 두고 있다. 협약과 관련해 IUCN이 수행하는 구체적인 역할에는 세계유산목록 등재 신청 유산의 평가, 세계유산 등재 유산의 보존상태 모니터링, 당사국이 제출한 국제지원에 대한 요청 검토, 역량구축 활동을 위한 자원과 지원 제공이 있다.

세계유산제도는 자국 유산의 탁월한 보편적 가치(OUV)를 입증받을 수 있었고 그 유산에 대한 정부와 국제 사회의 보존 노력을 이끌어 냈다. 또한 세계유산 등재에 따른 홍보와 관광객 증가라는 긍정적 효과도 거두었다. 다만 세계유산협약 자체가 유형 유산에 집중되어 이러한 불균형을 해소하고자 유형문화유산과 함께 존재하는 문화적 현상, 언어, 문학, 음악, 춤, 공예, 건축과 예술 부문에 대한 논의가 유네스코 내에서 진행되었다.

세계유산은 2020년 현재 유네스코에 총 1,121건이 등재되어 있으며 이 가운데 문화유산 869건, 자연유산 213건, 복합유산 39건이다.

2) 무형문화유산

유네스코 무형문화유산Intanglible Cultural Heritage은 유네스코의 '무형문화유산 보호 국제협약[18]에 의하여 인류무형문화유산 대표목록, 긴급보

---

18 〈협약 제2조 1항〉의 정의는 "공동체, 집단 및 개인이 자신의 문화유산의 일부분으로 인식하는 관습, 표현, 지식 및 기술. 이와 관련된 전달 도구, 사물, 공예품. 문화공간"이라

호가 필요한 무형문화유산목록 혹은 유산보호 우수사례목록으로 등재된 무형의 유산을 뜻한다.

무형문화유산은 전통 문화인 동시에 살아 있는 문화이다. 무형문화유산은 공동체와 집단이 자신들의 환경, 자연, 역사의 상호작용에 따라 끊임없이 재창해 온 각종 지식과 기술, 공연예술, 문화적 표현을 아우른다. 이는 공동체 내에서 공유하는 집단적인 성격을 가지고 있으며, 사람을 통해 생활 속에서 주로 구전에 의해 전승되어 왔다.

무형문화유산 보호 협약에 따라 설치된 '무형문화유산 보호 정부간 위원회'는 무형유산에 대한 관심을 높이기 위해 무형유산 엠블럼을 제작하기로 결정하고 무형문화유산 엠블럼 국제 공모전이 개최되었으며, 알제리, 볼리비아, 불가리아, 프랑스, 인도, 나이지리아로 구성된 특별위원회가 심사를 맡았다. 유네스코는 모든 회원국 내 전문·아마츄어 그래픽 디자이너, 예술가 및 무형문화유산 관련자들이 공모전에 참여할 수 있도록 문호를 개방하였다. 그 결과, 크로아티아의 드라구틴 다도 코바체비치(Dragutin Dado Kovacevic)가 제출한 작품이 최종선정 되었다. 이 도안은 형태가 없는 '무형'을 추상적으로 표현하기 위해 삼각형, 사각형, 원이 끊기지 않고 서로 연결되고 하나가 되는 모습을 보여준다. 이 엠블럼은 반드시 유네스코 로고와 함께 사용하도록 규정하고 있다. 엠블럼에 대한 세부 사용지침은 2010년 6월 개최된 무형문화유산 보호 협약 당사국 총회에서 그 지침안이 최종 확정되었다.

하였다.

유네스코는 오래전부터 무형문화유산 보호에 관심을 가져왔으며, 1997년 제29차 총회에서 산업화와 지구화 과정에서 급격히 소멸되고 있는 무형문화유산을 보호하고자 '인류 구전 및 무형유산 걸작 제도'를 채택했다. 이후, 2001년, 2003년, 2005년 모두 3차례에 걸쳐 70개국 90건이 인류 구전 및 무형유산 걸작으로 지정되었다. 무형문화유산의 중요성에 대한 국제사회의 인식이 커지면서 2003년 유네스코 총회는 무형문화유산 보호 협약을 채택하였다. 이것은 국제사회의 문화유산 보호 활동이 건축물 위주의 유형 문화재에서 눈에 보이지 않지만 '살아 있는 유산living heritage', 즉 무형문화유산의 가치를 새롭게 인식하고 확대하였음을 국제적으로 공인하는 이정표가 되었다.

무형문화유산 보호를 위한 국제사회의 관심이 높아져 가고 있는 한편으로 아직도 세계화와 급속한 도시화, 문화 통합 정책과 더불어 젊은 세대의 관심 부족으로 인해 많은 무형유산이 사라지고 있다. 주요 경과를 살펴보면 다음 표와 같다.

표3. 무형문화유산 주요 경과

연도	주요 경과
1966	유네스코 총회, 국제 문화협력 원칙 선언 채택Declaration on the Principles of International Cultural Cooperation
1973	볼리비아, 민속 보호를 위해 국제 저작권 협약 강화 제안
1982	세계문화정책회의The Mondiacult World Conference on Cultural Policies, 무형문화유산을 문화 및 문화유산의 새로운 정의에 포함
1989	유네스코총회, 전통 문화 및 민속 보호에 관한 유네스코의 권고1989 UNESCO Recommendation on the Safeguarding of Traditional Culture and Folklore 채택
1994	대한민국의 제안으로 인간문화재 사업 시작
1996	'우리의 창조적 다양성' 보고서는 1972년 세계 문화 및 자연 유산 보호에 관한 협약은 무용이나 구전과 같은 산물을 발굴하고 보호하는데 적절치 않음을 지적하고, 세계 각지에서 발견되는 유산들의 실제분포 범위 및 가치에 맞는 다른 형태의 공인 체계 개발 요청

1997	유네스코총회, '인류 구전 및 무형유산 걸작 선정 사업' 채택
1999	미국 워싱턴에서 유네스코와 스미스소니언 협회가 공동으로 '1989년 전통 문화 및 민속 보호에 관한 권고의 총체적 평가: 지역별 권한 부여 및 국제협력' 회의 개최
2005	유네스코, 43건의 신규 무형유산 걸작 선정. 이로써 인류 구전 및 무형유산 걸작이 총 90건이 됨. 2월 한국, 무형문화유산 보호 협약 가입
2006	4월 20일 무형문화유산 보호 협약 발효 6월, 제1차 협약 당사국 총회 개최
2009	9월, 긴급보호가 필요한 무형유산 12건 및 인류무형문화유산 76건 최초로 선정 한국은 강강술래, 남사당, 영산재, 제주 칠머리당영등굿, 처용무 등 5건을 인류무형문화유산 대표목록에 등재
2010	11월, 긴급보호가 필요한 무형유산 4건 및 인류무형문화유산 46건 선정 한국의 대목장, 가곡, 매사냥(공동등재) 등 총 3건 인류무형문화유산 대표목록에 등재
2011	11월, 긴급보호가 필요한 무형유산 11건 및 인류무형문화유산 18건, 모범사례 5건 선정 한국의 줄타기, 택견, 한산모시짜기 등 총 3건 인류무형문화유산 대표목록에 등재
2012	12월, 긴급보호가 필요한 무형유산 4건 및 인류무형문화유산 27건, 모범사례 2건 선정 한국의 아리랑 인류무형문화유산 대표목록에 등재
2013	12월, 긴급보호가 필요한 무형유산 4건 및 인류무형문화유산 25건, 모범사례 1건 선정 한국의 김장문화 인류무형문화유산 대표목록에 등재
2014	11월, 긴급보호가 필요한 무형유산 3건 및 인류무형문화유산 34건, 모범사례 1건 선정 한국의 농악 대표목록에 등재
2015	12월, 긴급보호가 필요한 무형유산 5건 및 인류무형문화유산 23건 선정 한국의 줄다리기 대표목록에 등
2016	12월, 긴급보호가 필요한 무형유산 4건 및 인류무형문화유산 33건, 모범사례 5건 선정 한국의 제주해녀문화 대표목록에 등재
2017	12월, 긴급보호가 필요한 무형유산 6건 및 인류무형문화유산 35건, 모범사례 4건 선정
2018	12월, 긴급보호가 필요한 무형유산 7건 및 인류무형문화유산 31건, 모범사례 1건 선정 한국의 전통 레슬링(씨름) 대표목록에 등재(남북 공동등재)
2019	12월, 긴급보호가 필요한 무형유산 6건 및 인류무형문화유산 42건, 모범사례 3건 선정

　　무형문화유산위원회의 정식 명칭은 '무형문화유산 보호 정부간 위원회'로, 이 위원회는 무형문화유산 보호 협약에 가입한 당사국 총회에서 선출된 24개국으로 구성된다.

　　〈무형문화유산 보호 협약 가입 24개 위원국〉
　　오스트리아, 사이프러스, 네덜란드, 아르메니아, 아제르바이잔, 폴란드, 콜

롬비아, 쿠바, 과테말라, 자메이카, 중국, 일본, 카자흐스탄, 필리핀, 스리랑카, 카메룬, 지부티, 모리셔스, 세네갈, 토고, 잠비아, 쿠웨이트, 레바논, 팔레스타인

무형문화유산협약 총회는 무형문화유산 보호 협약에 가입한 모든 국가들로 구성된다. 무형문화유산협약에 가입한 국가는 모두 178개국(2019년 12월 기준)이다. 총회는 2년마다 정기회의를 개최하며, 협약 이행 실행지침 및 긴급보호 무형유산목록과 인류무형문화유산 대표목록 등재기준, 무형문화유산 기금 사용지침, 무형문화유산 보호 정부간 위원회 자문기구로 활동할 비정부 단체 등을 최종 승인한다. 무형문화유산 보호 정부간 위원국을 선출하는 일도 총회 주요기능 가운데 하나이다.

위원국의 임기는 4년으로 2년마다 개최되는 총회에서 12개국이 새로 선출된다. 위원국들은 유네스코의 지역 구분에 따라 나누어진 여섯 개 지역에서 각 지역별 협약 가입국 수에 따라 배정된 의석수만큼 선출된다. 다만, 지역별 균형을 위해 지역별로 최소 3개 의석을 배정하고 있다. 위원국들은 무형문화유산 분야 전문가를 각국 대표로 지명하여야 한다. 위원회 정기회의는 1년에 1회 개최한다.

무형유산위원회는 긴급보호 무형유산목록과 인류무형문화유산 대표목록에 등재할 유산을 최종 선정하는 권한을 가지고 있다. 이 밖에도 협약 이행 지침 및 무형문화유산기금 사용지침 등 각종 주요 지침을 작성, 검토해 총회에 제출하며, 위원회 자문 비정부단체를 총회가 승인해줄 것을 요청하는 등 실질적으로 협약 내에서 가장 중요한 의사결정기구라고 할 수 있다.

3) 세계기록유산

유네스코 세계기록유산Memory of the World은 국제자문위원회International Advisory Committee; IAC 회의의 권고에 따라 등재를 권고 받은 기록유산 중 유네스코 사무총장의 승인을 통해 최종 결정되어 등재된 기록물을 뜻한다. 그 외에 세계기록유산 지역목록의 경우 각 지역별로 구성되어 있는 세계기록유산 지역위원회(아태지역의 경우 세계기록유산 아태지역위원회; MOWCAP) 총회를 통하여 등재된 해당 지역의 기록물을 뜻하며, 세계기록유산 국가목록은 각 국가별로 해당 국가에서 중요하다고 지정하여 보호하는 기록물을 뜻한다.[19]

세계기록유산 엠블럼은 하이코 휴너코프의 작품이며, 이는 기억 사이의 공백 및 기억의 손실을 형상화하는 것으로 2009년 채택되었다. 구전으로 전해져 내려오던 역사는 양피지와 파피루스 종이가 발명되며 기록되기 시작했으며, 이가 바로 도안의 기초가 된다. 두루마리 형태는 저작권을 뜻하는 동시에 지구, 축음기, 두루마리 필름, 그리고 원반을 형상화한 것이다. 세계기록유산은 실제로 이런 다양한 형태의 기록유산을 등재하고 있다.

국제자문위원회는 유네스코의 전반적인 프로그램 계획 및 이행에 자문을 제공해주는 중요한 조직체로서 유네스코 사무총장이 선발한 사서, 법률전문가, 교육학자, 저술가, 문서관리 전문가 등 14명의 기록유산보

---

19 한국의 경우 문화재청에서 지정하는 문화재로 갈음한다.

존분야 전문가들로 구성되어 있다. 사무총장은 매 2년마다 정기적으로 국제자문위원회를 소집하는데, 업무의 체계화를 위해 기준과 절차를 제정 및 수정하고 적합한 보조기관이나 소위원회를 지원한다. 특히 세계기록유산의 전반적인 전략과 정책 형성에 기여하고 있다. 아울러 국제자문위원회에서는 세계 각국에서의 세계기록유산 사업의 진행경과를 점검하고, 소위원회Sub-Committee, 지역위원회Regional Memory of the World Committees 및 사무국Programme Secretariat이 제출한 보고서를 검토하며, 이들의 기능과 책임에 대해 자문을 한다. 또한 필요시 세계기록유산 사업의 전반적인 지침을 수정하거나 갱신하며 세계기록유산 등재에 대한 책임을 지기도 한다. 세계기록유산위원회는 세계기록유산이 궁극적으로 협약의 형태로 강화되는 것을 지향하며 사업의 제도화를 위해 노력하고 있다. 세계기록유산 소위원회는 다음의 세 위원회로 구성된다.

전문 소위원회

전문 소위원회는 국제자문위원회나 사무처에 의하여 지명된 의장과 전문가로 구성된다. 이들의 주된 업무는 기록유산보존에 대한 지침을 갱신하고, 정기적으로 기록유산의 보존과 디지털화에 대한 최근 연구를 검토, 교정 및 선포하며, 단체나 개인으로부터 특별히 문의 받은 기술과 보존에 관련된 문제들에 대해 자문하기도 한다. 이와 비슷하게 국제자문위원회나 사무처, 지역 및 국가위원회에 전문적인 조언을 해주기도 한다.

마케팅 소위원회

마케팅 소위원회는 1996년에 설립되었으며 전문 소위원회와 같은 구성이다. 소위원회는 기록유산의 중요성에 대한 전반적인 인식 제고와 세계기록유산 사업에 대한 경제적 지원을 위한 전략을 개발하며 홍보 계획 실행 및 세계기록유산 로고의 사용을 위한 안내서를 편집하고 검토한다. 또한 전문 소위원회처럼 마케팅 범위의 전문적인 조언을 하기도 한다.

등재심사 소위원회

등재심사 소위원회는 2001년에 설립되었으며, 역시 전문 소위원회와 같은 구성이다. 사무국과 협조하여 세계기록유산 등재여부에 대한 판단을 내리고 국제자문위원회 회의 시 세계기록유산 등재 또는 미등재에 대한 근거와 권고를 제공한다. 또한 등재기준의 해석 및 등재 여부와 관련된 비정부기관과 기관 및 개인에게 자료를 요청하기도 하며 또한 각 지역 및 국가위원회의 등재목록 관리에 대해 자문하기도 한다.

세계기록유산 지역위원회는 세계기록유산 사업의 전반적인 틀과 기반을 구성한다. 지역위원회는 세계기록유산 사업의 목표를 실현하기 위해 전 세계 각국의 참여로 이루어지는 협력 조직이다. 지역위원회는 지리적 문화적 공통점 및 이해를 공유하는 국가들로 이루어지거나 유네스코 지역 사무소를 기점으로 구성되기도 한다. 또한 지역위원회에서는 국제자문위원회 또는 개별 국가위원회의 영역 외에 있는 사안들을 검토할 수 있으며 국가적 차원을 넘어선 국제 협력을 위한 수단을 제시하기도 한다. 통상적으로 지역위원회 위원은 관련 국가위원회의 대표들로 이루어져 있다. 정해진 규정에 따르기보다는 지역위원회 위원 구성 및 의결 사항은 사무국과 위원 간의 협의를 통해 이루어진다.

지역위원회가 다루는 의제로는 세계기록유산 지역적 목록 유지, 지역적 협력과 훈련 사업 지원 및 세계기록유산에 대한 지역적 인식 향상과 대중화 등이 있다.

세계기록유산 사무국은 유네스코 세계기록유산 사업을 집행하기 위해 구성되었으며 유네스코의 정보사회국이 그 위원을 임명한다. 유네스코 사무총장은 국제자문위원회와 사무처 및 다른 보조기관들의 업무에 관여할 수 있다. 사무총장에게 투표권은 없으나 사무총장은 어떠한 문제에 대해서도 구두 또는 서면으로 사무국에 보고서를 제출할 수 있다.

사무국의 주요 기능은 국제자문위원회 및 그 보조 기관들에 대한 지원을 제공하고 세계기록유산 사업 전반의 운영 및 관리이다. 이 외에도 세계기록유산 등재목록 관리, 세계기록유산 사업기금 운영 및 국제자문위원회와 직접적으로 관련된 업무가 있다. 사무국은 세계기록유산과 관련된 모든 정보들의 집합점이라고 할 수 있다.

유네스코는 1992년 '세계의 기억Memory of the World; MOW' 사업을 설립하였다. 이 사업은 기록유산의 보존에 대한 위협과 이에 대한 인식이 증대되는 데 따라, 세계 각국의 기록유산의 접근성을 향상하기 위해 시작되었다. 전쟁과 사회적 변동, 그리고 자원의 부족은 수세기 동안 존재해 온 문제를 악화시켰다. 전 세계의 중요한 기록물은 다양한 어려움을 겪었고, 이 중에는 약탈과 불법거래, 파괴, 부적절한 보호시설, 그리고 재원 등이 있다. 많은 기록유산이 이미 영원히 사라졌고, 멸종위기에 처해 있다. 다행히도 누락된 기록유산이 재발견되기도 한다.

유네스코 세계기록유산 사업은 세계의 기록유산이 인류 모두의 소유물이므로, 미래세대에 전수될 수 있도록 이를 보존하고 보호하고자 한다. 또한 기록유산에 담긴 문화적 관습과 실용성이 보존되어야 하고, 모든 사람들이 방해받지 않고 접근할 수 있어야 한다고 믿는다.

MOW 사업은 세계의 기록유산이 인류 모두의 소중한 자산이라는 데 바탕을 두고 있으며 주요 목적은 다음과 같다.

① 최적의 기술을 통해 전 세계 기록유산의 보존을 돕는다.
② 기록유산의 보편적 접근성을 향상시킨다.
③ 기록유산의 존재와 중요성에 대한 세계적 인식을 제고한다.

기록유산은 기록을 담고 있는 정보 또는 그 기록을 전하는 매개물이다. 단독 기록일 수도 있으며 기록의 모음일 수도 있다. 유네스코는 1995년에 인류의 문화를 계승하는 중요한 유산인데도 훼손되거나 영원히 사라질 위험에 있는 기록유산의 보존과 이용을 위하여, 기록유산의 목록을 작성하고 효과적인 보존 수단을 강구하기 위해 세계기록유산 사업을 시작하였다.

2. 한국의 유네스코 유산

1988년 유네스코 '세계 문화유산 및 자연유산의 보호에 관한 협약' 가입 이후, 우리 문화유산의 우수성과 독창성을 국제사회에 널리 홍보하고, 문화유산의 관광자원화를 위하여 우리 문화유산의 유네스코 세계유산 World Heritage 등재를 추진하고 있다.

가장 최근인 2019년에는 우리나라의 신규 세계유산으로 '한국의 서원 Seowon, Korean Neo-Confucian Academies'이 등재되었다. '한국의 서원'은 영주 소수서원, 함양 남계서원, 경주 옥산서원, 안동 도산서원, 장성 필암서원, 달성 도동서원, 안동 병산서원, 정읍 무성서원, 논산 돈암서원의 9개 서원으로 구성된 연속유산이다. 문화재청은 또한 '한국의 갯벌' 등의 새로운 세계유산 등재를 추진 중이다. 앞으로 더 다양하고 가치 있는 유산의 등재를 추진하여 우리나라 세계유산을 확대해 나갈 계획이다.[20]

현재 '산사, 한국의 산지 승원'과 함께 유네스코 세계유산에 등재된 한국의 유산은 모두 50건이다. 홈페이지에는 영어, 프랑스어, 아랍어, 중국어, 러시아어, 스페인어로 번역을 제공하고 있으며, 화면의 우측에는 구글 위성지도를 연계하여 해당 위치를 표시해 주고 있다. 그러나 아쉽게도 한국어 번역은 제공하고 있지 않다. 이는 앞으로 우리의 국력이 더욱 신장될 때 가능할 것으로 보인다.

이 밖에도 잠정목록에 올라 있는 유산은 세계유산 13건이다. 이 내용을 포함하여 한국의 유네스코 유산의 등재 현황을 표로 제시해 보면 다음과 같다.

표4. 한국의 유네스코 유산 등재 현황

구분	세계유산	인류 무형 유산	기록 유산
연혁	○1972년 세계문화 및 자연유산보호에 관한 협약 채택 ○1988년 우리나라 가입	○2003년 무형문화유산보호협약 채택 ○2005년 우리나라 가입 ○2008년 '무형유산 대표목록 및 긴급보호 목록 제도' 시작	○1992년 유네스코 세계기록유산사업 창설 ○1997년 세계기록유산 목록화 사업 시작
신청주기 및 신청마감	○신청주기: 매년 ○신청서류제출: 매년 2.1까지	○신청주기: 매년 ○신청서류 제출: 매년 3.31까지	○신청주기: 매 2년마다 ○신청서류 제출: 격년 3.31까지

20 문화재청, 『2020 문화재 연감』, 문화재청, 2020, p.406.

			〈국 내〉 ○신청대상 선정 - 세계유산분과 문화재위 원회 심의	〈국 내〉 ○신청대상 선정 - 무형분과 문화재위원회 심의 - 세계유산분과 문화재 위원회 심의	〈국 내〉 ○신청 대상 공모 실시 ○신청 대상 선정 - 전문가회의 심의 - 세계유산분과 문화재위 원회 심의
절 차			〈국 제〉 ○자문기구평가: 유네스코 비정부기구인 ICOMOS, IUCN에서 평가(제출 익년 4월까지) ○최종심의·결정: 세계 유산위원회에서 결정(매년 6~7월중)	〈국 제〉 ○검토 및 평가: 정부간위 원회 평가기구 (제출익년 3 월~9월) ○최종심의·결정:무형문 화유산보호정부간위원회 에서 결정 (제출익년 9월~11월)	〈국 제〉 ○평가 및 최종 심의결정 - 유네스코 등재심사소위 원회 사전심사(제출 후~익 년 상반기) - 유네스코 국제자문위원 회(IAC)최종심사(제출 익년 하반기) - 유네스코 사무총장 최종 발표
등재 현황	등재 유산	한 국 (50 건)	14건 석굴암 및불국사, 해인사 장경판전, 종묘,('95.12,9), 창덕궁, 화성('97.12.6) 경주역사유적지구 ('00.12.2) 고창·화순·강화 고인돌 유적('00.12.2) 제주화산섬과 용암동굴 ('07.7.2) 조선왕릉('09.6.30) 한국의역사마을:하회와양 동('10.7.31) 남한산성('14.6.25.) 백제역사유적지구('15.7.8) 산사, 한국의 산지 승원 ('18.7.4.) 한국의 서원('19.7.10.)	20건 종묘제례 및 종묘제례악 ('01.5.18) 판소리('03.11.7) 강릉단오제('05.11.25), 강강술래, 남사당놀이, 영 산재, 제주칠머리당영등 굿,처용무('09.9.30) 가곡,대목장, 매사냥 ('10.11.16) 택견, 줄타기, 한산모시짜 기('11.11.29) 아리랑('12.12.5), 김장문화 ('13.12.5) 농악('14.11.27), 줄다리기 ('15.12.2) 제주해녀문화('16.11.30), 씨름.("18.11.26)	16건 조선왕조실록, 훈민정음 ('97.10.1) 직지심체요절, 승정원일기 ('01.9.24) 해인사 대장경판 및 제경 판, 조선왕조의궤('07.6.14) 동의보감('09.7.31) 일성록, 5.18관련기록물 ('11.5.25) 난중일기, 새마을운동기록 물('13.6.18) KBS특별생방송 이산가족 을 찾습니다, 한국의 유교 책판('15.10.9) 조선왕실 어보와 어책, 국 채보상운동기록물, 조선통 신사기록물('17.10.31)
	잠정 목록	한 국 (13 건)	13건 강진 도요지, 설악산천연 보호구역, 남해안일대 공룡화석지, 염전, 서남해안 갯벌, 대곡 천암각화군, 중부내륙산성 군,우포늪, 외암마을, 낙안 읍성, 한양도성, 화순 운주 사 석불석탑군, 가야고분 군	잠정목록 제도 없음	잠정목록 제도 없음

| 등재
현황 | 세계 | 1,121건(167개국)
협약가입국 193개국
(문화869, 자연213, 복합
39)
-이탈리아 55건, 중국 55
건, 일본 23건
※ 위험에 처한 유산: 53건
(32개국)
※ 공동등재 39건 | 463건(124개국)
협약가입국 178개국
중국 32건, 일본 21건, 크
로아티아 15건, 프랑스 17
건, 터키 17건,, 스페인 16
건, 인도 13건 등
※ 공동등재 42건 80개국 | 427건(123개국 8개 기구)
독일 23건, 영국 22건, 폴
란드 17건,, 네덜란드 16
건,오스트리아 15건, 러시
아 14건, 중국 13건, 일본
7건 등 |

표에서 볼 수 있듯, 유네스코 유산은 1972년부터 세계문화 및 자연유산 보호에 관한 협약이 체결되면서부터 세계유산, 인류무형유산, 기록유산의 3개 분야에서 매년 신청을 받아 각 분야별로 엄격한 심사를 거쳐 채택된다.

유네스코에서는 연도별로 유산 목록을 제공하고 있다. 유네스코 홈페이지에 올라 있는 한국의 세계유산 목록을 살펴보면 다음과 같다.

표5. 연도별 한국의 세계유산 목록(유네스코 홈페이지)

연번	년도	세계유산 명칭	제공 언어
1	1995	Haeinsa Temple Janggyeong Panjeon, the Depositories for the Tripitaka Koreana Woodblocks	English/French/Arabic/Chinese/Russian/ Spanish/Japanese/Dutch
		Jongmyo Shrine	English/French/Arabic/Chinese/Russian/ Spanish/Japanese/Dutch
		Seokguram Grotto and Bulguksa Temple	English/French/Arabic/Chinese/Russian/ Spanish/Japanese/Dutch
2	1997	Changdeokgung Palace Complex	English/French/Arabic/Chinese/Russian/ Spanish/Japanese/Dutch
		Hwaseong Fortress	English/French/Arabic/Chinese/Russian/ Spanish/Japanese/Dutch
3	2000	Gochang, Hwasun and Ganghwa Dolmen Sites	English/French/Arabic/Chinese/Russian/ Spanish/Japanese/Dutch
		Gyeongju Historic Areas	English/French/Arabic/Chinese/Russian/ Spanish/Japanese/Dutch

4	2004	Complex of Koguryo Tombs	English/French/Arabic/Chinese/Russian/Spanish/Japanese/Dutch
5	2007	Jeju Volcanic Island and Lava Tubes	English/French/Arabic/Chinese/Russian/Spanish/Japanese/Dutch
6	2009	Royal Tombs of the Joseon Dynasty	English/French/Arabic/Spanish/Japanese/Dutch
7	2010	Historic Villages of Korea: Hahoe and Yangdong	English/French/Arabic/Chinese/Russian/Spanish/Japanese/Dutch
8	2014	Namhansanseong	English/French/Japanese/Dutch
9	2015	Baekje Historic Areas	English/French/Arabic/Chinese/Russian/Spanish/Japanese
10	2018	Sansa, Buddhist Mountain Monasteries in Korea	English/French/Arabic/Chinese/Russian/Spanish
11	2019	Seowon, Korean Neo-Confucian Academies	English/French/Arabic/Chinese/Russian/Spanish

　문화유산 15건과 자연유산 1건에 대한 각 유산의 명칭을 클릭하면 개별 소개 사이트를 볼 수 있도록 되어 있다. 제공되는 번역 언어는 영어, 프랑스어, 아랍어, 중국어, 러시아어, 스페인어, 일본어, 독일어의 8개 언어이다. 그러나 이 8개 언어를 모두 제공하고 있는 것은 1995년, 1997년, 2000년, 2004년, 2007년, 2010년 유산들이고, 2009년 조선왕릉은 중국어 번역이 빠져 있고, 2014년 남한산성은 아랍어, 중국어, 러시아어가 빠져 있다. 2015년 백제역사유적지구는 독일어가 빠져 있고, 2018년 산사, 한국의 산지 승원과 2019년 한국의 서원에서는 일본어와 독일어가 빠져 있다. 따라서 번역에서 제외된 언어에 대해서는 하루 빨리 번역 요청을 해야 할 것이다.

　유네스코에서 제공하는 대부분의 통계 자료는 사진 및 서술형 정보가 함께 제공되며, 세계 문화유산 현황을 수치로만 알려주는 차원을 넘어 홈페이지 방문자로 하여금 세계 문화유산에 관심을 갖고 관련 정보를 얻거나 학습하도록 유도하고 있다. 또한 직접 해당 문화유산을 방문하거나 체험할 때 실질적 도움이 되도록 노력하고 있는데, 통계 항목을 설명하는 페이지에서 지표 내용에 관한 교육용 킷kit을 직접 다운로드 받을 수 있게 서비스하고 있다.[21]

분야별로 한국의 등재 비율을 살펴보면, 세계유산은 1.25%(N.14), 인류무형유산 4.32%(N.20), 기록유산 3.75%(N.16)로 나타난다. 세계유산의 경우 167개국에서 문화 869건, 자연 213건, 복합 39건으로 모두 1,121건이 등재되어 있다. 가장 많은 분포를 보인 나라는 이탈리아와 중국으로 각각 55건이 수록되어 있고, 그다음이 일본 23건이며 한국은 14건만이 수록되어 있다. 인류무형유산은 124개국에 463건이 등재되어 있다. 이 중 중국이 32건으로 가장 많고 일본이 21건 한국이 20건의 순이다. 기록유산은 123개국 8개 기구에 427건이 수록되어 있고 독일이 23건, 영국 22건, 폴란드 17건 그리고 네덜란드와 한국이 16건의 순이다. 이상, 한국의 문화유산이 세계 강대국들과 비등한 비율을 보이고 있다는 점에서 문화적 자긍심을 갖게 한다. 그러나 불교문화 유산의 면에서는 더욱 분발해야 한다. 세계유산에서 불교 관련 유산은 중국이 16건으로 가장 많고, 일본이 7건, 베트남과 인도, 스리랑카가 4건, 네팔, 몽골, 타이, 파키스탄, 인도네시아가 각 2건, 아프카니스탄, 방글라데시, 미얀마가 각 1건이다. 한국은 '산사, 한국의 산지 승원'을 비롯하여 석굴암 및 불국사, 해인사 장경판전의 3건이다.

---

21 더랩 씨(The lab C), 『문화유산 통계: 대표지표 개발 연구』, 문화재청, 2018, p.18.

한국불교의 역사적 부침 현상을 고려할 때 유산이 온전히 남아 있는 것만으로도 다행이라고 할 수 있으나, 위 수치를 비교할 때, 한국 불교문화유산의 세계유산 등재를 위한 노력이 더욱 절실하다는 점에서는 모두가 동의하리라 본다.

다음, 한국 세계유산의 유산별·지역별 현황을 살펴보면 다음 표와 같다.

표6. 한국 세계유산 유산별 · 지역별 현황

분야 \ 지역	문화 유산(건수)													자연유산	합계
	석굴암·불국사	해인사 장경판전	종묘	창덕궁	화성	경주역사유적지구	고인돌유적	조선왕릉	하회와양동	남한산성	백제역사유적지구	산사, 한국의산지승원	한국의서원	제주화산섬과 용암동굴	
소계	2	1	1	1	1	5	3	18	2	1	8	7	9	3	62
서울			1	1				4							6
부산															0
대구													1		1
인천							1								1
대전															0
광주															0
울산															0
세종															0
경기					1			13		1					15
강원								1							1
충북													1		1
충남											6	1	1		8
전북							1				2		1		4
전남							1					2	1		4
경북	2					5			2			2	4		15
경남		1										1	1		3
제주														3	3

제주화산섬과 용암동굴은 자연유산으로 별도로 분류할 수 있으며, 나머지는 인공유산에 해당한다. 여기서 '산사, 한국의 산지 승원'은 전남·경북에 2건씩이 있고, 충북, 충남, 경남에 각각 1건씩이 소재한다. 또한 조선왕릉이 있는 경기도가 13건으로 가장 많은 빈도를 보이는 반면, 부산, 대전, 광주, 울산, 세종에는 단 한 건도 분포하고 있지 않다. 지역별 비율을 억지로 일정하게 맞출 필요는 없다. 단, 국가적 맥락에서 각 지자체에서는 세계유산이 있는 지역과 연계한 정책을 펴서 국내외 관심 유도를 위해 노력해야 할 것이다.

한편, 2018년 제42차 세계유산위원회에서 논의된 '산사, 한국의 산지 승원'에 대한 유산 설명은 다음과 같이 요약할 수 있다.[22]

- 산사: 한반도 남부 지방에 분포한 불교 산지 승원이다.
- 7세기부터 9세기 간 설립된 7개 사찰은 고대부터 지속적으로 내려온 정신적 수련의 대표적 중심지로 선별되었다.
- 이 사찰들은 서로 다른 불교사상과 관련한 학파와 역사적 관계를 가지며, 괄목할 만한 수많은 역사구조물, 유물, 사료, 불전과 법당들을 포함한다.
- 공간구조는 한국에서 볼 수 있는 특징이라 할 수 있는 '마당'(개방형 중정)을 통해 이루어지고, 이 마당은 4건물(법당, 대웅전, 강당과 요사채)로 둘러싸인다. 모든 건축물들은 산지에 순응해 배치되었다. 산지 승원은 조선왕조 때 억불정책과 16세기 후반 임진왜란에도 불구하고 현재까지 믿음

---

22 제42차 세계유산위원회 의제문서의 원문은 유네스코 세계유산센터 누리집(http://whc.unesco.org/en/sessions/42COM/documents/)에 공개되어 있다.

과 일상 수행의 살아 있는 중심지로 살아남았다.

- 유산 범주: 1972 세계유산협약 1항에 의거 문화유산 범주이며, 7개 유적으로 구성된 연속유산임.[23]

또한 2018년 8월 '산사, 한국의 산지 승원'이 세계유산에 등재될 때 유네스코에서의 권고사항은 "본 연속유산의 탁월한 보편적 가치에 영향을 줄 수 있는 사찰 경내 모든 신규 건설 사업은 세계유산협약 이행을 위한 운영지침 172항에 따라 세계유산센터에 알림"이라고 하였다. 여기서 이코모스 평가보고서의 언급 내용은 "마곡사(승려들이 임시 사용하는 샤워시설 교체)와 대흥사(국방에서 절의 역사적 역할을 상징적으로 보여주기 위한 새 단층 건물), 법주사(사리각의 원 위치를 밝히기 위해 현재 진행 중인 발굴에 이어 건물 한 동 신축)"이다. 즉, 마곡사에서는 금어원 건립을, 대흥사에서는 호국대전 건립 그리고 법주사에서는 세존사리각의 복원과 성보박물관 건립을 계획하고 있다는 점을 들어 이들 사업을 시행하기 위해서는 세계유산센터에 사전에 알려야 한다는 의무조항을 잊지 말라는 것이다.

부정적 요소로는 산림 화재가 유산에 주요 위협이 되는 요소로 논의되었다. 또한 관광 증대는 향후 압력요인이 될 수 있고, 사찰 경내 건축물 신축 프로젝트는 신청 연속유산의 OUV에 잠정 영향요소가 될 수 있다.

긍정적 요소로는 신청 유산 구성요소들의 유산 구역 및 완충구역 경계 설정이 적절하고, 현지 법적 보호 장치도 적절성을 인정받았다. 또한 신

---

23 문화재청 세계유산팀, 『제42차 세계유산위원회 의제분석: 정책의제·보존의제·등재의제』, 문화재청, 2018, p.243.

청 유산 구성요소들이 잘 보존되어 있고, 전반적 연속유산의 관리체계가 적절하고 공조 및 공급도 잘 되고 있으며, 효율적으로 구현되었다고 보았다. 나아가 신청 연속유산 구성요소를 위한 모니터링 체계의 적절성도 긍정 평가를 받았다.

그럼 왜 세계 각국은 자국의 문화 요소를 세계유산에 등재하고자 노력하는가? 이는 '세계유산에 등재되면 어떠한 혜택을 받을 수 있는가'라는 질문과 같다. 세계유산에 등재되면 다음과 같은 혜택을 받을 수 있다.

> 첫째, 당사국과 지역사회는 관련 유산을 가진 세계 여러 나라들 중 가장 중요한 자연, 문화 지역 중 하나가 될 수 있는 기회를 얻는다.
> 둘째, 지역사회 구성원들이 유산에 대해 보다 깊이 인식하고 보호하는 계기가 되며, 해당 유산은 대표적인 국가 보호구역·지정유산이 될 수 있다.
> 셋째, 세계유산에 대한 국제적인 이해를 계기로 유산을 보다 잘 보호할 수 있는 국제협력과 공동의 노력을 촉진할 수 있다.
> 넷째, 기부금과 세계유산기금을 비롯해 자금 등 여러 지원을 모을 수 있는 기회가 마련된다.
> 다섯째, 국가 혹은 지역유산에 적용할 수 있는 보호, 보존, 관리를 위한 기술과 실행방안을 마련할 수 있다.[24]

이상의 혜택을 받고자 세계유산 등재에 국가간 노력을 기울이고 있다.

24　문화재청 세계유산팀, 『세계유산 등재신청 안내서』 제2판, 문화재청, 2011, p.10.

그러나 이러한 실질적인 혜택 외에도 우리의 정신성이 드러난 문화유산을 세계화하는 것은 곧 한국 민족의 정체성을 글로벌 시장에서 확인 받는 계기가 되는 것이므로 이를 통해 국가의 위상이 높아질 수 있기 때문이다. 국가의 위상이 높아진다는 것은 곧 국민들의 위상이 높아진다는 것이므로 세계유산의 등재는 그만한 가치가 있다.

세계유산은 1972년 유네스코가 채택한 〈세계 문화 및 자연 유산 보호 협약〉을 근거로 전 인류가 함께 보호하고 후세대에 물려주어야 할 중요한 유산이다. 세계유산협약에 가입한 국가들이 자국 내 유산 중 '탁월한 보편적 가치Outstanding Universal Value'를 지닌 유산을 세계유산으로 등재하기 위해 신청하면, 자문기구의 평가를 바탕으로 세계유산위원회가 등재 여부를 결정하게 된다. 따라서 엄격한 심사 과정에서 보류되거나 탈락되는 등 쉽게 등재가 결정되는 경우는 거의 없다. 즉, 한국의 14개 세계유산은 이러한 과정을 온전히 통과하여 현재에 이르고 있다는 점에서 등재 과정에 따른 노력이 어떠했을지 짐작이 된다.

참고문헌

국립경주문화재연구소 편, 『세계유산 보존관리 제도와 경주 월성』, 국립경주문화재연구
　　소, 2020.
〈기념건조물과 유적의 보존, 복원 국제헌장〉. International Charter for the Conservation
　　and Restoration of Monuments and Sites(The Venice Charter 1964)
더랩 씨(The lab C), 『문화유산 통계: 대표지표 개발 연구』, 문화재청, 2018.
문화재청, 『2020 문화재 연감』, 문화재청, 2020, p.406.
문화재청 세계유산팀, 『세계유산협약 이행을 위한 운영지침』, 문화재청, 2018.
_____, 『제42차 세계유산위원회 의제분석: 정책의제 · 보존의제 · 등재의제』, 문화재청,
　　2018.
World heritage Centre, World Heritage: Challenges for the Millenium, UNESCO, 2007.

〈유네스코와 유산〉 (https://heritage.unesco.or.kr)
유네스코 세계유산센터 누리집(http://whc.unesco.org)
WHC-92/CONF.202/10/Add.
WHC-92/CONF.002/12

제 3장

'산사, 한국의 산지 승원'의
세계유산적 가치와 특성

1. '산사, 한국의 산지 승원'의 세계유산 선정 과정

'산사, 한국의 산지 승원'은 2011년 국가브랜드위원회(2009년 출범, 2013년 폐지)에서 처음 등재 계획을 세울 당시 명칭은 '한국의 전통 산사'였다. 이때 국가브랜드위원회 내부에 '전통사찰 세계유산 추진전문가협의회'가 구성되어 대한불교조계종에서 당시 세계유산 분과 문화재위원인 장적스님과 불교중앙박물관장 홍선스님이 참여하였다. 그리고 세계유산에 등재되기 위한 첫 단추로 세계유산 잠정목록에 등재시키기 위해 총 4차례의 현지답사를 실시하여 전국의 전통사찰 중 국내적 중요성뿐만 아니라 세계적인 보편적 가치에 초점을 맞춰 유형적·무형적 가치를 겸비한 12곳의 사찰을 후보로 선정하였다.

후보사찰의 답사와 전문가협의회의 연구 과정을 거쳐 잠정목록 등재 대상사찰을 통도사, 부석사, 봉정사, 법주사, 마곡사, 선암사, 대흥사의 7개 사찰을 선정하였다. 이후 수차례의 국내외 학술회의를 거쳐 다양한 연구 업적을 쌓았다. 이를 통해 전통사찰의 가치를 발굴함과 동시에 세계유산 등재를 위해 갖추어야 할 요건들인 등재기준 및 절차, 유산보존과 활용 방안을 사전에 점검할 수 있는 계기를 마련하였다.

2017년 5월에는 통도사-선암사-대흥사-마곡사-법주사-봉정사-부석사

순으로 국내 전문가 초청 예비실사를 진행하여 문제점을 파악하고 보완하였다. 그러고 나서 동년 6월 18일부터 23일까지 국외전문가 초청 예비실사를 실시하였다. 동년 11월 4일 이코모스 요청 추가 보완자료를 작성·제출하였다.

2018년 1월 12일에는 이코모스ICOMOS, 국제기념물유적협의회 패널 위원들로부터 중간보고서가 문화재청에 도착하였는데 이코모스에서는 '산사, 한국의 산지 승원'이 OUV 요건을 충족할 잠재적 가능성은 있으나 충분히 증명되지 않은 사항이 있음을 밝혀 왔다. 즉, 한국 불교만의 독특성, 유산 선정 이유, 비교분석, 방문객 압력 및 수용력, 신규공사, 보존관리 및 관광 개발 종합계획을 위한 5개년 계획에 대한 추가 보완자료를 요구해 왔다. 구체적으로는 연속유산 구성 개체 선정, 한국 불교와 지역 신앙에 대한 세부사항, 복원 개념, 지역 공동체와 협의, 문화유산 영향 평가 과정, 지자체와 정부기관 간의 관리 조정 사안에 대한 보완을 요청해 왔다.[1] 이에 3차례의 전문가 회의를 거쳐 그해 2월 26일 이코모스 중간보고서 답변서를 제출하였다.

5월 3일에는 유네스코 세계유산센터에서 심사평가서를 보내왔고 등재 신청한 7개 산사 중 통도사, 부석사, 법주사, 대흥사 4개 사찰만 등재할 것을 권고해 왔다. 나머지 3개 산사인 봉정사, 마곡사, 선암사의 경우 역사적 중요성이 충분히 드러나지 않으며, 봉정사는 종합승원으로 간주하기에 다른 산사에 비해 규모가 작아서 등재에서 제외할 것을 권고하였다.

---

1   한양대학교 문화재연구소, 『세계유산 연속유산 등재 전략 연구: 등재신청서와 자문기구 평가서 분석을 중심으로』, 문화재청, 2018, p.178.

또한 추가적 이행과제로서 앞으로 늘어나게 될 관광 수요에 대한 대응 방안의 개발, 정비계획의 마련, 사찰 내 신규 건축 시 세계유산센터와 협의할 것 등을 제시하였다.

2018년 5월 11일부터 6월 1일까지 5차례에 걸쳐 이코모스 심사평가서에 대한 보충자료 작성 회의를 진행하고 이코모스 심사평가서에 대한 사실오류 정오표와 지지교섭 자료를 작성하여 사실오류 정오표를 제출하고, 지지교섭 자료는 바레인에서 개최되는 제42차 유네스코 세계유산위원회에서 유네스코 위원국들에게 7개 산사의 일괄 등재의 당위성을 이해시키고 이에 대한 지지발언을 이끌어내기 위한 핵심 자료로 이용되었다. 그 결과 그해 6월 30일 제42차 세계유산위원회에서 '산사, 한국의 산지 승원'의 7개 산사 모두가 등재 결정되었다.

이상과 같이 2018년 '산사, 한국의 산지 승원'이 세계유산으로 등재되기까지는 여러 우여곡절이 있었지만 그중 가장 핵심적인 내용은 이코모스가 제시한 보완책이라 하겠다. 그 내용은 산사의 마당에 대한 설명과 산사 중 7개의 선정 이유가 추후 항구적으로 지속가능한지에 대한 의구심 든다는 것이다. 여기에 대해 추가정보의 설명은 명확했으나, 한국 내 사찰에 대한 비교분석이 제안된 OUV와 연계하여 선정된 7군데 모두에 적합하지 않았다고 보았다.

세계문화유산에 등재된 이러한 동아시아, 동남아시아의 불교문화재들과 사찰 구조물이 천 년간 지속되었고 활발한 불교적 관례를 계속 지원하는 자연적으로 아름다운 곳에 위치하고 있다는 점은 좋은 인상을 심어 주었다. 한국의 산사는 785개소가 있고, 중국의 도교나 일본의 신교 같은 다른 종교의 관례와 덜 혼합된 것을 보여준다. 이코모스에서도 불교도의 다양한 대표 종파와 전통에 따른 영적 수련 현장에 대한 비교 맥락이 방대함을 인정하고 지속성을 보여주는 가장 적합한 비교를 포함했다고 판단하였다.

우리가 유네스코 측에 제출한 보고서에서는 산사 7개소의 선정 과정을 분명하게 설명하였고, 연속 유산의 이유에 대해 좀 더 깊은 이해를 뒷받침하였다. 다음에서는 세계유산 등재를 위해서 필수적으로 요구된 탁월한 보편적 가치, 진정성과 완전성 그리고 지속가능한 관리 및 관리 체계에 대해 검토해 보고자 한다.

2. 세계유산 선정 기본 항목

1) 세계유산의 탁월한 보편적 가치 OUV

탁월한 보편적 가치Outstanding Universal Value; OUV란 세계유산 등재에 마땅한 유산이 가진 가치를 말한다. 이는 세계유산 등재의 정당성을 뒷받침하며 세계유산위원회에 의해 합의된 가치이다. 또한 이것은 국내적 혹은 지역적인 기준에 의한 것이 아닌 국제적 중요성을 반영한다. 세계유산은 이러한 탁월한 보편적 가치를 지닌 부동산의 유산들에 한해 등재가 가능하다. 따라서 여기에는 조각품이나 회화 등의 동산문화재, 동·식물 등은 해당되지 않는다.

세계유산으로 탁월한 보편적 가치의 정당화를 위해서는 다음의 세 가지 요소가 충족되어야 하는데, 이는 하나 이상의 등재기준, 진정성과 완전성, 보존·관리를 말한다. 이러한 세 가지 조건이 모두 만족될 때 유산의 탁월한 보편적 가치가 성립될 수 있으며 이를 통해 세계유산 등재의 정당성을 뒷받침한다.

탁월한 보편적 가치를 인정받기 위해서는 유산이 완전성 및 진정성의 조건 또한 충족해야 하며, 해당 유산의 보호를 위한 적절한 보호와 관리 체계를 갖추어야 한다. 세계유산 신청 시 소급 기술문은 영어 또는 불어로 된 전자문서를 위원회 승인 요청 이전 해 2월 1일까지 제출해야 한다.

탁월한 보편적 가치는 세계유산협약 내에서 하나의 완성된 개념이나 개체로 취급되고 통상 'OUV'로 축약되어 관련된 각종 문서와 자료에서 쓰인다. 그만큼 OUV는 협약 내에서 절대적 가치를 지닌 개념으로 취급되고 우리가 흔히 말하는 '세계유산적 가치'와 일맥상통하는 단어이다. 그만큼 중요한 개념이다. 1978년 개최된 제1차 세계유산위원회에서 첫 번째 운영지침이 채택되었다. 여기서 '탁월함'에 대해 "협약은 탁월한 보편적 가치가 있다고 판단되는 문화 또는 자연유산의 보호하는 수단을 제공한다. 협약은 높은 관심, 중요성, 또는 가치를 가진 모든 유산이나 지역에 대한 보호를 제공할 의도를 가지고 있지 않고 오직 국제적 관점에서 가장 탁월한 것들을 뽑은 목록에 대해서만 제공하고자 한다"[2]고 정의하고 있다. 즉, 다른 것들과 비교할 때 뛰어나며 다른 평범한 것들을 뛰어넘는다는 의미이다. 그리고 '보편적'이란 개념은 "자신이 속한 문화를 가장 대표적으로 보여주는 유산을 의미하는 것으로 해석되어야 한다"[3]고 하였다.

---

2 조효상, 「세계유산협약의 기초개념 연구: 탁월한 보편적 가치, 진정성, 완정성에 관하여」, 한남대 석사논문, 2013, p.39.
3 조효상, 위의 논문.

이상과 같이 탁월한 보편적 가치에는 상대적 평가가 주요하게 작용하고 있다.

이러한 정의는 2005년 세계유산협약 운영지침에 의해 개정되어 그간 모호했던 탁월한 보편적 가치의 정의가 분명히 제시되었다. 2005년 운영 지침에 의한 정의는 "탁월한 보편적 가치란 국경을 초월할 만큼 독보적이며, 현재와 미래 세대의 전 인류에게 공통적으로 중요한 문화 및 또는 자연적 중요성을 의미한다. 그러므로 이와 같은 유산의 영구적인 보호는 국제사회 전체의 가장 중요한 일이다. 위원회는 세계유산목록 등재기준을 정의한다"[4]고 하였다. 이는 한 국가 내에서의 중요함을 넘어서서 전 세계 모든 사람에게 공통적으로 중요하고, 그렇기 때문에 온전히 보호하여 미래 세대에게까지 물려줘야 할 문화적, 자연적 가치가 바로 세계유산으로서의 탁월한 보편적 가치라는 말이다. 그리고 이러한 문화적, 자연적인 탁월한 보편적 가치는 위원회가 정하는 세계유산 등재기준에 의하여 평가한다는 점을 명시했다. 즉, 모든 인류에게 공통적으로 중요하게 여겨질 수 있는 탁월한 보편적인 가치에는 여러 가지가 있겠지만 그중에서도 이 협약에서는 문화적, 자연적 가치만을 평가하며, 이를 평가하는 기준이 바로 세계유산 등재기준이다.

다음의 인용문에서 '세계유산협약 등재기준'은 총 10개가 제시되어 있다. 2005년 이 운영지침이 개정되기 전에는 문화유산과 자연유산의 등재기준이 따로 나뉘어 있었으나 이때부터는 통합 기준이 작성된 것이다.

---

4   문화재청 세계유산팀, 『세계유산협약 이행을 위한 운영지침』, 문화재청, 2018, p.39.

즉, 세계유산 운영지침에서는 등재하고자 하는 유산의 탁월한 보편적 가치 판단을 위해 다음의 10가지 객관적 기준을 제시하고 있다. 세계유산의 등재를 위해서는 등재기준 중 1가지 이상을 만족해야 하며 여기서 '탁월한 보편적 가치'가 중요하다. 그 기준은 다음과 같다.[5]

ⅰ. 인간의 창의성으로 빚어진 걸작에 해당해야 한다.

ⅱ. 일정한 시기 또는 세계의 일정한 문화권 내에서 건축이나 기술, 기념비적인 예술, 도시계획이나 조경 디자인의 발전에 있어 인류 가치의 중요한 교환을 보여주어야 한다.

ⅲ. 현존하거나 사라진 문화적 전통이나 문명의 유일한 또는 적어도 독보적인 증거여야 한다.

ⅳ. 인류 역사에서 중요한 단계를 예증하는 건물 유형, 건축이나 기술의 총체 혹은 경관의 탁월한 사례여야 한다.

ⅴ. 하나(혹은 여러) 문화 혹은 특히 되돌릴 수 없는 변화의 영향으로 취약해진 환경과 인간의 상호작용을 대표하는 인간의 전통적 정주지, 토지 이용 또는 바다 이용의 탁월한 사례여야 한다.

ⅵ. 탁월한 보편적 중요성이 있는 사건이나 살아있는 전통, 사상이나 신앙, 예술, 그리고 문학 작품과 직접 또는 유형적으로 연관되어야 한다.

ⅶ. 최상의 자연현상이나 독보적인 자연미와 미학적 중요성을 지닌 지역을 포함해야 한다.

---

5   문화재청 세계유산팀, 앞의 책, pp.53-54.

viii. 생명의 기록이나 지형의 발전에서 진행 중인 중요한 지질학적 과정, 중요한 지형학 또는 자연지리학의 특징물 등 지구 역사상 주요 단계를 보여주는 탁월한 사례여야 한다.

ix. 육상, 민물, 해안 및 해양 생태계와 동·식물 군락의 진화와 발전에서 진행 중인 중요한 생태적·생물학적 과정을 보여주는 탁월한 사례여야 한다.

x. 과학이나 보존의 관점에서 탁월한 보편적 가치를 지닌 멸종 위기 종 등 생물학적 다양성의 현장 보존을 위해 가장 중요하고 의미 있는 자연 서식지를 포함해야 한다.

기준 (i)에서 (vi)까지는 문화유산에 해당하고, (vii)에서 (x)까지는 자연유산에 해당한다. '산사, 한국의 산지 승원'의 세계유산적 가치에서 탁월한 보편적 가치가 어떻게 평가되었는지 살펴보면 다음과 같다.

산사는 한반도에 입지한 불교 산지 승원이다. 마곡사를 비롯하여 통도사, 부석사, 봉정사, 법주사, 선암사, 대흥사는 7세기부터 9세기에 걸쳐 창건되었으며 고대부터 현재까지 지속되는 종교적 수행의 중심지를 대표한다. 이들 사찰은 각기 다양한 종파들과 역사적인 관련성을 가지며 주목할 만한 많은 역사적 건축물, 유물 및 문헌들을 보유하고 있다. 한국불교의 독특한 무형적이고 역사적인 측면들은 산사들의 유구한 역사와 지속성 및 사찰 경영과 관리, 승가교육, 선 수행, 교리학습의 전통에 기반한다. 승원 내의 공간적인 배치에는 승가 공동체의 자급자족에 대한 요구뿐 아니라, 위와 같은 특성들이 반영되어 있다.

산사는 공통적으로 산의 자연 형세를 배경으로 입지하며, 하나 이상의

'마당'을 포함하고, 마당의 4면에는 전각들이 배치되어 있다. 이 산지 승원들은 조선시대의 억불 정책과 16세기 말 일본의 침략에도 불구하고 신앙과 일상생활이 지속된 살아있는 중심지로서 현재까지 살아남았다. '산사, 한국의 산지 승원'은 다음과 같은 세계유산 등재기준 (ⅲ)을 충족하였다.

등재기준(ⅲ): 불교는 한반도의 많은 시대를 가로지르는 긴 역사를 가지고 있다. 7개 산사는 7세기부터 현재까지의 불교 승원 문화의 뚜렷한 한국적 예를 제공한다. 이 산사들은 신성한 장소로서, 불교의 정신적인 수행의 유구하며 지속적인 전통의 특출한 증거를 보여준다.[6]

이상의 기준을 충족한 7개 사찰의 기본 개요를 보면 다음과 같다.

표1. '산사, 한국의 산지 승원'의 특징

산사	위치	창건시기	중심 전각	특징
통도사	경남 양산시	7세기(646)	금강계단, 대웅보전	가장 전통적인 신앙·수행·생활 유지
부석사	경북 영주시	7세기(676)	무량수전	선묘각을 통한 창건 설화 전승
봉정사	경북 안동시	7세기(677)	극락전	수행합일 실천
법주사	충북 보은군	8세기 중반	대웅보전	한국 유일의 목탑 형식 건물인 팔상전과 중층법당(대웅보전)
마곡사	충남 공주시	9세기 후반	대웅보전, 대광보전, 영산전	고방 등 생활공간이 잘 보존됨
선암사	전남 순천시	9세기 후반	대웅전	선수행과 함께 발달한 차밭 경영
대흥사	전남 해남군	9세기 후반	대웅전	선교 교학전통의 중심

---

6   산사세계유산등재추진위원회, 『산사, 한국의 산지 승원 세계유산 등재 기념 백서』, 산사세계유산등재추진위원회, 2019, p.253.

① 통도사

경남 양산시에 위치하여 7세기(646)에 불보신앙의 원천인 진신사리를 봉안한 금강계단의 계율 전통을 바탕으로 창건되었다. 대웅보전 등 한국 불교 신앙의 전 면모를 망라한 전각을 넓은 지형에 맞게 세 구역의 삼로전 체제로 구성한 산사이다. 통도사는 다원적인 가람 구조에서 신앙과 수행과 생활의 모든 면모를 가장 전통적인 형태로 유지한 불보사찰이다.

② 부석사

경북 영주시에 위치하여 7세기(676)에 미타신앙의 성지인 무량수전을 중심으로 창건되었다. 부석사의 전각들은 산기슭의 경사진 터에 구축한 다단의 사역에 건립되었다. 계단에 오르듯이 차례로 상승하는 신앙과 수행을 상징한 가람을 구성한다. 또한 부석사는 선묘각을 통해 창건 설화를 전승한 융합적인 요소도 가지고 있다.

③ 봉정사

경북 안동시에 위치하여 7세기(677)에 극락전을 중심으로 창건되었다. 대웅전과 극락전이 각각 마당을 갖춘 병렬축 구조로 각각 석가신앙과 미타신앙을 구현한다. 봉정사는 경사진 입지에 두 개의 축을 지닌 다축공간을 갖춘 산사이다. 현재까지 주변 밭에서 음식 재료를 재배하고 식용하는 수행합일을 실천하는 산사의 생활을 대표한다.

④ 법주사

충북 보은군에 위치하여 8세기 중반에 미륵신앙의 전당인 산호전을 중심으로 창건되었다. 현재는 산호전 자리에 미륵대불이 조성되었고, 석가 신앙의 대웅보전과 두 개의 축으로 이루어져 직교하도록 구성되어 있다. 법주사는 넓은 산지에 마당을 중심으로 야외 예불 공간이 펼쳐진 산사이 다. 또한 한국 유일의 목탑 형식 건물인 팔상전과 중층 법당을 대표하는 대웅보전의 목조건축물을 보존하고 있다.

⑤ 마곡사

충남 공주시에 위치하여 9세기 후반에 선종 사원으로 창건되었다. 마 곡천을 사이에 두고 영역이 확대되어 남원의 대웅보전과 대광보전의 석 가신앙 및 화엄신앙 영역과 마곡천 건너 북원에 위치한 영산전의 선 수행 공간으로 구분하여 구성한 산사이다. 또한 고방 등 생활공간이 잘 보존된 산사이다.

⑥ 선암사

전남 순천시에 위치하여 9세기 후반에 선종 사원으로 창건되었다. 숲 으로 둘러싸인 넓은 터에 석가신앙의 대웅전과 마당 중심의 가람 구조를 갖추었다. 이와 같은 가람 구조가 넓은 터에 네 겹으로 중첩되어 이루어 지면서 각각의 용도가 잘 구분되는 산사이다. 선 수행과 함께 발달한 차 밭의 경영이 특징이다.

⑦ 대흥사

전남 해남군에 위치하여 9세기 후반에 선종 사원으로 창건되었다. 대 흥사는 대웅전 구역에서 계류를 건너 천불전 구역, 표충사 구역, 대광명전 구역으로 사역이 확대된 산사로서 석가 신앙과 표충사의 호국신앙을 계승하고 선교 교학전통의 중심을 이룬 특징을 갖는다.

2) 진정성과 완전성

세계유산 등재기준과 더불어 반드시 공통적으로 갖춰야 하는 요건으로는 '진정성'authenticity과 '완전성'integrity이 있다.[7] 진정성은 문화유산에 해당하는 기준으로 유산의 출처, 근원 혹은 재질, 기법 등에 유산이 가진 시기적 가치에 부합하는 '원래의 것'이라는 부분을 충족하고 있는가에 대한 기준을 말한다.

형태나 귀속 시대와 상관없이 문화유산의 보존은 유산이 보유한 가치에 근거한다. 해당 가치에 대한 이해력은 부분적으로 이들 가치와 관련된 정보원을 어느 정도로 신뢰할 만하거나 진실된 것이라고 판단하는가에 달려 있다. 해당 문화유산의 본래적 특징과 이후 획득한 특징, 그리고 이러한 특징의 의미와 관련해 이들 정보원에 대한 지식과 이해는 진정성의 전 측면을 평가하는 데에서 필수 불가결한 토대가 된다.

1965년 이코모스ICOMOS에 의해 채택된 〈베니스헌장Carta di Venezia, Venezia 1964〉은 기념물과 유적의 보존, 복원에 대한 국제 헌장으로 국제

---

7 '산사, 한국의 산지 승원'은 진정성과 완전성 부문에서 3점을 획득하였다. 이는 조건부 정당화 혹은 충족(be met, justified, but … 또는 다른 조건)에 해당하는 점수이다. 이와 관련해서는 한양대학교 문화재연구소, 『세계유산 연속유산 등재 전략 연구: 등재신청서와 자문기구 평가서 분석을 중심으로』, 문화재청 세계유산팀, 2018, p.38의 〈표11. ICOMOS 평가서 3장 평가 기준〉 참조.

원칙의 중요한 기반이 되고 있다. 1964년 베니스 국제회의에서 '기념물과 유적의 보존 및 복원에 관한 국제헌장INTERNATIONAL CHARTER FOR THE CONSERVATION AND RESTORATION OF MONUMENTS AND SITES(THE VENICE CHARTER 1964)'을 국제 사회가 채택하게 되었고 이 국제회의가 열린 베니스 이름을 따 '〈베니스 헌장〉'이라 부르게 되었다.

〈베니스 헌장〉은 약 28개의 언어로 번역되어 전 세계 보존 및 복원에 관한 기준으로 그 역할을 수행하며 새로운 헌장, 매뉴얼들이 재창조되었다. 이때 참석자 23명은 다음과 같다.

Piero Gazzola (Italy)	Mario Matteucci (Italy)
Roberto Pane (Italy)	Raymond Lemaire (Belgium)
José Bassegoda-Nonell (Spain)	Luis Benavente (Portugal)
Djurdje Boskovic (Yugoslavia)	Hiroshi Daifuku (UNESCO)
P.L. de Vrieze (Netherlands)	Harald Langberg (Denmark)
Jean Merlet (France)	Jean Sonnier (France)
Francois Sorlin (France)	Carlos Flores Marini (Mexico)
S.C.J. Pavel (Czechoslovakia)	Paul Philippot (ICCROM)
Harold Plenderleith (ICCROM)	Victor Pimentel (Peru)
Deoclecio Redig de Campos (Vatican)	Eustathios Stikas (Greece)
Gertrud Tripp (Austria)	Jan Zachwatovicz (Poland)
Mustafa S. Zbiss (Tunisia)	

〈베니스 헌장〉에서 확인된 진정성은 유산의 가치에 관한 필수 자격 요

소로 보인다. 진정성에 대한 이해는 세계유산협약과 다른 문화유산 목록들의 등재 절차상에서는 물론 해당 유산에 관한 학술 연구와 보존과 복구 계획에서 근본적인 역할을 한다. 관련 정보원의 신뢰성뿐 아니라 문화유산의 가치에 대한 일체의 판단은 문화마다 다를 수 있으며, 심지어 동일 문화에서도 차이를 보일 수 있다. 따라서 고정된 기준에 따라 그 가치와 진정성을 판단하기란 불가능하다. 이와 반대로 모든 문화를 합당하게 존중하기 위해서는 유산이 속한 문화적 맥락 속에서 해당 유산을 고려하고 판단해야 한다. 그러므로 각 문화마다 보유한 유산이 지닌 가치의 구체적인 성격과 관련 정보원의 신뢰성, 진실성을 인식하는 일이야말로 가장 중요하고 시급하다. 진정성에 대한 판단은 해당 문화유산의 성격과 문화적 맥락, 진화 양상에 따라 다양한 정보원이 지닌 가치와 연관될 수 있다. 해당 정보는 형태와 디자인, 소재와 재료, 용도와 기능, 전통과 기술, 위치와 주변 환경, 정서와 기풍을 비롯해 다른 내·외부 요소들을 포함할 수 있다. 해당 정보를 활용하면 관련 유산의 고유한 예술, 역사, 사회, 학술적 면모를 구체화할 수 있다.

〈베니스 헌장〉은 서문과 정의, 보존, 복원, 역사유물, 발굴, 출판을 표제로 16개 조항을 기술하고 있다. 이 중 유산의 진정성과 관련하여 「서문」에서는 헌장의 목적과 등장 배경을 다음과 같이 밝히고 있다.

"과거로부터 전갈을 흠뻑 담은 채 인류 세세손손 내려온 역사적 기념물들은 오랜 세월을 거친 전통의 살아 있는 증인으로서 오늘날까지 남아 있는 것들이다. 사람들은 인간의 가치 기준이 일치함을 점점 더 알게 되었으며 고대의 기념물들을 인류 공동의 유산으로 간주하게 되었다. 후세들을 위해 이들을 보호할 공동의 책무가 있음을 인식하게 되었다. 완벽한 진품 그대로 그들에게 물려주는 것이 우리의 의무다."[8]

위 헌장은 1994년 11월 1일~6일 일본 나라奈良에서 개최된 '세계유산협약에서의 진정성에 관한 나라 회의' 참석자 45명이 작성한 〈진정성에 관한 나라 문서The Nara Document on Authenticity〉[9]의 작성에 결정적 영향을 미친 것이다. 여기에서는 석조 건축물 중심에 한정되어 있던 진정성 기준의 범위를 확장시키는 계기를 제공했으며, 현재 통용되는 진정성의 기준을 확립했다.

ON HERITAGE PRACTICES, CULTURAL VALUES, AND THE CONCEPT OF AUTHENTICITY의 핵심 내용은 다음과 같다.

① 형태와 디자인Form and Design: 변화와 변화 정도, 디자인과 형태의 정확성, 변화 자체가 가치인지에 대한 판단
② 자재와 구성 물질Materials and Substance: 자재의 대체 정도, 수리나 복원의 원형과의 유리 정도
③ 용도와 기능Use and Function: 용도와 기능 관련 대상과 변화 정도 및 이유, 변화의 강도, 기반이 되는 사회적 매커니즘

---

8 이태녕·도춘호, 「〈베니스 헌장〉의 해설과 번역 외」, 『보존과학회지』74-2(통권 제10권), 한국문화재보존과학회, 1998, p.87.
9 〈진정성에 관한 나라 문서〉에 대한 자세한 내용은 다음을 참조. 최종덕, 「진정성에 관한 나라 문서(1994)」, 『건축역사연구』17-1(통권56호), 2008, pp.127-133; 김민숙, 「〈진정성에 관한 나라 문서〉가 일본의 문화재 보존에 미친 영향」, 『한국건축역사학회 학술발표대회 논문집』, 한국건축역사학회, 2015.05., pp.197-200.

④ 전통, 기술, 관리체계Traditions, Techniques and Management Systems: 관련 대상, 유지하게 하는 사회적 매커니즘, 변화 여부와 정도, 이유, 수리 여부와 관련성 및 정도

⑤ 입지와 주변 환경Location and Settings: 변화여부와 정도, 경계획정

⑥ 언어와 다른 형태의 비물질적 전통Language and Other Forms of Intangible Heritage: 사용 집단, 변화 여부와 이유, 쇠퇴 여부, 유산을 지지하는 사회 메커니즘. 사용 인구와 위협 요소

⑦ 정신Spirit과 감성Feeling 그리고 다른 외부와 내적 요인들: 가치의 주체, 변화와 정도, 쇠퇴 여부, 사회 메커니즘, 대상 집단

이 나라 회의[10]에는 전 세계 26개국과 12명의 회의 참석자로 구성된 실무진이 작성하고 레이몽 르메어와 헤르프 쉬토펠이 편집한 나라 문서와 해당 전문가들의 보고서가 게재되었다. 이 자료집은 이코모스 회원과 다른 사람들이 나라 문서의 논의 내용을 세계 다른 지역으로 확대하는 역할을 한다.

이와 함께 완전성은 문화유산과 자연유산에 공통적으로 적용되는 기준이며, 이는 문화유산과 그 속성의 흠이 없는 온전성과 무손상성, 위협 요소의 부재를 의미한다. 이와 같은 기준은 등재 여부에서 유산의 가치를

---

10   Larsen, Knut Einar with an editorial group (Jokilehto, Lemaire, Masuda, Marstein, Stovel), *Nara conference on authenticity in relation to the World Heritage Convention*. Conférence de Nara sur l'authenticité dans lecadre de la Convention du Patrimoine Mondial. Nara, Japan, 1-6 November 1994, Proceedings published by UNESCO - World Heritage Centre, Agency for Cultural Aairs of Japan, ICCROM and ICOMOS, 1994.

드러나게 하는 충분한 제반 요소의 보유 여부를 판단할 수 있게 하는 요소로 작용하며 다음의 기준들을 제시하고 있다.

① 탁월한 보편적 가치(OUV)를 나타내는 모든 구성요소를 포함할 것
② 등재 유산의 중요성을 드러내는 모든 특징과 과정을 완벽하게 보여주는 적절한 규모일 것
③ 무관심이나 개발의 부정적 효과로부터 유산이 받을 수 있는 피해에 대한 내용을 반드시 진술할 것

1995년 10월 17~22일, 체코 체스키 크룸로프에서 개최된 이코모스 유럽 회의[11]에서는 18명의 이코모스 지역 회원이 모여 진정성 개념의 적용과 관련해 14개국의 관점을 발표하였다. 그 결과 보존 문제에 대해 진실하고 성실하며 정직한 접근을 보장하는 수단으로서 우리가 보존 문제에 적용하는 분석 과정에서 진정성이 갖는 중요성을 확인하였으며, 문화경관과 도심환경에 적합한 진정성 분석을 적용하기 위한 역동적인 보존 개념 강화가 강조되었다.[12]

1996년 3월 미국 텍사스 주 샌 안토니오에서 개최된 진정성에 관한 본회의[13]에는 '나라' 개념의 적용을 논의하기 위해 북미와 중남미 각국의 이

---

11 *Authenticity and Monitoring, October* 17-22, 1995, Cesky Krumlov, Czech Republic, ICOMOS European Conference, 1995.
12 문화재청 세계유산팀, 『세계유산협약 이행을 위한 운영지침』, 문화재청, 2018, p.198.
13 *Interamerican symposium on authenticity in the conservation and management of the cultural heritage*, US/ICOMOS, e Getty Conservation Institute, San Antonio, Texas 1996.

코모스 국가 위원회 위원들이 참석하였다. 본 회의에서는 진정성과 정체성, 역사, 구성자재, 사회적 가치, 동적·정적 유적지, 관리와 경제학 사이의 관계를 다룬 '샌 안토니오 선언문Declaration of San Antonio, 1996'이 채택되었다. 이 선언에는 진정성의 '증거'를 '그것의 참된 가치, 완전성, 맥락, 정체성, 용도와 기능의 반영'으로 확대하는 내용의 권고와 특별한 유형의 유산에 대한 권고가 담겨 있다. 이를 통해 미주지역 문화유산의 진정성과 정체성, 사회적 가치 등을 언급하며, 이 지역의 주요한 특성인 다양한 문화의 공존과 각 문화의 필요성을 강조하였다.

2000년 5월 26~29일 세계유산센터가 주최한 그레이트 짐바브웨 회의[14]에서는 아프리카의 맥락에서 진정성과 완전성을 집중 논의하였다. 18명의 발표자가 문화유산과 자연유산의 관리상 발생하는 여러 문제를 다루었다. 회의 결과는 위의 자료에 수록되었으며, 여기에는 회의 참석자들이 제안한 일련의 권고가 포함되어 있다. 권고 내용 중에는 진정성을 보여주는 속성 중에 관리체계와 언어, 기타 형태의 무형유산을 포함시키자는 제안과 지속 가능한 유산 관리 과정에서 지역사회의 공간을 강조하는 내용도 있다.

〈진정성에 관한 나라 문서〉와 진정성과 완전성에 관한 짐바브웨 회의의 성과를 기초로 2005년에는 세계유산협약 운용지침에도 반영되어 '완전성 및 진정성'이라는 새로운 절 속에 8항목의 규정을 두고 있다. 이 8항

---

14 Saouma-Forero, Galia, (edited by), *Authenticity and integrity in an African context: expert meeting, Great Zimbabwe, Zimbabwe*, 26-29 May 2000, UNESCO - World Heritage Centre, Paris 2001.

목 중 3항목은 〈진정성에 관한 나라 문서〉에서 전용한 것이다.[15] 즉, 〈진 정성에 관한 나라 문서〉는 세계 각국의 문화유산 보존 현장에까지 확대 되었다.

이상, 〈베니스 헌장〉에서 제시된 기본 개념을 바탕으로 한 〈진정성에 관한 나라 문서〉를 통해 각 문화와 그에 속한 문화유산의 다양성이 존중 되어야 한다는 당위성이 합의되었고, 이는 진정성이 재인식되는 계기가 되었다.[16]

2001년 '유네스코 세계 문화다양성 선언UNESCO Universal Declaration on Cultural Diversity, 2001'이라는 국제적 선언에서 문화와 유산의 다양성에 대한 개념이 확대 적용되었다. 이 개념은 결국 유·무형유산에 대한 보호 와 전승이 2003년 '무형문화유산 보호 협약Convention for the Safeguarding of Intangible Cultural Heritage, 2003'을 통해 국제협약으로 발전하게 되었 고, 이러한 진정성에 관한 개념 확대는 2005년 유네스코 제33차 총회에서 '문화적 표현의 다양성 보호와 증진 협약Convention on the Protection and Promotion of the Diversity of Cultural Expressions, 2005'으로 채택되었다.[17]

문화와 유산의 다양성을 존중하기 위해서는 특정 기념물과 유적의 진 정성을 위하거나 결정하고자 할 때 기계적인 공식이나 획일화된 절차를

---

15 河野俊行,「オーセンティシティに関する奈良ドキュメントとその20周年」,『JAPAN ICOMOS INFORMATION』Vol.9, No.7, JAPAN ICOMOS National Committee Secretariat, 2014, p.8.
16 박진재,「세계문화유산 제도의 전개 양상과 운영의 추이에 관한 연구」, 성균관대 박사 논문, 2013, pp.115-116.
17 위의 논문, p.117.

부여하지 않기 위해 의식적으로 노력해야 한다. 문화와 유산의 다양성을 존중하는 방식으로 진정성을 결정하기 위해서는 각 문화가 그들의 성격과 필요에 맞는 분석 과정과 도구를 개발하도록 장려하는 접근법이 필요하다. 이러한 접근 방식에는 다음의 몇 가지 공통점이 있다.[18]

① 진정성을 평가하기 위해 학제 간 협력하고 모든 관련 지식과 전문성을 적절히 활용하고자 노력한다.

② 유산의 가치가 특정 문화와 해당 문화의 다양한 관심, 특히 기념물과 유적을 실질적으로 대변하도록 노력한다.

③ 향후 관리와 감시를 위한 실질적 지침으로서 기념물과 유적의 진정성이 갖는 고유한 특징을 명확히 기록하기 위해 노력한다.

④ 끊임없이 변화하는 가치와 주변 상황에 비추어 진정성에 대한 평가를 최신내용으로 수정하기 위해 노력한다.

특히 유산의 가치가 존중받고, 해당 가치에 대해 학제적, 공동체적 합의를 구축하기 위해 가능한 노력하는 것이 중요하다. 각 문화의 다양한 표현과 가치에 대한 세계인의 이해와 존중 의식 제고를 위해서는 접근 방식 또한 문화유산 보존 관련 이해 당사자 전원의 국제적 협력에 기초해야 하며, 이를 촉진한다.

이러한 대화를 지속하고 이를 세계의 다양한 지역과 문화로 확대하는

---

18 「후속과정에 대한 제안(헤르프 쉬토펠의 제안)」, 문화재청 세계유산팀, 『세계유산협약 이행을 위한 운영지침』, 문화재청, 2018, pp.194-196.

일은 인류 공동유산의 보존에서 진정성을 고려하는 데서 얻는 실질적 가치를 높이기 위한 필수요건이다. 유산의 이러한 근본적 차원에 대한 대중 인식제고는 과거의 자취를 보호하기 위한 구체적인 조치에 도달하기 위해 반드시 필요하다. 이는 문화재 자체가 나타내는 가치에 대한 이해를 높이고 현대 사회에서 그러한 기념물과 유적이 담당하는 역할을 더욱 존중하는 것을 의미한다.

이상의 기준을 충족한 '산사 한국의 산지 승원'의 진정성과 완전성에 대해 살펴보면 다음과 같다.

진정성의 측면에서 '산사 한국의 산지 승원'은 불교의 종교 활동과 의례를 위한 유산 요소들이 오랫동안 지속적으로 사용된 것에 근거를 둔다. 또한 산사의 위치 및 입지, 전통과 기술 및 사찰 관리 능력, 무형유산에 기반한다. 비록 일부 건물들의 기능은 사찰의 운영을 위해 변경되었지만, 건축적 요소들은 전통 건축 기술을 사용하는 수리 복원 원칙에 따라 세심하게 관리·유지 되고 있다. 이 불교 승원들의 종교적인 전통과 기능은 높은 수준의 진정성을 유지하고 있다.

완전성의 측면에서 7개 산사 모두는 한국 불교 산지 승원의 탁월한 보편적 가치를 나타내는 데 필요한 요소들을 갖추고 있다. 산지 입지, 종교 활동과 일상생활을 위한 잘 보존된 건축물들, 불전과 선 수행을 위한 영역, 강원과 요사채가 이에 해당한다. 유산 요소들을 위협하는 외부 압력은 거의 없으며, 근대기의 대규모 변경과 소실도 없어 7개 산사들은 온전한 상태에 있다. 이 산사들은 시대에 따른 변화에도 불구하고 그것들의 본래 기능을 잘 유지하고 있다.

3) 지속가능한 보호 및 관리 체계

신청유산은 유산구역을 비롯한 완충지역의 설정 등을 통해 해당 국가 내에서 법적·행정적 보호 제도를 받고 있음을 증명하는 보호 및 관리 체계를 갖춰야 한다. 보존관리 부문에서는 유산의 보존 상태에 대한 분석과 함께 유산구역과 완충구역의 명확한 경계가 구획되어 있음을 밝혀야 한다. 이와 함께 위험 요인에 대한 파악 및 그에 대한 대비책의 마련과 법적인 제도적 관리제도에 대한 대책을 다음의 항목에 맞게 구축해야 한다.

① 종합정비계획, 일상 관리체계
② 소유권, 관리 재원 조달과 예산 집행 현황
③ 전문가 활용 및 보존 관리를 위한 교육 상태
④ 방문객 시설과 인프라
⑤ 유산의 활용을 위한 제반 정책과 프로그램
⑥ 관리 인력의 전문적 수준
⑦ 유산에 대한 기록화 실적, 사진 및 시청각 매체 자료
⑧ 이해 당사자 간의 이해관계 조정

이 밖에도 지역 주민의 참여 정도와 경관조화를 위한 당사국의 노력 역시 보존관리에서 다뤄져야 할 기준으로 작용하고 있다. 이러한 등재기준의 명확한 설정과 함께 이론적 연구 역시 매우 중요하게 작용한다. 그중에서도 전 세계를 기반으로 하는 비교 가능한 비슷한 성격의 다른 나라 세계유산과의 비교 연구 분석 연구는 매우 중요하다. 이는 앞서 이야기한

탁월한 보편적 가치에서 드러나야 하는, 국경을 초월하여 보편성을 띠는 가치Transnational Value를 입증하기 위한 과정으로, 다른 유산과의 비교 분석을 통해 등재하고자 하는 유산이 보편적 가치를 가지는 유산이면서 그것이 다른 유산과 다른 어떠한 탁월한 가치를 가지는지를 입증하는 작업이라 할 수 있다.

세계유산 등재기준은 세계인의 합의 하에 이루어진 협약과 명확한 운영 지침을 바탕으로 유산의 가치를 공증 받을 수 있는, 가장 높은 가치평가 기준이라 할 수 있다. 자국 유산의 세계유산등재는 유산의 가치를 전 세계인과 공유하고 후세대까지 이어줄 수 있음은 물론 유산의 보존과 관리, 활용에서 효율적인 시스템으로 작용될 수 있다는 점에서 그 의미가 매우 크다고 할 수 있다. 그러나 유산 등재 시 등재 불가능 평가를 받을 경우 해당 유산으로 다시는 등재할 수 없다는 점을 고려했을 때, 세계유산 등재를 위한 세계유산 협약·운영지침 등에 대한 명확한 이해는 필수적이라 할 수 있다.

세계유산협약

제2차 세계대전 이후 유네스코가 창설되면서 유산보호 활동이 본격화되고 이러한 움직임이 세계유산협약 태동의 계기가 되었다. 제2차 세계대전이 끝난 후 1945년 국제연합United Nation; UN이 창설되고 1946년에는 유네스코가 설립되었다. 유네스코는 1959년 아스완댐 건설로 수몰 위기에 처한 누비아Nubia 유적들을 보호하기 위한 국제 캠페인을 시작하였다. 유네스코는 누비아 지방의 아부심벨Abu Simbel 유적을 5년 동안의 작업을 거쳐 1968년의 현재의 장소로 이전하였다. 아부심벨 유적의 보존을 계기

그림1. 이집트 아부심벨 유적(출처: pixabay)

로 인류 문화유산을 보호하기 위한 국제기구 차원의 노력이 본격화되었다.[19]

1965년 미국은 세계유산 신탁World Heritage Trust을 설립하자는 제안을 하였다. 이는 세계 최초의 국립공원인 미국 옐로스톤 국립공원 Yellowstone National Park 지정(1872) 100주년을 계기로 인류 공동으로 보호해야 할 문화유산과 자연유산의 국제적 보호 시스템을 구축하자는 것이었다. 미국의 제안은 1966년 국제자연보호연맹IUCN 제9차 총회에 상정되었고, 1972년 스웨덴 스톡홀름에서 「인간환경에 관한 국제연합회의」 United Nations Conference on the Human Environment에서 세계유산 보호를 위한 협약 초안을 만들어 결의안이 통과되며, 같은 해 유네스코 총회에서 채택[20]됨으로써 세계유산협약이 탄생하였다. 우리나라는 1988년에 이 협약에 가입하였고, 중국은 1985, 일본은 1992년에 가입하였다. 협약은 서문과 총 8장 38조로 구성되어 있으며 주요 내용은 다음과 같다.

---

19 강경환, 「한국의 세계유산 보존관리 방안 연구」, 목원대 박사논문, 2010, p.18.
20 World Heritage Center, *World Heritage, Challenges and Millennium*, UNESCO, 2007, pp.28-29.

표2. 세계유산협약의 주요 내용

장	조항	주요 내용
제1장 문화유산 및 자연유산의 정의	제1조-제3조	문화유산과 자연유산의 정의와 유형
제2장 문화유산 및 자연유산의 국내적 보호 및 국제적 보호	제4조-제7조	체약국의 유산보호 의무, 국제협력 및 원조 체계 확립, 유산 보호를 위한 법적, 제도적, 행정적 조치 노력
제3장 세계유산 정부간 위원회	제8조-제14조	세계유산정부간위원회의 구성과 운영 및 자문기구의 활동
제4장 세계유산기금	제15조-제18조	세계유산기금의 재원과 운영 및 지원
제5장 국제적 원조를 위한 조건 및 조정	제19조-제26조	세계유산보호를 위한 국제원조의 기준과 형태
제6장 교육계획	제27조-제28조	자국민의 이해와 존중을 위한 교육 노력
제7장 보고서	제29조	체약국의 보고서 작성과 제출
제8장 최종 조항	제30조-제38조	협약의 비준과 폐기 등의 절차

출처: 강경환, 「한국의 세계유산 보존관리 방안 연구」, 목원대 박사논문, 2010, p.21.

이 협약으로 인해 유산이 지역 발전을 가로막는 장애물이 아니라 지역의 지속가능한 발전을 촉진하고 선도하는 중요한 핵심 자원이라는 것을 인식하게 되었다. 또한 유산 보존을 위한 다양한 국제적 노력에 큰 영향을 주었다. 문화유산과 자연유산 분야에서 좀 더 심층적이고 전문적인 보호를 위한 협약의 제정이 이루어졌다.

세계유산협약 운영지침

총 9개 장으로 구성되었다. 1977년 세계유산위원회에 의해 처음으로 제시된 후 지금까지 여러 차례의 개정을 거쳐 내용의 구체화를 마련하였다. 이후 1994년부터 1997년까지는 문화 경관의 독특한 성격과 요소까지 포함시켰고, 1994년 노르웨이 베르겐과 일본 나라 전문가 회의에서 도출된 진정성에 관한 권고 이후 세계유산위원회에서도 해당 내용을 받아들였던 것이다. 운영지침 각 9개 장의 내용을 살펴보면 다음과 같다.

1장은 서문으로 세계유산 협약의 구성, 세계유산협약의 운영 체계와 참여 주체의 역할을 설명하는 내용이다.

2장은 세계유산목록에 관한 사항을 담았다. 세계유산목록의 구성, 대표적이고 균형 잡히고 신뢰성 있는 세계유산목록을 만들기 위한 전략, 잠정목록 등재 절차, 탁월한 보편적 가치에 대한 설명, 세계유산 등재 평가를 위한 10개 등재기준, 진정성 및 완전성에 관한 사항, 보호 및 관리에 관한 사항들을 아주 상세히 담았다.

3장은 세계유산목록 등재를 위한 과정을 정리했다. 신청부터 평가, 등재 확정에 이르기까지를 설명하고 있다.

4장은 등재된 유산들의 보존현황을 점검하는 과정이 설명되어 있고 여기에는 세계유산의 삭제에 관한 사항도 포함된다.

5장은 대륙별로 돌아가면서 시행하는 세계유산의 정기보고에 관한 사항을 규정한다.

6장은 협약의 원활한 운영과 발전을 위하여 각 참여주체가 지원할 수 있는 다양한 방법들을 설명한다.

7장에는 세계유산기금의 설치와 국제 지원 신청(예산지원 또는 기술지원)에 관한 사항들을 규정하였다.

8장은 세계유산협약의 공식 엠블럼 사용에 관한 사항들을 담고 있다.

9장은 세계유산에 관한 기록들이 어디에 축적되고 일반인을 위한 자료 제공이 어떻게 이루어지는지가 설명되어 있다.

이상의 조건을 충족한 '한국의 산사, 산지 승원'은 모두 〈문화재보호법〉

에 의거하여 국가 혹은 시·도 지정 문화재로 보호 및 관리되고 있다. 지속적인 사용을 위한 현대식 건축공사와 사찰 주변의 개발은 엄격하게 통제되고 있다. 각 7개 유산요소들은 또한 〈전통사찰의 보존 및 지원에 관한 법률〉에 의해 보호받고 있다.

법률에 의한 보존관리 현황

7개 산사 모두는 문화재보호법에 의거, 국가지정 또는 시·도 지정 문화재로 엄격히 보호·관리되고 있다. 산사는 전통사찰의 보존 및 지원에 관한 법률에 의해 보호받고 있으며 그 밖에도 여러 법률에 의거 개발 압력의 관리 및 주변환경 보존에 영향을 미치고 있다. 문화재 보호법에 의해 사찰의 중심 영역은 문화재 지정구역과 보호구역으로 설정되어 엄격히 관리되고 있으며, 문화재구역 외곽에서 반경 500미터에 이르는 영역은 역사문화환경 보존지역으로서 건축 및 개발 행위에 기준을 마련하여 산사의 역사적 경관 보호에 기여하고 있다.

문화재 정비계획 수립 현황

문화재보호법에 근거하여 지정문화재의 경우, 최소 10년 단위로 정비계획을 수립하도록 하고 있다. 그러나 유네스코 세계유산으로 등재된 유산은 6년 단위로 정비 계획을 수립할 것을 권장하고 있다. 2017년 세계유산 등재 신청 당시에는 부석사(2013년 수립)와 선암사(2012년 수립)을 제외한 5개 사찰에서는 정비계획이 수립되지 않았으나 이에 대해 유네스코 세계유산센터에서 정비계획 수립을 권고하여 현재는 나머지 사찰도 계획을 수립하였다.

문화재 보존관리계획 계획 수립

2016년 산사를 구성하는 7개 사찰에 대해 현황조사 및 분석을 통해 사찰 및 주변경관의 지속 가능한 보존 관리환경 조성을 목적으로 보존관리계획을 수립한 바 있다. 이 계획에는 목조 건축물 및 석조 시설물의 보존관리계획, 경관관리, 재해관리, 환경적 압력관리, 관광관리 계획이 포함되어 있다. 더불어 운영관리계획에는 사업추진계획, 운영관리체계 및 교육홍보계획, 모니터링 계획을 포함하고 있다.

관리주체와 역할

세계유산 산사의 보존 관리와 관련된 기관은 중앙정부기관인 문화재청과 문화체육관광부, 5개 광역지방자치단체, 7개 기초지방자치단체, 7개 사찰과 대한불교조계종 총무원, 통합관리기구인 산사세계유산등재추진위원회가 있다. 이상, 간략히 표로 정리해 보면 다음과 같다.

표3. 관리주체와 역할

기관	주체	역할
중앙정부	문화재청	유산의 보존관리와 관련된 정책개발 및 운영, 방재시설 구축, 국제교류 및 협력, 예산 지원
	문화체육관광부	불교문화활동 지원, 전통사찰 보존관리에 관한 사항 지원
광역지방자치단체	5개 기관	문화유산 정책 수립, 예산 집행 및 관리
기초지방자치단체	7개 기관	문화유산관리, 사업 계획 수립 및 집행
종교단체	7개 사찰 종무소	현장 관리
	7개 사찰 신도회	보존 관리를 위한 자발적 참여 활동
통합관리기구	산사세계유산등재추진위원회	세계유산 등재 추진 실무(기관간 협력 및 조정, 조사 및 연구, 학술지원, 홍보, 모니터링)

문화재보호법에 의해 지정된 문화재구역과 역사문화환경 보존지역은 각각 유산구역과 완충구역에 적용된다. 문화재보호법은 각 문화재구역 바깥 경계선으로부터 반경 500미터 이내에 적용된다. 유산영향평가는 문화재보호법의 조항에 따라 마련되었다. 각 사찰들은 미술품·불교유물·건축물을 포함한 국가 및 지정 문화재를 다양하게 보유하고 있다. 또한 '산사, 한국의 산지 승원을 위한 보존관리계획'이 수립되어 있으며, 관리체계와 보존 전략은 종단 및 정부 당국을 대표로 하는 '산사 통합 관리단'에 의해 감독되고 있다. 여기에는 스님, 사찰관리직원, 유산관리직원, 문화관광해설사뿐만 아니라 통합관리를 위한 행정, 보존관리, 모니터링, 연구 및 홍보를 위한 인력이 제공된다.

대한불교조계종 총무원 문화부는 유산의 관리와 관련 사업의 개발 및 시행을 책임지고 있다. 각 사찰의 신도회는 종교활동의 지원, 사찰 경관의 유지, 경내 청소 등의 자원봉사활동에 참여하고 있으며, 방문자를 위한 기반시설은 각 사찰에 마련되어 있다. 국가에서는 문화재청에서 지방정부와 협의하여 사찰의 보존 및 관리를 위한 5개년 종합 계획을 수립한다. 특히 통합관리기구인 산사세계유산등재추진위원회는 7개 사찰의 통합 관리를 위한 전문 기구인 만큼 그 역할이 중시될 수밖에 없다. 이를 위해 세계유산위원회의 전략목표인 5Cs를 바탕으로 세계유산 보존관리의 기본 방향을 설정하고, 산사 통합 관리단 조직 구성을 엄격히 해야 한다.

〈5Cs〉

① 보존Conservation: 합리적인 시스템(법, 제도)을 통한 보존 여건 보장

② 역량구축Capacity-building: 관계자들의 보존관리 역량 강화

③ 소통·Communication: 세계유산에 대한 대중들의 인식제고, 참여와 지지 향상

④ 신뢰Credibility: 행정과 주민, 행정과 사찰간 신뢰를 바탕으로 유산의 보존관리에 참여 유도

⑤ 공동체Community: 지역사회의 폭넓은 참여 증진을 통한 유산의 지속 가능한 보존환경 조성

이 산사 통합 관리단은 7개 사찰로 구성된 연속유산인 산사를 통합적으로 관리 및 활용하기 위해 조직된 기관이기 때문에 산사의 보존관리와 관련된 종교단체, 행정조직, 전문가, 민간조직 등이 상호 소통하고 협력하여 주체 간의 이해관계를 조정하는 역할과 산사의 탁월한 보편적 가치와 보존관리 수준을 지속하고 향상시키기 위한 역할을 담당해야 한다. 이는 세계유산 신청 당시 국제적 약속 사항이기 때문이다. 산사 통합 관리단의 역할을 표로 제시하면 그림2와 같다.

행정을 맡고 있는 문화재청, 광역자치단체, 기초자치단체는 재정적·행정적 지원과 사업계획 수립에 책임이 있다. 또한 사찰 및 주민으로 구성된 7개 사찰과 7개 사찰신도회는 사찰 대표로 참여하여 주민의견을 전달하고 주요 정책 결정에 참여한다. 그리고 행정위원회와 사찰주지위원회로 구성된 통합관리위원회에서는 사업내용 관련 관계자들의 의견을 수렴하고, 기획홍보팀, 학술연구팀, 통합모니터링팀으로 구성된 사무국에서는 사업계획을 수렴하고 집행하는 역할을 맡는다.

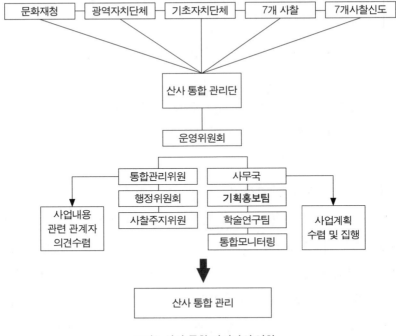

그림2. 산사 통합 관리단의 역할

3. '산사, 한국의 산지 승원'의 특성

한국의 산사는 임진왜란 이후 가람 구성이 지속적으로 유지·보수되어 왔다. 주 법당을 중심으로 여러 전각들이 복합적으로 어우러져 있으며, 다양한 불교 문화재를 보존해 오고 있다. 나아가 해당 사찰의 신도들이 신앙의 현장에서 산사를 가꾸기 위해 공동체의 힘을 보여주고 있다. 그러나 한국 산사의 핵심은 수행의 공간이라는 점에서 발견된다. 그리고 그 수행의 정점에는 바로 승려들이 있다. 즉, 신앙의 공간이자 수행의 공간이 산사라는 말이다. 이렇듯 신앙과 수행이 어우러진 공간이기 때문에 세계유산으로 등재될 수 있었다. 그에 따른 역사성은 두말할 나위 없다.

이웃 중국이나 일본의 산사와 비교해 볼 때, 한국 전통 산사는 독자적인 특징이 두드러진다. 즉, 한국의 산사는 가람 구성에서 물과의 관계가 긴밀하게 형성되어 있다는 특징이 드러난다. 이를 비롯하여 '산사, 한국의 산지 승원'은 다음과 같은 몇 가지 특성을 갖추고 있다.

오랜 역사성 기반 종교와 문화의 전당 기능

삼국시대에 불교가 공인된 이래 현재에 이르기까지 1500여 년이란 세월을 견디며 왕과 왕실은 물론이고 민중들의 아픔과 고통을 치유하는 기능을 해 오고 있다. 특히 7개 산사는 초창의 이념과 사원 구성의 큰 틀을 벗어나지 않은 채 온전히 유지·계승되어 왔다. 그리고 사찰 경영도 끊임없이 유지되어 왔다. 이는 창건 이래 계승자들이 사상적으로 창건 조사祖師의 이념적 지향을 계승·발전시키며 신앙 집단과 긴밀한 유대 관계를 맺고 지역 사회에서 중요한 위상을 가져왔기 때문에 가능한 일이다. 즉, 이들 산사는 불교사상을 연마하는 전당이자 신앙 활동과 불교 의식이 집행되는 성지이며, 승려와 일반인의 생활이 영위되는 공간이자 유형문화의 집적체인 종합적인 문화유산이라는 의미가 있다.

산사의 역사성은 한국의 중요한 목조건축물이 대부분 산사에 남아 있는 것이나, 불상과 불화 및 불탑과 탑비 공예품 등 한국문화의 우수한 유물의 중요 유산이 산사에 전래·보존되고 있음에서 증명된다. 오랜 전통을 유지하고 있음에도 불구하고 한국의 산사는 유산의 원형을 훼손하지 않고 역사적 충위를 잘 간직한 채 오늘날까지도 종교 시설로서의 기능을 잘 수행하고 있다.[21] 이러한 특성을 잘 갖춘 전통 산사는 부석사와 봉정사이다.

부석사는 중심 전각인 무량수전無量壽殿을 아미타신앙阿彌陀信仰으로 장식하여 사상과 경관이 결합된 가람을 구현하였다. 또한 『화엄경華嚴經』을 간행하는 사상적 활동과 지형의 교리적 해석에 무량수전의 조형적 아름다움이 융합되어 사상과 조형의 조화를 잘 보여준다.

봉정사는 한국에서 가장 오래된 목조건축물인 극락전極樂殿을 비롯하여 고려말의 대웅전을 보존하고 있다. 임진왜란에도 큰 피해를 입지 않아 8백년 역사의 극락전을 비롯한 대웅전, 화엄강당, 고금당의 여러 건축 양식을 보존하고 있는 목조건축물의 보고이다. 규범적인 대웅전 공간과 유기적인 극락전 공간이 잘 조화를 이루며 자연 지형과 연계된 우수한 경관을 이루고 있다.

수행·신앙의 종교적 기능성

산사의 역할은 무엇보다도 수행과 신앙의 역할에서 발견된다. 승려들의 수행의 공간이면서 신도들의 신앙의 공간이 바로 산사이다. 더욱이 산사이지만 접근성이 용이하여 일반인들이 어렵지 않게 찾을 수 있어 신앙 요구에 활발히 부응해 왔다. 많은 요사채를 지어 템플스테이도 가능하게 되어 산사의 종교적 기능이 강화되었다. 이러한 특성은 선암사와 통도사

---

21 이상해, 「한국전통산사의 유산적 가치」, 『한국의 전통산사 세계유산등재추진위원회 제1차 국제학술회의: 종교유산의 세계유산적 가치』, 세계유산등재추진위원회, 2015. 4, pp. 203-204.

에서 잘 드러난다.

선암사는 1968년부터 원통각, 대법당, 오십전, 승선교 등이 순차적으로 건립되었다. 1759년과 1823년 큰 불이 났으나 곧바로 전각과 요사채를 재건하여 대웅전 등 네 영역으로 이루어진 당우와 승당, 선당 등으로 구성된 대규모 가람 구조를 이루었다. 진입공간과 중심공간, 생활공간이 중심축을 이루고 대웅전을 포함하여 독립적인 네 영역의 다영역 배치의 공간 구성이 특징이다.

통도사는 고려 후기에 이르러 지금과 같이 동서 축을 주축으로 삼는 세 영역으로 구분되는 삼로전제가 정착되었다.[22] 동서 주축에 직교하는 여러 개의 남북 부축으로 구성되어 각 구역마다 다양한 전각을 갖추어 사원 건축의 모든 상징과 공간적 기법들이 응집되어 동아시아 불교신앙을 망라하는 다원적 면모를 보여준다. 특히 석가 진신사리 신앙과 계단의 계율정신을 토대로 승려들이 수행하며 다양한 신앙을 이끌고 있다.

자연친화적 입지 경관

7개의 산사는 인간과 자연이 공존하는 자연친화적 입지와 경관을 바탕으로 진입 경로와 공간 구성에서 독특한 특성이 드러난다. 산문 진입부에서 시작하여 계류를 따라 본 절에 이르고, 산의 지형과 지세에 따라 각 산사의 지형에 어울리는 다양한 가람구성을 하였다. 산사의 입지 여건을 존중하여 지형과 일체화되는 가람배치 형식이 다채롭게 전개되었다. 이들

---

22   김봉렬, 『김봉렬의 한국건축 이야기』, 돌베개, 2006, pp.172-186 참조.

산사는 인간이 자연환경과 공존해야 한다는 통합 생명의 상호조절 원리를 구현함으로써 자연경관에 한국 전통 건축의 미를 합친 특유의 문화유산을 창조해냈다.[23] 이와 같은 특성을 잘 드러낸 산사가 바로 마곡사이다.

마곡사는 고려 때 선종의 주요 사찰로 등장하였고, 1650년 선당과 약사전의 중수를 비롯하여 1703년 대장전, 영산전, 1782년 대광보전 등을 중건하였다. 북원의 대광보전과 남원의 영산전 영역이 직교하는 구성에 해탈문과 천왕문으로 이어지는 진입축을 비스듬히 꺾어 자연스러운 진입을 유도하였다. 산 지형을 이용하여 사역을 구분하고 계류를 중심으로 두 영역을 유기적으로 결합하여 자연과 조화를 이루는 가람을 구성하였다.

지역민과 함께 하는 문화적 사회성

전통 산사는 사찰을 수호 유지하려는 신도들의 적극적인 시주와 도움으로 중창 중수가 끊임없이 이루어졌다. 유학 이념과 병행하여 산사는 종교적 역할을 담당하였다. 왕실을 비롯한 지배층들도 공식 혹은 비공식적으로 사원을 후원하였고, 산사가 위치한 지역민들이 적극적으로 사원의 유지를 후원하였다. 건축의 중창기, 불상과 불화의 조성기와 발원문 등 불사 기문記文에는 중수 사정은 물론 이에 참여한 수백 명의 승속僧俗 시주자들의 이름이 담겨 있다. 사상을 연마하는 수행처이자 신앙의 현장으로서 완전성을 갖추고 오늘날에도 종교 성지로서의 역할을 다하고 있다.

이와 같이 산사에는 이곳에서 이루어진 수행과 신앙 그리고 생활 모습

---

23 이상해, 앞의 논문, p.204.

이 한국 문화의 특성으로 고스란히 담겨 남아 전한다. 이러한 특성을 잘 갖춘 산사는 대흥사와 법주사이다.

대흥사는 1647년 청허휴정淸虛休靜(1520-1604)의 비를 세우고 1788년 표충사表忠祠를 건립하여 사원의 정신적 중추로 삼았다. 청허계 대표 문파의 중심사원으로서 12대종사宗師와 12대강사講師[24]가 활동한 전통과 권위를 갖는 조선 후기 불교의 대표 사찰이다.[25] 현재 54기의 승탑과 탑비들이 남아 있는 대흥사 부도림은 대흥사에서 선과 교학을 주도했던 조사들의 왕성한 활동의 증거이다.

법주사는 산호전의 장륙미륵존상을 주존으로 한 미륵신앙의 성지였고, 고려에서도 활발한 사상과 신앙 활동이 전개되었다. 팔상전을 중심으로 북쪽 산호전을 연결하는 축과 동쪽 대웅보전을 연결하는 두 개의 축으로 구성되었다. 임진왜란 이후 법주사는 빠르게 재건되어 팔상전의 중건이 1602년 시작되었고, 1618년 대웅전을 재건, 1626년 삼신불을 봉안하였다. 1765년경에는 경내에 영조 후궁 영빈의 원당이 건립되었다. 신라 시기의 우수한 석조물과 신도들의 시주로 세워진 목조건축물이 사역을 장엄하고 있다.

이상과 같이 '산사, 한국의 산지 승원'은 유구한 역사성을 바탕으로 사상과 신앙의 성지로서 건축과 조각, 회화, 공예 등 우수한 전통문화의 핵심을 보존하고 있으며, 현재까지도 수행과 종교 시설로서의 기능을 잘 수

---

24 12대종사와 12대강사에 대해서는 김용태, 「조선 후기 大芚寺의 表忠祠 건립과 '宗院' 표명」, 『보조사상』 27, 보조사상연구원, 2007, pp.273-316 참조.
25 김용태, 『조선 후기 불교사 연구』, 신구문화사, 2010, p.137.

행하고 있다. 또한 인간과 자연이 공존하는 자연친화적 입지와 경관을 바탕으로 산사에 진입하는 경로와 공간 구성에서도 독자적 특성을 보여준다. 그리고 사회적으로 지역민과 지속적으로 긴밀한 유대 관계를 갖고 문화 중심지로서의 역할을 해 오고 있다.

참고문헌

1. 단행본

김봉렬, 『김봉렬의 한국건축 이야기』, 돌베개, 2006.

김용태, 『조선 후기 불교사 연구』, 신구문화사, 2010.

문화재청 세계유산팀, 『세계유산협약 이행을 위한 운영지침』, 문화재청, 2018.

산사세계유산등재추진위원회, 『산사, 한국의 산지 승원 세계유산 등재 기념 백서』, 산사
    세계유산등재추진위원회, 2019.

한양대학교 문화재연구소, 『세계유산 연속유산 등재 전략 연구: 등재신청서와 자문기구
    평가서 분석을 중심으로』, 문화재청, 2018.

World Heritage Center, *World Heritage, Challenges and Millennium*, UNESCO, 2007.

2. 논문류

강경환, 「한국의 세계유산 보존관리 방안 연구」, 목원대 박사논문, 2010.

김민숙, 「〈진정성에 관한 나라 문서〉가 일본의 문화재 보존에 미친 영향」, 『한국건축역사
    학회 학술발표대회 논문집』, 한국건축역사학회, 2015.05.

김용태, 「조선 후기 大芚寺의 表忠祠 건립과 '宗院' 표명」, 『보조사상』 27, 보조사상연구원,
    2007.

박진재, 「세계문화유산 제도의 전개 양상과 운영의 추이에 관한 연구」, 성균관대 박사논
    문, 2013.

이상해, 「한국전통산사의 유산적 가치」, 『한국의 전통산사 세계유산등재추진위원회
    제1차 국제학술회의: 종교유산의 세계유산적 가치』, 세계유산등재추진위원회,
    2015.

이태녕 · 도춘호, 「〈베니스 헌장〉의 해설과 번역 외」, 『보존과학회지』 74-2(통권제10권),
    한국문화재보존과학회, 1998.

조효상, 「세계유산협약의 기초개념 연구: 탁월한 보편적 가치, 진정성, 완정성에 관하여」,
    한남대 석사논문, 2013.

최종덕, 「진정성에 관한 나라 문서(1994)」, 『건축역사연구』 17-1(통권56호), 2008.

河野俊行, 「オーセンティシティに関する奈良ドキュメントとその20周年」, 『JAPAN
    ICOMOS INFORMATION』 Vol.9, No.7, JAPAN ICOMOS National Committee
    Secretariat, 2014.

제 4 장

마곡사의 어제와 오늘

마곡사는 충남 공주시 사곡면 태화산 기슭에 위치한 유서 깊은 사찰이다. 1902년 원흥사元興寺를 전국의 수사찰首寺刹로 정하고 전국의 16개 중법산中法山[道內首寺刹]을 정할 때[1] 마곡사는 충남 지역의 중법산으로서 공인 받았다.[2]

역사적으로도 마곡사는 정조 이후 화엄종 계열 사찰의 면모를 보이며 왕실의 지원 아래 중창이 계속되어 외형적으로도 규모가 성장하였고, 순조純祖의 원찰로서 왕실의 외호를 받아 왔다. 거기에 더해 중법산으로 선정되어 인근의 동학사와 갑사 등 유서 깊은 사찰들과의 경쟁에서 우위를

---

1   대한제국 정부는 개항 이후 서구에서 들어온 개신교 포교의 자유를 묵인함과 더불어 불교에 대해서도 유화적인 입장을 취하였다. 1902년에 寺社管理署를 설치하여 지금까지 방치해 왔던 불교계의 관리를 제도권으로 편입시키고 '국내사찰현행세칙 36개조'를 제정하였다(高橋亨, 『李朝佛敎』, 東京: 寶文館, 1929, p.919). 국내사찰현행세칙 제6조에 원흥사를 大法山인 首寺刹, 즉 불교계의 總宗務所로 삼고 각 道에 中法山 16개소를 두어 사찰 사무를 통괄하게 한다는 내용이 담겨 있다. 이것은 곧 국내 사원의 등급을 정하는 것이라 할 수 있다. 16개의 중법산은 다음과 같다. 京畿左道 奉恩寺(廣州)·京畿右道 奉先寺(양주)·京畿南道 龍珠寺(수원)·忠淸南道 麻谷寺(공주)·忠淸北道 法住寺(보은)·全羅南道 松廣寺(순천)·全羅北道 金山寺(금구)·慶尙右道 海印寺(합천)·慶尙南道 通度寺·慶尙左道 桐華寺(대구)·江原南道 月精寺·江原北道 楡岾寺·咸鏡南道 釋王寺(안변)·咸鏡北道 歸州寺(함흥)·平安道 普賢寺(영변)·黃海道 神光寺(해주). 김순석은 함경북도 귀주사는 함경남도의 오기임을 밝혔다.(김순석, 「조선총독부의 불교정책과 불교계의 대응」, 고려대 박사논문, 2001, p.23)
2   「國內寺刹現行細則演義」, 『韓國近現代佛敎資料全集』65, 民族社, 1996, pp.414-415.

점할 수 있게 된 것이다. 이후 일제강점기에도 사찰의 위상이 계승되어 『사찰령시행규칙』 제2조에 의해 30본산에 선정되는[3] 등 지역을 대표하는 사찰의 입지를 공고히 하였다. 현재는 대한불교조계종 제6교구본사로서 충남 일대의 크고 작은 사찰 100여 개를 관할하고 있다.

마곡사는 거찰인 만큼 상당히 수준 높은 불교문화를 향유했다. 마곡사에 남아 있는 유물 중 그 제작 연대가 가장 오래된 오층석탑은 논란의 여지가 남아 있지만, 고려 후기 라마탑 양식을 반영하고 있으며, 17세기 제작된 석가모니불 괘불탱, 중심 법당인 대광보전에 남아 있는 조선 후기의 불상 역시 모두 당대 최고 장인의 실력이 녹아 있다. 특히 마곡사는 마곡사 화소로 불리는 근대기 불화의 제작소로서 역할을 하였다.

1. 마곡사의 창건과 중창

마곡사의 창건에 대해서는 아직까지 정확한 입장이 정리되지 않았다. 현재 마곡사에서는 「충청우도공주판지서령태화산마곡사대광보전중창기忠淸右道公州判地西嶺泰華山麻谷寺大光寶殿重創記」와 『태화산마곡사사적입안泰華山麻谷寺寺蹟立案』, 『마곡사대웅전중수기麻谷寺大雄殿重修記』에 의해 643년 자장율사慈藏律師가 당나라에서 귀국한 후 창건하였다고 여기며 조사전祖師殿에 자장율사의 영정을 봉안하고 있다.

『태화산마곡사사적입안』의 경우 자장율사가 당나라에서 귀국하여 7곳

---

3 '寺刹令施行規則', 〈朝鮮總督府令 第84號〉, 『朝鮮總督府官報』 제257호, 1911년 7월 8일.

의 큰 가람을 창건하고 마곡사가 세 번째라고 언급하였지만, 『삼국유사』 자장율사 기록에는 자장율사가 10여 곳에 사찰과 탑을 만들었다(『삼국유사』 권4, 의해 제5)고 하여 사찰 숫자에서 차이가 난다. 또한 「사적입안」에서는 마곡사가 보조선사의 스승인 마곡 보철화상의 이름에서 지어진 것이라고 하나 자장율사와 보철화상의 생몰연대가 맞지 않으므로 재고의 여지가 있다.

『선양종대본산마곡사연기약초禪兩宗大本山麻谷寺緣起略抄』[4]에는 840년 보조선사普照禪師 체징體澄(804-880)에 의해 창건되었다고 하는 등 차이가 난다. 여기에 더해 이능화李能和는 무염국사無染國師(800-888)설을 제기한 바 있다.[5] 이와 같이 마곡사의 창건주와 관련된 논의 또한 중요하게 다뤄져야 할 주제이다.

1) 창건

마곡사는 삼국시대에 창건된 천년고찰로 현재 대한불교조계종 제6교구 본사이자 충남지역의 대표 사찰이다. 마곡사는 삼국시대에 건립된 것으로 전하나 사찰의 창건과 중건 과정을 기록한 대부분의 사적기가 소실되어 실체적 진실 내용이 확인되지 않는다. 마곡사와 관련된 18세기-20

---

4 『선양종대본산마곡사연기약초』는 『충청남도지』(충청남도지편찬위원회, 『충청남도지』, 1979) 본문에 번역 발췌문이 수록되어 있으나 작성 연대와 저자를 알 수 없고, 해당 기록의 출처도 불명확하다.
5 이능화 편, 조선불교통사역주편찬위원회 역, 『역주 조선불교통사』 2권, 동국대학교출판부, 2010, p.699.

세기 자료 중『태화산마곡사사적입안』과『선교양종대본산마곡사연기약 초』,『충청우도공주판지서령태화산마곡사연기약초』,『마곡사대웅전중 수기』등을 통해 조선 후기의 역사에 대해 추정할 수 있을 따름이다.

기록에 처음 등장하는 마곡사 기사는 1295년(충렬왕21)에 세운 보각일 연普覺一然(1206-1289)의 비인〈인각사보각국사비麟角寺普覺國師碑〉(경상북 도 군위군 고로면 화북리 인각사 소재)에 문도 명단 중에 마곡사 '수예守倪 대 선사大禪師'가 나오는 기록이다.[6]

大禪師

靈覺寺 宏訓,　寶鏡寺 神可,　迦智寺 慧林,　麻谷社 守倪,　法興寺 旱雲,

仁興社 禪麟,　迦智寺 月藏,　雲興社 洞愚,　朱勒寺 永怡,　龍巖寺 淵如,

花藏社 六藏,　無爲寺 守精,　普濟寺 法流,　海龍寺 勁芬,　天龍社 谷之,

麟角寺 淸玢　聖住寺 惠如

일연이 선종인 조계종의 가지산문 소속이었고, 따라서 그 제자인 수예 또한 가지산문이었을 것으로 추정되기 때문에, 마곡사는 고려 후기에 조 계종 가지산문에 속했던 사원이었다고 보고 있다.

또한 1359년(공민왕8)에 지은〈불갑사각진국사비佛甲寺覺眞國師碑〉에서 도 각진국사 복구復丘(1270-1355)의 "제자들이 선원사, 백화사, 가지사, 마 곡사 등에 천여 명이 된다門人之秀者 禪源 白華 迦智 麻谷 而下等千有餘人.[7]고

6　「麟角寺普覺國師碑」, 李智冠,『校勘譯註歷代高僧碑文』高麗篇4, 1997, p.280 참조.
7　「王師大曹溪宗師一邙正令雷音辯海弘眞廣濟都大禪師覺儼尊者贈諡覺眞國師碑銘」,『東

한데서, 마곡사가 강화 선사의 대표적인 선원사나 가지산문의 종찰인 가지사와 더불어 선종의 주요 사찰로서 역할을 하였음을 알 수 있다. 이로써 마곡사가 선종의 주요 사찰임은 어느 정도 입증되었다고 볼 수 있다.

조성호·성동환은 "구산선문의 개산開山은 지방문화의 발흥과 자신감의 표현이었으며 지방 호족들의 사회·경제적 기반을 토대로 한 것이었다. 선종禪宗이 유행하던 시기에 주로 개창되었던 구산선문의 입지 특색은 풍수적 논리를 따른 것이다. 풍수가 성행하기 이전에 건립된 사찰들은 주로 전통적인 토착신앙 세력들이 신성시하던 성소聖所, 성지聖地를 택해 입지했고, (중략) 구산선문은 당시로서는 변방이라 할 수 있는 지역으로 확대되어 독립적인 산문을 개창하였다. 구산선문 각 사찰의 경우 산과 물이 짜임새 있게 조화를 이루고 있어 풍수지리적인 전체성이 잘 드러나고 있다. 각 사찰은 계곡물이 모여 완만히 감싸는 곳, 물을 얻기 용이하면서도 산이 사방으로 둘러쳐진 아늑한 곳, 즉 풍수에서 길지吉地로 여기는 '산에 기대고 물에 접한(山河襟帶)' 땅에 입지하여 풍수적인 조건을 잘 갖추고 있다"[8]고 하여 구산선문의 입지가 풍수설에 의해 정해졌다고 보았다. 마곡사의 입지를 보더라도 이들의 논리가 충분히 입증된다고 할 수 있다.

그러나 위에서 〈인각사보각국사비〉에 나오는 일연의 제자 마곡사의 '수예守倪'를 근거로 마곡사가 구산선문 중 가지산문이라고는 볼 수 없을

文選』卷118.

8 조성호·성동환, 「신라말 구산선문 사찰의 입지 연구: 풍수적 측면을 중심으로」, 『한국지역지리학회지』6-3, 한국지역지리학회, 2000, p.53.

것 같다. 가지산문이 전남 장흥의 보림사에서 선풍을 일으켰기 때문에 충남 마곡사와의 지정학적 위치는 물론이고, 창건주와 관련하여 볼 때에도 두 가지 견해가 있을 수 있기 때문이다. 즉, 창건주를 도의道義(?-?)의 법을 이은 보조체징普照體澄(804-880)으로 보면 가지산문에 속하는 사찰로 볼 수 있으나, 마곡보철麻谷普徹의 법을 이은 무염국사無染國師(800-888)로 본다면 성주산문에 속하기 때문이다. 이 문제는 뒤에서 다시 살펴보도록 하겠다.

자장율사 창건설

마곡사의 역사를 알 수 있는 기록물을 정리해 보면 다음과 같다.[9]

표1. 마곡사의 주요 기문(記文)

연도	記文	찬자
1295	麟角寺普覺國師碑	
1359	覺眞國師碑	
1670	公山地華山麻谷寺二層大藏殿丹靑記	
1780	泰華山麻谷寺貳層殿重修記	
1785	忠淸右道公州判地西嶺泰華山麻谷寺大光寶殿重創記	霽峰體奎
1831	泰華山麻谷寺貳層大雄寶殿重修記	練鳳灝永
1837	永世不忘祝願	慶船應釋
1843	泰華山麻谷寺千佛殿重修文	鏡月快守

9 정병삼, 「전통산사의 창건과 전승」, 『한국의 전통산사 세계유산등재추진위원회 제1차 국내학술회의: 세계유산과 한국의 전통산사』, 세계유산등재추진위원회, 2014. 12., p.30 참조.

1851	泰華山麻谷寺事蹟立案 麻谷寺回祿後改建及重修年記錄 麻谷寺四山立案犯標	任源橫
1851	立案完文	任源橫
1852	公州泰華山麻谷寺羅漢殿重建記	鏡月快守
1856	公州地泰華山麻谷寺尋劍堂重建記	湖月昌濂
1862	麻谷寺三國師影堂重建募緣文	鏡月抱蓮
1868	泰華山麻谷寺國師堂懸板造成	
1879	忠淸南道公州泰華山麻谷寺大雄殿懸板	敏奎
1890	泰華山麻谷寺大光寶殿佛糧稧懸序文	
1890	大施主永世不忘記	慶船應釋
1905	麻谷寺大雄殿重修記	龍潭學演
1909	公州郡泰華山麻谷寺尋劍堂公寮鼿瓦記	
1910	泰華山麻谷寺解脫門重修記	
1910	泰華山麻谷寺天王門重修記	
1926	麻谷寺錦湖和尙獻畓記	洪淳昇
1928	公州郡泰華山麻谷寺大雄寶殿三尊佛像改金重修記	安香德
1932	朝鮮忠淸南道公州郡麻谷寺獻畓記	安香德
1939	忠淸南道公州郡泰華山麻谷寺冥府殿刱建記	安香德
1903(?)	有功不忘記	
	禪敎兩宗大本山麻谷寺緣起略抄	

위의 표에 의하면, 마곡사의 사적 자료 중에서 찬자가 확인되는 가장 오래된 자료는 1785년에 제봉체규霽峰體奎(1780-1788 활동)가 쓴 「충청우도공주판지서령태화산마곡사대광보전중창기忠淸右道公州判地西嶺泰華山麻谷寺大光寶殿重創記」이다. 여기서 마곡사의 창건과 중창에 대해 다음과 같이 말하였다.

당나라 정관 17년 계묘에 자장율사가 나라 안에 여러 사찰을 만들었는데 이 절은 3번째로 만든 것이다. 唐 貞觀十七年癸卯 慈藏律師多設國中伽藍

而玆寺實而第三也.

-「忠淸右道公州判地西嶺泰華山麻谷寺大光寶殿重創記」

이와 같이 당 정관 17년(643)에 자장율사가 세운 많은 사찰 중에서 세 번째로 세운 것이 마곡사이며 이것을 초창으로 본다는 것이다. 이어 범일 梵日이 중창하고, 도선道詵이 3창, 보조가 4창, 박야외朴也外가 5창, 글을 쓴 제봉체규가 6창했다고 하였다. 그러나 글쓴이 자신도 자장의 시대에 창건되었겠는가 반문하고, 보조나 범일이나 도선이 중창했다는 것도 참고할 것이 없어 알 수 없다고 의문을 제기하였다.[10] 여기서 자장 창건설은 논란의 여지가 충분히 있음을 짐작케 한다.

1905년 용담학연龍潭學演이 기록한 「마곡사대웅전중수기麻谷寺大雄殿重修記」에서도 "태화산 마곡사는 신라대 자장율사가 창건한 이래 보조국사까지 5번에 걸쳐 만들어졌다泰華山麻谷寺 刱自羅代 慈藏律師而至於普照國師重建 資凡五也(「麻谷寺大雄殿重修記」)"고 하여 역시 자장율사가 창건한 것으로 기록하고 있다.

또한 근대의 잡지인 『개벽』에서는 마곡사 창건과 더불어 사명의 유래를 다음과 같이 전한다.

마곡사麻谷寺 공주公州의 서西 5리 되는 사곡면寺谷面에 재在하니 본도本道의 제일 거찰巨刹이다. 거금距今 1,302년 전 즉 당정관唐貞觀 17년에 자장

10 정병삼, 앞의 논문, p.20.

법사慈藏法師의 창건한 바이니 당우堂宇의 중요한 자는 대웅전大雄殿, 대광

보전大光寶殿, 응진전應眞殿, 심검당尋釰堂, 영산전靈山殿, 매화당梅花堂이오

우又 12층의 대보탑多寶塔이 대광보전 전정前庭에 유有하니 또한 본사本寺

창건 시時에 건설한 것이다(사명寺名을 마곡麻谷이라 함은 기시其時 관중이 심

다甚多하야 난마亂麻와 여如한 고로 인명운因名云).

　-「名勝과 古蹟」,『개벽』제46호, 開闢社, 1924, p.145.

　여기에 의하면 마곡사를 창건한 이는 자장법사이고 창건 연대는 당정
觀唐貞觀 17년 즉, 643년이라 하였다. 그리고 사명의 유래를 당시 삼처럼
많은 사람들이 모여 들었기 때문이라고 하였다. 이는『태화산마곡사사적
입안』의 기록과 같다. 자장이 일곱 개의 큰 절을 세웠는데 마곡사는 그 세
번째이며, 가야사와 이 절만은 석재가 아니라 금으로 상층을 장식하고 순
금으로 사각에 풍경을 달아 33층짜리 탑을 아름답게 했다고 하였다. 마곡
사라는 절 이름은 마곡보철麻谷寶徹이 전도한 이후에 돌아와서 모인 사람
들이 마麻와 같았으므로 이름으로 삼았으며, 사방에서 자장에게 율을 묻
고자 온 사람들이 골짜기 안에 가득 차 있는 모습이 마와 같았으므로 붙
인 이름이라고 하였다.

보조체징 창건설

　다음으로 신라 말기에는 가지산문의 보조체징, 그리고 위에서 살펴본
성주산문의 무염국사 등과 관련된 것으로 전한다.

　보조체징을 창건주로 보는 입장은,「선교양종대본산마곡사연기약초禪
敎兩宗大本山麻谷寺緣起略抄」에서 840년 보조선사 개산, 847년 범일 1차 확

장, 877년 도선 2차 중수, 1115년 보조국사 3차 중수, 1703년 박각순朴覺淳 거사 4차 중수, 1785년 제봉선사 5차 중수라고 하였다. 고려시대에는 지눌知訥(1158-1210)의 제자였던 수우守愚와 함께 왕명으로 마곡사를 크게 중창하였다고 한다. 또한 근래에 발간된 마곡사 관련 도서[11]에서는 보조선사 체징이 마곡사를 창건했을 것으로 보고 있다.

정병삼도 보조선사 체징을 창건주로 보는 입장에서 다음과 같이 이야기하고 있다.

"아마 이는 회창폐불을 언급한 폐사 기사에 이어 마곡보철의 법을 받아온 보조선사 체징體澄의 이야기를 보조국사 지눌로 잘못 연계시킨 데서 나온 오류이다. 체징이 장흥 보림사에 가지산문迦智山門을 개창하여 도의道義를 개창조로 삼아 구산선문의 첫손 꼽는 선문을 이룩하였기 때문에 이를 마곡사와 연계시키려고 했던 데서 나온 착오일 것이다. 다만 이 「사적입안」에서는 절의 희지천希之川 북쪽이 원터로서 먼저 세운 대웅전 시왕나한전 진여문 범종루 향로전 좌우 승당과 선당, 동서상실, 약사전 서전 성현대 월파당 총지료 동별마구 춘간측실의 당우가 있고, 천의 남쪽에는 뒤에 세운 당우로 영산전, 홍성루, 해탈문, 천왕문, 영자전, 향로전, 제주실, 월명당, 매화당, 낙화당, 백운당, 내외남전, 국사당, 가사당, 만경대, 명적암, 백련암, 은적암, 영은암, 웅향각이 있다 하여 마곡사가 북쪽 역에서 남쪽구역으로 확대된 가람 변화 상황을 밝히고 있다. 마곡사의 창건을 전하는 이들

11 최완수, 『명찰순례』2, 대원사, 1994; 조명화 · 김봉건 · 이은희, 『마곡사』, 대원사, 1998 참조.

기록은 자장이 창건하고 보조선사가 중건했다는 설과 보조선사가 창건했다는 설이 나뉘어 있음을 알 수 있다. 이는 마곡사의 창건 사실을 확정하기 어려운 상황에서 그 유래를 신라 시기로 소급하려는 데서 나온 견해들로 판단된다. 구산선문의 선봉을 가지산문으로 여겼던 전통을 거슬러 그 실제 개창조인 보조선사를 마곡사의 창건조로 보고자 했던 견해들로 생각된다."[12]

마곡보철 창건설

사찰명의 유래에 대해 1851년 임원모任源模가 쓴 『태화산마곡사사적입안泰華山麻谷寺事蹟立案』[13]에서는 마곡보철麻谷普徹[14]이 법을 얻어 오자 사람들이 삼[麻]처럼 많이 모여 들었기 때문이라 하였다. 여기서 마곡보철은 중국 측 승려이다. 우리나라의 승려 중에서 보철이라는 법명을 쓴 승려는 아직까지 발견되지 않았기 때문에 마곡보철을 창건주로 보기는 어렵고 그의 제자로서 마곡보철의 법을 이은 이로서, 구산선문九山禪門 중에서도 성주산문의 개산조인 무염국사를 창건주로 보는 것이 타당성을 지닌다고 판단된다. 마곡보철은 '평상심시도平常心是道'[15]를 역설한 마조

---

12 정병삼, 앞의 논문, p.21.
13 「태화산마곡사사적입안」은 『佛敎學報』2, 동국대학교 불교문화연구원, 1964, pp.20-25를 참조.
14 조명화 · 김봉건 · 이은희, 앞의 책, p.14.
15 해당 구절을 인용해 보면 다음과 같다. "道는 닦음을 쓰지 않으니, 다만 오염되지 말라. 어떻게 오염되는가. 다만 생사의 마음이 있어 조작하고 좇아가면 모두 오염이다. 만약 바로 그 도를 알고자 하면 평상심이 도이다. 무엇을 평상심이라 이르는가. 조작, 시비, 취사, 단상, 범성이 없음이다. 경전에 이르기를, '범부의 행함도 아니며 성현의 행함도 아님이 보살행이다'라고 하였다. 다만 지금 行住坐臥하고 근기에 따르고 사물을 접함

도일馬祖道一(709-788)의 사법제자[16]이기 때문에 무염선사로부터 마조선맥의 흐름을 엿볼 수 있다.

무염국사 창건설

근대의 이능화李能和는 무염국사와 관련한 설을 남기고 있다. 즉, "무염국사가 당나라에 들어가 마곡보철선사에게 심인을 얻고 돌아와서 웅천熊川에 머물렀다가 성주사聖住寺로 갔다. 그렇다면 그때 국사가 이 절(마곡사)에 와서 머물렀을 가능성을 상정해 볼 수 있다. 국사가 그의 스승을 사모하는 마음에서 '마곡'이라 지은 듯하다"[17]고 하여 마곡사 창건과 관련된 고사를 남기고 있다. 여기에 대해 김진무는 "실제적으로 마곡사의 창건이 신라 시대라고 한다면, 그 사명寺名과 관련된 이러한 견해는 상당히 일리가 있는 주장이라고 하겠다"[18]고 하여 무염국사 창건설이 타당하다고 보았다. 물론 무염국사는 가지산문보다는 같은 충청도 지역이기는 하지만

이 모두 도이다(道不用修 但莫汚染 何為汚染 但有生死心 造作趨向 皆是汚染 若欲直會 其道 平常心是道 何謂平常心 無造作 無是非 無取舍 無斷常 無凡無聖 經云 非凡夫行 非聖賢行 是菩薩行 只如今行住坐臥 應機接物 盡是道).", 『景德傳燈錄』卷28(『大正藏』51, p.440a).

16 마조의 사법제자는 『景德傳燈錄』 「馬祖傳」에 따르면 "입실제자가 139인으로 각 한 지방의 종주가 되었다(入室弟子一百三十九人 各為一方宗主)"고 전한다. 『景德傳燈錄』卷6(『大正藏』51, p.246b) 참조. 또한 같은 곳에서 마조사법으로 37인을 들고 있고, 『景德傳燈錄』卷7에서는 45인을 들고 있다. 『景德傳燈錄』卷7(『大正藏』51, p.251b). 뒤이어 黃檗은 84명을 들고 있다. 『古尊宿語錄』卷1, 「黃檗斷際禪師宛陵錄」(『卍續藏』68, p.19b)

17 이능화 편, 조선불교통사역주편찬위원회 역, 『역주 조선불교통사』 2권, 동국대학교출판부, 2010, p.699.

18 김진무, 「마조 선사상의 특징과 충청지역의 전래」, 『동서철학연구』 83, 한국동서철학회 논문집, 2017, p.261.

성주산문의 창건과 번창에 더 많은 업적이 있다는 점에서 논란의 여지는 충분히 남아 있다.

   이상과 같이 자장, 보조, 마곡, 무염까지 네 가지 설이 마곡사 창건을 이야기하는 것으로 봐야 할 것 같다. 여기서 보조 창건설로 본다면 구산선문 중 마곡사는 가지산문에 속한다고 봐야 하고, 무염 창건설로 본다면 성주산문으로 봐야 한다.
   자장설의 경우 자장 당시 신라와 백제는 서로 적대적 관계에 있었던 상황임을 감안하면 신라의 승려가 과연 백제의 수도 사비성 인근의 공주 땅에 사찰을 지을 수 있었을까에 대해서도 고려해 봐야 한다. 더군다나 마곡보철이 전도 득법한 후에 돌아오자 그 모인 사람들이 마치 마와 같아서 마곡이라 지었다고 하고, 사방에서 율을 묻고자 배우러 온 사람들이 골짜기 안에 가득 메웠는데 그 서 있는 모습이 마와 같아서 이름 붙였다고 한 점 등을 고려할 때, 명확한 창건 기록을 확정할 수 없는 한 마곡사의 사명과 관련되어 마곡보철의 사법제자인 무염국사의 창건설이 가장 설득력을 지닌다고 판단된다.

2) 중창

   앞에서 살펴본 마곡사의 창건설 자체가 논란의 여지를 남기고 있기 때문에 중창설 또한 완벽하게 정립할 수는 없다. 창건설이 완벽히 정리되면 중창설도 그에 따른 수순을 밟게 될 것으로 보인다. 중창과 관련해서 아직까지는 어쩔 수 없이 문헌에 근거한 언급을 할 수밖에 없는 한계가 있다.

삼국시대에 창건된 것은 확실하지만 고려시대의 중창에 관한 기사는 아직까지 발견되지 않아 말할 수 없고, 조선시대의 기록만이 전하고 있다. 조선 태종 때인 1407년 12월 각 고을의 명찰을 자복사資福寺로 정할 때 마곡사가 지정되지 않았으며, 세종 때인 1424년 4월 선교양종禪敎兩宗 36사寺에도 들지 못했던 것으로 보아 조선시대에는 서서히 쇠락하여 갔을 것으로 보인다.

실록의 자복사資福寺 기사

의정부에서 명찰로써 여러 고을의 자복사資福寺에 대신하기를 청하니, 그대로 따랐다. 계문啓聞은 이러하였다.

> 지난 해에 사사寺社를 혁파하여 없앨 때에 삼한三韓 이래의 대가람이 도리어 태거汰去하는 예에 들고, 망하여 폐지된 사사에 주지를 차하差下하는 일이 간혹 있었으니, 승도僧徒가 어찌 원망하는 마음이 없겠습니까? 만일 산수 좋은 곳의 대가람을 택하여 망하여 폐지된 사원에 대신한다면, 거의 승도들로 하여금 거주할 곳을 얻게 할 것입니다.
>
> 이리하여 여러 고을의 자복사를 모두 명찰로 대신하였는데, 조계종에 양주梁州의 통도사通度寺·송생松生의 쌍암사雙巖寺·창녕昌寧의 연화사蓮花寺·지평砥平의 보리갑사菩提岬寺·의성義城의 빙산사氷山寺·영주永州의 정각사鼎覺寺·언양彦陽의 석남사石南寺·의흥義興의 인각사麟角寺·장흥長興의 가지사迦智寺·낙안樂安의 징광사澄光寺·곡성谷城의 동리사桐裏寺·감음減陰의 영각사靈覺寺·군위軍威의 법주사法住寺·기천基川의 정림사淨林寺·

영암靈巖의 도갑사道岬寺·영춘永春의 덕천사德泉寺·남양南陽의 홍법사弘法寺·인동仁同의 가림사嘉林寺·산음山陰의 지곡사地谷寺·옥천沃川의 지륵사智勒寺·탐진耽津의 만덕사萬德寺·청양靑陽의 장곡사長谷寺·직산稷山의 천흥사天興寺·안성安城의 석남사石南寺이고, 천태종에 충주忠州의 엄정사嚴正寺·초계草溪의 백암사白巖寺·태산泰山의 홍룡사興龍寺·정산定山의 계봉사鷄鳳寺·영평永平의 백운사白雲寺·광주廣州의 청계사淸溪寺·영해寧海의 우장사雨長寺·대구大丘의 용천사龍泉寺·도강道康의 무위사無爲寺·운봉雲峰의 원수사原水寺·대홍大興의 송림사松林寺·문화文化의 구업사區業寺·금산金山의 진홍사眞興寺·무안務安의 대굴사大崛寺·장사長沙의 선운사禪雲寺·제주堤州의 장락사長樂寺·용구龍駒의 서봉사瑞峰寺이고, 화엄종에 장홍長興의 금장사金藏寺·밀양密陽의 엄광사嚴光寺·원주原州의 법천사法泉寺·청주淸州의 원홍사原興寺·의창義昌의 웅신사熊神寺·강화江華의 전향사栴香寺·양주襄州의 성불사成佛寺·안변安邊의 비사사毗沙寺·순천順天의 향림사香林寺·청도淸道의 칠엽사七葉寺·신령新寧의 공덕사功德寺이고, 자은종에 승령僧嶺의 관음사觀音寺·양주楊州의 신혈사神穴寺·개령開寧의 사자사獅子寺·양근楊根의 백암사白巖寺·남포藍浦의 성주사聖住寺·임주林州의 보광사普光寺·의령宜寧의 웅인사熊仁寺·하동河東의 양경사陽景寺·능성綾城의 공림사公林寺·봉주鳳州의 성불사成佛寺·여홍驪興의 신이사神異寺·김해金海의 감로사甘露寺·선주善州의 원홍사原興寺·함양咸陽의 엄천사嚴川寺·수원水原의 창성사彰聖寺·진주晉州의 법륜사法輪寺·광주光州의 진국사鎭國寺이고, 중신종에 임실任實의 진구사珍丘寺·함홍咸興의 군니사君尼寺·아주牙州의 동림사桐林寺·청주淸州의 보경사菩慶寺·봉화奉化의 태자사太子寺·고성固城의 법천사法泉寺·백주白州의 견불사見佛寺·익주益州의 미륵사彌勒寺이고, 총남종에 강음江陰의 천신사天神寺·임진臨津의 창화사昌和寺·삼척三陟의 삼화사三和寺·화순和順의 만연사萬淵寺·나주羅州의 보광사普光寺·창평昌平의 서봉사瑞峰寺·인제麟蹄의 현고사玄高寺·계림鷄林의 천왕사天王寺이고, 시흥종에 연주漣州의 오봉사五峰寺·연풍連豐의 하거사霞居寺·고흥高興의 적조사寂照寺이다. 성석린成石璘(1338-1423)이 본래 부처에게 아첨하였기 때문에 이러한 청이 있었는데, 식자識者들이 비난하였다.

- 『태종실록』14권, 태종 7년 12월 2일 신사

실록의 선교양종 36사 기사

예조에서 계하기를, 석씨釋氏의 도는 선禪·교敎 양종兩宗뿐이었는데, 그 뒤에 정통과 방계가 각기 소업所業으로써 7종으로 나누어졌습니다. 잘못 전하고 거짓을 이어받아, 근원이 멀어짐에 따라 말단末端이 더욱 갈라지니 실상 그 스승의 도에 부끄럽게 되었습니다. 또 서울과 지방에 사사寺社를 세워, 각 종宗에 분속分屬시켰는데, 그 수효가 엄청나게 많으나, 중들이 사방으로 흩어져서 절을 비워두고 거처하는 자가 없으며, 계속하여 수즙修葺하지 않으므로 점점 무너지고 허물어지게 되었습니다. 그러므로 조계曹溪·천태天台·총남摠南 3종을 합쳐서 선종禪宗으로, 화엄華嚴·자은慈恩·중신中神·시흥始興 4종을 합쳐서 교종敎宗으로 하며, 서울과 지방에 중들이 우거할 만한 곳을 가려서 36개소의 절만을 두어, 양종에 분속시킬 것입니다. 그리고 전지를 넉넉하게 급여하고 우거하는 중의 인원을 작정하며 무리지어 사는 규칙을 작성하여, 불도佛道를 정하게 닦도록 할 것입니다. 이어 승록사僧錄司를 혁파하고, 서울에 있는 흥천사興天寺를 선종 도회소禪宗

都會所로, 홍덕사興德寺를 교종 도회소敎宗都會所로 하며, 나이와 행동이 아울러 높은 자를 가려 뽑아 양종의 행수 장무行首掌務를 삼아서 중들의 일을 살피게 하기를 청합니다. 이제 분속하려는 서울과 지방의 사사寺社와 우거하는 중의 정원과 급여할 전지의 결수結數를 가지고 낱낱이 아룁니다.

선종에 예속된 것으로는 절이 18개소, 전지田地가 4천2백 50결입니다. 서울 홍천사는 원속전元屬田은 1백60결인데, 이번에 90결을 더 주고, 항거승恒居僧은 1백20명입니다. 유후사留後司 숭효사崇孝寺는 원속전이 1백 결인데, 이번에 1백결을 더 주고, 항거승은 1백명이며, 연복사演福寺는 원속전이 1백결인데, 이번에 1백결을 더 주고, 항거승은 1백명이며, 개성 관음굴觀音堀은 원속전이 45결인데, 경기 이번에 1백5결과 수륙위전水陸位田 1백결을 더 주고, 항거승은 70명이며, 경기 양주楊州 승가사僧伽寺는 원속전이 60결인데, 이번에 90결을 더 주고, 항거승은 70명입니다. 개경사開慶寺는 원속전이 4백결이고, 항거승이 2백명이며, 회암사檜巖寺는 원속전이 5백결이고, 항거승이 2백50명이며, 진관사津寬寺는 원속전이 60결인데, 이번에 90결과 수륙위전 1백결을 더 주고, 거승은 70명이며, 고양高陽 대자암大慈菴은 원속전이 1백52결 96복卜인데, 이번에 97결 4복을 더 주고, 거승은 1백20명입니다. 충청도 공주公州 계룡사鷄龍寺는 원속전이 1백결인데, 이번에 50결을 더 주고, 거승은 70명입니다. 경상도 진주晉州 단속사斷俗寺는 원속전이 1백결인데, 이번에 1백결을 더 주고, 거승은 1백명이며, 경주慶州 지림사祇林寺는 원속전이 1백결인데, 이번에 50결을 더 주고, 거승은 70명입니다. 전라도 구례求禮 화엄사華嚴寺는 원속전이 1백결인데, 이번에 50결을 더 주고, 거승은 70명이며, 태인泰仁 흥룡사興龍寺는 원속전이 80결인데, 이번에 70결을 더 주고, 거승은 70명입니다. 강원도 고성高城 유점사楡

岾寺는 원속전이 2백5결인데, 이번에 95결을 더 주고, 거승은 1백50명이며, 원주原州 각림사覺林寺는 원속전이 3백결이고, 거승은 1백 50명입니다. 황해도 은율殷栗 정곡사亭谷寺는 원속전이 60결인데, 이번에 90결을 더 주고, 거승은 70명입니다. 함길도 안변安邊 석왕사釋王寺는 원속전이 2백결인데, 이번에 50결을 더 주고, 거승은 1백20명입니다.

교종에 소속된 것으로는 절이 18개소, 전지가 3천7백결입니다. 서울 흥덕사는 원속전이 2백 50결이고, 거승은 1백20명이며, 유후사 광명사廣明寺는 원속전이 1백결인데, 이번에 1백결을 더 주고, 거승은 1백명이며, 신암사神嚴寺는 원속전이 60결인데, 이번에 90결을 더 주고, 거승은 70명이며, 개성開城 감로사甘露寺는 원속전이 40결인데, 이번에 1백60결을 더 주고, 거승은 1백명이며, 경기 해풍海豊 연경사衍慶寺는 원속전이 3백결인데, 이번에 1백결을 더주고, 거승은 2백명이며, 송림松林 영통사靈通寺는 원속전이 2백결이고, 거승은 1백명이며, 양주楊州 장의사藏義寺는 원속전이 2백결인데, 이번에 50결을 더 주고, 거승은 1백20명이며, 소요사逍遙寺는 이번에 속전이 1백50결이고, 거승은 70명입니다. 충청도 보은報恩 속리사俗離寺는 원속전이 60결인데, 이번에 1백40결을 더 주고, 거승은 1백명이며, 충주忠州 보련사寶蓮寺는 원속전이 80결인데, 이번에 70결을 더 주고, 거승은 70명입니다. 경상도 거제巨濟 견암사見嚴寺는 원속전이 50결인데, 이번에 1백결을 더 주고, 거승은 70명이며, 합천陜川 해인사海印寺는 원속전이 80결인데, 이번에 1백20결을 더 주고, 거승은 1백명입니다. 전라도 창평昌平 서봉사瑞峯寺는 원속전이 60결인데, 이번에 90결을 더 주고, 거승은 70명이며, 전주全州 경복사景福寺는 원속전이 1백결인데, 이번에 50결을 더 주고, 거승은 70명입니다. 강원도 회양淮陽 표훈사表訓寺는 원속전이 2백10결인데, 이번에

90결을 더 주고, 거승은 1백50명입니다. 황해도 문화현文化縣 월정사月精寺
는 원속전이 1백결인데, 이번에 1백결을 더 주고, 거승은 1백명이며, 해주
海州 신광사神光寺는 원속전이 2백결인데, 이번에 50결을 더 주고, 거승은 1
백20명입니다. 평안도 평양平壤 영명사永明寺는 원속전이 1백결인데, 이번
에 50결을 더 주고, 거승은 70명입니다. 하니, 그대로 따랐다.

－『세종실록』24권, 세종 6년 4월 5일 경술

　임진왜란 때 의병들이 마곡사에 집결하자[19] 왜군들이 여러 번에 걸쳐
마곡사를 침탈하였으며, 석탑을 훼손하고 사리구舍利具를 도난해 갔다고
전해지고 있다. 이러한 내용을 입증해줄 만한 직접적인 기록은 전하지 않
지만 임진왜란 당시 마곡사가 큰 피해를 입었을 가능성은 상당히 높다.[20]
한편 조선 후기에는 마곡사가 여러 번에 걸쳐 중창[21]과 중수가 이루어졌
음을 알 수 있다.
　먼저 『태화산마곡사사적입안』에 의하면, 공산현감이던 이태연李泰淵
(1615-1669)이 1650년 공주목사公州牧使로 부임하여 마곡사 지소紙所가 폐
쇄된 것을 애석해 하다가 화주化主를 세워 10여 년 동안 각순覺順 등의 주

19　『宣祖實錄』48卷, 宣祖 27年 2月 6日 乙卯 참조.
20　엄기표, 「公州 麻谷寺 五層石塔의 건립 시기와 미술사적 의의」, 『문화사학』52, 한국문화
　　사학회, 2019, p.84.
21　'산사, 한국의 산지 승원' 이코모스 위원 현지실사를 위한 사전 브리핑(2017.09.11.) 시
　　에 '중창'의 영어 표기에 대해 논의가 있었다. 최초 제출한 등재신청서 상에서 중창이
　　'restoration'과 재건을 의미하는 'reconstruction'의 두 가지 개념에 대한 혼란이 초래되었
　　으나, glossary로 작성하여 제출하였다. 산사세계유산등재추진위원회 편, 『세계유산 등
　　재 기념 백서: 산사, 한국의 산지 승원』, 산사세계유산등재추진위원회, 2019, p.152.

도로 중창하여 지소를 복원하였다고 한다.[22] 그는 청동 2천민, 백미 3백석을 모아 절을 보수하고 옛 모습을 복원하여 선당을 고치고 약사전을 중수하며, 마곡사는 종이 만드는 사찰[紙所寺刹]이라는 특성을 갖게 되었다. 마곡사에서는 어람지御覽紙와 관청의 전문지箋文紙 등을 만들어 조정에 보냈다.

이어 1703년(숙종29)에 각순과 박야외朴也外가 중창 사업을 전개하여 사찰 토지의 세금을 면제받고 대장전, 영산전, 천왕문을 지었다. 1782년(정조6)에 큰 화재가 나서 법당을 비롯한 1,050칸의 건물이 불탔고, 이에 제봉체규가 중수 사업을 벌였다. 체규는 대광명전 응진전 해탈문 천왕문을 중건하고 대광보전 중창기를 썼다. 이에 따르면 절에 3채의 법전法殿이 있어 2채는 절 북쪽에 위치하여 남향한 대웅전과 대광보전이고, 1채는 남쪽에 서쪽을 등지고 있는 영산전이었다. 대광보전은 대웅전 앞에 있고, 대광보전 앞에는 33층의 금탑이 있으며 금탑 남쪽에는 범종루가 있었다. 그런데 1782년의 화재로 대광보전과 선실禪室과 범종루가 불타고 오직 불상만 무사히 모셔냈고, 1785년(정조9)에 절도사 심풍지沈豐之의 황조 2백석과 청동 3백민 시주를 토대로 대광보전을 중수하였다.[23]

체규는 또 1789년(정조13)에 정조의 후손을 얻기 위해 정순왕후가 농산聾山대사에게 천일기도를 올리도록 했고, 법손인 체규가 계속하여 기도를 마쳐 마침내 순조가 탄생했다는 일화를 남기기도 했다. 순조 탄생 기

---

22 "孝宗大王 即位之御二年庚寅 楡谷李監司泰淵覽 爲本州牧使 (中略) 復爲紙所矣.",「泰華山麻谷寺事蹟立案」
23 霽峰體奎,「忠淸右道公州判地西嶺泰華山麻谷寺大光寶殿重創記」,『한국의 사찰문화재: 충남』, 문화재청, 2004, p.108.

도는 선암사를 비롯한 여러 곳에서 시행되었다고 알려졌는데, 마곡사도 그중의 하나라는 것이다. 이에 따라 마곡사에는 태실胎室이 봉해져, 영산전 뒤쪽 군왕대君王臺 태실에 봉산封山을 지정했다고 하였다. 체규는 이 밖에도 나한전 심검당 응진전을 창건하였다.[24]

그리고 벽암碧巖의 제자였던 월파인영月波印英이 1670년경을 전후하여 작성한 것으로 추정되고 있는 「태화산마곡사적泰華山麻谷寺蹟」에 의하면, 신라 자장에 의하여 마곡사가 창건된 이후 고려시대 보조국사가 제자 수우守愚와 함께 중수하였다고 하며, 1636년 북쪽 오랑캐의 침략으로 전각들이 남김 없이 무너지자, 1649년 공주목사 이태연이 여러 승려들과 함께 중창하였다고 한다. 또한 1703년 작성된 「공주화산마곡사주지승경열등정公州華山麻谷寺住持僧敬悅等呈」에는 마곡사가 임진왜란 이후 승속僧俗이 달아나 폐쇄되어 병자호란 때까지 빈절로 남아 황폐화되었으며, 1650년 공주목사로 부임한 이태연과 1697년 부임한 서경조徐敬祖(1647-1716) 등에 의하여 중창된 사실이 기록되어 있다.

1703년 작성된 「태화산마곡사사안泰華山麻谷寺事案」에도 1650년부터 1659년까지 공주목사 이태연이 대대적으로 중창하였고, 1697년 공주목사 서경조가 승부僧賦를 완화하거나 면제시켜 주었으며, 이후에도 여러 스님들에 의하여 마곡사가 지속적으로 중수된 사실이 수록되어 있다. 그리고 『태화산마곡사사적입안』에도 자장이 마곡사를 창건한 사실, 보조국사가 수우와 함께 새롭게 절을 건립한 내용, 조선 세조가 마곡사를 방

24 정병삼, 앞의 논문, p.28.

문하여 영산전 현판 글씨를 써주고 잡역의 부담을 면하도록 하는 수패手
牌를 내린 내용 등이 기록되었다. 이처럼 여러 사료에 임진왜란 이후 마
곡사의 중창 관련 내용들이 기록되어 있는데, 대부분 앞선 기록들을 거의
그대로 옮겨 수록한 이후 새로운 내용들을 추가한 정도이다.[25]

1816년에는 불탄 총지료를 건립했고, 1842년에는 영산전을 중수하였으
며 불이 난 매화당을 중건하고 향각을 새로 건립했다. 1844년에는 홍성루
를, 1846년에는 해탈문, 약사전, 매화당, 공루를 중수하고 1852년에는 나
한전을 개건하고 대광보전의 번와와 홍성루, 해탈문, 연대암의 중수를 시
행했다. 1855년에 큰 불로 심검당을 비롯한 100여 칸의 건물이 불타자 공
명첩을 제공한 조정의 지원으로 같은 해에 심검당을 중수하였다. 1862
년에는 삼조사 영당, 1905년에는 대웅전, 1910년에는 천왕문과 해탈문,
1923년에는 대웅전을 중수하였고 1939년에는 영산전 북쪽에 명부전을
건립하였다.

이상, 마곡사의 연혁을 「유마곡사기遊麻谷寺記」·「태화산마곡사사적입
안泰華山麻谷寺事蹟立案」·「겸사입안완문兼使立案完文」·「태화산마곡사천
불전중수문泰華山麻谷寺天佛殿重修文」·「마곡사삼조사영당중건조연문麻
谷寺三祖師影堂重建助緣文」·「공주군태화산마곡사심검당공료번와기公州郡
泰華山麻谷寺尋劔堂公寮飜瓦記」·「태화산마곡사천왕문중수기泰華山麻谷寺
天王門重修記」·「태화산마곡사대광보전불양계현판서문泰華山麻谷寺大光寶
殿佛糧稧懸板序文」·「유공불망기有功不忘記」·「조선충청남도공주군마곡사

25 엄기표, 앞의 논문, pp.83-84.

헌답기朝鮮忠淸南道公州郡麻谷寺獻畓記」·「대시주영세불망비大施主永世不
忘記」의 내용에서 정리하면 다음과 같다.[26]

표2. 마곡사의 연혁

연번	시기	내용
1	唐 貞觀17년(643)	자장율사가 당에서 돌아와 선덕여왕의 하시를 받고 國統法果沙門, 安城侯不空法師로 봉해진 후 마곡사를 창건하다.
2	武宗 會昌2년(842)	절의 터가 황폐해지고 풀만 무성하게 자란지 백여년이 되다.
3	唐 承安4년(1199)	神僧 佛日普照國師를 맞이하여 敎命으로서 폐찰을 중수하도록 하다. 그 후 보조국사가 제자 守愚와 함께 도적을 물리치고 國師川 서쪽의 彌陀主와 북쪽의 三浮屠庵, 그리고 절 남쪽의 栗庵과 여러 墓을 중수하다. 이어 한 승려가 國師堂을 짓고 梵日, 道詵을 함께 봉안하다.
4	皇明 憲宗년간 (1465-1487)	세조대왕이 마곡사에 유람하여 '만세토록 없어지지 아니할 땅이다'라고 찬탄하면서 특별히 '靈山殿' 3字를 써서 額號로 하사하다. 또한 手牌를 만들어 잡귀가 침입하지 말라는 뜻으로 하사하다.
5	壬辰 丙子의 亂 이후 仁祖大王 (1623-1649)	60여 년 동안 승려와 속인이 모두 文蹟을 망가뜨리고 나라에서 하사한 토지 200결을 찾을 수가 없게 되다.
6	孝宗2년(1651)	楡谷人 監司 李泰淵이 본 州의 목사가 되어 자신의 월봉을 모아 청동 2,000緡, 백미 300석으로 사찰을 보수하고 노역한 士僧을 모집하여 禪堂과 약사전을 보수하는 등 다시 옛 형태로 복원하였다.
7	孝宗1년-10년 (1650-1659)	십년간에 前 判事였던 僧 勝衍과 玄應·眞圭·覺淳·智元·寶敬·雲盒·雲日·義全·雲惠·玄澄·德輝·思淨·玄頤·冲色·卓一·性久·幸安·杜雲 등이 차례로 주지를 맡아 사찰을 운영하다. 이 기간에 거사 朴野外와 각순이 재산을 시주하고, 탁일 등과 함께 운혜를 竗手匠師로 추대하여 여러 공인을 이끌어서 승당을 건립하다. 延城人 李公時와 伯兄弟가 判度支에게 건의하여 절의 토지 4결 55복 5속이 면세되다.
8	淸世祖17년(1660) 이후	太輝·省欽·法英·玄參·應律·法煕·思印·雙彦·卓一·泰天·竹林 등이 차례로 주지를 맡다.
9	康熙21년(1682)	4佛殿을 중수하고자 僧들이 힘을 보태어 재물을 모으다.
10	肅宗23년(1697)	候敬 徐祖가 7결을 감하여 세금을 낮추다.
11	肅宗29년(1703)	鄭侯孜+(하土)가 7결 20복을 해당 관청에 아뢰어 면세되다.
12	乾隆50-53년 (1785-1788)	대법당을 수리하고 三壇幀을 단청하였는데 화주는 霽峰堂 體奎이다.

26　이상의 문헌은 문화공보부 문화재관리국,『麻谷寺 實測調査報告書』, 문화공보부 문화재관리국, 1989, pp.31-51에 원문과 번역문이 실려 있다.

13	正宗14년(1790)	정순왕후가 聾山大師를 초빙하여 원자의 탄생을 위한 천일기도를 올리게 하다. 농산이 죽은 후 제봉당 체규·繼日을 초빙하여 다시 천일기도를 올리게 하다.
14	乾隆56년(1791)	나한전을 중창하다.
15	乾隆60년(1795)	上院을 중창하다.
16	嘉慶원년(1796)	靑蓮의 중건을 승과 속이 기꺼이 이루다. 국사당을 중창하다.
17	嘉慶2년(1797)	심검당을 중건하였는데 화주는 제봉당 체규·元管 日均이다.
18	嘉慶18년(1813)	泥峴 相國, 李享元이 이 도를 살펴보고서 錦波에게 쌀 사십석을 시주하고 자기의 권한으로 14결을 감하여 본사에 주어 공용의 자금이 되게 하다.
19	嘉慶19년(1814) 2月 20日	총지료에 화재가 나 종이를 모두 잃다.
20	嘉慶21년(1816)	총지료를 수리하였는데 일균·令監 등이 힘을 모으다.
21	嘉慶25년(1820)	內院을 중창하였는데 화주는 喜久이다.
22	道光7년(1827)	가섭대에 화재가 나고 3년 후에(1830) 재물을 모아 수리하다.
23	道光11년(1831)	이층하대를 중수하다.
24	道光12년(1832)	월영대의 불사를 하였는데 鍊峰堂 灝永이 주관하다.
25	道光16년(1836)	영은암을 중수하였는데 尼僧이 黙彦·玉仁·有還·福善·尙輝·奉欣·取欣이 힘을 함께 하다.
26	道光20년(1840) 7月 7日	매화료에 화재가 일어나 다음 해(18410에 鏡月堂 快守가 화주가 되어 수리하였다. 은적암을 중건하였는데 화주는 印月堂 智幸이고 堂上의 중창은 니승 상휘와 취흔이며 제봉의 상좌인 法敏의 孫 敬信이 주관하다.
27	道光22년(1842)	영산전 법당을 중수하였는데 화주는 인월당 지행·연봉당 호영 등이다. 향각을 새로 지었는데 화주는 역시 인월당 지행과 연봉당 호영이다.
28	道光23년(1843)	백련암을 중창하다.
29	道光24년(1844)	相公 沈豊之가 절도사로 있으면서 대광보전의 화재를 중수하고자 황조 이백석과 청동 삼백민을 시주하고 도내의 사람들에게 권장하여 며칠이 되지 않아 완성하다. 또 흥성루를 중수하였는데 화주는 淨順이다. 매화당 공루를 수리하니, 화주는 景雲堂 彩元이다. 약사전을 수리하다.
30	道光29년(1849)	靑蓮을 중건하다.
31	咸豊원년(1851)	나한전을 중건하였는데 정순 등이 사재를 낸 인연으로 대법당과 향로전이 이루어진 것은 같은 때이다. 또한 이 해 봄에 백련암이 낡아 중수하다.
32	同治원년(1862)	三國師 영당을 건립한 지가 오래 되어 당의 벽이 기울고 무너졌으며 마루와 들보가 썩었다. 이때 불도를 따르는 取欣이라는 비구니를 만나 재물을 구하고 그 해 2월에 중수를 시작하다. 5월에 匠工?訖과 牧安이 영정을 봉안하니 크고 아름다움과 의연함이 이전보다 배가 뛰어나게 되다.
33	同治7년(1868) 10월	국사당 현판을 조성하다.
34	光緖16년(1890)	大施主永世不忘記를 작성하다. 대광보전 佛糧稧 懸板序文을 기록하다.
35	隆熙2년(1908)	화엄산림의 남은 쌀로 재물을 삼고 淨山 僉員이 돈을 모아 심검당 公寮를 중수하다.
36	隆熙4년(1910)	천왕문을 중수하였는데 시주는 朴仁黙과 본사 錦湖堂이 대시주이다.
37	昭和7년(1932) 4월	金貞漢 여사가 토지 5,692평을 마곡사에 헌납하다.

마곡사 경내에는 고려시대 오층석탑, 묘법연화경, 조선시대의 건축물인 영산전, 대웅보전, 대광보전과 석가모니불괘불탱 등 7건의 국가지정문화재(보물)가 있으며, 불상, 향로 및 주요 건축물들이 충청남도 유형문화재(6건)와 문화재자료(5건)로 지정되어 있다. 이 밖에도 비지정문화재 경판 688건을 포함 2,000여 건의 문화재를 보유한 역사·문화적으로 중요한 사찰로 인정받고 있다.

또한 마곡사는 수많은 고승 대덕들을 배출한 사찰이며, 독립운동가로서 대한민국 임시정부 주석을 역임한 김구가 출가 수행한 사찰로 고대부터 근현대까지 역사적 의미가 큰 사찰이다. 그러나 1970년대부터 마곡사 경내에 종무소를 비롯한 각종 종무시설과 성보박물관 등 부속시설이 신축 또는 이건되어 가람의 변화가 발생하였으며, 근래까지 경내 건축물에 대한 개보수가 꾸준히 진행되고 있다. 그 과정에서 전통사찰로서 역사성과 본사의 역할과 기능, 신도 및 방문객의 입장을 충분히 반영하지 못한 과오도 인정된다. 다행히 최근 들어 전통문화 종합도량으로서 역할을 수행할 수 있도록 정비계획을 마련하고 사격에 적합한 공간 활용을 진행하고 있다.

이상, 마곡사의 창건이나 중창에 관련된 승려들은 근현대의 기록에 의존하여 다음과 같이 재정리할 수 있다.

표3. 마곡사 창건 및 중창 관련 승려

전적 연도	忠淸右道公州判地西 嶺泰華山麻谷寺大光 寶殿重創記 (1785)	泰華山麻谷寺事蹟立案 (1851)	麻谷寺大雄殿重修記 (1905)	禪敎兩宗大本山麻谷 寺緣起略抄 (忠淸南道誌, 1979)
643	慈藏律師 初創	慈藏律師 初創	慈藏律師 初創	
840				普照禪師體澄 初創
842		폐사		
847	梵日 再造	梵日 三建	梵日	梵日 一次 擴張
877	道詵 三建	道詵 四修	道詵	道詵 二次 重修
1115	普照 四修	普照 再造	普照 五次	普照 三次 重修
임진왜란 · 병자호란				
1650		本州牧使 李泰淵 再建		
1703	朴也外覺淳 五成	覺淳外 五成		朴覺淳居士 四次 重修
1785				霽峰 五次 重修

출처: 『공주 마곡사 종합정비계획 중간보고서』, 불교문화재연구소, 2016.08, p.6.

네 가지 전적을 확인해 보면 가장 최근의 중수 기록은 1785년 제봉체규에 의한 중창 기사이다. 1782년 화재로 대법당 등 1,050칸이 소실되고,[27] 이후 응진전, 해탈문, 천왕문, 대광보전, 나한전, 심검당, 총지료, 영산전, 매화당 등 사찰 가람의 주요 구성 요소가 완비된 것으로 보인다. 그러나 1855년 또 다시 화재가 나서 심검당을 비롯해 100여 칸이 소실되자 곧 바로 심검당을 중수하였다. 이후 점차 영당, 대웅전, 천왕문, 해탈문 등에 대

---

27 「麻谷寺回綠後改建及重修年記錄」 참조.

한 중수가 이루어졌고, 1939년 명부전을 건립하면서 대부분의 건물이 현재의 모습을 갖추게 되었다.[28]

근대기에는 기존 건물의 보수에 치중하면서 종무소와 종각, 백범당, 조사전 등의 신축과 함께 사찰 운영에 필요한 부속시설을 신축하였다. 최근에는 매화당 중건(1983), 음향각, 사무소 철거 후 종무소 신축(1984), 대웅보전 지붕 해체 보수(1986), 대광보전 지붕 수리(1992), 심검당 보수(1993), 연화당 건립, 심검당 일부 철거(1994), 종각 신축(1996), 대웅보전 지붕 해체수리, 대광보전 기단 수리(1997), 대광보전 기와 정비(2000), 백범당 신축(2004), 조사전 신축(2006), 대웅보전 지붕 해체보수, 대광보전 마루 보수(2010), 영산전 지붕 해체보수(2012)가 이루어졌다. 그 밖에 마곡사의 산내 암자로는 관음암, 내원암, 대원암, 마하연, 무위암, 백련암, 부용암, 북가섭암, 상원암, 영은암, 은적암, 죽림원, 청련암, 토굴암 등 총 14곳이 있다. 이 중 창건 기록이 알려진 것은 청련암으로, 이 암자는 〈공주청련암목조관음보살좌상公州靑蓮庵木造觀音菩薩坐像〉(충청남도 유형문화재)의 복장 유물 분석을 통해서 1701년 창건된 것임을 알 수 있다. 이와 같이 직접 자료가 없는 경우, 간접 자료를 통해 정보를 얻을 수 있는 것이 유형문화재의 특징이다.

---

28 「泰華山麻谷寺事蹟立案」;「麻谷寺回祿後改建及重修年記錄」 참조.

3) 마곡사의 산명 변천

전술한 바와 같이 2018년 유네스코는 '산사, 한국의 산지 승원'을 인류가 지키고 보존해야 할 문화유산으로 등재했다. 등재 명칭을 보면 '산사', '산지'와 같이 '산' 관련 표현이 두 번이나 나오고 있다. 이 말은 한국 사찰의 특징을 '산'에서 찾고 있다는 의미이다. 그러나 역사를 고찰할 때 붓다 재세시 인도에서 산사는 없었고, 당시의 탁발 문화를 고려하면 더더욱 산사가 불교를 상징하는 공간은 아니었음을 알 수 있다. 탁발을 하기 위해서는 마을과 가까운 곳에 사찰이 존재해야 하기 때문이다. 그래서 사찰은 마을에서 너무 가깝지도 멀지도 않은 곳에 위치했다.

조선시대 숭유억불로 인해 도심 사찰은 전 왕조의 이데올로기로 낙인 찍히며 탄압의 대상으로 전락하였다. 그러다 보니 성읍을 벗어나 산으로 들어가 사찰을 세우고, 명상을 중시하는 선종에서는 성읍보다 산에서 자급자족하는 방식을 택하게 되었던 것이다. 특히 우리나라와 같이 산이 많은 곳은 물류 유통이나 역참 운영에서 산 안에 거점 지역이 필요했고, 이때 산사는 진지와 같은 역할을 수행했다. 바로 이러한 점에서 자현은 "산사는 오늘날의 한국 불교를 대표하는 동시에 비주류의 미감인 셈이다. 마치 조선의 정궁인 경복궁이 소실되자 이궁인 창덕궁이 258년간 정궁의 역할을 수행한 것처럼 말이다. 물론 이 때문에 창덕궁은 1997년 유네스코 세계문화유산으로 등재된다. 이 점 또한 산사와 매우 유사하다고 하겠다"[29]고 서술하였다.

마곡사 또한 산사이며, 해당 산 이름이 문헌에 따라 다르게 나타나고 있어 그 변천 과정을 점검해 보고자 한다.

1530년 이행李荇(1478-1534) 등에 의해 편찬된『신증동국여지승람新增東國輿地勝覽』에서는 "마곡사는 무성산에 있다麻谷寺 俱在茂城山(『新增東國輿地勝覽』「公州牧·佛宇」)"고 하고, "무성산은 주 서쪽 32리에 있다茂城山 在州西三十二里(『新增東國輿地勝覽』「公州牧·山川」)"고 하였다. 이 무성산은 공주 사곡면 마곡사의 동쪽에 있는 산으로 공주시 우성면, 정안면 그리고 사곡면에 걸쳐져 있다. 고도는 614미터로 한자 표기는 '茂城山', '武盛山', '武城山' 등 문헌에 따라 조금씩 차이가 있다.

응운공여應雲空如(1794-?)는 용암혜언龍岩慧彦(1783-1841)의 제자로『응운공여대사유망록應雲空如大師遺忘錄』에서 마곡사를 다음과 같이 논하고 있다.

"공주의 서북쪽에 무성산茂盛山이 있는데 토산土山으로서 구불구불 도는 형세다. 안에 마곡사摩谷寺와 유구역維鳩驛이 있다. 계곡에는 시냇물이 많고 논이 비옥하며, 목화와 기장, 벼에 적합하다. 사대부와 평민이 한번 여기에 살면 풍년인지 흉년인지 구별 없이 넉넉한 부富를 보유하게 되는 이가 많고, 떠돌아 옮기는 근심이 적다. 남사고南師古의『십승기十勝記』에 이르기를, '유구역과 마곡사 두 물길 사이가 병화를 피할 곳이다'라고 했

---

29 자현 스님, '자현의 아제아제바라아제: 한국 절들은 왜 산에 있을까?',《한국일보》2021. 01. 13.

다. 公州西北 有茂盛山 土山盤回 內有摩谷寺維鳩驛 洞壑多澗水而水田饒

沃 且宜木綿黍粟 士大夫與平民 一居於此 不知年歲豊凶 多保全厚富 而少

流移遷徙之患 南師古十勝記云 以維摩兩水間 爲避兵地."

　　-『應雲空如大師遺忘錄』(韓佛全10, p.754b)

　　여기에는 무성산의 '성' 자가 '盛'으로 적혀 있다. 응운공여는 순조의 장
인인 김조순金祖淳에게 '공여'라는 호칭을 받은 인물이다. 앞의 무성산의
'성' 자와 마찬가지로 마곡사의 '마' 자를 '摩'로 적고 있어 혼란을 주지만,
이는 그가 잘못 적은 것일 뿐, 사실이 잘못된 것은 아닐 것이다. 무성산의
골짜기를 타고 내리는 물은 '약천내'로 불리며, 이 약천내가 경작지의 농
작을 가능하게 해 주는 주요 수원이었다. 이 무성산의 주봉 북서쪽 산자
락에 마곡사가 위치해 있다.[30]
　　'유구역과 마곡사 두 물길 사이'를 잘 보여주는 지도를 찾아보면 다음과
같다.[31]
　　〈해동지도〉는 1750년대 초에 제작된 것으로 보물로 지정되어 그 사료
적 가치가 매우 높은 지도이다. 여기에는 마곡사의 산명은 나오지 않으
나, 물줄기가 자세하게 표현되어 있다. 그림에서 a. 지역이 마곡사이고, b.
지역이 유구역이다. 그리고 그 주위로 두 갈래의 물줄기가 표시되어 있
고, 그중간에 '서창西倉'이 그려져 있다. 따라서 지도상으로만 본다면 바로

30　박종익, 「무성산 산신제의 형성과 변천: 부전동 대동계문서를 중심으로」, 『한국민속학』
　　49, 한국민속학회, 2009, pp.252-253.
31　지도는 규장각 한국학연구원의 원문검색시스템의 고지도를 활용하였음을 밝힌다.
　　https://kyudb.snu.ac.kr/book/text.do

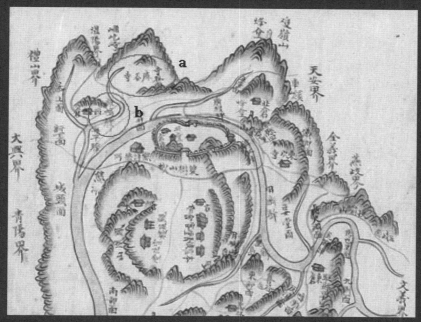

그림1. 해동지도의 마곡사와 유구역

이곳이 길지에 해당한다고 할 수 있다. 그러나 남사고가 말한 유구역과 마곡사 사이의 물길로 본다면, 읍치의 위쪽에 흐르고 있는 물길과 마곡사의 좌측을 흐르고 있는 물길 사이가 길지라 할 수 있다. 따라서 마곡사와 서창 모두 길지에 해당한다고 봐도 과언이 아니다.

앞의 인용문에서 응운공여는 마곡사가 있는 산 이름을 무성산이라고 하였다. 응운공여보다 앞선 시기인 신경준申景濬(1712-1781)의 『가람고』에서도 마곡사는 "무성산에 있다. 주의 서쪽 40리에 있다在茂城山 州西四十里(『伽藍考』)"고 하여 적어도 18-19세기에는 마곡사가 위치한 산명을 무성산으로 불렀음을 알 수 있다.

앞에서 언급한 바와 같이 산사는 진지의 역할도 수행하였던 만큼 실제로 마곡사가 위치한 산에는 백제시대에 쌓은 무성산성(燕城)[32]이 있어서 외침 방어의 역할을 하였다. 여기서도 무성산이란 산명이 확인된다. 그러나 〈그림2〉에서는 '태화산泰華山'으로 그려져 있고 이후 마곡사는 태화산에 소재한 사찰로 알려지고 있다.[33]

---

32 공주시에서 서북방으로 12킬로미터 지점에 이르면 우성면 한천리와 사곡면 대풍리의 경계를 이루는 해발 613.6미터의 험준한 무성산이 北에서 南으로 펼쳐진다. 무성산은 공주군 서북방변에 가까이 위치한 고봉으로 공주군 일원과 東에 栗亭山城, 西에 新豊山城, 南에 公山城이 視界에 보인다. 이 석성은 이 산에 많이 널려 있는 自然石을 이용하여 축조한 석성으로서 비교적 산성의 규모나 형태를 잘 알아볼 수 있는 상태이다. 南北의 장축이 170미터, 東西가 60미터이며 둘레는 450미터이다. 성벽의 너비 4미터, 높이 4미터내외이며 성벽은 거의 수직으로 쌓아올렸다. 그리고 동벽의 내부에는 하나의 井址가 있다.(俞元載,「百濟 熊津城 硏究」,『국사관논총』45, 국사편찬위원회, 1993, p.81.) 그 밖에 무성산성에 대해서는 다음을 참조. 서정석,「공주 무성산성의 구조와 축조시기」,『역사와 담론』62, 호남사학회, 2012, pp.183-212.
33 지도는 규장각 한국학연구원의 원문검색시스템의 고지도를 활용하였음을 밝힌다. https://kyudb.snu.ac.kr/book/text.do

그림2. 〈1872년 지방지도〉의 마곡사와 태화산

4) 마곡사의 주요 승려

사실 마곡사에 주석했던 승려들을 모두 밝힌다는 것은 불가능한 일이다. 사지寺誌가 온전히 남아 있지도 않을뿐더러, 과거 한국불교의 특성상 종단에서 주지를 임명하여 그 기록이 남아 있는 경우가 아니고서는 자유로이 드나들던 승려들의 소식을 완벽하게 전할 수는 없기 때문이다. 따라서 추후 이와 관련된 본격적이고도 독립적인 연구자를 위해 조사 방법론을 제시하는 차원에서 다음 몇몇의 승려들을 밝히고자 한다.

앞서 살펴본 대로 삼국시대의 마곡사 승려로는 창건과 관련된 자장율사, 무염국사 등이 있다. 고려시대에는 보조국사가 마곡사를 중수하였고, 범일대사가 재건하고, 도선국사가 다시 중수, 각순대사가 보수한 것으로 전해진다.

근대에는 경허성우鏡虛惺牛(1849-1912)[34]의 속가俗家 형이 마곡사 승려였다는 기록이 전한다.

---

34 경허의 출생 연대에 대해서는 여러 이견이 있다. ① 漢巖찬술, 「先師鏡虛和尙行狀」: 1857년(철종8)丁巳 4월 24일 출생, 1912년 壬子 4월 25일 입적, 세수56, 법납48세. ② 萬海찬술, 「略譜」: 1849년(헌종15) 己酉 8월 24일 출생, 1912년 壬子 4월 25일 입적, 세수64세, 법납56세 ③ 鏡虛찬술, 「瑞龍和尙行狀」(光武4, 1900년 찬술): 1846년 헌종 12년 丙午 출생. 김지견은 경허찬술의 「서룡화상행장」에 의해 1846년으로 봐야 한다고 주장하였고(김지견, 「鏡虛先師考」, 『德崇禪學』1, 한국불교선학연구원 무불선원, 2000, p.16), 최병헌은 「서룡화상행장」은 경허가 1900년 겨울에 찬술을 부탁받았으나, 실제 탈고된 것은 1903년으로 추정됨으로써 만해 찬술의 「약보」에서의 출생년과 일치하며, 『경허집』이 출간될 당시 만해의 「약보」가 책머리에 실려 있다는 점에서 당시 德崇門中의 충분한 검증을 거친 전승이라 볼 수 있기 때문에 1849년으로 봐야 한다고 주장하였다.

"(경허)스님은 일찍 부친을 잃고 아홉 살 때 모친을 따라 상경하여 경기도 광주廣州의 청계사에 들어가 계허桂虛 스님을 은사로 삭발하고 수계하였다. 스님의 형도 공주 마곡사에서 승려가 되었으니, 모두 모친이 삼보에 귀의하여 지성으로 염불하였던 까닭에 두 아들을 출가시킨 것이었다. 早喪所怙 九歲隨慈母上京 投廣州淸溪寺 依桂虛師 祝髮受戒 而有兄在公州麻谷寺得度 皆其慈母歸心三寶."

- 『鏡虛集』「鏡虛和尙集卷之一·先師鏡虛和尙行狀」(ABC, H0283 v11, p.653a12-a14)

여기서 경허의 속가 형은 태허성원太虛性圓으로 경허가 출가하기 전 이미 마곡사에서 출가하였다. 이후 경허의 형 태허는 서산 천장암天藏庵[35]에서 주석하였으며 어머니도 태허에 의지해 노후를 보내었다.[36] 천장암은 지금 천장사天藏寺로 이름이 격상되어 있는데 경허의 친필인 '天藏庵천장암' 현판은 그대로 남아 있다.

근대의 고승으로 추앙받고 있는 경허 집안에 두 아들이 모두 출가를 하였으며 그중 형이 마곡사에서 출가하였다는 점이 기록에 남아 전하고 있는 것이다.

35 홍현지,「鏡虛 惺牛의 '中道不二' 思想 研究」, 동국대 박사논문, 2015, p.25.
36 「(한국의 선지식·1) 동방의 달마 경허」,《현대불교》2003년 3월 4일; "來住於燕岩山 天藏庵 兄太虛禪師奉慈母在此故也.", 『鏡虛集』「鏡虛和尙集卷之一」(ABC, H0283 v11, p.654a11-a12)

태허의 은제자가 바로 경허의 의발을 받아 한국불교의 커다란 선맥을 형성한 대표적 선승 만공월면滿空月面(1871-1946)이다.[37]

만공은 천장암에서 태허를 은사로, 경허를 계사로 삼아 사미계를 득도 하였고, 그 뒤 수년간 천장암에 머물다 아산 봉공사, 서산 부석사, 부산 범 어사 계명암, 공주 마곡사 등을 돌며 참선에 전념하였다.[38]

1937년 7월 27일 만공이 마곡사 주지 시절 조선총독부 주최로 열린 조 선 31본산 주지회의에서의 유명한 일화가 있다.[39] 만공은 조선총독부가 조선불교의 일본불교화를 주장하자 이에 호통을 치며 공박하였다.

총독부는 조선 승려들을 모두 파계시킨 공로 이외의 어떤 업적이 있었는 가. 이와 같은 죄 때문에 지옥에 떨어진 역대 총독을 구하기 위하여 우리 들 주지들이 우선 계戒를 지키고, 수행에 힘쓰는 것만이 한국불교의 일대 진흥책이 될 것이다. 그러므로 당국은 한국불교를 직접 간섭하지 말고 승 려 자신에게 일임하여 자치에 맡겨 달라. 조선 이상의 압제가 있다 해도 능히 자제해 나갈 것이다.[40]

만공은 당시 회의석상에서 미나미 지로南次郎 총독에게 "전 총독 데라

37 경허와 만공의 법맥에 대해서는 다음을 참조. 오경후,「鏡虛·滿空의 法脈과 韓國佛敎에 미친 영향」,『동학연구』26, 한국동학학회, 2009, pp.23-55.
38 「(사찰 편액을 찾아서 · 27) 만공의 수덕사 · 부석사 편액」,『현대불교』, 2000년 11월 15일.
39 이와 관련된 자세한 내용은 다음을 참조. 김광식,「만공의 정신사와 총독부에서의「禪機 發露(1937) 사건」,『鄕土서울』, 서울역사판찬원, 2015, pp.194-228.
40 金惠公 編,「丁丑年 三月 十一日 對日人總督南次郎喝一喝」,『滿空語錄』, 修德寺, 1968, p.67.

그림3. 만공당월면대선사진영

우치 마사타케寺内正毅는 말로는 독실한 불자라 하나 조선의 불교를 파괴시켰으므로 교리에 따라 지옥에 떨어질 것이니, 그를 우리가 지옥에서 구하지 않으면 누가 구하겠는가"라며 오히려 그의 명복을 빌어주자며 조롱하였다.

범해각안梵海覺岸(1820-1896)의 『동사열전』에는 보경혜영寶鏡慧璟(1819-?)이 마곡사에서 주석하였음이 나타난다. 범해가 『동사열전』을 지을 때만 해도 보경은 생존해 있었던 것이다.

"(보경)스님의 법명은 혜영이고 호는 보경이며, 용담(진안군 용담면)에서 출생한 사람이다. 가경 기묘년(순조19, 1819)에 태어났다. 16세에 불명산으로 들어가 머리를 깎고 물들인 옷을 입고 스님이 되었으며 구족계를 받았다. 그 뒤에 여러 강당을 참예하며 두루 경학을 공부하였으며, 지방으로 돌아다니기를 겨우 마치자마자 춘담 대연 선사의 조실에서 법위를 이어받았다. 스님의 계파를 말하자면 청허에서 정관, 정관에서 임성, 임성에서 원응, 원응에서 추계, 추계에서 무경, 무경에서 운봉, 운봉에서 반룡, 반룡에서 낙암에 이르고 다시 낙암에서 임성 천성, 임성에서 낙봉 대인, 춘담 대연으로 이어졌으니 곧 서산의 13대 법손이 된다. 스님은 뒷날 불명산 화암사로부터 공주 마곡사로 거주처를 옮겨 스승과 제자가 함께 살았으며, 내재(學德)와 외재(財物)를 구족하였다. 스님은 『식화전』을 많이 읽었다. 갑오년(1804) 현재 보경 스님은 살아 계시며 그의 나이는 76세이다.

師名慧璟 號寶鏡 龍潭人 嘉慶己卯生 十六投拂明山 剃染受具 叅諸講堂 遊方才畢 受法位於春潭大演禪師堂 言其派系 則淸虛靜觀任性圓應秋溪無竟雲峯蟠龍樂庵 及任城天性樂峰大仁 春潭大演 乃西山之十三世也 自佛

山華庵寺 移居公州麻谷寺 師子幷居 外內財具足 多讀貨殖傳 甲午生存年
七十六."

－『東師列傳』卷5,「實鏡禪師傳」(ABC, H0258 v10, p.1058b07-b16)

이와 같이 보경은 서산의 13대 법손으로 마곡사에 주석한 바 있음이 밝
혀졌다. 그 밖에 1789년 대흥사에서 소암우인素庵禹印이 간행한 『선교도
유사안禪敎都有司案』[41]에서 마곡사에 부임했던 승려의 명단을 조사해 보
면, 제봉체규, 연봉호영, 인월지행이 기록되어 있다.

각각을 살펴보면, 먼저 "제봉체규는 재 충청도 공주 마곡사에 을묘년
(1795) 4월 임명장을 받았으나 부임하지 않음霽峰體奎. 在忠淸道 公州 麻谷
寺 乙卯四月 受帖 不赴任(『禪敎都有司案』「禪敎都有司案錄」)"이라 하였고, "연
봉당호영은 재 충청도 공주 마곡사 기해년(1839) 2월 부임練峯堂灝永. 在
忠淸道 公州 麻谷寺 己亥二月 赴任(『禪敎都有司案』「禪敎都有司案錄」)"이라 하
였다. 여기서 또 다른 기록인 응운등오應雲登旿의 『원장선생안院長先生
案』(1789)[42]의 기록에 의하면 "연봉호영은 재 충청도 공주 마곡사 무신년
(1848) 2월 부임練鳳灝永. 在忠淸道 公州 麻谷寺 戊申二月 赴任(『院長先生案』表
院 院長先生案)" 하였다고 하여 연봉호영이 1848년에 마곡사에 재 부임하
였음을 알 수 있다. 그러나 『원장선생안』에는 '봉' 자가 다르게 표기되어
있어서 어떤 것이 맞는지는 논란의 여지가 있지만 응운등오가 쓴 또 다른

41 팔도선교도유사의 법호, 소속사찰, 부임일, 체임일을 병기한 기록이다.
42 1789년 이후 대흥사 表(忠)院 부임 원장 명단과 소속사찰, 부임여부, 부임일을 기록한
    것이다.

저술인 『위토원입록位土願入錄』[43]에 "도유사 연봉호영 전 10냥 기해년 마곡도유사 練鳳灝永 錢拾兩 己亥 麻谷(『位土願入錄』「院中位土錄」)"이라 하였으므로 등오가 오기한 것은 아니라 판단되어, 앞서 『선교도유사안』의 봉우리 '峯' 자가 아닌 봉황 '鳳' 자가 맞다고 보인다. 『선교도유사안』에서 소개하고 있는 나머지 승려는 인월지행으로 "재 충청도 공주 마곡사 임인년 (1842) 2월 춘향春享에 부임印月智幸. 在忠淸道 公州 麻谷寺 壬寅二月春享 赴任 (『禪敎都有司案』「禪敎都有司案錄」)"하였다고 하였다.

다음으로 현재 마곡사에서 중요하게 모시고 있는 고승들을 살펴보기 위해 조사전의 진영을 살펴보는 것도 좋은 방법론이라고 본다. 고승진영은 승려의 사제관계를 파악할 수 있는 좋은 자료가 되며 사자상승師資相承을 중요시한 조사신앙祖師信仰의 면모를 보여준다. 즉, 고승진영은 스승에 대한 제자들의 존경심의 표현으로 만들어진 것으로 남아 있는 수량도 상당하다. 그러나 남아 있는 진영의 대부분이 조선 후기 제작된 것으로 삼국시대, 통일신라시대, 고려시대의 작품은 남아 있지 않다.

고승진영의 구체적 사례는 통일신라시대 말엽에 들어 조금 전하는데, 정우택에 의하면, "단속사 신행선사神行禪師 비문의 신행神行(704-779)진영, 쌍계사 진감선사眞鑑禪師 비문의 육조영六祖影, 비로암 진공대사眞空大師 비문의 도의진영道義眞影, 그리고 신라 효공왕대 학자인 박인범朴仁範이 찬한 범일국사진영梵日國師眞影과 무한지국사진영無旱智國師眞影 등이 있으며 이 밖에도 김부식이 찬시讚詩를 쓴 화쟁국사진영和諍國師眞影,

43 대흥사 표충원의 위토를 헌납받거나 매득한 내용을 기록한 책이다.

신라 말 해룡왕사의 개산조 보요선사진영普耀先師眞影, 백계산 옥룡사 선
각국사진영先覺國師眞影, 원효대사와 진표율사의 진영이 봉안되었다고
한다. 고려시대 역시 현존작품은 없는 실정이다. 천태종의 시조인 의천의
『대각국사시문집大覺國師詩文集』을 통해 보면, 회화작품과 함께 진영에
대한 많은 찬시를 남기고 있어 나말려초에는 진영의 제작이 매우 활발하
였음을 알 수 있다."[44]고 하였다.

　　조선 전기에도 나옹懶翁,[45] 벽송碧松,[46] 경성慶聖, 부용芙蓉[47] 등의 진영
조성의 기록이 전한다. 이후 조선 후기 양난 등을 겪으며 많은 사찰의 중
수가 이뤄지는 과정에서 고승진영이 활발히 제작되었다. 마곡사의 고승
진영은 표4와 같다. 이와 같이 조사전에는 자장을 중심으로 도선, 보조,
묘화, 지행, 성우, 월면, 범일, 휴정, 유정, 영규, 향계, 금화, 약효, 법천, 일
현의 진영이 봉안되어 있다.[48] 제작연대와 제작화승이 밝혀진 진영은 휴
정, 유정, 영규, 묘화, 지행의 진영 정도이다.

　　이 중 휴정, 유정, 영규는[49] 임진왜란 당시 의병으로 활동하며 나라를 위

44　정우택, 「조선시대 후기 불교 진영고」, 『깨달음의 길을 간 얼굴들』, 직지사성보박물관,
　　2000, p.218.
45　李智冠, 『校勘譯註 歷代高僧碑文』, 가산불교문화재연구원, 2000, pp.95-96.
46　梵海 撰, 金侖世 譯, 『東師列傳』, 광제원, 1994, p.112.
47　문화재관리국, 『전국사찰소장 고승초상화 보고서』, 문화재관리국, 1990, p.6.
48　마곡사 성보박물관에도 洪溪堂 永日의 진영이 소장되어 있다.
49　이 3점은 '임난삼화상' 진영으로 문화재관리국, 『전국사찰소장 고승초상화 보고서』(문
　　화재관리국, 1990, p.143)에서는 시대미상으로 보았고, 성보문화재연구원, 『한국의 불
　　화: 마곡사본말사』(성보문화재연구원, 2002, pp.163-165); 문화재청 불교문화재연구소,
　　『한국의 사찰문화재: 충남 자료집』(문화재청, 2004, p.105); 이은희, 「조선 임진왜란 승
　　장 삼화상의 진영 연구」(국립문화재연구소, 『다시 보는 우리 초상의 세계: 조선시대 초
　　상화 학술논문집』, 국립문화재연구소, 2007, p.177, pp.193-194)에서는 1927년에 조성

표4. 마곡사 조사전 고승진영

자장율사옥룡자

도선보조국사

지눌금파당

묘화

인월당 지행경

허당 성우만

공당 월면

호세 범일

서산 휴정

사명당 유정기

허당 영규

향계당

금화당 성유

금호당 약효

용음당 법천

취담당 일현

기에서 구한 승병장으로, 휴정과 유정은 직접적으로 마곡사와 큰 관련은 없으나 기히 영규와의 관계 속에서 제향하고 있다.

특히 묘화는 1788년 마곡사를 중창한 대공덕주인 제봉체규의 제자인데, 스승 체규의 진영도 조속히 제작되길 바란다. 또한 용음법천과 그의 제자인 취담일현의 진영은 초상화가 아닌 사진으로 걸려 있다. 이 또한 추후 전통 초상화 기법을 적용한 진영으로 대체되기를 바란다.

다음으로 〈마곡사 석가모니불괘불탱〉의 화기畵記에서 많은 수의 승려가 확인된다. 이 화기는 화면 중앙 하단에 나타난다. 화기에 기록된 이들은 이 괘불탱을 조성하는 데 참여했던 시주자들과 시주 물목, 당시 소임자들과 작가이다. 크게 시주질과 연화목록, 본사목록으로 나뉘어 있다.

시주질에는 탱대시주 행정幸淨 비구를 중심으로 파탕波蕩, 금金, 공양供養, 포布, 후배後排, 인등引燈, 원경圓鏡, 편포片布, 후포後布, 초지草紙, 어료魚膠, 진묵眞墨 등의 물목을 시주한 24명의 승려와 38명의 일반인 등 총 62명이 참여하였음을 밝히고 있다. 그러나 시주질 끝부분에 주지住持, 유나維那, 삼강三剛, 지전持殿, 지사持寺, 대동색大同色, 종두鍾頭 등의 소임자 7명의 명단이 같이 기록되어 있어 시주자 수를 총 69명이라고도 볼 수 있으나, 이들 7명은 사찰 운영의 주체이므로 시주자로 보기는 어렵다. 비구比丘만 정리해 보면 다음과 같다.

〈시주질施主秩〉

정대시주幀大施主 행정幸淨, 파탕시주波蕩施主 가선대부嘉善大夫 신수信守, 충언沖彦, 설준雪俊, 성한性閑, 덕관德觀, 덕견德堅, 덕택德擇, 혜일惠日, 산인山人 각무覺無, 학순學淳, 공양시주供養施主 부관仅貧, 포시주布施主 계기戒

己, 행주幸珠, 각준覺俊, 청혜淸惠, 수현守玄, 인등시주引燈施主 현철玄哲, 원경시주圓鏡施主 사현思玄, 편포시주片布施主 일옥一玉, 후포시주後布施主 능열能悅, 초지시주草紙施主 선삼先森, 후배시주後排施主 종언宗彦, 진묵시주眞墨施主 택겸擇兼, 주지住持 현삼玄森, 유나維那 현징玄澄, 삼강三剛 지훈智訓, 지전持殿 보환寶還, 지사持寺 사준思俊, 대동색大同色 종혜宗惠, 종두鍾頭 일환一還.

연화목록은 괘불탱을 조성하는 데 직접적으로 참여했던 사람들을 기록한 것으로 증사證師, 지전持殿, 화사畵師, 공양주供養主, 뇌왕耒徃, 별좌別座, 대화사大化士 등의 책임을 맡았던 14명의 스님들 명단이다.

〈연화목록緣化目錄〉
증사證師 산인山人 덕영德英, 지전持殿 산인山人 충휘冲輝, 화사畵師 산인山人 능학能學, 계호戒湖, 유순唯順, 처묵處黙, 인행印行, 정인精印, 공양주供養主 승헌勝軒, 처현處玄, 뇌왕耒徃 특령特令, 신초信初, 별좌別座 옥청玉淸, 대화사大化士 산인山人 유민唯敏

이 가운데 화사는 능학能學, 계호戒湖, 유순唯順, 처묵處黙, 인행印行, 정인精印 등 6명이지만 이들 화원의 활동은 이 괘불탱 외에는 드러나지 않는다. 그리고 연화목록 끝부분에 "강희26년 정묘, 즉 조선 숙종 13년(1687) 5월에 공주목의 서쪽 화산 마곡사괘불탱을 조성하여 마쳤다康熙二十六年丁卯五月日公洪道 公州牧地西嶺華山麻谷寺掛佛 幀造成畢功."라고 기록하여 괘불탱을 조성한 시기와 장소를 밝히고 있다.

또한 본사목록에는 46명의 승려 명단이 기록되어 있다. 이를 품계와 소임별로 정리해 보면 다음과 같다.

표5. 마곡사 본사목록의 승려

품 계		소 임					
가선대부 嘉善大夫	통정대부 通政太夫	전행판사 前行判事	전주지 前住持	전판사 前判司	산인대덕 山人大德	판사 判司	산인 山人
의전 儀全	사인思仁, 탁일卓一, 신운信云, 선색先賾, 해운海云, 법희法熙, 태준太俊, 민해敏海, 종혜宗惠, 죽림竹林, 일옥一玉, 철영哲英	도경道敬, 덕휘德輝, 법영法英	두운斗云, 행익幸益, 행안幸安, 경해敬海, 충색冲賾, 응택應擇	성흠省欽	인영印英, 법승法勝, 승운勝云, 해일海一, 충해冲海, 홍준洪俊	천숙天淑, 자순自淳, 정관浄貫, 태현太玄, 신정信浄	쌍언双彦, 민기敏己, 학순学淳, 철운哲云, 계징戒澄, 법연法衍, 혜운惠云, 도정道浄, 종일宗一, 대안大眼, 학인學仁, 쌍학双學
1	12	3	6	1	6	5	12

이와 같이 이 승려들은 대부분 당시 마곡사에서 중요한 위치에 있었던 듯 인명 앞에 가선대부嘉善大夫, 통정대부通政太夫 등의 품계와 전행판사前行判事, 판사判事, 전주지前住持, 대덕大德 등의 소임이 적혀 있다. 그러나 불·법·승 삼보 중에서도 승려의 역할은 불이나 법에 비해 항상 후순위에 놓여 왔던 것이 사실이다. 이를 이理와 사事로 구분 지을 수도 있으나, 이러한 이원론적 사유는 불교를 이해하는 데 별로 도움 되지 않는다. 이사무애법계理事無礙法界의 차원에서 이해해야 할 것이다. 따라서 승려가 불·법을 수호하는 중차대한 역할을 하는 만큼 이들이 승원 유지의 핵심 위치에 있다고 하겠다.

2. 마곡사의 주요 전각

문화재는 크게 지정문화재와 비지정문화재로 구분된다. 지정문화재는 국보, 보물, 사적, 명승, 천연기념물, 국가무형문화재, 국가민속문화재의 국가지정문화재와 시도유형문화재, 시도무형문화재, 시도기념물, 시도민속문화재의 시도지정문화재가 해당된다. 비지정문화재는 등록문화재(국가), 문화재자료(시도)가 해당된다. 2017년 12월 기준 우리나라 문화유산 중 국가지정문화재는 3,939건, 국가등록문화재는 724건이었다. 그리고 시도지정문화재는 5,991건, 문화재자료는 2,672건이었다.

공주 마곡사는 대한불교조계종 제6교구 본사로 2018년 1월 22일 충청남도 기념물 제192호로 지정되었다. 문화재보호법은 문화재를 '인위적·자연적으로 형성된 국가적·민족적·세계적 유산으로서 역사적·예술적·학술적·경관적 가치가 큰 것'으로 규정하면서 문화재를 성격에 따라 유형화하고 각 유형에 대해 정의하고 있다.

마곡사에는 보물, 시도유형문화재,[50] 문화재자료,[51] 시도민속문화재로 지정된 문화재가 있다. 이 중 마곡사의 주요 탑과 전각에 대해 살펴보자.

---

50 시도유형문화재는 모두 7개가 있다. 마곡사동제은입사향로(충청남도 유형문화재 제20호), 마곡사동종(충청남도 유형문화재 제62호), 마곡사심검당및고방(충청남도 유형문화재 제135호), 공주마곡사포교당범종(충청남도 유형문화재 제181호), 공주마곡사대웅보전목조삼세불상(충청남도 유형문화재 제185호), 공주마곡사영산회상도(충청남도 유형문화재 제191호), 공주마곡사영산전목조칠불좌상및복장유물(충청남도 유형문화재 제238호).

51 마곡사에는 문화재자료 5개가 있다. 마곡사천왕문(충청남도 문화재자료 제62호), 마곡사국사당(충청남도 문화재자료 제63호), 마곡사명부전(충청남도 문화재자료 제64호), 마곡사응진전(충청남도 문화재자료 제65호), 마곡사해탈문(충청남도 문화재자료 제66호)

1) 마곡사 오층석탑

마곡사의 위상을 대표하는 유물은 마곡사 오층석탑이다.[52] 일명 '다보탑'이라 하며, 주불전인 대광보전의 정면 마당 중앙에 위치해 있다. 이국적인 상륜부[53]를 제외하면 전반적으로 심하게 훼손되어 있다.[54]

탑의 높이는 8.76미터이며, 탑의 기단을 2단으로 쌓고 그 위로 5층의 탑신을 올린 후 머리장식을 올린 모습이다. 탑재는 대부분 청석을 사용하였고, 탑신의 몸돌에는 부처·보살 등을 조각해 놓았고, 지붕돌은 네 귀퉁이마다 풍경을 달았던 흔적이 보이는데, 현재는 5층 지붕돌에만 1개의 풍경이 남아 있다.

---

52 이 탑에 대한 자세한 사항은 다음을 참조. 공주시, 『공주 마곡사 오층석탑: 정밀실측조사보고서』, 공주시, 2016; 조영훈, 「非破壞 精密技術을 活用한 石造文化財의 物理的 損傷度 評價와 構造安定性 診斷」, 공주대 박사논문, 2011, pp.23-28, pp.71-76, pp.206-212, pp.318-320, pp.325-331, pp.360-372; 엄기표, 앞의 논문, pp.81-117; 홍대한, 「麻谷寺 五層石塔의 樣式과 建立時期 硏究: 라마양식 석탑구분에 대한 문제제기를 중심으로」, 『동아시아문화연구』53, 한양대학교 동아시아문화연구소, 2013, pp.175-217; 정은우, 「공주 마곡사 오층석탑 금동보탑 연구」, 『백제문화』52, 공주대학교 백제문화연구소, 2015, pp.29-45; 박경식, 「마곡사 오층석탑에 관한 고찰」, 『백제문화』52, 공주대학교 백제문화연구소, 2015, pp.5-27.

53 이 상륜부는 일찍부터 학계의 주목을 받아 왔다. 이에 대해서는 다음을 참조. 尹張燮, 「麻谷寺에 對하야」, 『考古美術』통권 63·64합집, 고고미술동인회, 1965, pp.127-129; 공주대학교 공주학연구원, 『마곡사 오층석탑 상륜(풍마동) 조사 연구 용역: 결과보고서』, 공주시, 2014.

54 「麻谷寺回祿後改建及重修年記錄」에는 1782년 9월 6일 대형화재로 대법당을 비롯한 천오십여 칸의 전각이 소실되었는데, 석탑도 같이 피해를 입은 것으로 추정된다.(홍대한, 앞의 논문, p.182). "乾隆四十七年壬寅九月初六日 大法堂及一千五十餘間回祿 而越四年 乙巳至戊申 大法堂改建 三壇幀及丹靑訖役 化主 霽峰堂體奎.", 「麻谷寺回祿後改建及重修年記錄」

그림4. 마곡사 오층석탑

이층의 옥신에는 우주가 조각되어 가운데에 아미타여래가 사방에 양각되어 있다. 각 여래는 두광과 신광을 조각하면서 두광의 좌우에 운문이 2개 표현된 것과 두면과 연기 및 연꽃을 표현한 두면으로 구분된다. 이층 탑신 이상의 옥신에는 우주를 양각한 점 이외의 특별한 조각은 확인되지 않는다. 옥개는 2단의 층급받침을 두면서 우각이 심하게 반전되는 형태로 만들었으며 오층의 옥개석에는 풍탁 2개가 남아 있다. 옥개의 추녀에는 모두 이 풍탁이 있었던 것으로 보인다. 상륜부는 청동제로 된 풍마동風磨銅[55]이 상륜을 장식하고 있다.

　　이 풍마동의 형식은 원나라의 라마 양식[56]과 유사한 것으로 탑의 조성 시기에 대한 대체적 연대 추정의 단서가 되고 있다. 홍대한은 "마곡사 오층석탑은 기존의 연구를 통해 라마불교의 영향을 받은 석탑으로 알려져 왔는데, 석탑의 객관적인 분석이 결여된 채 라마탑형 상륜에 치중했기 때문이다. 마곡사 오층석탑은 백제계 석탑양식을 토대로 새롭게 유행한 수미단으로부터 영향 받은 기단이 결합된 양상을 보여준다. 반면 상륜부 금동탑은 비록 라마계 불탑양식으로 제작되었음에도 불구하고 석탑의 제작 시기와 차이를 보이며, 노반석 면적과 상륜의 상태 등을 고려하면 석탑과 별개로 후대에 추가되었을 가능성이 높다. 따라서 마곡사 오층석탑은 양

55　이 풍마동은 1956년 5월과 1957년 9월 연이어 도난당하였다가 되찾는 과정을 반복하였다. 「국보 풍마동 도난」, 《동아일보》1956년 6월 2일자; 「僧侶들의 所行 風磨銅遺棄眞相」, 《동아일보》1956년 9월 16일자; 「國寶風磨銅을 竊取 生活難에 빠진 前科者一黨三名 所行」, 《동아일보》1958년 1월 23일자 참조.

56　라마 양식은 북인도 지역의 인도 양식을 토대로 티벳, 네팔 등지에서 출현한 불탑 양식을 일컫는 것이다. 원나라의 황실이 라마불교를 적극적으로 후원하고 국교로 제정되면서 원과 고려 그리고 명·청대에 이르기까지 보편화되었다. 홍대한 앞의 논문, p.206.

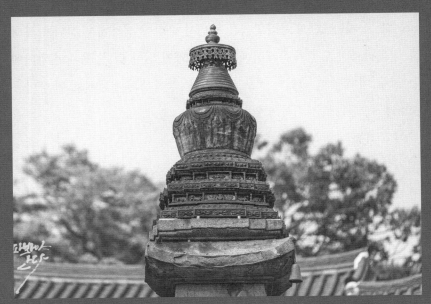

그림5. 마곡사 오층석탑 상륜부 금동탑

식상 라마탑 또는 라마탑의 영향을 받은 석탑이 아닌 백제계 석탑으로 구분되어야 한다"[57]고 하여 탑의 제작 연대에 대해 문제제기를 한 바 있다.

송상기宋相琦(1657-1723)가 지은「유마곡사기遊麻谷寺記」에는 "법당 앞에 석탑이 있는데 높이는 10여 장丈이나 되고 네 모퉁이에 쇠방울이 달려 있었다. 승려가 '임진년에 왜구가 몇 차례나 불태우려 했으나 불이 바로 꺼졌고, 다만 쇠방울 2개만 떨어졌을 뿐이라고 합니다'라고 하였다法堂前有石塔 高十餘丈 四角懸金鈴 僧言壬辰倭寇 累次燒燬而火輒滅 只二金鈴缺落云.(『玉吾齋集』第13卷,「記·遊麻谷寺記」)"고 하여 송상기가 마곡사를 갔을 때는 이미 상륜부의 쇠방울 4개 중 2개가 떨어져 나갔음을 알 수 있다. 그리고 이것이 없어진 이유가 임진왜란과 관련되어 있다는 사실을 전하고 있다.

임진왜란을 겪으면서 탑 안의 보물들을 거의 도난당하였으나, 1972년 해체하여 수리하는 과정에서 동으로 만든 향로와 문고리가 발견되었다. 국가기록원에 소장되어 있는 〈마곡사 오층석탑 해체 복원〉 서류[58]에 의하여 그 과정을 간략하게 요약하면 다음과 같다.

표6. 마곡사 오층석탑 해체 복원 과정

날짜	내용	주체
1973.08.11.	마곡사 오층석탑 해체 복원 공사 신청	공주군
1973.10.05.	현장 조사	
1973.10.11.	시행 공문 발송	문화공보부장관
1973.11.10.	마곡사 오층석탑 보수 공사 착공	부산 동영건설주식회사

---

57 홍대한, 앞의 논문, pp.175-176.
58 국가기록원(https://www.archives.go.kr) '철기록물 상세정보' 참조.

| 1973.11.13. | 마곡사 오층석탑 보수 공사 입회 문화재 전문위원 지명 요청 | 공주군 |
| 1973.11.16. | 전문위원 현지 도착(김주태), 마곡사 오층석탑 보수 공사 설계서 | 서울 태창건축 |

옥개석이 대부분 파손된 상태이나 기울어짐, 처짐, 이완, 지반침하 등은 관찰되지 않으며, 2012년 보존처리가 이루어져 보존관리 상태는 전반적으로 양호하다. 이 석탑은 조형물로서는 결코 우수한 것이라고는 할 수 없다. 여러 부분에서 석부재가 새로 교체된 흔적이 있고 그 조각 수법도 그리 빼어나지 못한 한계가 있다.

2) 마곡사 영산전

공주 마곡사 영산전은 석가모니불이 영취산에서 설법하는 모습을 상징화하여 조영한 전각이다. 석가의 설법은 단순히 현재적 의미만 지니는 것이 아니라 시공을 초월하여 과거·현재·미래에 걸쳐 영원한 뜻을 지니고 있다. 과거에는 천불을 모시고 있어서 '천불전千佛殿'이라고도 했다.

영산전의 정확한 창건 시점은 알 수 없으나 1651년 중건 당시 지은 것으로 추정된다. 헌종 3년(1837)과 고종 2년(1865)에 중수되었다.[59]

영산전은 대웅보전과 대광보전이 위치한 사역의 북쪽 영역과는 달리 개천을 사이에 두고 남쪽 구역에 위치해 있다. 그 축선도 대광보전-대웅

---

59 국립문화재연구소 편, 『전통 단청안료의 과학적 조사 · 분석(충청도 편)』, 국립문화재연구소, 2021, p.115.

그림6. 영산전 전경

그림7. 영산전 편액

보전이 남향인 반면, 영산전은 사역 남북 중심축에서 동쪽을 향하고 있으며 수행공간의 의미가 강하다.[60] 정면 5칸, 측면 3칸의 주심포 맞배지붕 형식이며, 전열 고주를 감주하여 넓은 수행 공간을 확보한 것이 특징이다. 현재 영산전의 편액은 세조어필로 전한다. 세조가 김시습金時習(1435-1493)을 만나러 마곡사에 왔는데 김시습이 세조가 온다는 소식을 듣고 미리 자리를 피하자 결국 세조와 김시습의 만남은 이뤄지지 않았다. 이때 세조는 타고 온 가마를 마곡사에 두고, 영산전 편액을 써 주고 떠났다.

세조가 썼다고 전하는 영산전 편액은 「태화산마곡사사적입안」에서 다음과 같이 전한다.

> "명나라 헌종 성화년간에 우리 세조대왕이 이 사찰에 유람하였다. 응봉 아래에 조그마한 묏부리에 말을 묶어 두고서 끊이지 않고 찬탄하기를 '만세토록 없어지지 아니할 땅이다'라고 하면서 임금이 특별히 '영산전' 삼자를 써서 액호로써 하사하였다.
>
> 皇明憲宗成化年間我 世祖大王遊幸本寺 駐錫于鷹峰之下小岑之上 嘆賞不己日 萬歲不忘之地 以御筆特書靈山殿三字額號以賜."
>
> -「泰華山麻谷寺事蹟立案」

따라서 이 편액은 그때의 사실이 담긴 증거이기도 하다. 그러나 임진·병자의 난 이후 대부분의 사찰이 파괴된 현실을 고려할 때 마곡사 또한

---

60 영산전의 내력은 1843년 〈천불전 중수문〉에서 확인할 수 있다.

예외는 아니었다. 1785년 「충청우도공주판지서령태화산마곡사대광보전중창기忠淸右道公州判地西嶺泰華山麻谷寺大光寶殿重創記」에 실린 마곡사의 화재 기록을 보면, "1782년 임인 9월 초 5일에 대화재가 발생했는데, 대광보전과 모든 선실 및 범종루가 소실되었고, 오로지 불상만 다행히 무사했다乾隆四十七年壬寅九月初五日 有回祿之災大光寶殿及 諸禪室與泛鐘樓 遂爲灰燼唯佛像幸得無恙矣(「忠淸右道公州判地西嶺泰華山麻谷寺大光寶殿重創記」)"는 내용으로 보아 영산전도 이 화재 시 혹은 그 이전에 이미 원 형태를 잃었을 가능성이 매우 높다. 따라서 이 편액이 당시 세조의 진본 어필인지는 면밀한 조사가 필요하다고 본다.

영산회상의 설법 모임은 석가 생존 시에만 있을 수 있는 것이 아니라 현재에도 살아 있는 것임을 영산전이 상징적으로 나타내고 있다. 또한 영산전 옆의 매화당梅花堂은 김시습이 머물던 곳으로 전한다.

영산전에는 7여래 좌상의 일곱 불상과 나한상을 봉안하였으며 그 뒤에 천불千佛의 소조불상이 봉안되어 있다.[61] 7여래상은 과거칠불로서 시기불·구류손불·가섭불·석가모니불·구나함모니불·비사부불·비바시불을 가리킨다. 그리고 천불상은 과거·현재·미래의 3겁에 걸쳐 각각 천불이 난다고 하는 한 겁의 천불을 말하는 것이나 여기서 천불이란 현재 현겁에 차례로 출현하는 구류손불, 구나함모니불, 가섭불, 석가모니불 등의 천불을 의미한다.

---

61 여기에 대해서는 정은우, 「마곡사 영산전 목조칠불좌상과 천불의 조영과 가치」(『미술사연구』 41, 미술사연구회, 2021, pp.35-61)을 참조.

세조대왕연

마곡사에는 '불연佛輦' 3점이 전한다. 불연은 불교의식 때 시련侍輦 의식으로 불보살을 모시거나 재자齋者가 직접 타고 불세계에 왕생하는 것으로 사찰 경내를 도는 의식을 행할 때 쓰인다. 그중 하나가 바로 '세조대왕연世祖大王輦'[62]이다. '세조대왕연'을 불교의 문화재라고 보기는 어렵지만, 마곡사와 조선 왕실과의 관계를 알게 해 주는 중요한 자료 중 하나이고, 한국불교사에서 마곡사의 위치를 이해할 수 있는 자료가 되기 때문에 간략히 검토해 보도록 하겠다.

세조대왕연은 글자 그대로 조선시대 세조가 타던 가마를 말한다. 이 가마는 세조가 마곡사에 올 때 타고 온 것으로 오랜 세월의 풍상을 거치면서 보관 상태가 좋지 않아 파손된 곳도 많고 채색도 희미한 상태이지만 그 원형은 잘 유지되어 있다. 세조가 김시습을 찾아 연을 타고 이 절에 왔다가 김시습이 떠나고 없는 것을 알자, '김시습이 나를 버리니 가마를 타고 갈 수 없다'고 하며, 타고 왔던 연을 절에 내버려 둔 채 소를 타고 돌아갔다고 한다.

김시습은 우주만물의 생성하는 원리로서의 도道와, 이 도가 구체적인 운동을 통해서 만물을 생성하는 기氣와 이러한 도와, 기가 궁극적으로 인간의 마음(心)에 의해서 구현되는 것을 중시하였다. 즉, 그 사상의 핵심은 도—기—심으로 이어지는 체계를 가지고 있고 이 구조를 통해서 볼 때,

---

62 이하 세조대왕연에 대해서는 이찬희·김지선, 「공주 마곡사 세조대왕연의 안료분석 및 채색기법 해석」(『산사, 한국의 산지 승원 마곡사: 세계유산 등재 1주년 기념 마곡사 학술대회』, 마곡사, 2019, pp.48-66); 동, 『보존과학회지』35-5, 한국문화재보존과학회, 2019, pp.403-415 참조.

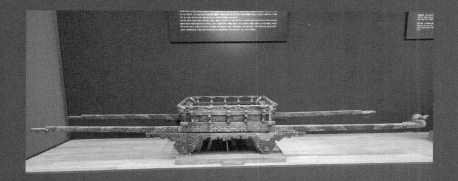

그림8. 세조대왕연(世祖大王輦)

김시습은 이기론理氣論의 이기 대신 기와 심을 중시하고 있었다. 그는 세계창조의 동인動因으로서 기를 중시하면서 동시에 이 기가 그냥 기가 아니라 천지의 공정하고 바른 기라야 한다고 보았다. 그럴 때 천하 공물公物로서의 도를 내포하는 기로 위치지어지며 김시습은 이를 '이지기理之氣'라고 명명하였다.[63] 그리고 이때만이 온갖 사물이 제 위치에서 제 역할을 하게 되며 예라고 하는 것은 천지만물의 공정하고 바른 질서에 대한 공경을 의미하는 것과 같다고 이해하였다. 따라서 그에게서 공정하고 바른 심이란 의리義理 중에서 의義, 공사公私 중에서 공公을 생각하고 실천하는 것으로 구체적으로는 충서忠恕를 의미하는 것이다.[64]

여기서 김시습이 왜 그토록 심학공부에 열심이었는가를 이해하게 되면

---

63 "天地之間 生生不窮者 道也 聚散往來之者 理之氣也 有聚故有散之名 有來故有往之名 有生故有死之名 名者 氣之實事也 氣之聚者 生而爲人 人者 理之具而著者也 故有心焉 心者神明之舍 向君有忠底意思 向親有孝底意思 氣之散者 死而爲鬼 鬼者 理之歸而滅也 故氣反於冥漠無眹 而復歸天地 陰陽之始終 不可以語言形迹稱 然天地生生之道 不過曰無妄惟實理而已 斯昭昭之多 而至於繫日月星辰 覆萬物之無窮 一撮土之多 而至於振河海載萬物之廣厚 人於其間 生則日人 人者 仁也 仁者 人也 人仁 只是一團物 推一箇惻隱之心 以之爲仁 以之爲禮 以之爲義 以之爲智 擴而至於敬君臣 親父子 序長幼 一以天地之至誠 制以爲人之生此下闕.", 金時習, 『梅月堂集』卷20, 「說 · 生死說」참조.

64 "天下之理 有變有常 常者 道之經 萬世不易之大法 變者 道之權 一時可行之要制也 以常合變 則其變也適宜 以常處變 則其變也不固 適宜 故傳之萬世而無弊 不固 故不能一日而安保 君子處變 則不怵乎貞 伊 周也 小人處變 則不能無恥 莽 操也 弔民伐罪 施之桀紂則可 施之治世則不可 不告而娶 處之頑嚚則可 處之平時則不可 中庸曰 君子之中庸也 君子而時中 小人之反中庸也 小人而無忌憚也 故易曰 庸言之謹 庸行之愼 言其常也 孟子曰 夫大人者 言不必信 行不必果 言其變也 子曰 君子之於天下也 無適也 無莫也 義之與比 言時中也 仲虺誥湯云 以義制事 以禮制心 孟子稱夫子曰 可以行則行 可以止則止 皆言處常而達乎變也 君子居變而合常 小人居常而戾變 變與常 在人而不在道 然有一言可以終身處之者 其忠恕乎 處之忠恕 則於變於常 猶如駕快駿而馳通衢 乘順風而凌大虛 雖縱橫天下 莫之防礙也.", 위의 책, 「說 · 常變說」참조.

그가 왜 세조 정권에 저항할 수밖에 없었는가를 이해할 수 있게 된다. 즉 그에게 세조의 집권은 정기에 의한 활동이 아니라, 정기를 무너뜨리는 행위였던 것이다. 그래서 세조가 자신을 찾아 마곡사에 온다는 소식을 듣고 세조를 만나지 않기 위해 마곡사를 떠나 버렸던 것이다.

세조는 마곡사에 도착하여 김시습이 떠난 사실을 알고 난 후 섭섭함을 이기지 못해 '靈山殿영산전'이라는 3자를 손수 써서 사액하였다. 그리고 행차 시 타고 왔던 연을 마곡사에 두고 떠났다. 현재 이 가마는 고방에 있던 것을 마곡사 성보박물관 수장고로 이전하여 보관하고 있다. 그러나 세조가 영산전의 편액을 직접 써서 사액한 만큼 영산전에서 특별전을 여는 방안도 고려해봄 직하다.

가마의 옥개屋蓋는 목재사각형에 돔dome 형으로서, 안은 대나무로, 겉은 철로 골격을 잡은 후 종이와 천을 대어 만들었다. 쇠로 작은 꽃 형상을 만들어 앞뒤와 옆면에 각각 3개씩, 돔 부분은 한쪽에 각각 3개씩 네 군데를 장식했으나, 그 외의 장식과 문양은 눈에 띄지 않는다.[65] 옥개의 상태가 양호하지 않을 뿐만 아니라, 그 아랫부분인 난간 역시 상당히 파손되어 있다.

왕이 앉는 하단은 장식과 문양이 그런 대로 양호한 상태를 유지하고 있다. 전후좌우 네 면에 해태와 유사한 동물상이 5쌍씩 조각되어 있다. 바

---

65 "세조대왕연의 지붕은 완만하게 휘어진 4개의 곡선형 彎衝椽과 나무 살대를 놓아 둥근 모양을 하고 있으며 금색으로 채색된 처마에서 긁힘에 의한 박락이 나타난다. 처마는 각 면마다 네 개의 철판으로 고정되어 있으며 철판 사이 면에는 청동으로 만든 꽃장식을 4개씩 장식한 흔적이 있으나 현재는 총 8개만 남아 있다.", 김지선 · 이찬희, 앞의 논문, p.405.

로 아래에도 황룡·봉황·청룡을 한 조로 하여 네 면에 선명하게 그려져 있다. 손잡이 네 부분에는 모두 용이 휘감겨 있는 형상이 그려져 있으며, 끝부분에 조각되어 있는 용의 두상과 연결되어 있다. 현재 한 개만이 부착되어 있으며, 나머지 세 개는 떨어져 있다. 세 개 중 하나는 떨어진 상태로 보관되어 있으며, 나머지 두 개는 찾아볼 수 없다.

가마에 왕실에서만 사용할 수 있는 용문과 봉황문이 조각되어 있는 점으로 보아 왕의 가마가 분명하다. 앞뒤 전체 길이는 약 360센티미터이지만 높이는 난간이 파손되어 있어 정확히 알 수 없는 실정이다. 현재 세조대왕연에는 기둥과 벽체는 없고 지붕만 남아 있다.[66] 다만 상판에는 둥근 구멍이 보이는데, 이는 기둥을 세웠던 흔적이다.

3) 마곡사 대웅보전

마곡사 대웅보전은 대광보전 뒤에 위치하며 마곡사 경내의 북쪽 가장 높은 곳에 남향으로 배치되어 있다. 언덕 중앙에 터를 만들다 보니 그리 넓은 대지를 조성하기는 어려웠던 것 같다. 이런 대지 상황에도 이곳에 거대한 중층 건물을 지으면서 마곡사 대웅보전은 평면 및 가구의 구성에서 유사한 사례를 찾아보기 힘들 정도로 독특한 구성을 하게 되었다.

대웅보전은 외부에서 보면 2층으로 보이지만, 내부는 하나의 공간으로 형성된 구조이다. 다포양식의 중층건물이나 내진고주內陣高柱가 바로 상

---

66 김지선 · 이찬희, 앞의 논문, p.407.

그림9. 대웅보전 전경

층에까지 뻗어 상층변주上層邊柱가 된 통층 구조로 내부 공간은 높으면서
도 넓은 편이다.

평면은 하층의 경우 도리통 5칸, 양통 4칸이고, 상층의 경우 도리통과
양통 모두 3칸으로 구성했다. 중층 건축물 중에서 하층이 양통 4칸이면서
상층이 양통 3칸인 건물은 마곡사 대웅보전이 유일하다.[67] 현재 이 건축
은 임진왜란 시 화재로 전소된 것을 효종 2년(1651)에 중건한 것이다.

대웅보전에는 석가모니불을 중심에 두고 좌우에 아미타여래상과 약사
여래상의 목조삼세불상이 봉안되어 있다. 중앙 석가모니불의 수인手印은
항마촉지인降魔觸地印으로 왼손은 무릎에서 수평으로 뉘어 두 번째 손가
락과 가운뎃손가락을 거의 직각에 가깝게 구부렸고, 오른쪽 어깨를 둥글
게 덮은 형식의 편단우견偏袒右肩이다.

▶ 불교의 수인(인계)
여러 불상 중에서 그 불전의 부처가 무슨 부처인지는 인계印契(mudra)로
구별한다. 수인은 불보살의 깨달음 또는 서원을 상징적으로 나타내는 손
모양을 말한다. 석가모니불의 인계는 항마촉지인 또는 시무외인施無畏印·
여원인與願印이다. 시무외인과 여원인을 통인이라 한다.
① 항마촉지인: 좌선할 때의 손모양에서 오른손을 풀어서 오른쪽 무릎에
   얹고 손가락으로 땅을 가리키는 모습이다. 이는 석가모니가 수행을 방
   해하는 모든 악마의 유혹을 물리치고 성취한 정각正覺을 지신地神이 증

---

67 문화재청, 『공주 마곡사 대웅보전·대광보전 정밀실측조사보고서(상)』, 문화재청,
   2012, p.338.

명하였다는 의미이다.

② 시무외인: 다섯 손가락을 가지런히 펴고 손바닥을 밖으로 하여 어깨 높이까지 올린 모습으로, 중생의 근심과 걱정을 없애 준다는 뜻이다.

③ 여원인: 손바닥을 밖으로 하여 내린 모습으로, 중생에게 자비를 베풀고 중생이 원하는 바를 이루게 한다는 인계이다.

④ 설법인: 불법을 설하는 의미

⑤ 지권인: 중생과 부처가 둘이 아니며 일체라는 뜻

⑥ 아미타구품인: 아미타극락정토의 9등급을 나타냄

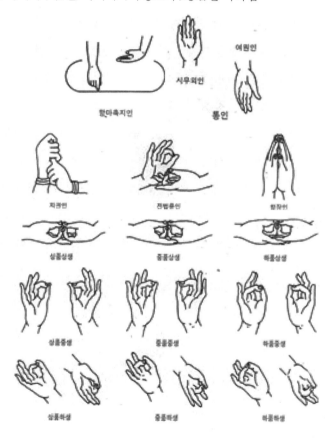

아미타여래상의 수인은 중품하생인, 약사불의 수인은 반대의 중품하생인을 하였다. 약함은 놓여 있지 않다. 뒤에 살펴볼 대광보전에는 법신불 비로자나불 단신불만이 모셔져 있고, 대웅보전에는 보신불로서 아미타여래가, 화신불로서 석가모니불이 모셔져 있기 때문에 삼신불이 대웅보전과 대광보전에 나누어 모셔져 있는 형태를 보인다. 불단과 후불탱화는 고졸한 맛을 풍기고 있으나 연대는 그리 오래되지 않았다. 후불탱화는 영산회상도로서 1905년 당대 최고의 불모인 금호약효의 주관하에 그 제자인 보응과 정연이 함께 면본채색으로 제작한 것이다. 닫집을 설치하지 않아 불전과 불상 배열 등의 높은 불격에 비하여 다소 격을 떨어뜨린 감이 있다. 이론적으로는 주불전을 대광보전에 양보하였으나 실지 불佛의 연원은 석가불에 있음을 나타내고 있는 가람구조 배치를 보여준다.

특히, 대웅보전의 편액은 통일신라시대 명필로 알려진 김생金生(711-?)의 글씨를 집자한 것이다. 김생은 글을 배울 때 나뭇잎 또는 나뭇가지로 땅 바닥에 글씨를 쓰며 익히기 시작한 지 40년 만에 입신入神의 경지에 이르렀다고 한다. 특히 행초서行草書와 예서隸書에 능하여 '해동의 서성書聖'이라 칭해졌고, 중국의 사신이 신라에 오게 되면 김생의 행초필적行草筆蹟을 구해서 가져갔다는 것이다. 송나라 학자들은 김생의 글씨를 왕희지의 글씨라고 믿을 정도로 신묘한 필체였다고 하며,[68] 고려 학자들도 김생

---

68 "崇寧中 學士洪灌隨進奉使入宋 館於汴京 時翰林待詔楊球 · 李革 奉帝勅至館 書圖蔟 洪灌以金生行草一卷 示之 二人大駭曰 不圖今日得見王右軍手書 洪灌曰 非是 此乃新羅人 金生所書也 二人笑曰 天下除右軍 焉有妙筆如此哉 洪灌屢言之 終不信.",『三國史記』卷 48,「列傳」8, 金生.

의 글씨를 보배로 여겼다.[69]

『삼국사기』에는 김생을 다음과 같이 기록하고 있다.

"어려서부터 글씨를 잘 썼는데, 평생 동안 다른 기예에는 배우지 않았다. 나이가 여든이 넘어서도 붓을 잡고 쉬지 않았다. 예서·행서와 초서가 모두 신묘한 경지에 들었다."[70]

조선조에 명필 원교圓嶠 이광사李匡師(1705-1777)도 그 서결書訣에 '동국필법신라김생위종비고려이후인가급東國筆法新羅金生爲宗非高麗以後人可及'(우리나라의 필법은 신라의 김생이 으뜸이며 고려 이후의 후세 사람들이 그에 미치지 못한다.)라고 썼다고 하니, 서도의 비조격이라 하지 않을 수 없다.

대웅보전은 정면 5칸 측면 4칸의 평면에 팔작지붕으로 지어져 있다. 일반적으로 홀수 칸으로 짓는 것이 보편적인데, 측면이 짝수 칸인 것은 2층에서 내려오는 기둥을 받치기 위함이다.[71] 이 또한 마곡사만의 특징 중 하나이다.

---

69 "至今往往有真蹟 學者傳寶之.", 『三國史記』卷48, 「列傳」8, 金生.
70 "自幼能書 平生不攻他藝 季蹴八十 猶操筆不休 隸書行草皆入神.", 『三國史記』卷48, 「列傳」8, 金生.
71 2층 양식으로 된 전각은 마곡사 외에도 부여 무량사 극락전, 보은 법주사 대웅보전, 구례 화엄사 각황전, 장흥 보림사 대웅보전 정도에 지나지 않는다.

그림10. 대광보전 편액

그림11. 대광보전

4) 마곡사 대광보전

마곡사 대광보전은 대웅보전, 영산전과 더불어 3채의 불전 중 가장 중심을 이루고 있다. 공간적으로도 중심에 위치하고 불전 앞에 고려시대 오층석탑이 남아 있어 이 축을 중심으로 주변 공간이 설계되었다.[72] 「태화산 마곡사사적입안」에는 대광보전의 화재로 인해 1844년 절도사 심풍지沈豊之(1738-1793)가 대광보전을 중수했다는 기록도 남아 있다.[73] 대광보전의 편액은 조선 후기 표암豹菴 강세황姜世晃(1713-1791)이 쓴 것이다.

특히 대광보전의 바닥은 110평방미터에 달하는 참나무로 짠 삿자리(굴피자리)가 깔려 있는데, 현재의 바닥 카펫을 걷어 올리면 바로 이 삿자리가 깔려 있다. 삿자리는 습기와 한기를 막아주는 효과를 내기 위한 깔개의 일종으로 보통 민가에서 갈대로 엮어 온돌방에 깔았다. 사찰 내부에는 삿자리가 사용된 예가 흔하지 않았는데 불전 내부가 전돌에서 마루로 바뀌었고 좌선 시에는 좌복을 깔기 때문이다.[74] 그러나 마곡사 대광보전에 참나무로 만든 삿자리가 잘 보존되어 있는 점은 상당히 독특하다.

이 삿자리의 제작에 얽힌 흥미로운 설화가 전해온다. 걷지 못하는 자가 백일기도를 드리는 동안 정성으로 삿자리를 짜고 비로자나의 가피로 마

---

72 주수완, 「마곡사의 세계유산으로서의 가치」, 『한국의 전통산사 세계유산등재추진위원회 제2차 국내학술회의: 한국 전통산사의 불교문화유산과 가치』, 세계유산등재추진위원회, 2015. 9., p.244.

73 "甲辰之歲 沈相公豊之接節時 大光寶殿失火 改建之日也.", 「泰華山麻谷寺事蹟立案」

74 최공호, 「마곡사 대광보전 '굴피자리'의 내력과 문화재적 가치」, 『공주 마곡사 소장 문화재 지정 관련 연구용역 조사사업 조사보고서』, 공주시청 · 대한불교 조계종 제6교구본사 마곡사, 2021, p.360.

그림12. 대광보전 비로자타불좌상 　　　　　그림13. 수인

지막 날에 제 발로 걸어 나갔다는 이야기이다.[75] 이를 '좌객설화'라고 하는데, 대개 혼자는 이동할 수 없는 불구의 고통을 치유 혹은 치료한 결과로 나타난다.

대광보전 내부에는 소조로 된 법신불 비로자나불상 1구(높이 193센티미터)와 그 후불탱화(영산회상도, 1788)가 전하고 있다. 일반적으로 비로자나불을 모신 불전을 비로전, 대적광전, 대광명전 등으로 부르지만 마곡사에서는 대광보전으로 부르는 것이 특징이다. '대광명전'에서 '명明' 자를 '보寶' 자로 바꾸어 의미를 더욱 확대시킨 것으로 볼 수 있다.

대광보전은 정면 5칸 측면 3칸의 팔작지붕 건축으로 내부에서 전열 어간의 고주 2개를 감주하여 예불공간을 좀 더 넓게 확보하였다. 전열 평주에서 후열 고주에 이르는 대들보는 원래 4개가 가로질러 있어야 하지만 서쪽은 불단이 놓여 있는 구조여서 생략되어 있다. 대신 하중은 전후열 평주와 고주를 연결하는 퇴량을 두고, 그 위에 측벽에서 올라온 충량을 얹어 대들보가 생략된 구조적 문제를 해결하고 있다.[76]

마곡사에서는 앞서 대웅보전과 함께 대광보전을 일직선상에 배치하였다. 즉, 대광명전을 앞에 대웅보전을 뒤에 배열하여 대웅전을 뒤에 배열한 대신 높은 곳에 위치시켰다. 특히 불상의 위치를 정면에 놓지 않고 측면에 배치한 것이 특징이다.

이는 부석사 무량수전의 경우를 제외하면 다른 곳에서는 찾아 볼 수 없

75 한미희, 「신록의 계절에 더욱 좋은 세계유산, 공주 마곡사」, 『연합이매진』 통권457호, 연합뉴스, 2019, pp.58-67.
76 주수완, 앞의 논문, p.244.

는 것이다. 즉, 비로자나불이 서쪽에 앉아 동쪽으로 바라보고 있는 구조이다. 더군다나 비로자나불 단신불만 봉안하고 있다. 대개의 경우 법신·보신·화신의 삼신불이 봉안되는 것이 일반적이지만 대광보전에는 비로자나불만 모시고 있다. 이는 법신불로서의 비로자나불에 대한 불신관을 더욱 강조하기 위함이다. 비로자나불은 불교의 여러 부처 중에서 가장 중심이 되는 부처이기 때문에 위계상으로도 마곡사 사역의 중심이 대광보전임을 짐작케 한다.[77]

대광보전의 비로자나불상은 통견에 지권인을 하였으며, 법의는 근엄한 불안佛顔과 더불어 이 불상의 성격을 더욱 돋보이게 하고 있다.

전통적으로 비로자나불상이 취하는 지권인은 두 손을 가슴 위로 올리고 곧게 세운 왼손의 검지를 오른손으로 감싸서 오른손 엄지가 왼손 검지 끝에 맞닿도록 한 모습이다. 그러나 마곡사 비로자나불상은 이와 달리 독특한 형태의 지권인을 취하고 있다. 위 사진에서와 같이 왼손으로 오른손을 감싸 쥐었는데, 양 손의 검지를 펴서 서로 맞댄 모습으로 똑바로 세운 왼손 검지를 오른손 검지가 역U 자형으로 꺾어 접히며 감쌌다. 이러한 형태의 지권인은 귀신사 소조비로자나불상(1624-1633), 고창 선운사 소조비로자나불상(1633), 대전 비래사 목조비로자나불상(1650) 등 17세기 비로자나불상에서 발견된다.

이 법신불 비로자나불에 의해 마곡사는 선교양종의 본산으로서의 교화적 기능을 다할 수 있었다.

---

77 마곡사 대광보전의 역사적 내력은 내부에 걸려 있는 1785년 「충청우도공주판지서령태화산마곡사대광보전중창기忠清右道公州判地西嶺泰華山麻谷寺大光寶殿重創記」를 참조.

3. 마곡사의 가람배치

1) 세계유산으로서 한국 전통 산사의 입지 경관과 구조적 특성

한국 전통 사찰의 입구에 있는 현판에는 '○○山 ○○寺'와 같이 산명 다음에 사명을 적는다. 이것이 곧 '산사山寺'의 의미를 압축적으로 보여주는 것이다. 오래전부터 한국의 산에는 사찰이 있었고, 사찰은 산에 위치하고 있다는 인식이 갖춰져 왔다.

'산사, 한국의 산지 승원'이 세계유산으로 등재되기까지는 여러 과정이 있었겠지만 무엇보다도 중요한 특성은 유구한 역사성에서 발견된다. 삼국시대부터 조선시대에 이르기까지 각기 다른 창건 역사를 지녔지만 대체로 신라나 고려시대에 창건된 이래 번영과 쇠퇴를 거듭하였다. 사상적인 면에서도 교학과 선 수행을 기반으로 하여 시대의 요청에 부응해 왔다. 이러한 정체성은 한국 불교의 힘이기도 하다.

한국의 전통 산사는 오랜 기간 동안 한 곳에서 지속되고 있어서 그 역사성이 인정된다. 또한 수많은 외침과 화재 등에 의해 재건에 재건이 이루어져 온 만큼 산실된 문화재도 다수이다. 다행히 1960년대 이후 문화재에 대한 관심이 고조되면서 해외에 유출된 문화재를 환수하기 위한 노력도 잇따르고 있다.

국외 소재 우리 문화재의 대부분은 임진왜란, 일제강점기, 한국 전쟁 등의 국가적 혼란기를 틈타 국외로 유출된 것이다. 이를 위해 정부 및 여러 공공 기관과 민간기구가 공조해서 국외문화재에 대한 조사와 관리 지원, 환수 등 중장기 계획을 세워 대응 전략을 수립해서 문화재 환수 노력

그림14. 마곡사 가람배치

을 이어가고 있다.

국외소재문화재재단에서는 수집된 정보를 검토하고 통계를 산정한 후, 문화재청과 협의를 거쳐 매년 4월 1일 재단과 문화재청 홈페이지를 통하여 공개하고 있다. 국외문화재 현황의 정확성을 높이기 위해 실태조사 시 한국문화재가 아닌 것으로 판명되거나, 멸실 등의 사유가 있을 경우 통계에서 제외하고 있다. 2023년 1월 1일 기준 국외소재 우리문화재는 27개국 784개처 229,655점이며, 일본에 소장 중인 것이 95,622점으로 전체의 41.64%를 차지하여 가장 많고, 미국에 65,241점(28.41%)으로 많았다.

또한 정부 및 지자체에서도 해당 사찰의 문화재를 보존하기 위한 다방면의 정책을 세우고 있어서 불교 문화재에 대한 관리는 국가적 차원에서 논의될 수준에 이르렀다고 본다. 그럼에도 불구하고 거의 대부분의 사찰 건축물이 목조 건축물인 만큼 화재에 취약하여 신중한 보존책이 요구된다. 무엇보다도 '산사, 한국의 산지 승원'을 세계유산으로 등재시킨 힘은 7개 사찰 관계자는 물론이고 전 국민의 문화유산에 대한 관심에 있다고 본다. 왜냐하면, 각 사찰을 지탱해준 원동력이 바로 해당 사찰의 신도회와 사찰을 찾는 사람들에서 나오기 때문이다.

표7. 국가별 한국문화재 현황 (2023.1.1.기준)

소장국	소장처(개처)		수량(비율)
일본	도쿄국립박물관 등	393	95,622 (41.64%)
미국	메트로폴리탄미술관 등	170	65,241 (28.41%)
독일	쾰른동아시아미술관 등	27	14,286 (6.22%)
중국	고궁박물원 등	76	13,010 (5.67%)
영국	영국박물관 등	31	12,804 (5.58%)
프랑스	국립기메동양박물관 등	10	6,502 (2.83%)
러시아	국립동양미술관 등	7	5,380 (2.34%)
캐나다	로열온타리오박물관 등	9	4,295 (1.87%)
대만	국립고궁박물원 등	9	3,073 (1.34%)
네덜란드	민족학박물관 등	6	1,999 (0.87%)
오스트리아	빈민족학박물관 등	5	1,799 (0.78%)
스웨덴	동아시아박물관 등	7	1,417 (0.62%)
덴마크	국립박물관	1	1,278 (0.56%)
카자흐스탄	카자흐스탄국립도서관	1	1,024 (0.45%)
스위스	베른역사박물관 등	11	695 (0.30%)
헝가리	호프페렌츠아시아미술관 등	2	349 (0.15%)
바티칸	아니마문디민족학박물관	1	298 (0.13%)
호주	뉴사우스웨일즈박물관 등	5	270 (0.12%)
노르웨이	국립박물관 등	2	81 (0.04%)
벨기에	예술역사박물관	1	73 (0.03%)
이탈리아	주세페 투치 국립동양미술관 등	3	70 (0.03%)
폴란드	바르샤바국립박물관 등	2	44 (0.02%)
그리스	코르푸아시아미술관	1	32 (0.01%)
체코	나프르스텍민속박물관	1	7 (0.00%)
이스라엘	예루살렘히브리대학박물관	1	3 (0.00%)
슬로베니아	첼레시립박물관	1	2 (0.00%)
싱가포르	싱가포르국립대학교박물관	1	1 (0.00%)

출처: 국외소재문화재재단(http://www.overseaschf.or.kr)

이와 같은 인식에서 조선 왕실은 불교 억제책에도 불구하고 한편으로 192개의 원당願堂을 지정 운영하였다.[78] 서울과 가까운 곳에는 능을 수호하고 추복하는 원당이 설치되고 명산대찰로 손꼽히는 사원에는 왕실 기도처가 설치되어 전국에 고르게 분포하였다.[79] 또한 승려와 신도가 협력하여 사회 각층의 후원을 얻어 전각을 새로 새우고 보수하는 등의 관리 노력이 현재의 전통 산사를 세계유산의 위치에 놓이게 했다. 따라서 어떠한 논의를 하더라도 반드시 이들의 노력을 잊어서는 안 될 것이다.

'산사, 한국의 산지 승원'은 깊은 산중이 아닌 산기슭에 입지를 갖추고 있다. 따라서 사람들이 산사를 찾는 데 큰 부담이 없을 만한 접근성을 지녔다. 또한 각 산사의 전각은 주변 산세와 조화를 이루면서 구성되어 있다. 이는 한국인의 자연미학이기도 하다. 즉, 우리는 자연을 거스르지 않고 자연과 하나가 되는 것을 사상적 기반으로 삼고 있기 때문에 그러한 자연친화적 입지는 산사의 입구에서부터 산중 암자에까지 그대로 적용되어 왔다. 그렇기 때문에 세계유산으로 지정될 수 있었던 것이다. 특히 자연 지세를 존중하고 계곡의 절경을 경관 요소로 삼아 인위를 최소화한 점은 현대 사회에 시사하는 바가 크다. 자연환경 문제가 대두되는 현 시점에서 자연 파괴를 최소화하여 산사의 입지 경관을 구성하고 있다. 이는 앞으로도 계승 발전시켜야 할 최고의 가치라 판단된다.

7곳의 '산사, 한국의 산지 승원'은 평균 고도 245미터 정도의 산기슭에

---

78 마곡사는 정조13년 (원당주 純祖) 정조가 원자탄신기도(元子誕辰祈禱)를 위해 원당으로 지정하였다.
79 탁효정, 「朝鮮王室 願堂研究」, 한국학중앙연구원 박사논문, 2012, p.28.

하천이나 계곡을 끼고 입지해 있다. 산사를 들어가는 출입문의 개념이 없이 자연스럽게 들어가는 개방형 구조를 띠고 있다. 형식적으로 일주문一柱門이 갖춰져 있지만 이는 사하촌寺下村과 사찰 사이의 완충 구역을 설정하는 역할을 하는 것이다. 산사의 경내는 신성한 독립 공간으로서 승려들이 수행과 생활을 하는 장소가 갖춰져 있다. 사찰 건물은 경내 일정 면적에 집중 배치되어 있으며, 이러한 사찰군은 계곡이 흐르는 곳을 중심으로 주변 지형의 고도와 방향, 경사 등을 고려해 산기슭에 자연친화적으로 건축되었다. 산사를 자연과 완벽하게 동화시킨 점에서 한국 사원의 특징이 드러난다. 즉, 대중적, 친자연적 입지 환경이 한국 산사의 특징이다.[80]

또한 전통 풍수지리사상에 입각하여 생기가 모이는 곳에 전각을 세우거나 대웅전을 북쪽에 두고 좌우 청룡·백호에 해당하는 곳에 승방과 요사채를 건축하였으며, 남으로 문루를 세워 사신四神의 방위 개념을 통해 건물을 배치하였다. 사찰 내부의 건물들이 주변 지형에 비해 높지 않아 부드러운 사원 경관을 표출해 낸다. 경내의 수목은 자연 식생과의 조화를 고려하여 수종을 결정하고 경관을 조성하여 자연과 상생하는 조화를 추구하였다. 특히 일주문-천왕문-범종루를 지나 중심 공간에 이르도록 동선이 구성되었는데, 이는 한국의 독창적 특징이다.[81]

80 박종관, 「한국 산사 입지의 OUV적 가치」, 『한국의 전통산사 세계유산등재추진위원회 제2차 국내학술회의: 한국 전통산사의 불교문화유산과 가치』, 세계유산등재추진위원회, 2015. 9., pp.47-48 참조.
81 홍광표, 「한국 전통산사의 조경과 세계유산적 가치」, 『한국의 전통산사 세계유산등재추진위원회 제1차 국내학술회의: 세계유산과 한국의 전통산사』, 세계유산등재추진위원회, 2014. 12., pp.80-100 참조.

특히 임진왜란 이후 많은 산사가 병화의 피해를 입고 중창을 거듭하였다. 지역적인 증감의 차이가 있고 규모가 작은 암자가 증가했지만 전체적인 추세는 비슷하게 유지되었다.[82] 이후 사원의 구조와 건축의 특성도 새로운 양상을 보였다. 사원에 많은 대중이 모여 들면서 주 법당만으로는 이들을 수용할 수 없게 되어 요사채를 중심으로 부차적인 전각들이 점차 확대되었다. 국가적 재난 상황에서 많은 망자들의 영혼을 위로할 수 있는 수륙재와 같은 큰 재를 불교가 담당하였고, 그에 따라 감로탱화와 같은 영혼 위로를 위한 탱화 제작도 급격히 증가되었다. 또한 대규모 법회와 재의식을 거행하기 위해 대형 괘불이 제작되기도 하였다.

왕성한 중창 불사를 이어 법통 의식이 확산되고 사원의 유구한 전통과 자신들의 문파를 강조하려는 의미에서 각 사원마다 사적비를 건립하여 역사와 전통을 확인하고자 하였다.[83] 이상과 같은 양상은 지역민들과 긴밀한 관계를 가지며 산사는 신앙과 문화의 중심지 역할을 담당하였다.

2) 전통 산사의 입지 결정 요인

마곡사를 포함한 '산사, 한국의 산지 승원'은 모두 전통 산사로서 그 입지 결정의 특징을 다음 네 가지로 정리할 수 있다.

---

82 이봉열, 「조선시대 사찰건축의 전각구성과 배치형식 연구」, 서울대 박사논문, 1989, pp.124-126 참조.
83 정병삼, 「진경시대 불교의 진흥과 불교문화의 발전」, 최완수 외, 『우리문화의 황금기 진경시대』, 돌베개, 1998, pp.166-172 참조.

지형환경적 요인

한국의 사찰은 계곡의 절경을 택하여 세워진 것이 대부분으로 입지의 선택 면에서 커다란 특징이라고 할 수 있다. 그 이유는 한국의 독특한 풍토와 한국불교가 지닌 성격 때문이다. 또한 자연의 지세를 존중하고 그 아름다움을 즐기고 순응하려는 한국 사람들의 생활 경향이 사찰입지에서도 그대로 표출되었다. 초기에는 낮은 지역에 사찰들이 입지하였는데 대체로 도성 또는 도성 부근의 광활한 평지에 사찰들이 건축되었다. 그 후에 사찰의 입지가 산지로 옮겨가면서 초기에는 산간의 넓은 평지를 택하여 사찰들이 조영되기도 하였으나 대부분은 지형적인 영향으로 경사진 지역에 사찰을 건립하게 되었다.

산지에서 사찰의 입지는 비교적 경사가 완만한 곳으로 산록완사면과 경사급사점 사이의 중간지역에 위치한 것이 대부분이다. 또한 사찰의 뒤쪽이나 혹은 좌우 양쪽과 뒤쪽이 모두 산줄기로 둘러싸여 있는 곳이 사찰입지 장소로 한정되어 있다. 평지사찰들은 회랑이 금당과 탑을 외부와 구분 짓는 반면에 산지에 있는 사찰은 자연 지형 자체가 회랑의 기능을 담당하여 사찰 내에서도 경건한 예불 장소를 구성하게 된다. 사찰들을 둘러싸고 있는 전체 산세는 사찰들을 마치 포위하듯이 둘러싸고 있어서 지역적으로 다른 곳과 구별되는 경계의 역할을 한다. 사찰이 위치하는 방향은 주로 남쪽을 바라보게 되는데, 그 이유는 불교신앙의 상징적인 의미와 함께 기후조건에 적응하려는 것으로 풀이할 수 있다.

사찰들이 위치하는 장소는 대체로 뒤로는 산이 병풍처럼 둘러싸고 있고, 앞으로는 트여져 있어서 겨울에는 차가운 북풍을 막아주고 햇볕이 잘 들어오게 하며 여름에는 서늘한 바람이 불어오는 곳이 대부분이다. 또한 사찰 주변에는 대체로 하천이 흐르고 토양이 비옥하며 여름철의 집중호우 시에도 배수가 잘 되는 장소를 택한다. 따라서 대부분의 사찰이 하천 옆에 입지하거나 하천 사이에 위치하는 것을 알 수 있다.

마곡사는 저지입지형低地立地形으로 해발고도 100미터 미만의 낮은 지역에 경사가 거의 없는 평평한 지형에 위치해 있다. 반면에 부석사·봉정사·법주사는 산지입지형山地立地形으로 해발고도 300미터 이상 되는 지역에 경사도가 5도(°)이상 되는 지형에 위치한 사찰이다. 산록입지형山麓立地形은 저지와 산지로 규정한 사이에 입지한 사찰들을 말하는데, 해발고도 100~300미터 사이에 경사가 거의 없거나 있다 하더라도 약간의 단계를 이루는 유형에 속한다. 대흥사, 선암사, 통도사가 여기에 속한다.[84]

불교사상적 요인

4세기경 삼국시대에 불교가 최초로 중국을 통해 전래되었을 때, 고대 국가 건설의 정신적인 기둥의 역할을 하는 호국불교적 성격이었다. 신라의 불국토사상은 호국불교사상과 결부되어 삼국통일의 밑거름이 되었다. 이후 남북국 시대의 신라에서는 불교 본연의 사상에 기반한 불교 연구가 깊어졌으며, 중국 및 다른 나라의 불교 사상과는 구분되는 특징을 지닌 일심사상·화쟁사상·화엄사상·유식사상·정토사상·밀교사상 등이 성립되었다. 이 시대에 성립된 통불교적 성격은 한국 불교 사상의 특징적인 성격 중 하나가 되었다. 이는 남북국 시대 신라 말기에 선종 구산을 통

---

84 김일림, 「전통산사의 입지조건」, 『한국의 전통산사 세계유산등재추진위원회 제1차 국내학술회의: 세계유산과 한국의 전통산사』, 세계유산등재추진위원회, 2014. 12., p.39.

해 성립된 후, 고려시대의 오교양종, 조선시대의 선교양종, 현대의 조계종으로 이어지는 선종의 전통을 뚜렷이 형성하였다.

풍수지리적 요인

사찰의 입지조건으로 풍수는 생기生氣가 모이는 곳, 즉 혈을 이룬 곳에 사찰을 세워야 하며, 혈의 대소에 따라 그곳에 세워지는 사찰의 규모가 결정된다. 이 개념은 음양오행설에서 원용한 생기설과 그 생기의 감응설에 근거를 둔다. 사찰의 가장 중요한 대웅전은 바로 이 혈의 자리에 앉혀야 하고, 대웅전의 방향은 내용來龍의 방향에 의해 정해진다. 이에 따라 대웅전은 주산主山을 등지게 되고 배치의 축선은 지형에 따라 대체로 결정되기 마련이다. 우리나라의 산맥은 백두산을 정점으로 남쪽을 향하여 뻗어 있기 때문에 그 혈은 주로 남향인 것이 많아 대부분의 사찰이 남향으로 입지할 수 있었고, 산맥의 내용 방향에 따라 사찰의 축이 동 또는 서의 방향으로 자리 잡은 경우도 있었다.

민간신앙적 요인

불교가 토착화하는 과정에서 산천의 수려한 영지를 택하여 도량을 열고자 했을 때 영지신앙이나 산악신앙과의 문제는 있었다. 사물에 정령 혹은 영혼이 깃들어 있다고 믿는 애니미즘신앙 내지는 사물 그 자체에 불가사의한 힘을 느끼고, 이것을 두려워하며 섬기는 프리애니미즘preanimism 등은 원시사회의 공통적인 사상 경향이다.

한국인은 고대로부터 그들의 생활에 강한 영향력을 미치는 불가사의한 초월적 존재에 대한 신앙이 두터웠다. 따라서 불교가 삼국에 전래될 때

재래의 천신신앙과 샤머니즘에 혼융된 정토신앙으로 발전하면서 민간의 자연신앙을 그대로 받아들였다. 이러한 민간신앙과 불교가 습합하는 현상은 여러 가지 형태로 나타난다.

신라시대의 사찰입지와 연관해서 고찰해 보면, 신라인들은 신성관념 속에서 하늘과 연결된 천신관념과 땅의 산천신 관념을 지니고, 산천신의 원형은 정혼신앙으로부터 주어진 것이라고 하며 여러 민간신앙들과 연결한 명산대찰의 의식을 만들어 예배의 대상으로 등장시켰다. 예배의 대상도 개인적인 것부터 시작하여 점차 집단적으로 변모하여 국가적 예배 대상으로 정착시켰다. 이러한 현상은 산천·산신 숭배가 삼국통일기에 호국신앙 성격을 지니는 방식으로 나타났던 것으로 입증된다. 따라서 사찰을 찾는 민족고유의 산악신앙을 기초로 하여 산간 속에 불교의 독특한 사상과 상징성을 내포하며, 산은 인간계보다 높은 이상향을 추구한다는 수직적인 수미산須彌山 중심 세계구조의 우주관에 입각한 조형체계를 갖추고 있다. 민간신앙에서 산신신앙의 영향으로 산신각을 마을에 두는 것과 같이 불교에서 재래의 신앙을 받아들여서 마을에서 중요하게 생각하는 동일한 위치에 산신을 모시게 되었다. 이러한 산악숭배사상은 불교에서 습합한 흔적이 있고 현존하는 사찰들에서 흔히 볼 수 있는 산신각이나 삼성각으로 나타나고 있을 뿐만 아니라 그 유형에서도 여러 가지로 구분되어 있다.

마곡사 산지 가람배치

마곡사는 충남 공주시 사곡면 운암리의 태화산 동편 자락에 위치한다. 차령산맥을 지맥으로 주변에는 천방산, 무성산, 천태산, 구절산, 연미산,

지막곡산 등이 있으며, 마곡사는 태화산 기슭 아래 자리 잡고 있다.

특히 마곡사는 예로부터 풍수에서는 태극형太極形이라 하여 『정감록』 등에서는 전란을 피할 수 있는 십승지지十勝之地 중 하나인 길지로 알려져 왔다.[85] 자연 풍광이 수려하여 인근에서는 '춘마곡추갑사春麻谷秋甲寺'라는 말이 전해지고 있다.

마곡사는 북쪽의 국사봉(402미터), 서쪽의 옥녀봉(362.4미터), 동쪽의 무성산(613미터) 등으로 둘러싸여 있는데, 마곡사를 둘러싸고 있는 연속적 산지들을 총칭해서 태화산이라 한다.[86] 태화산에는 비교적 높은 봉우리인 활인봉(416미터)과 나발봉(400미터)이 있다. 하천은 명가천과 마곡천이 합류하는 곳에 마곡사가 있다.[87] 즉, 마곡사는 개울을 경계로 남북으로 나뉘어 있는 독특한 가람배치를 보여준다.

이같이 상하로 구획된 가람배치는 마곡사 이외에 서산 보원사지普願寺址[88]가 있을 뿐이다. 이 보원사지는 통일신라시대 화엄십찰의 하나로 화엄종의 대표적인 사찰의 하나였다. 화엄십찰에 대해서는 최치원이 『당대천복사고사주번경대덕법장화상전唐大薦福寺故寺主翻經大德法藏和尙傳』에서 다음과 같이 밝히고 있다.

---

85 조명화, 김봉건, 이은희, 앞의 책, pp.35-55 참조.
86 공주시 · 마곡사 · (재)한얼문화유산연구원, 『마곡사지』, 공주시 · 마곡사 · (재)한얼문화유산연구원, 2012, p.54.
87 불교문화재연구소, 『공주 마곡사 종합정비계획』, 대한불교조계종 제6교구 본사 마곡사 · 공주시, 2017, p.34.
88 충청남도 서산시 영산면 용현리에 옛터가 남아 있다. 현재 石槽(보물 제102호), 당간지주(보물 제103호), 오층석탑(보물 제104호), 법인국사보승탑(보물 제105호), 법인국사보승탑비(보물 제106호) 등 문화재로 지정된 석조물이 다수 남아 있다.

"해동에 화엄대학이 십산十山에 있었다. 즉 중악 팔공산에 미리사, 남악 지리산에 화엄사, 북악에 부석사, 강주(경주) 가야산 해인사, 보광사, 웅주 가야협에 보원사, 계룡산 갑사 (괄지지에서 말하고 있는 계람산은 삭주 화산사華山寺임) 양주 금정산 범어사, 비슬산 옥천사, 전주 모악산 국신사, 그리고 여기에 한주 부아산 청담사 등 이렇게 십여 곳이다. 海東華嚴大學之所有十山焉. 中岳公山美理寺 南岳知異山華嚴寺 北岳浮石寺 康州迦耶山海印寺 普光寺 熊州迦耶峽普願寺 鷄龍山岬寺 (括地志所云鷄藍山是朔州華山寺) 良州金井山 梵語寺 毗瑟山玉泉寺 全州母山國神寺 更有如漢州負兒山靑潭寺也 此十餘所."

-崔致遠 撰, 『唐大薦福寺故寺主翻經大德法藏和尙傳』(『韓國佛敎全書』3冊, p.775 下)

최치원은 10산에 11개의 사찰을 밝히고 있으며, 여기서 보원사는 '웅주 가야협 보원사'로 소개되고 있다. 11개의 사찰을 언급한 것으로 보면 화엄십찰이 반드시 10곳의 사찰을 말하는 것은 아니고 상징적인 의미에서의 10이라는 숫자로 이해해야 할 것 같다. 이 보원사는 마곡사 창건설과도 관련되어 있는 보조선사 체징이 보원사에서 계를 받은[89] 인물이라는 점에서도 주목된다.

보원사는 이미 폐사가 되어 사지만 전하고 있어서 전체적인 규모나 가람배치를 정확히 알기는 어렵지만, 현 상태에서 어느 정도 추측은 가능하

---

89 "後以太和丁未歲至加良峽山普願寺 受具戒.", 金穎 撰, 〈新羅國武州迦智山寶林寺諡普照禪師靈塔碑銘〉

다. 문명대에 의하면 오층석탑 앞으로 개울이 흐르고 있고, 개울가의 석탑 쪽의 면에는 건물과 다리를 놓았던 흔적이 남아 있고, 이 석교를 지나 중문, 석등, 석탑, 금당, 강당과 승탑 등이 일직선으로 배치되고 있었으며 금당과 강당 좌우로 회랑이 배치되었을 것이라고 보고 있다.[90]

마곡사 오층석탑이 건립된 북쪽 구역은 사방불의 개념과 연관지을 수 있다. 금강계만다라金剛界曼茶羅에 따르면 중앙 비로자나불을 중심으로 사방에 부처들이 배치되어 있는데, 이러한 구조를 마곡사 가람배치에서 찾을 수 있다. 중앙 대광보전에는 비로자나불이, 북쪽 대웅보전에는 석가불이 배치되어 있다.[91]

임진왜란 이전 마곡사 배치에 대해서는「태화산마곡사사적입안」에 임진왜란 이전 마곡사의 건물에 대해 기술하고 있는 부분이 있다.

"이 절의 희지천 북쪽에 옛 적에 지은 건물이 대웅전, 시왕나한전, 진여문, 범종루, 향로전, 좌우승선당, 동서상실, 약사전, 서전, 성현대, 월파당, 총지료, 동별마구, 춘간측실이 있는데 그 터까지 합하여 모두 2결 69복 1속이었다. 냇가의 남쪽 뒤에 있는 건물은 영산전, 홍성루, 해탈문, 천왕문, 영자전, 향로전, 제주실, 월명당, 매화당, 낙화당, 백운당, 내외남전, 국사당, 가사당, 만경대, 명적암, 백련암, 은적암, 영은암, 응향각으로 새로이 짓고 없어지고 하여 그 터가 7결 21복이었다. 후에 동내원, 상원, 가섭대, 상청련은 차례차례 중건한 건물이다. 此寺希之川之北 舊建者曰 大雄殿 十王羅漢

---

90 문명대,「서산지역의 불교 유적」,『서산권역 문화유적』, 서산문화원, 1996, pp.273-274.
91 홍대한,「고려 석탑 연구」, 단국대 박사논문, 2011, pp.257-258.

殿 眞如門 泛鐘樓 香爐殿 左右僧禪堂 東西上室 藥師殿 西殿 聖賢臺 月波

堂 摠持寮 東別馬厩 春間厠室 合爲基地二結六十九卜一束也 川之南後建

者曰 靈山殿 興聖樓 解脫門 天王門 影子殿 香爐殿 齊廚室 月明堂 梅花堂

落花堂 白雲堂 內外南殿 國師堂 袈裟堂 萬景臺 明寂菴 白蓮庵 隱寂庵 靈

隱庵 凝香閣而新減 基地七結二十一卜也 後洞內院 上院 迦葉臺 上靑蓮相

次重建者也.”

　－「泰華山麻谷寺事蹟立案」

　이와 같이 이 기록에는 사찰 내 각각의 건물명이 자세하게 기술되어 있
지만, 과연 임진왜란 이전 건물명을 제대로 기술하고 있는지 확언할 수
는 없다. 다만 1851년 「태화산마곡사사적입안」이 만들어진 시기의 사찰
배치에 대해 어느 정도 짐작해 볼 수 있는 자료가 될 수는 있다.[92] 북원에
위치한 불전으로 대웅보전, 시왕나한전, 약사전, 서전이 기록되어 있으
나 사찰의 주불전인 대광보전이 기록되지 않았다. 대광보전은 1785년 대
광보전 중건을 담당했던 제봉에 의해 기록된 「충청우도공주판지서령태
화산마곡사대광보전중창기忠淸右道公州判地西嶺泰華山麻谷寺大光寶殿重創
記」의 다음 기록이다.

　“법전이 셋인데 둘은 북쪽에 앉아 남향하고 있으며, 각각 대웅전과 대광보
　전이다. 또 하나는 남쪽에 있는데 서쪽에 앉았고 영산전이다. 대광보전은

92　공주시 · 마곡사 · (재)한얼문화유산연구원, 앞의 책, p.143.

대웅전 남쪽에 있고 그 앞에는 33층 금탑이 위치했다. 탑 남쪽에는 범종루가 있다. 法殿三 其二負北而向南 曰大雄殿大光寶殿 其一在南而負西 曰靈山殿也 大光寶殿在大雄殿南前 有三十三層金塔 塔之南有泛鐘樓.”

-「忠淸右道公州判地西嶺泰華山麻谷寺大光寶殿重創記」

아울러 앞서 17세기 중반에 만들어진 범종루의 위치를 알 수가 없었는데 이 기록을 통해 범종루가 마곡사탑 전면에 위치하고 있었다는 것을 알수 있다. 무엇보다도 마곡사의 배치를 정확히 알 수 있는 자료는 1920년조선총독부에서 발간한 『대정6년고적조사보고大正6年古蹟調査報告』이다. 대정6년은 1917년으로 여기에 소개된 마곡사 배치도는 〈그림15〉와 같다.

『대정6년 고적조사보고』에는 사찰의 일반적인 설명, 사진과 더불어 배치도를 수록하였다. 이후 1932년 발간된 『조선고적도보朝鮮古蹟圖譜』12권에 의해서도 마곡사의 배치를 알 수 있다. 이 책에서는 마곡사의 전경을 사진으로 찍어서 소개하고 있다.(〈그림16〉) 앞서 1920년에 발간된 『대정6년 고적조사보고』와 큰 차이를 느낄 수 없으리만큼 전체적으로 일치하는 모습을 보여주고 있다.

마곡사는 산지 가람배치이지만 마곡사가 자리 잡은 곳은 표고 150미터의 산곡내山谷內 평탄지平坦地로 그 중심을 가로질러 흘러내린 계류가 서에서 동으로 흐르다 다시 남쪽으로 향한다. 계곡 상부의 북원은 대웅보전을 중심으로 오층석탑, 대웅보전 배면에 대광보전, 측면에는 심검당과, 종무소, 요사채(최근 상당수 증축), 종각(최근) 등이 자리하고 계곡의 남쪽인 남원에는 해탈문, 천왕문, 명부전, 영산전, 홍성루, 매화당, 수선사 등이 위치하였다. 마곡사는 산사의 가람배치 중 정형화된 가람배치는 아니

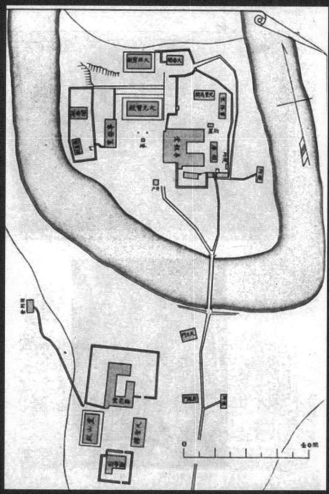

그림15. 忠淸南道公州郡寺谷面雲岩里麻谷寺配置畧圖
(출처: 朝鮮總督府, 「大正6年 古蹟調査報告」, 朝鮮總督府, 1920, p.617)

그림16. 1932년대 마곡사 전경
(『조선고적도보』12)

며 자연 지형을 이용한 산사 일탑식 가람 배치라 할 수 있다.

이상과 같이 마곡사는 산지지형을 기본으로 계류인 태화천을 중심으로 남과 북의 영역으로 나누어져 있다. 태화천을 중심으로 남쪽에는 영산전을 중심으로 한 가람이, 북쪽으로는 대광보전을 중심의 가람이 별도로 조성되어 있다.

최근 산사, 한국의 승지승원 마곡사의 세계유산 등재 1주년을 기념한 학술대회에서 조원창은 마곡사의 대광보전 용마루의 청기와와 성보박물관에 소장된 〈일월오봉도〉를 근거로 조선시대 왕실과 당시 국왕이었던 정조가 마곡사와 관련이 있었을 것이라는 주장[93]도 제기한 바 있다. 그러나 문헌에는 정조와 마곡사의 명확한 관계를 유추할 수 있는 것이 아직까지 발견되지 않았으므로 이 문제는 추후의 과제로 남겨 둘 수밖에 없다.

남쪽에 위치한 영산전의 가람배치는 전각의 축과 자연의 축이 정확하게 일치한다. 그러나 북원의 경우 전각의 축과 자연의 축이 일치하지 않는다.[94] 북원의 뒤를 이루는 주산이 진입로가 되는 동남쪽이 아닌 서북쪽으로 치우쳐 있어 전각의 축과 자연의 축이 틀어져 있다. 이는 곧 마곡사가 이러한 자연 지형의 흐름을 거스르지 않고 유기적으로 순응하는 가람배치를 하고 있음을 의미한다. 다시 말하면 2원의 전각 축이 각기 다른 방향을 향하는 특성을 보인다. 교리나 형식에 집착하여 완벽한 전각 축의 통일을 이루고자 하는 것이 아닌, 불이적 사고를 바탕으로 자연을 거스르

93 조원창, 「마곡사의 가람배치와 조선 국광과의 관련성 검토」, 『산사, 한국의 승지승원 마곡사 세계유산 등재 1주년 기념 마곡사 학술대회』, 마곡사, 2019, pp.18-42 참조.
94 김봉렬, 『앎과 삶의 공간』, 이상건축, 1999, p.74.

지 않고 순응하여 자연적 흐름에 맞추어 자연과 유기적으로 전각의 축을 구성하여 자연의 일부가 되는 마곡사의 사찰 배치에서 선禪 조형 사상의 유기적 관계의 탈속을 발견할 수 있다.

또한 두 가람 사이를 가로지르는 계곡의 흐름을 방해하지 않고 자연스럽게 연결하는 배치를 통해 자연이 이루는 산세와 계곡의 흐름 등 자연적 요소와 유기적 관계를 맺어 계곡을 건널 때 느끼는 자연스러운 감각적 전이를 통해 세속적인 공간과 다른 탈속성을 느끼게 한다.

주지하는 바와 같이 마곡사의 중심법당은 대광보전이다. 그리고 이 대광보전 내의 주존은 목조비로자나불좌상이다. 그런데 이 목조비로자나불좌상은 보전의 전각 정면 중앙에 봉안되어 있지 않고, 부석사 무량수전이나 영광 불갑사 대웅전에서처럼 전각의 왼쪽인 서쪽에서 동쪽을 바라보는 방향으로 봉안되어 있다. 이는 중생이 비로자나불을 보기 위해 서쪽을 향해 서방정토의 극락세계를 바라본다는 의미를 시사한다. 중생들이 바라보는 비로자나불의 뒤에는 암자들이 법륜처럼 둘러서 있다. 이를 통해 산태극에 동반하는 자연적인 입지선정과 더불어 교리적 의미를 상당히 가미했을 것이라는 유추가 가능하다.

이상, 마곡사는 다른 사찰과 마찬가지로 산간에 둘러싸인 넓은 대지에 자리 잡고 있음을 살펴보았다. 북쪽 주산으로는 밀현을 두고 있고, 남쪽 안산으로는 무교를 두고 있으며, 우측 백호로는 군왕대를 두고 있는 전형적인 분지 지형이다. 하지만 입지에서 다른 사찰과는 크게 다른 면이 발견되는데 수구인 희지천이 사찰의 정중앙에 흐르고 있는 것이다. 중앙에 흐르고 있는 희지천은 사찰 건축물을 두 곳으로 나누어 놓았고, 이 두 곳은 마치 전혀 다른 사찰인 것처럼 배치되었다.

북쪽에는 대광보전, 대웅보전을 중심으로 한 북원이 위치했고, 남쪽으로는 영산전을 중심으로 한 남원이 위치했다. 또한 북원이 남향하고 있다면 남원은 동향을 하고 있다. 각각 주불전을 갖추었고 요사채와 여러 부속건물들이 있어 사찰이 갖추어야 할 기본 건물을 모두 갖추었다. 이 때문에 현재 북원은 일반인을 대상으로 한 포교중심으로 운영되고 있고, 남원은 수행자를 위한 수행가람으로 운영되고 있다.

사찰이 현재 이와 같이 운영될 수 있는 것은 희지천 덕택이며, 사찰의 중앙에 흐르고 있는 희지천은 다른 사찰과 비교해 매우 독특한 마곡사만의 특징이라 하겠다.

3) 마곡사 암자의 가람배치

암자 당우堂宇 유형별 주존불 관계를 살펴보면, 마곡사 암자는 'ㄱ' 자형의 당우가 가장 많다. 주존불로는 관세음보살이 절반을 점하고 있다. 또한 8개 암자의 법당 좌향 및 주존불 좌향을 보면 유좌묘향酉坐卯向(東向)을 한 암자가 가장 많았다. 이는 해좌사향亥坐巳向(東南向)이나 신좌인방辛坐寅方(東北向) 역시 동쪽과 관련된 좌향이므로 총 5개의 암자가 동쪽방향을 하고 있다. 먼저 마곡사 사내 암자를 간략히 표로 정리하고, 다음에서 주요 암자의 배치[95]를 살펴보도록 하겠다.

---

95 배정관, 「사찰 내 암자의 입지 특성에 관한 연구: 조계종 사찰을 중심으로」, 배재대 박사 논문, 2005, pp.133-144. 이하 마곡사의 사내 암자에 대해서는 배정관의 이 논문을 참조.

표8. 마곡사 사내 암자

연번	암자명	주소지
1	북가섭암	사곡면 운암리 77-3
2	마하연암	사곡면 운암리 467
3	무위암	사곡면 운암리 295
4	부용암	사곡면 운암리 77
5	토굴암	사곡면 운암리 567
6	백련암	사곡면 운암리 635
7	영은암	사곡면 운암리 567
8	은적암	사곡면 운암리 547
9	대원암	사곡면 운암리 567
10	상원암	사곡면 운암리 77
11	성불암	사곡면 운암리 467
12	청련암	사곡면 운암리 567

출처: 마곡사 종무소

　태화산, 무성산(국사봉), 철승산(활인봉), 나발봉을 사방으로 두고 그 기슭 아래 자리 잡고 있는 마곡사 주변의 암자들은 전반적으로 주위에 계류가 없고, 영은암을 제외하면 구릉지대에 위치에 있는 전형적인 중산간지형 입지를 보이고 있다. 산지에 자리 잡은 가람이지만 표고가 150미터 밖에 되지 않는데다가 안산이 약간 높게 자리하고 있어 조망은 그다지 시원스럽지 못하다.

　각 암자는 마곡사를 중심으로 산태극을 형성하고 있다. 더욱이 마곡사 뒤쪽의 국사봉(590미터)과 동쪽의 무성산(614미터)이 동북쪽에서 방패 역할을 하고 국사봉에서 발원한 마곡천, 구암소류지에서 내려오는 실개천 및 서쪽 나발봉과 활인봉에서 발원된 샘골천이 삼합수를 이루면서 수태극을 이루고 있다.

북가섭암과 남가섭암

마곡사를 중심으로 남가섭암과 북가섭암, 북가섭암과 마곡사 간에 황금비례의 적용이 발견된다. 이 북가섭암과 남가섭암을 통해 마곡사에서 암자가 조영될 때 무작위로 조성된 것이 아니라 기하학적 구도에 의해 조영되었을 것이라는 추측이 가능하다. 마곡사 내에는 현재 북가섭암과 남가섭암만 존재하고 동가섭암이나 서가섭암은 없다. 그러나 남가섭암과 북가섭암이 단순히 존재하고 있는 것이 아니라 황금비율이 성립되고 또 마곡사와 어떤 관계가 성립된다면 이는 암자의 배치에서 가섭존자를 중심으로 하는 사방불 개념이 응용되었을 것이라는 추측이 가능하다.[96]

북가섭암은 가사골 산 중턱에 위치하며, 마곡사에서 북측으로 약 2킬로미터 정도 떨어져 있다. 남측에 마하연암과 성불암이 인접해 있다. 북가섭암은 가파른 경사지에 위치하여 전면에 석축을 쌓아서 암자 터를 조성했는데, 그 터가 협소하여 건물 우측으로 돌아 들어가도록 진입로가 조성되었다. 건물 배면은 암벽이 병풍처럼 둘러 있고, 암벽 가운데 작은 동굴과 샘이 있고, 그 우측에 굴뚝과 장독대가 있다. 건물과 약간 떨어진 북서쪽에는 해우소가 있다.

암자는 'ㅏ' 자형 평면으로 정면 5칸, 측면 3칸 규모의 본체 좌측에 정면 2칸, 측면 2칸 규모의 부엌이 붙고, 부엌 앞뒤로 각각 정면 1칸, 측면 2칸 규모의 방이 덧달린 평면이다. 본체는 남향하여 법당으로 쓰인다. 기단은 자연석으로 쌓고 상면은 시멘트로 두껍게 마감했다. 자연석 초석에 법당

---

96 배정관, 앞의 논문, p.133.

으로 사용되는 본체의 원기둥을 특히 굵게 쓰고, 부엌과 덧달린 방의 기둥은 비교적 얇은 방주와 원주를 섞어서 썼다. 공포는 이익공으로 짜 올렸고, 익공은 연화로 장식했다.

남가섭암은 철승산 북동측 기슭에 위치하며, 마곡사에서 남측으로 2.5 킬로미터 정도 떨어져 있다. 경사면에 위치하여 대웅전 전면에 높은 석축을 쌓아 대지를 조성하였고, 배면에는 암벽이 병풍처럼 둘러 있다. 법당 대웅전은 동향하고 있으며, 주존불은 석가모니불이다. 대웅전 전면 계단 아래 양쪽으로 석등 2기를 두었다. 대웅전을 중심으로 우측(북측)에 자리 잡은 요사는 남동향이다. 대웅전 배면(서측)의 산신각은 법당과 같이 동향하며, 전면에는 석등 1기와 현대식 전등 2기가 설치되어 있다. 법당 좌측(남측)으로 조그마한 원형 3층 석탑과 불전함이 있으며, 그 뒤의 감실로 사용하는 듯한 바위틈에도 전등 1기가 설치되어 있다. 대웅전 남쪽에서 산 위로 연결되는 소로를 따라 창고, 음수대, 해우소 등이 배치되었다.

문헌적으로 가섭암에 관한 기록은 1452년에 서거정徐居正(1420-1488)이 쓴 「계룡산가섭암중신기鷄龍山迦葉庵重新記」에 다음과 같이 남아 있다.

"지금 판교종사인 순선당 운수는 선림禪林의 영수이시다. (중략) '남쪽 등성이를 곧장 내려오면 옛 암자가 하나 있고 그 암자 아래에 가섭암이 있습니다. 부서져 버려둔 지가 수백 년이 지났는데, 집터가 아직도 남아 있습니다.' (중략) '두세 명 뜻이 같은 사람들과 함께 중수할 방법을 계획하였는데, 사재를 기울이고 시주받은 것을 아울러 비용을 마련하여 공인工人을 모으고 재목을 준비하였습니다. 정통 병인년(1446, 세종28)에 착공하여 다음 해 정묘년(1447)에 완공하였습니다.'今判教宗事順善堂雲叟 禪林領袖

也. (中略) 直南嶺古菴下 有菴曰迦葉 菴之廢蹤數百年 遺址尙在 (中略) 則與

二三同志 謀所以重新 傾私貯 兼借檀越 鳩工飭材 經始於正統丙寅 越明年

丁卯 告訖."

- 『四佳文集』卷2,「記·鷄龍山迦葉菴重新記」

이와 같이 신라 말~고려 초까지 계룡산 남쪽 고개 아래에 가섭암이라
는 암자가 있었는데 수백 년 동안 폐사로 있다가 1446년(세종28) 판교종사
判敎宗事 운수雲叟가 사재를 희사하여 중창을 시작, 이듬해 완공한 바 있
었다고 한다.

이 밖에 가섭암에 대한 글은 차시茶詩로도 유명한 조위曺偉(1454-1503)
의 〈가섭암에서〉라는 시가 있다.

바위 속에 대통을 연결하여 샘물이 나오는데

절 앞으로 흘러나와 시원하고도 푸르구나

산승이 두 손으로 떠서 아침 요기를 하니

맑고도 단맛이 강왕곡康王谷보다 훨씬 낫구나

객이 오면 스님 불러 날마다 물을 끓이니

활활 타오르는 풍로에 수증기가 날아오른다.

누가 석 잔의 차를 노동盧仝에게 부치며

또 다시 절품의 차를 육우陸羽에게 자랑할까?

평생에 먹기 싫은 몇 말의 먼지를 먹었더니

폐가 마르고 입이 말라 윤기가 없었더니

꽃 잔에 쾌히 권설차를 기울이자

갑자기 오장육부가 청신함을 깨닫는다.

連筒泉水出巖腹 來瀉庵前寒更綠 山僧掬飲慰朝飢 淸甘遠勝康王谷 客至呼

僧烹日注 活火風爐翻雪乳 誰持三椀寄盧仝 更將絶品誇陸羽 平生厭食幾斗

塵 肺枯吻渴無由津 花甌快傾如卷雪 頓覺六用俱淸新.

-『梅溪先生文集』卷3,「七言長篇·迦葉菴」

그러나 여기서 말하는 가섭암은 마곡사의 가섭암이 아니고, 조위가 함
양군수 시절(1484-1489) 지은 시라는 점에서 함양군의 안의삼동 지역의 금
원산 자락 원학동 월성계곡 가섭암이었을 것으로 추정된다.

마곡사의 가섭암은 송상기宋相琦(1657-1723)의 글에서 직접 언급되고 있
다. 송상기는 마곡사 유람기를 남긴 인물로 "가섭암과 상원암 등의 암자
는 더욱 높은 절벽에 있어 올라가 볼 만하다지만 피곤하여 다 찾아가 볼
수 없었다聞迦葉上院等庵 尤高絶宜登覽 而病疲未能盡探(『玉吾齋集』卷13,「記·
遊麻谷寺記」)"고 하여 당시 직접 마곡사를 답사하고 남긴 기록에서 가섭암
을 언급하고 있어 가섭암의 근거를 찾는 데 좋은 자료를 제공한다.

이어 마곡사의 가섭암을 읊은 시로는 박윤원朴胤源(1734-1799)이 마곡
사의 다섯 암자를 읊은 시에서 아난암阿難庵, 내원內院, 상원上院, 대상원
臺上院과 함께 가섭암을 읊고 있다.(石竇深如窟 玉溜響淙淙 星壇架危巖 鐵鎖
白雲封(『近齋集』卷2,「詩·內山五庵」) 이 밖에도 이동급李東汲(1738-1811)의 시
(石門通細逕 菴在宿雲巒 僧與蒼松老 棲分白鶴寒 晩杵鳴巖竇 孤烟出岫端 此中詩
景好 怊悵夕陽殘(『晩覺齋先生文集』卷1,「詩·迦葉菴」), 박준원朴準源(1739-1807)
의 시(華山千仞翠 孤磬上頭聞 大界迷靑嶂 瑤空接白雲 广幽垂冷溜 殿古暗奇文
未必阿蘭訪 唯應枝葉分(『錦石集』卷2,「詩·登麻谷迦葉庵」), 유득공柳得恭(1748-

1807)의 시(籃輿上絶頂 何意有玆菴 因樹結茅屋 引泉開石潭 霜輕初響葉 山晚更霏
嵐 跌坐悠悠意 白雲飛一南(『泠齋集』卷1, 「古今體詩 一百九十九首·麻谷迦葉菴 次
俊公韻」), 윤홍규尹弘圭(1760-1826)의 시(迦葉庵懸寂上頭 羣山羅列眼前收 荒臺
野草何年廢 祇有寒雲鎖古樓(『陶溪先生遺稿』卷1, 「詩·泰華之遊 歷涉內外山諸庵
各賦一絶 以爲記行之語 兼示同遊諸人」)에서 마곡사의 가섭암을 읊고 있다.
특히 윤홍규는 가섭암과 더불어 아난·내원·상원·부용芙蓉·대상臺上·은
적隱寂·백련白蓮 암자를 읊어 마곡사의 전체 암자에 대한 이해를 풍요롭
게 해 준다. 이 시에서 윤홍규는 "황무지에 야생초만 있으니 언제 폐사되
었나荒臺野草何年廢"라고 하여 당시에는 가섭암이 폐사되었음을 암시하
고 있다.

마하연암

마하연암은 가사골 산 중턱에 위치하며, 마곡사에서 북서쪽으로 약 2킬
로미터 정도 떨어져 있다. 마하연암 북측에는 북가섭암, 남측에는 성불암
이 인접해 있다. 진입로 서측에 연지를 조성하고 축대를 쌓아 태화당泰華
堂 터를 마련하고, 진입로 동측에는 한 단의 석축을 쌓아 마하연 앞마당을
조성했다. 마하연 앞마당 북측에 다시 한 단의 석축을 쌓고 대웅전 터를
잡았다. 가장 높은 곳에 위치한 대웅전 전면 석축 아래에 우측(동측)으로
마하연이 있고, 좌측(서측)으로 태화당과 연지가 있다.

대웅전은 정면 3칸, 측면 2칸의 전통 목조 건물로 자연석 외벌대 기단
위에 자연석 초석을 두고 원기둥을 세웠다. 기둥 상부 공포는 이익공으로
짜 올렸고 익공은 연화로 장식했다. 지붕은 겹처마 팔작지붕이다. 마하연
은 조적벽 건물 위에 정면 5칸, 측면 2칸 규모의 '一' 자형 평면 좌측에 창

고 한 칸을 덧달아 내었다. 외벽은 조적벽으로 쌓고, 팔작지붕에 플라스틱 기와로 마감했다. '마하연摩訶衍'이라 적힌 편액이 걸려 있다. 태화당은 조적벽체 위에 목조 팔작지붕을 얹고 플라스틱 기와로 마감한 '一' 자형 평면의 건물로, 벽 상부의 보머리로 헤아리면 정면 5칸, 측면 2칸으로 보인다. 건물의 배면과 좌측면은 외벽을 따라서 길게 창고를 덧달았다. 건물 정면에 '태화당泰華堂'이라는 편액이 걸려 있다.

무위암

무위암은 마곡사에서 희지천 계곡을 따라 북쪽으로 약 1.5킬로미터 정도 떨어져 있다. 경사지에 위치하여 석축을 쌓아 터를 잡았다. 법당을 중심으로 남쪽에 창고, 북서쪽에 주차장과 해우소, 남서쪽에 돌을 쌓아 올린 탑이 있다. 그 밖에 소가장, 음수대, 장독대 등이 있다.

법당은 정면 7칸, 측면 2칸 규모의 '一' 자형 평면으로, 요사겸 법당으로 쓰이는 전통 목조 건물이다. 화강석 외벌대 기단 상면을 시멘트 모르타르로 마감하고 잘 다듬어진 사모초석을 놓았다. 사모기둥을 세우고 정면의 좌측 2칸과 우측 면에는 쪽마루를 설치했다. 지붕가구는 5량가이며, 홑처마 팔작지붕이다. 시멘트 기와로 지붕을 덮었다. 창고는 조적식으로 함석 슬레이트를 이용하여 맞배지붕 형태로 덮었다. 해우소는 블록조로 지어였다.

무위암이 축좌미향으로 좌향을 하고 있기 때문에 이 방향으로 작도해 보면 토굴암이 직선상에서 결정되어 있음을 발견한다. 좌측으로는 큰절을 위시하여 남가섭암이 연결되고 우측으로는 북가섭암이 위치하고 있음으로 해서 북가섭암과 남가섭암으로 이어지는 직선상에서 무위암이 결정되어 있다.

부용암

부용암은 마곡사에서 북서쪽으로 약 2.6킬로미터 정도 떨어진 태화산 자락에 위치하고 있다. 부용암에서 서쪽으로 약 200미터 거리에 상원암이 있다. 부용암은 자연지형을 그대로 받아들여 암반 위에 건축된 법당과 가파른 지형에 석축을 쌓고 터를 마련한 요사가 있다. 요사 뒤쪽으로 창고가 있으며, 암자 진입부에 해우소가 배치되었다.

법당은 정면 2칸, 측면 1.5칸 규모의 전통 목조 건물이다. 자연석 기단 상면을 강회로 마감했으며 자연석 주초를 놓았다. 기둥은 정면에만 원기둥을 사용했으며, 측면과 배면은 방형기둥을 사용했다. 기둥 상부는 초익공으로 짜올렸다. 홑처마 팔작지붕이다. 수년 전에 태풍으로 지붕이 파손되어 보수하면서 플라스틱 기와를 덮었다.

요사는 정면 5칸, 측면 3칸 규모의 '一'자형 평면으로 전통 목조 건물이다. 자연석 허튼쌓기로 기단을 쌓았으나, 시멘트 모르타르도 사용되었다. 방형초석을 사용했다. 정면 부엌칸에는 방형기둥을 사용하고, 그 외에는 원형기둥을 사용했으며, 기둥 상부는 민도리식으로 처리했다. 홑처마 팔작지붕이다. 정면에는 함석 재질의 물받이를 설치했으며, 지붕은 시멘트 기와로 덮었다. 정면 툇마루칸에는 미닫이 유리문을 설치했다.

토굴암

토굴암은 태화산 남측 기슭에 위치하며 마곡사에서 북쪽으로 약 700미터 정도 떨어져 있다. 경사지에 위치하여 정면과 배면에 석축을 쌓아 터

를 마련했으며, 법당인 관음전은 남동향으로 자리 잡고 있다. 관음전은 2
단으로 쌓은 석축 위에 위치하고 관음전 전면 중앙에 계단이 조성되어 있
다. 2단 석축 아래 계단 우측(동측)으로 요사가 있고, 요사 우측으로 한 채
의 요사가 폐가로 남아 있다. 요사 앞 마당에는 작은 파고라가 있고, 마당
전면의 경작지 한켠에 우물이 있다.

관음전은 정면 3칸, 측면 1칸 규모의 '一'자형 평면으로 전통 목조 건물
이다. 화강암 가공석으로 기단을 조성하고 원형과 방형으로 가공한 주초
를 놓았다. 방주를 세우고 기둥 상부에는 초익공을 짜 올렸다. 겹처마 팔
작지붕이다. 요사는 정면 4칸, 측면 3칸 규모의 전통 목조 건물로 배면에
반칸을 덧달아 내어 보일러실과 창고 등으로 이용하고 있다. 토석기단 상
면을 시멘트 모르타르로 마감하고 자연석 주초를 놓았다. 방주를 세우고
민도리식으로 처리하였으며, 홑처마 팔작지붕이다. 최근에 기와를 걷어
내고, 함석기와로 덮었다. 정면 중앙 2칸의 마루에는 유리창을 달아 실내
공간으로 사용하고 있으며, 건물 좌측에 아궁이가 있다. 과거에는 정면 5
칸 규모였으나, 1980년대 화재 후 보수하면서 현재의 규모로 줄어들었다
고 한다.

언제, 누가 창건했는지에 대해서는 전해지지 않지만, 지금의 당우가 조
영되기 전에는 토굴 형태로 된 상태에서 출발했던 것으로 미루어 암자의
정형이었을 것으로 짐작된다. 주산으로 255.9미터의 산정을 타고 내려온
산줄기의 한복판에 위치해 있으며 남쪽으로는 200미터의 나지막한 안산
이 솟아 있는 입지적 특성을 나타낸다. 법당이 사향으로 좌향을 하고 있
어서 이 향의 직선상에서 마곡사가 연결된다. 또한 좌측으로는 무위암으
로부터 이어지는 직선상에 위치하게 되는데, 이는 바로 토굴암과 큰절 간

에 유의적 연관관계가 있을 것임을 암시한다.

백련암

백련암은 태화산 남측 활인봉 북사면에 위치하며, 마곡사에서 남서쪽으로 약 500미터 정도 떨어져 있다. 백련암 서측 120미터 거리에는 대원암이 있다. 경사지에 위치하여 법당인 백련암 앞뒤에 석축을 쌓아서 터를 조성했다. 백련암은 북동향하고 있는데 백련암을 중심으로 좌측에 요사와 다실이 튼 'ㄱ' 자형으로 배치되어 있다. 백련암 배면 석축 위에는 산신각이 있고, 산신각 남동측 약 70미터 거리에 마애불이 조성되어 있다. 백련암 입구에는 화장실이 있고, 입구 구릉 안쪽에 아미타 불상을 배치했다.

백련암은 정면 3칸, 측면 2칸의 규모의 전통 목조 건물로, 자연석 기단 위에 자연석 주초를 놓고 원기둥을 세웠다. 공포는 주심포로 짜 올렸고, 지붕은 겹처마 팔작지붕이다. 백련암은 관음보살을 주존불로 모시고 있다. 백련암 배면의 산신각은 정면 1칸, 측면 1칸 규모의 전통 목조 건물로 기단과 초석은 자연석이며, 지붕은 홑처마 맞배지붕이며 풍판을 달았다. 송상기는 백련암을 다음과 같이 기술한 바 있다.

> 백련암은 마곡사의 서남쪽 모퉁이에 있었는데, 지세가 가장 높아 우뚝 솟은 숲이 해를 가렸다. 절벽 사이로 난 길은 가느다란 실과 같고 골짜기 사이의 바위틈에서 솟아나는 샘물은 졸졸 아래로 흘러 내렸다. 암자 또한 맑고 산뜻하였다.
> 庵在寺之西南隅 地勢最高 穹林蔽日 崖路如線 巖谷間石泉 決決瀉下 庵舍亦淨潔.

- 『玉吾齋集』第13卷, 「記·遊麻谷寺記」

　암자명을 굳이 백련으로 한 것은 연꽃에 담긴 부처의 사상 때문이다. 연꽃은 첫째로 진흙 속과 같은 더러운 곳에서 자라지만 물들지 않고 늘 정결함을 잃지 않는다處染常淨. 둘째로 원인과 결과가 동시에 있다因果同時. 모든 꽃과 열매가 동시에 함께 시작한다言行一體. 셋째로 종자는 결코 멸망되지 않는다種子不滅는 것으로 곧 우리의 삶을 말하는 것이다.[97] 연꽃은 불교를 상징하는 성스런 꽃으로 7천만 년 전 화석이 발견될 만큼 오래됐다. 연못의 바닥 진흙에 뿌리 내리는 연이 자라게 되면 못물은 맑아진다. 연뿌리가 물을 정화하기 때문이다. 이러한 성정으로 연꽃은 불가의 지주가 됐다.

영은암

　영은암은 태화산 남측 활인봉 북동사면에 위치하며, 마곡사에서 남쪽으로 약 400미터 정도 떨어져 있다. 경사지에 위치하여 전면에 높은 석축을 쌓아 암자터를 마련했으며, 법당인 영은암은 북동향으로 자리잡고 있다. 영은암을 중심으로 우측에는 요사와 고방이 축이 약간 틀어진 상태로 배치되어 있고, 영은암과 요사 배면 석축 위에는 산신각이 위치한다. 영은암 전면에는 2기의 석등을 배치하였고, 전면 석축 아래 진입부에는 2개소에 주차장이 조성되어 있다. 진입로 북측의 별도의 영역에 화장실, 소

---

97 『妙法蓮華經』에서는 實相妙法을 미묘하게 蓮에 비유하여 가르치고 있다.

각장, 창고 등이 있다. 영은암은 정면 5칸, 측면 5칸의 규모의 'ㄴ' 자형 평면으로 전통 목조 건물이다. 가공된 화강암으로 기단을 조성했고, 초석도 가공된 원형과 방형 초석을 사용했다. 원기둥을 세우고 주심포식 공포를 짜 올렸다. 지붕은 겹처마 팔작지붕이다. 영은암 배면에는 공양간을 증설하여 사용하고 있다. 요사는 정면 5칸, 측면 2칸 규모의 'ㅡ' 자형 평면으로, 전통 목조 건물이다. 기단은 자연석 두벌대 기단으로 사면은 강회로 마감하고 자연석 주초를 놓았다. 주초 위에 원기둥을 세우고 기둥 상부는 민도리식으로 처리했다. 지붕은 홑처마 팔작지붕이다.

영은암 고방은 정면 2칸, 측면 1칸 규모의 'ㅡ' 자형 평면으로, 전통 목조 건물이다. 자연석 외벌대 기단 상면을 강회로 마감하고 자연석 주초를 놓았다. 주초 위에 방주를 세우고 기둥 상부는 민도리식으로 처리했다. 지붕은 홑처마 맞배지붕이다. 영은암 산신각도 정면 2칸, 측면 1칸 규모의 'ㅡ' 자형 평면으로, 전통 목조 건물이다. 자연석 세벌대 기단 상면을 강회로 마감하고 자연석 주초를 놓았다. 원기둥을 사용했으며 기둥상부는 촉익공으로 짜 올렸다. 홑처마 맞배지붕에 풍판을 달았다.

성호星湖 이익李瀷(1681-1763)은 〈마곡사에서 찰 상인의 시축에 제하다〉라는 제하의 시에서 영은암(영은당)을 다음과 같이 노래하였다.

돌길이 구불구불 골짜기는 굽이도는데
궁장과 탑겁이 아스라이 높이 솟았어라
처마 꽃 그림자 아래 향기 맡음이 익숙하니
기수라 총림 중에 뜻 맞아서 찾아왔노라
붉은 누각에 높이 둘러선 천불을 우러르고

푸른 산엔 가로로 오정의 엷을 빌리노라

외로운 중이 나를 인도해 서암에 묵게 해

영은당 깊은 곳에서 조용히 술잔 잡노라

石磴盤陁洞壑回 宮墻塔劫逈崔嵬 簷花影下聞香熟 祇樹叢中適意來

紫閣高瞻千佛擁 青山橫借五丁開 孤僧引我西巖宿 靈隱堂深穩把桮.

-『星湖全集』第2卷,「詩·麻谷題察上人詩軸」

이 시에서는 영은암을 '영은당靈隱堂'으로 읊고 있고 있으나 현재의 영은암을 당시 이익이 영은당으로 표기한 것으로 보인다. 어쨌든 큰절을 중심으로 대원암과 영은암 사이는 등거리 관계가 성립되면서 이등변삼각형의 배치 형식을 보이고 있다.

은적암

은적암은 태화산 남쪽, 활인봉 북동사면에 위치하며, 마곡사에서 약 600미터 정도 떨어져 있다. 영은암 전면에 높은 석축을 쌓아 터를 마련하고, 법당으로 사용되는 은적암은 동향하고 있다. 은적암을 중심으로 우측(북쪽)에 요사 2채가 일렬로 배치되어 있고, 좌측(남측)에 공양간과 다실로 쓰이는 문간채, 산신각, 해우소, 소각장, 요사 등이 능선을 따라 배치되어 있다. 영은암 진입부에는 진입로를 따라 2개소의 주차장이 조성되어 있다.

은적암은 정면 7.5칸, 측면 2.5칸 규모의 'ㄷ' 자형 평면으로 본채 좌측에 1칸, 우측에 반 칸의 익랑채가 붙어 있다. 전통 목조 건물로 자연석 기단 상면을 강회로 마감하고 자연석 주초를 놓았다. 주초 위에 원주를 세웠으며, 기둥 상부는 초익공으로 짜 올렸다. 지붕은 홑처마 팔작지붕이다. 은적암 전면 우측의 요사는 정면 4칸, 측면 2.5칸 규모의 '一' 자형 평면으로 전통 목조 건물이다. 자연석 외벌대 기단 상면을 강회로 마감하고 자연석 주초를 놓았다. 주초 위에 방주를 세우고 기둥 상부는 민도리식으로 처리했다. 지붕은 홑처마 맞배지붕이며, 좌우 측면에 풍판을 달았다. 산신각은 정면 1칸, 측면 1칸 규모의 전통 목조 건물로 기단과 초석은 자연석을 사용했다. 기둥은 원주를 사용하고 기둥 상부에는 초익공을 짜 올렸다. 지붕은 홑처마 맞배지붕으로 좌우 측면에 풍판을 달았다.

문간채는 정면 3칸, 측면 2칸 규모의 전통 목조 건물이다. 자연석 기단과 초석을 두고 원기둥을 세웠다. 기둥 상부는 민도리식으로 처리했다. 홑처마 맞배지붕 좌우 측면에 풍판을 달았다. 우측 2칸과 좌측 1칸은 다실로 이용하고 있고, 건물 좌측에 공양간을 덧달아 내었다.

송상기는 "은적암은 아주 높은 절벽에 자리 잡아 백련암과 서로 우열을 다투지만, 툭 트인 전경은 백련암에 미치지 못하였다占地高絶 與白蓮相上下 而眼界通闊則不及(『玉吾齋集』第13卷,「記·遊麻谷寺記」)"고 하였다. 인근에 백련암과 대원암이 있다. 중산간지에 유좌묘향으로 좌향을 하고 위치해 있다. 그리고 큰절을 중심으로 큰절과 토굴암, 큰절과 은적암 사이는 등거리관계가 성립되고 있다. 험악하지 않은 주산에서 흘러 내려온 지세에서 연봉들이 좌측으로 200미터의 산정과 우측의 348.8미터의 산정으로 모아지면서 정동향으로 195미터의 청산이 안산의 역할을 담당하고 있다.

대원암

대원암은 표고 178미터에 위치한 암자다. 마곡사에서 남서측으로 약

450미터 정도 떨어진 태화산 남측 활인봉 북사면 중턱에 위치한다. 법당은 동향이며, '오백나한전五百羅漢殿'이라는 편액과 함께 시주기가 기록된 현판이 걸려 있다. 오백나한전 전면 진입로변과 배면 경사면에 석축을 쌓아서 주불전 공간을 조성하였다.

오백나한전 전면 중앙에 조그마한 3층 석탑을 세우고, 이 석탑 남동측의 전면 석축 가까이에도 비슷한 크기의 석탑을 세웠다. 주불전을 중심으로 좌우측에 각각 요사가 안마당을 향해 배치되었다. 좌측 요사 뒤편으로는 아궁이, 수도, 장독대, 소각장 등이 있다. 법당 배면 석축 위로 삼불전과 산신각이 나란히 자리 잡고 있으며, 남측 진입부 주차장 옆으로 3기의 부도와 탑비를 모셔 두었다. 주불전 우측(북측) 요사 뒤편으로 해우소가 있다.

문헌상의 기록에서는 이 암자의 명칭을 찾아볼 수 없다. 그러나 주불전 전면 2주의 노거수는 암자가 조성될 당시 식재된 것으로 보이므로 최근에 조성된 암자가 아님을 알 수 있다.

암자의 양편으로 양 날개처럼 뻗어 내려간 한가운데에 암자가 위치하다 보니 마치 배꼽의 위치에 암자가 놓여 있는 형상이 만들어졌다. 좌측으로는 큰절이 위치하고 좌향의 영은암이 직선상에서 결정되어 있기 때문에 큰절에서 대원암과 영은암과는 등거리관계가 형성된다. 이는 바로 대원암과 영은암 중간지대에 마곡사에서 이어지는 직선이 직각으로 조우하는 결과를 가져온다.

상원암

상원암은 마곡사에서 북서쪽으로 약 2.6킬로미터 정도 떨어진 태화산의 한 자락에 위치하고 있다. 상원암 동쪽 약 200미터 거리에는 부용암이 있다. 산중턱에 위치한 상원암은 현재 법당을 중심으로 동쪽에는 요사가 있으며, 서쪽에는 창고 2동과 사용되지 않는 요사 1채가 배치되었다. 그 남쪽으로 해우소가 있다. 법당의 배면에는 옛 건물지와 석축들이 남아 있는데, 법당에서 북쪽으로 떨어진 곳에 부도 5기와 비석 1기가 남아 있다.

법당은 정면 3칸, 측면 1.5칸 규모로 '一' 자형 평면의 건물이다. 중앙 칸은 법당으로 사용되고 있으며, 좌협칸은 창고로 사용되고 있다. 자연석 기단 상면을 시멘트 모르타르로 마감했다. 자연석 주초 위에 원기둥을 세웠다. 지붕은 함석슬레이트 맞배지붕이다. 법당의 측면과 배면 벽은 흙과 돌을 섞어서 만든 토축벽이다. 요사는 정면 4칸, 측면 1.5칸으로 '一' 자형 평면이다. 자연석 외벌대 기단 상면을 시멘트 모르타르로 마감했다. 자연석 주초 위에 원기둥을 세우고 맞배지붕에 함석 슬레이트를 덮었다. 해우소는 돌을 원형으로 쌓고, 그 위에 지붕을 덮었다.

성불암

성불암은 가사골 산 중턱에 위치하며 마곡사에서 북서측으로 약 2킬로미터 정도 떨어져 있다. 성불암 북서측에 마하연암이 인접하고 있으며, 북측 약 300미터 거리에 북가섭암이 있다. 성불암은 경사면에 위치해 석축을 쌓아 터를 마련했다. 법당인 성불암을 중심으로 북동측에 석축을 높게 쌓고 자리를 마련한 선방禪房이 있으며. 남측으로 창고, 수도, 주차장 등이 있다. 성불암 앞마당에는 1기의 부도가 배치되었다. 성불암과 선방은 모두 근래에 지어진 건물로 블록조로 지어졌다.

청련암

　청련암은 태화산 동측에 위치하며 마곡사에서 북동측으로 약 450미터
정도 떨어져 있다. 산 중턱에 위치해 있으며, 남측에 마곡천과 마곡초등
학교가 인접해 있다.

　청련암은 경사면에 위치하여 전면에 높은 석축을 쌓아 터를 마련했다.
법당으로 사용되는 청련암은 남향하고, 법당 전면 석축 아래에 주차장이
조성되어 있다. 지형적인 이유로 진입로는 청련암 전면 석축을 우회하여
법당 북동측으로 돌아 들어가도록 조성되었다. 청련암을 중심으로 우측
(동측)에는 해우소, 배면(북측)에는 산신각이 자리 잡고 있다. 청련암 전면
공간이 매우 협소하여, 청련암 좌측(서측)에 별도의 마당이 있고 텃밭, 수
도, 음수대, 저수조 등이 조성되어 있다. 배면 진입부에도 뒷마당이 있다.

　청련암은 정면 5.5칸, 측면 5.5칸 규모의 'ㄴ'자형 평면으로, 전통 목조
건물이다. 배면에 창고를 덧달고, 차양을 길게 내었다. 정면 우측 4칸 안
쪽은 법당으로, 좌측 2칸은 요사로 사용되고 있다. 시멘트 기단 위에 자연
석 주초를 놓았으며, 원주와 방주를 혼용하고 있는데, 이는 해체된 부재
를 재사용하면서 굵기와 형태가 달라졌을 것으로 보인다. 기둥 상부의 공
포는 민도리로 처리했다. 벽체는 황토로 마감했으며, 좌우측 벽면에는 대
각으로 보강재를 덧댔다. 홑처마 팔작지붕이다. 산신각은 정면 2칸, 측면
1칸의 'ㅡ'자형 평면으로 전통 목조 건물이다. 기단 없이 시멘트 방형 초
석 위에 방주를 세우고, 민도리식으로 처리했다. 겹처마 팔작지붕이다.

　이상, 현재의 마곡사 산내 암자 각각의 창건을 비롯한 연혁, 명칭과 건
축물의 변화 등을 상세하게 파악할 수는 없지만, 여러 고문헌상의 기록으
로 미루어 현재의 마곡사 산내 암자는 물론 산내 암자로 관리되지 않고

있는 일부 암자나 암자터가 매우 오래전부터 운영되어 왔다는 사실을 알수 있다. 아직 마곡사 주변의 산내 암자 외에도 마곡사의 역사 속에서 지금까지 파악되지 않은 암자와 암자터가 더욱 많이 있었을 것이다. 남아 있는 자료가 부족하여 추후 새로운 자료가 발굴되면 본격적인 연구가 가능할 것이다.

4. 마곡사의 한국불교사적 위치

1) 전략·교통의 중심지

삼국시대와 고려시대를 거치면서 수많은 사찰들이 존재했고 조선시대와 일제강점기를 거치면서 폐사된 곳도 셀 수 없이 많다. 이는 그만큼 한국불교가 사회와 역사의 조류에서 자유롭지 못했음을 의미한다.

주지하는 바와 같이 마곡사는 행정구역상 충청남도 공주시에 소재한다. 행정구역 면적이 넓은 공주시는 과거부터 많은 사찰이 있어 왔다. 충청남도를 북동-남서 방향으로 가로지르는 차령산지와 남동쪽의 계룡산지를 벗어나 평지에 많은 사찰들이 있었다. 물론 지금은 거의가 다 폐사지로만 남아 있을 뿐이다. 특히 중앙의 청양군, 서쪽의 홍성군, 남서쪽의 서천군과 동쪽의 연기군에 많은 폐사지가 있다. 남쪽의 부여군의 경우 부여군 인근 지역에 집중적으로 폐사지가 나타나는데 이는 당시 백제의 수도였던 사비의 사찰들이 대부분 폐사된 흔적을 보여준다.

그러나 공주시의 경우는 폐사지가 비교적 적다. 폐사지가 있는 곳은 현재 공주시의 중심부인 중앙 지역에 밀집해 있는데 이곳은 삼국시대 백제의 수도인 웅진이 있던 곳으로 수도 인근의 사찰이 폐사된 경우이다.

산지의 경우 평지 사찰이 우선적으로 폐사되고 점차 산지 사찰의 폐사가 진행된다. 2010년 문화재청에서 편찬한 『한국사지총람』에는 전국의 폐사지 위치가 나와 있는데, 이 자료에 의하면 충청남도에는 총 877곳의 폐사지가 있다.

이 중 공주시는 아래와 같이 35곳의 폐사지가 보고되어 있다.

표9. 충청남도 공주시의 폐사지

연번	사명	위치
1	구룡사지	공주시 반포면 상신리 389
2	금학동수지	공주시 금학동 312
3	남형사지	공주시 금학동 산93
4	능엄사지	공주시 신기동 789
5	대통사지	공주시 반죽동 301
6	동원리사지	공주시 신풍면 동원리 380
7	동혈사지	공주시 의당면 월곡리 269
8	두만리사지	공주시 의당면 두만리 143
9	미암사지	공주시 탄천면 견동리 355
10	방흥리사지	공주시 우성면 방흥리 303
11	봉곡리사지	공주시 반포면 봉곡리 166
12	산학리사지	공주시 장기면 산학리
13	상원사지	공주시 사곡면 운암리 564
14	서혈사지	공주시 웅진동 207-3
15	소학리사지	공주시 신기동 6
16	송문리사지	공주시 장기면 송문리
17	송학리사지	공주시 의당면 송학리 134
18	수원사지	공주시 옥룡동 111
19	新影里사지	공주시 유구면 신영리 산90
20	新永里사지	공주시 사곡리 신영리 195
21	신흥리사지	공주시 이인면 신흥리 2

22	쌍대리사지	공주시 신풍면 쌍대리 2
23	안영리사지	공주시 탄천면 안영리 500
24	옥성리사지	공주시 우성면 옥성리 211
25	요룡리사지	공주시 의당면 요룡리 80
26	웅진동사지	공주시 웅진동 405
27	은룡리사지	공주시 장기면 은룡리 산15
28	정지사지	공주시 금성동 산2-1
29	정치리사지	공주시 탄천면 정치리 244
30	주미사지	공주시 이인면 주미리 567
31	중장리사지	공주시 계룡면 중장리 산47-1
32	청량사지	공주시 반포면 학봉리 산18
33	청림사지	공주시 탄천면 가척리 5
34	탑곡리사지	공주시 유구읍 탑곡리 285
35	향지리사지	공주시 계룡면 향지리 5

    조선시대『동국여지승람』에는 전국적으로 역驛은 549개, 원院은 1,310
개소[98]가 기재되어 있다. 그만큼 원이 역보다 많았음을 알 수 있다. 명칭
으로만 볼 때도 역이나 원의 설립은 근처의 사찰과 관련이 높다는 점을
알 수 있다. 특히 최영준은 "원은 역보다 직접적으로 사찰과 관련이 깊다.
원의 명칭이 대부분 불교식이었고, 조선 초의 사찰 정리 당시에 원은 모
두 국유화되었다는 점을 고려할 때 대부분의 원은 사찰에서 건립했을 가
능성이 높다"[99]고 보았다.

    원은 관원들을 도둑이나 맹수로부터 보호하고 사신 접대와 숙식 제공

---

98 한성부 4, 개성부 6, 경기도 117, 충청도 212, 경상도 468, 전라도 245, 황해도 79, 강원도
    63, 함경도 37, 평안도 79개이다.
99   최영준,『영남대로』, 고려대학교 민족문화연구원, 2004, p.288.

및 구휼처로서의 역할도 담당하였다. 사찰은 인구 이동에 따른 숙박시설의 역할을 담당하게 되어 고려시대의 사찰은 조선시대와는 달리 실용적이고 다양한 기능을 하였다.[100] 또한 사찰에서 농산물을 생산하거나 수공업품을 생산하는 등의 경제활동이 이루어지면서 사람들의 왕래가 잦은 교통로에 평지가람이 입지하게 되는 경우가 많았다. 그에 따라 사찰은 주요 교통로 인근에 위치하면서 숙박 기능을 담당하는 원과 밀접한 관련을 맺게 된다.

또한 사찰에서는 사람뿐만 아니라 우물이나 샘물을 제공하기도 한다. 큰 사찰의 경우는 많은 기도와 법회가 행해졌기 때문에 물 공급의 문제가 중요했을 것이다. 대부분의 산지가람의 경우 수량 확보가 용이한 계곡을 끼고 위치하여 쉽게 물 공급을 할 수 있었다. 여기에 더해 지역 일대의 방어 시설로도 사용되어 우물과 연못은 부대의 식수로 사용되고 참호로서의 역할도 하였다.[101] 특히 방어 시설로서 요충지에 위치한 사찰은 역의 기능을 상당 부분 맡아 번잡한 교통 요지나 험한 고갯길 등 역으로만은 통제하고 관리하기 어려운 한계를 사찰이 대신하기도 하였다.

그렇다면 교통의 요지인 공주의 마곡사 인근에도 역이나 원이 있었을 것으로 추정할 수 있다. 그러나 문헌상에서 '마곡역麻谷驛'이 나타나기는 하지만, 공주의 마곡역이 아니라 함경도 단천군의 '마곡역'[102]만 나타나고

---

100 김종헌, 「우리나라 사찰건축의 입지와 교통의 연관성에 관한 연구」, 『건축역사연구』 9-2, 한국건축역사학회, 2000, p.31.

101 김병인, 「고려시대 행려와 유람의 소통 공간으로서 사찰」, 『역사와 경계』 74, 부산경남사학회, 2010, p.8.

102 "마곡역. 본군 북쪽 45리에 있는데 우리 태종 9년에 비로소 설치하였다(麻谷驛. 在郡北

있어서 동일한 이름으로 존재하지는 않았던 것 같다. 『조선왕조실록』에서도 마곡역 관련 기사는 6건이 검색되지만, 모두 단천에 소재한 역으로 확인된다. 단지, 『신증동국여지승람』에 기재되어 있는 공주목의 역과 원을 정리해 보면 다음과 같다.

표10. 공주목의 역원

연번	역원	과거 위치	현 위치	비고
1	日新驛	주 북쪽 10리	공주시 신관동	
2	廣程驛	주 북쪽 45리	공주시 정안면 광정리	
3	敬天驛	주 남쪽 40리	공주시 계룡면 경천리	
4	利仁驛	주 남쪽 25리	공주시 이인면 이인리	이도
5	丹平驛	주 서쪽 17리	공주시 우성면 단지리	
6	維鳩驛	神豐 서쪽 8리	공주시 유구면 석남리	창촌
7	普通院	주 동쪽 3리	보통골(옥룡동)	迎春亭
8	錦江院	금강 북쪽 기슭	공주시	
9	歡喜院	주 남쪽 35리		
10	要光院	주 남쪽 30리		
11	毛老院	주 북쪽 26리	원터, 정안면 상룡리	
12	弓院	주 북쪽 40리	활원, 정안면 운궁리 구활원, 고궁원(장원리)	
13	仁濟院	주 북쪽 52리	인지원, 뒷골(정안면 인풍리)	
14	熊津院	웅진 언덕	웅진동(우성면 신웅리)	
15	公西院	주 서쪽 31리	우성면 용봉리	
16	般若院	주 서쪽 49리	분창나루 분강진, 분포(탄천면 분강리)	
17	古館院	주 서쪽 67리	원골, 원동(신풍면 동원리)	

四十五里 我太宗九年始置)."," 『新增東國輿地勝覽』卷49, 「咸鏡道·端川郡」驛院條.

18	公濟院	주 북쪽 28리	
19	內倉院	주 서쪽 25리	원터, 우성면 방흥리
20	廣道院	주 동쪽 57리	
21	佛峴院	주 동쪽 82리	
22	孝家里院	주 동쪽 10리	효가리, 효포, 호계(신기동)

이상과 같이 공주목에는 일신역을 비롯한 6개의 역과 보통원을 비롯한 16개의 원이 있었음을 알 수 있다. 고지도 중에서 〈해동지도〉를 통해 위 〈표10〉의 연번을 배치하여 역의 위치를 살펴보면 다음과 같다.[103]

공주의 북쪽은 강으로 막혀 있어서 남쪽에서 맥이 뻗어온 형상이다. 이 중환李重煥(1690-1752)의 『택리지擇里志』에 의하면, 공주에서 살 만한 곳으로는 "첫째가 유성이고 둘째가 경천, 셋째가 이인, 넷째가 유구(一儒城 二 敬天 三利仁 四維鳩 言可居處也, 『擇里志』 「忠清道」)"라 했다. 지도에도 이들 지역이 유성창, 경천역, 이인역, 유구역로 표기되어 있다.

이 가운데 이인역은 산이 평평하고 들이 넓으며 논도 기름져 살 만한 곳으로 유명하여 당시 9개의 속역을 거느린 찰방역이기도 했다. 고을 서북편의 무성산은 차령의 서쪽 줄기가 맺혀서 된 것으로 토산이 빙 돌았고 그 아래에 유구역과 마곡사가 있다. 여기서 마곡사 인근의 역이 유구역임을 확인할 수 있다.

마곡사 아래의 유구역 인근의 골짜기 안에는 계곡물이 많으며 논이 기

---

103 지도는 규장각 한국학연구원의 원문검색시스템의 고지도를 활용하였음을 밝힌다. https://kyudb.snu.ac.kr/book/text.do

그림17. 〈해동지도〉 공주목의 역 위치

름지고 또한 목화·기장·조를 가꾸기에 알맞아 사대부와 평민이 여기 한 번 살면 떠돌거나 이사해야 하는 근심이 적게 되어 낙토로 인식되었다.

2) 십승지지

마곡사는 조선 후기 정감록 신앙의 한 형태인 승지신앙勝地信仰과도 관련되는 곳이다. 이는 곧 마곡사가 민중신앙의 성지로서의 역할도 하였음을 의미한다. 나아가 이상적 공간에 대한 민중들의 열망을 담지하고 있는 곳이 마곡사란 의미도 있다.

전통적으로 한국인의 이상적인 정주지는 마을이 산기슭에 자리잡고 남쪽과 동쪽이 탁 틔어 들이 전재되고, 서쪽과 동쪽이 산등으로 가려져 겨울의 매서운 바람을 막아주면 좋은 자리라고 한다.

남사고 『십승기』에서 말하는 병화를 피하는 곳은 십승지지十勝之地를 의미하는 것이다.[104] 십승지지는 정감록류鄭鑑錄類의 사고에서 기인한 것으로 우리 민족의 이상향 혹은 유토피아[105] 사상을 대변하는 것이다. 한국

---

104 십승지 혹은 십승지지가 최초로 언급된 것은 헌종 2년(1836)에 일어난 南公彦 사건에서 부터이다.(김탁, 「남조선 신앙의 성립과 전개」, 『충청문화연구』 22, 충남대학교 충청문화연구소, 2019, p.74 참조). 남공언 사건에 대해서는 다음을 참조. 김탁, 「정감록 신앙의 역사적 전개와 의의」, 『충청문화연구』 23, 충남대학교 충청문화연구소, 2000, pp.273-274.

105 "유토피아는 1516년에 영국의 토마스 모어(Thomasmore)가 그리스어로부터 만들어 낸 말로, '세상에 존재하지 않는 곳(Outopia)'과 '좋은 곳(Eutopia)'이라는 이중적인 의미를 지니고 있다.", 김영한, 「이상사회와 유토피아」, 『한국사 시민강좌』 10, 일조각, 1992, p.163.

의 대표적인 이상향은 청학동青鶴洞, 만수동萬壽洞, 오복동五福洞으로 이는 민중 속에 오랫동안 전수되어 온 길지사상吉地思想과 연관된다. 이 길지사상과 다른 도참적 이상향에 대한 것이 『정감록』이다. 여기에는 오래전부터 구전된 십승지지가 실려 있다. 길지란 풍수적 측면에서 보면 형국을 이루어 자연 조건상 살 만한 곳이 되지만 도참적 측면에서는 현실사회에서의 피난·보신의 장소를 나타낸다.

고려 말 조선 초의 배불숭유 시대를 맞이하면서 불교사원은 한결같이 비보사원임을 건립연기 속에 포함시키고 있으며, 그러한 유행 속에 조선시대에는 유교적인 도참신앙이 일세를 풍미하게 된다. 이를 우리는 흔히 풍수지리설이라 부른다. 그런데 이러한 용어는 도참원리에 의해 정리하여 사용할 필요가 있다.

주지하는 바와 같이 풍수지리설은 감여설堪輿說·음양설陰陽說 등 여러 가지 용어로 쓰이는데 도참법圖讖法에 의하면 풍수법 혹은 풍수도참법이 된다. 조선의 국도인 지금의 서울이 상지술相地術에 밝은 무학無學(1327-1405)에 의해 풍수지리적으로 점정占定되었다는 사실은 주지하는 바이나, 이후 풍수설의 유행과 함께 국도·주거풍수의 양택보다는 묘지풍수의 음택이 더욱 성해진다. 땅 밑에 흐르는 생기를 얻어서 발복하려는 현세 이익 신앙, 즉 미래상을 현세적으로 집약하려는 유토피아사상이 팽배해진 것이며, 그 정점에 『정감록』[106]이 위치하게 된다.

---

106 『練藜室記述』「太祖朝故事本末」에서 인용한 홍만종의 『旬五志』에 "처음에 태조가 계룡산 아래에 터를 보아 공사를 시작했는데, 꿈에 한 神人이 나타나 하는 말이, "이곳은 바로 奠邑(鄭 자의 破字)이 의거할 땅이지 그대의 터가 아니니, 머무르지 말고 빨리 가라 하니, 곧 태조가 철거하고 한양으로 천도하였다. 도선의 비기에, 왕씨를 대신할 자

「감결鑑訣」은 '억눌린 민중의 원怨과 망望의 표출'을 담고 있기 때문에 저작자가 없는 것이 특징이며, 따라서 원본이란 없다고 보아도 무방하다. 공적으로 간행된 것만도 십 수 종에 이르며 필사본이 다양하다. 이 원리에 의해서 우리는 원본『정감록』이란 이 이름의 이본이라고 풀이하게 된다.[107]『정감록』을 살펴보면, 가장 보편적인 내용으로「감결」을 들 수 있는데, 천하의 산수를 두루 유람하던 정감鄭鑑과 이심李沁 형제가 금강산에 올라 산천지세를 관망하면서 천하대세를 논하는 것으로부터 시작되고 있다.

> 곤륜산으로부터 온 맥이 백두산에 이르고, 원기가 평양에 이르렀으나 이미 천년의 운수가 지나고 송악(개성)으로 옮겨져서 오백년 도읍할 땅이 되나, 요망한 중과 궁녀가 난을 꾸며, 지기가 쇠패하고 천운이 꽉 막히면 운수는 한양(서울)으로 옮길 것이다. (중략) 내맥의 운수가 금강산으로 옮기고 태백산·소백산에 이르러 산천이 기운을 뭉쳐 계룡산으로 들어갔으니 정씨의 팔백년 도읍할 땅이요, 원맥은 가야산으로 들어갔으니 조씨의 천년 도읍할 땅이요, 전주는 범씨의 육백년 도읍할 땅이요, 송악에 되돌아 와서 왕씨가 다시 일어나는 땅이 되리라.

는 이씨이니, 한양에 도읍할 것이다."라고 하였다. 이능화는 이것이 정감록의 시초라고 하였다. 李能和,『朝鮮基督教及外交史』下, 朝鮮基督教彰文社, 1928, p.19.
107 그동안 발견된 이본은 13종이다. 여기에 수록되어 있는 잡다한 비결의 수는 100여 종에 이르고 있다. 이중 13종의 이본은 다음과 같다. ①뎡감록비결 ②遊山訣 ③異本鄭鑑錄 ④秘覽聽流堂陰晴錄 ⑤蕉蒼訣 ⑥震驗 ⑦聾啞集 ⑧批難鄭鑑錄眞本 ⑨鄭鑑錄(김약슬 소장) ⑩鄭鑑錄(김용주 輯) ⑪秘訣集錄 ⑫鄭鑑錄(규장각본) ⑬朝鮮秘訣全集.

自崑崙來脈至白頭山 元氣至于平壤 平壤已過千年之運 移于松岳五百年之

地 妖僧宮姬作亂 地氣衰敗天運否塞運移于漢陽 (中略) 來脈運移 金剛至于

太白小白 山川鍾氣入於鷄龍山 鄭氏八百年之地 元脈伽倻山 趙氏千年之地

全州范氏 六百年之地 至於松岳 王氏復興之地."

-『鄭鑑錄』「鑑訣」

그리고 그들의 대화는 이러한 국운의 흥망에 대한 구체적인 참언으로 이어진다. 위 인용문에서와 같이 「감결」에서는 수천 년의 과거·현재·미래의 사항을 간략하게 응축시키고 있다. 시대설정이 고려에 두어져 있으면서도 조선왕조의 쇠퇴가 논해지고, 그다음에 올 왕조를 예정하며, 이 과도기 중에 이·정 양씨의 대살육전이 그려지고, 각종 괴질의 유행과 조정의 부패상이 열거되고 있다. 그러나 『정감록』에 수록된 각 비결에는 저자이름이 붙어 있고, 그들은 한결같이 우리나라 역대의 선지식들이다. 예컨대 도선·무학은 말할 것도 없고, 원효元曉(617-686)·의상義湘(625-712)·정도전鄭道傳(?-1398)·정렴鄭礦(1506-1549)·이지함李之菡(1517-1578)·휴정休靜(1520-1604) 등 민중에게 존숭되어 오던 인물들이다. 물론 이들이 가탁임은 두말할 나위 없으며, 대덕大德·명유名儒를 통해 민중의 원과 망을 드러내려는 성향을 엿보게 한다.[108]

결국 『정감록』은 형식적으로도 다양하게 서술되어 있으며, 사상적으로도 다양한 배경을 지니고 있는 책임을 알 수 있다. 그러므로 『정감록』은

---

108 양은용, 「韓國圖讖思想에서 본 人間愛問題」, 『石堂論叢』19, 동아대 석당전통문화연구원, 1993, p.87.

몰락한 지식계층의 인사들이 풍수지리설이나 음양오행설에 관한 지식을 동원하여, 왕조 교체와 사회변혁의 당위성을 우주론에 입각한 운세 법칙과 관련하여 설명해 내고자 만들어낸 책으로 평가된다. 더구나 『정감록』이 지닌 반왕조적인 성격 때문에 공식적으로 인쇄되지 못하고 필사본으로 해를 거듭하는 동안 필사자들의 의도와 성향에 의해 끊임없이 첨삭이 가해졌음은 자명한 일이다.

주지하듯이, 정감록신앙은 삼절운수설三絶運數說·계룡산천도설鷄龍山遷都說·정성진인출현설鄭姓眞人出現說로 요약할 수 있으며, 그 형성 시기가 대체로 조선 후기라는 점에서 남조선신앙과 일치한다. 양자가 다 같이 미래국토의 대망신앙이라는 점에서 민중의식의 미분화된 관념의 복합이라고 볼 수 있다.

『정감록』에서는 내우외환을 당하여 '십승지지'라는 피난처를 명기하여 피난을 권함으로써 풍수지리설의 성행을 가져오게 하였다. 십승지가 모두 남한에 위치하는 명당지라는 점에서 한국사회에 뿌리 깊게 전승되던 남조선신앙南朝鮮信仰이 『정감록』과 연결되고 있음이 나타난다.

최남선崔南善(1890-1957)은 남조선신앙과 정감록신앙과의 관계에 대해 다음과 같이 피력한 바 있다.

> "…이 가운데 조선 사람이 또한 그 생활의욕의 관념적 표상으로서 여러 가지 선경 비향秘鄕을 만들어 나오다가 근세에 이르러서 연첩한 내우외환에 민족 생활의 고뇌가 심각하고, 이에 대한 위정자층의 무책 무능이 더욱 현실적 희망을 엷게 함과 함께 민중의 心目이 점점 초현실적 관념 세계로 전향하여 희망을 미래에 붙이는 이상사회를 구상화하기 시작하고, 그것이

반드시 정감록으로 더불어 서로 표리가 되었습니다. 그래서 누가 창작하고 누가 발전시킨지를 모르게 우리의 앞에는 남조선이 있어서 때가 되면 진인眞人이 나와서 우리를 그리로 끌어들여다가, 시방 부대끼고 졸리는 모든 것이 다 없어지고 바라고 하고자 하는 모든 것이 저절로 성취하는 좋은 세월을 가지게 된다 하는 신념이 민중의 사이에 확고하게 수립하였습니다. 남조선이 어디 있느냐, 그 형태는 어떠하냐, 또 언제 어떻게 현전하느냐 등에 대하여는 명맥한 지시가 없으며, 가끔 그것을 구체적으로 말하는 이가 있으되 그 전하는 바는 또한 단편적이요 또 구구불일區區不一합니다. 정조조正祖朝의 대문호 박연암朴燕巖이란 이가 허생許生이라는 초인을 내세워서 그로 하여금 장기長崎·하문廈門의 사이에 있는 무인도를 개척하여 말썽스러운 일 없고 먹을 것 주체하지 못하는 사회를 만들게 한 것 같음도 남조선의 일一표상이며, 순조신미純祖辛未의 난亂에 홍경래洪景來가 서도西道 인심을 선동하는 말에 「이제 국세가 창황蒼黃하고 민생이 도탄인데 하행何幸으로 제세濟世의 성인이 일월봉하日月峯下 군주포상君主浦上 가야동伽倻洞 홍의도紅衣島에 강생降生하여 철기鐵騎 10만으로써 세상을 징청澄淸하게 되었다」함도 정감록의 신앙을 이용한 일一 행동이었습니다. 이래爾來 다시 백여년에 세태가 더욱 말 못 되고 인심이 점점 현실로서 괴리하는 대로 남조선신앙이 그대로 보편 심고深固하여져서, 드디어 이 신앙을 내용으로 하는 비밀결사가 성립하고, 내켜서 그 실현을 위하는 혁명 운동으로 발전하기에 이르렀습니다."[109]

---

109 崔南善, 『朝鮮常識問答』, 三星美術文化財團, 1980, pp.162-163.

이와 같이 최남선은 우리들 앞에는 남조선이 있어서 때가 되면 진인이 나와서 우리를 남조선으로 인도하여 바라고자 하는 모든 바를 성취할 수 있게 해 주는 좋은 때가 올 것이라는 희망의 메시지를 전하고 있다고 본 것이다.

『정감록』은 남조선신앙을 근거지우는 도록圖錄이다.[110] 이와 관련해 보면 계룡산을 중심한 승지신앙은 남조선신앙의 한 표상이라고 보아서 무리 없을 것이다.[111] 남조선신앙은 적어도 참위설讖緯說·감결 등이 유포되는 가운데 정착되어 갔고, 따라서 정감록신앙이 형성되는 가운데 파생되었으리라는 추측이 가능하다. 그러한 증거로서 『정감록』에 열거되는 십승지지가 모두 우리나라의 남쪽에 위치한다는 사실을 들 수가 있다. 그 십승지로는 여러 곳을 지적하나 "대개 인간 세상에서 피신하려면 산도 좋지 않고 물도 좋지 않고 (중략) 양궁兩弓이 가장 좋다(蓋人世避身不利於山不利水…最好兩弓, 『鄭鑑錄』「鑑訣」)"이라 하여 양궁이 최적임을 당부한다. 여기서 양궁은 활(弓)이 두 개라는 의미이므로 '활활' 즉, 광활의 뜻임을 알 수 있다.

「감결」의 내용 대부분이 왕씨, 이씨, 정씨 등의 역성혁명을 그 도읍의 풍수적 입장에서 설명하고, 또 풍수적 입장에서 전란을 피할 수 있는 피병지로서 십승지지를 제시하고 있다.[112] 여기서 십승지지란 피난·은둔의

---

110 김수산 편, 『원본 정감록』, 명문당, 1976, p.120 참조.
111 양은용, 「정감록 신앙의 재조명」, 김종서 외 공저, 『전통사상의 현대적 의미』, 한국정신문화연구원, 1990, p.57.
112 윤병철, 「정감록의 사회변혁 논리와 사회적 의의」, 『정신문화연구』28-1, 한국학중앙연구원, 2005, p.105.

최적지를 말하는데, 정감록신앙이 널리 퍼졌던 때가 병자호란 이후라고
볼 때 이 십승지지가 북쪽에서 밀려오는 병화兵禍를 피하는 데 가장 알맞
은 장소라는 것이다. 십승지지는 대개 실존하는 지명으로 그 위치가 언급
되어 있고 지역적 범위가 그리 넓지 않기 때문에 허구의 상상공간이 아니
라 현실 세계에 실제로 존재하는 곳으로 인식하는 사람들이 많았다. 각감
결류에 등장하는 십승지지를 정리해 보면 다음 표와 같다.

표11. 감결류의 십승지지

연번	감결(鑑訣) (保身之地)	감결(鑑訣) (十勝之地)	징비록 (徵秘錄) (保身之地)	운기구책 (運奇龜策)	남격암산수십승보길지지(南格庵山水十勝保吉之地)
1	풍기 예천 (혹은 두류 화개)	풍기 차암금 학촌 (소백산 두 물길 사이)	풍기	풍기	기천 차암 금학촌 (소백산 두 물길 사이)
2	안동 화곡	화산 소령 고기 (청양현에 있으며 봉화 동촌에서 넘어감)	안동 화곡	부안	화산 북쪽 소라 고기 (나성현 동쪽, 태백 양면)
3	개령 용궁 (혹은 보은 속리)	보은 속리산 증항 부근	개령 용궁	용궁	보은 속리산 증항 부근
4	가야	운봉 행촌	가야	가야	예천 금당동 북쪽
5	단춘 (혹은 공주 정산)	예천 금당실	단양 영춘	단춘	운봉 두류산 아래 동점촌 100리 안
6	공주 정산 마곡	공주 계룡산 (유구 마곡 두 물길 사이)	공주 정산	공주	공주 유구 마곡 두 물길 사이
7	진목	영월 정동쪽 상류	진천 목천	삼풍	영월 정동 쪽 상류
8	봉화	무주 무봉산 북쪽 동방 상동	봉화	봉화	무주 무풍배동방음 덕유산
9	운봉 두류산	부안 호암 아래	풍천	예천	부안 호암 아래 변산 동쪽
10	태백 (혹은 풍기 대소백)	합천 가야산 만수동	태백	대소백	합천 가야산 만수동

대부분의 감결류에는 십승지지의 위치가 구체적으로 밝혀져 있다. 그러나 그 모습이나 특징에 대한 기술은 아예 없거나, 있더라도 『남격암산수십승보길지지』에 실려 있는 "보은 속리산 아래 증항 근처 땅에 난리를 만나 몸을 숨기면 만에 하나도 다치지 않을 것이다. 그러나 대대로 보전할 땅은 아니다(報恩俗離下蒸項近地 此地則當亂藏身 萬無一傷 然不是世保之地, 『鄭鑑錄』 「南格庵山水十勝保吉之地」)"와 같이 매우 간략하게 서술되어 있다. 『운기구책』만이 10군데 각각의 특징을 간단하게 표현하였는데, 이를 통해 본 십승지지의 공통적인 특징은 첫째, 토양이 비옥하여 모든 농사가 잘 된다, 둘째, 각종 약초와 식료가 풍부하다, 셋째, 병이 없고 도둑이 들어오지 않는다는 점 등이다. 다만, 이 책에서도 십승지지의 지형이나 진입경로 등은 전혀 서술되지 않았다.[113] 그러나 이들의 공통점은 우리나라 취락 입지에 결정적 영향을 미쳐 온 풍수지리설의 명당론에 입각한 곳이라는 점이다.

명당의 지형조건은 뒤로는 배산임수背山臨水, 즉 뒤로는 산에 기대고 앞으로는 물에 임하되 동구洞口는 닫힌 듯 좁고, 안으로는 들이 넓게 펼쳐진 목 좁은 항아리 같은 분지형 지세로 요약할 수 있다. 특히 수구水口가 잠기고 안쪽으로 들이 열리는 것이 명당의 필수적인 요건이다. 비록 상세한 지형적 설명이 생략되어 있다고 하더라도 십승지지가 이러한 풍수적 명당에 위치한 곳일 것이라는 추정은 가능하다.

도참사상이 미신이라는 선입견을 배제하고 보면, 거기에서 한국인의

---

113 정치영, 「조선시대 유토피아의 양상과 그 지리적 특성」, 『문화역사지리』 17-1, 한국문화 역사지리학회, 2005, p.74.

심혼心魂을 발견할 수 있다. 민중이 새로운 변혁을 꿈꾸면서 묵묵히 살아가는 보람과 희망의 철학이 이 가운데 존재한다는 점을 알아야 할 것이다. 도참사상은 현세에 대한 강한 거부의식과 더불어 이상향에 대한 추구를 특징으로 하고 있다. 그리고 도참사상에서는 현세의 질곡에서 자신을 해방시켜 주고, 이상향의 도래를 가능하게 할 존재의 출현이 임박했음을 말하고 있다. 이들 십승지지는 백두대간의 흐름에 따라 산재해 있다는 특징이 드러난다. 제일 북쪽에 위치한 것이 영월 연하리이고, 제일 남쪽은 합천의 가야면 일대이다. 그런 측면에서 공주 마곡산은 중앙에 위치한다고 할 수 있다. 또한 십승지지는 각 도 경계에 주로 위치하여 있음이 특징이다. 이는 지방 행정력의 범위에서 벗어나고자 했던 이유를 반영한다. 그렇다면 왜 마곡사 입지가 길지로 평가되는가? 다음에서는 마곡사 입지가 길지로 평가되는 내용을 살펴보고자 한다.

조선 후기 유학자 매천梅泉 황현黃玹(1855-1910)은 일제에 의해 나라의 주권이 강탈당한 사태를 보고 자결한 애국시인으로 알려져 있다. 그의 시 중에서 다음과 같이 마곡사를 읊은 시가 있다.

칠흑 같은 소나무가 멀리 보이더니
마을이 다한 곳에 총림이 들어 있네
물과 돌이 서로 깨끗함을 겨루고
깊은 골에 흩어져 이곳저곳 암자 있네
세태가 경박하니 복지만 찾는 것이고
사람은 늙으면 선심이 일어나지
산행의 고생을 잊을 수 있는 것은

새들의 노랫소리가 듣기 좋기 때문이지

遠看松似墨 村盡有叢林 水石清相敵 庵寮散各深 世澆尋福地 人老發禪心

忘却山行苦 嚶鳴競好音

-『梅泉集』第3卷,「詩·麻谷寺」己亥稿

　황현이 생존한 시기는 제국주의 국가들이 전 지구를 석권하면서 문명
사적 전환이 일어나던 시기이다. 우리나라가 근대화로 치닫는 기점인
1876년의 개항 당시에 황현은 청장년 시기(22세)에 접어들었고, 동학농민
혁명이 청일전쟁을 초래하고 갑오경장으로 이어진 1894년에는 40세의
장년이었다. 20세기로 들어와 을사늑약(1905)에 의해 대한제국이 보호국
으로 전락하던 해에 그는 51세였고, 그로부터 5년 후에 드디어 대한제국
은 일본에 병탄을 당했다. 이에 황현은 분을 참지 못하고 자결하였다.(61
세) 이러한 황현의 시대는 워낙 복잡하고 착종된 상태여서 '변역變易의 시
대', '위망危亡의 시대'라고 불린다.

　위 시는 기해년(1899)에 쓴 시의 모음에 속해 있기 때문에 황현이 45세
때 지은 시이다. 즉, 동학농민혁명이 일제에 의해 진압되고 을사조약이
맺어지기 전 시기에 해당한다. 이때 나라는 혼란의 극치를 이루었다. 제5
구에서 '세태가 경박하니 복지만 찾는다'고 하였는데, 이는 『정감록』[114]에
서 말하는 십승지를 찾던 당시 세태를 염두에 둔 것 같다. 당시 혼란스러

---

114 『鄭李問答』 등 여러 이칭으로 불리고 있는 이 자료는 鄭鑑과 李沁의 대화 형식을 취하
　고 있다. 그리고 여기에서 조선의 국운을 예언하여 조선왕조의 멸망과 정진인에 의한
　역성혁명의 필연성을 제시하고자 하였다. 양은용, 앞의 논문, p.49.

운 나라 상황에서 그가 마곡사를 찾은 이유가 바로 여기에 있다고 본다. 또한 당시 마곡사의 여러 암자의 모습을 잘 표현하고 있어서 마곡사를 설명하기 위한 좋은 시라고 판단된다.

황현은 마곡사에 도착하기 전까지 남원, 완주, 전주, 은진, 연산, 계룡산, 공주, 유구 등을 거치며 곳곳마다 조국에 대한 슬픔을 시로 표현하였다. 즉, 남원을 지나면서는 동학농민혁명 때 김개남金開南(1853-1895) 장군에 의해 남원의 교룡산성이 점령당한 것을 표현하여 "황지의 적들에게 금성탕지가 무력했으니 보이는 조국 강토가 내 마음을 슬프게 하네(金湯無藉潢池刦 寓目封疆慨我情,『梅泉集』第3卷,「詩·過南原」)"라고 하였고, 완주 상관면을 지나면서는 "드문 비에 가을보리는 허리만큼도 못 자랐네(雨慳宿麥未齊腰,『梅泉集』第3卷,「詩·早發平橋午憩萬馬關」)"라고 읊었다. 전주에서는 "나라의 근심이 때로 나그네 시에 들어오네國憂時入旅吟中(『梅泉集』第3卷,「詩·全州」)"라 하였고, 은진에 들어서며 "난리 뒤라 쓸쓸하여 밥 짓는 집 드물고 농사가 흉년이니 좋은 술 주막 못 찾겠네(亂後蕭條烟火稀 歲儉難逢名酒店,『梅泉集』第3卷,「詩·入恩津」)"라고 하여 동학농민혁명 이후 어려운 당시 나라의 상황을 잘 보여주었다.

황현보다 앞선 시기 소론 영수로 추대되었던 명재明齋 윤증尹拯(1629-1714)은 문옥文玉 백광서白光瑞(1638-1716)가 찾아왔을 때, "가을에 명가동에 가서 다시 만나세나(秋來更約明家洞,『明齋遺稿』第4卷,「詩·謝文玉來訪」)"라고 하였다. 여기서 명가동은 마곡사 근처의 골짜기로 경치가 아름답기로 소문난 곳이다. 윤증이 가을에 명가동으로 이사를 가 있을 테니 백광서에게 그곳으로 와서 만나자고 한 것이다. 그러나 결국 윤증은 생전에 그 계획을 실행에 옮기지는 못했다. 윤증은 니산尼山이 길가에 있어서 노년에 편안히 쉴 수 있는 곳이 못 된다고 하여 이곳으로 거처를 옮길 생각도 했었다고 한다.[115] 더군다나 윤증은 명촌明村 나양좌羅良佐(1638-1710)에게 답하는 편지에서 "저도 명가동으로 옮길 계획을 아직도 그만두지 못하고 있습니다(此亦明家洞之計猶未輟, 『明齋遺稿』第15卷, 「詩·答羅顯道」)"라고 하여, 마곡사에 있는 계곡인 명가동을 언급하고 있다. 그만큼 마곡사가 길지요, 복지란 것을 의미한다.

이러한 사유는 담헌澹軒 이하곤李夏坤(1677-1724)의 『두타초頭陀草』에서도 나타난다.[116] 이하곤은 "마곡사는 천년 사찰로 재난을 피할 수 있는 복지福地"라고 하였고, "『도선비기道詵秘記』에서 말하길 제3복지이며 삼재三災가 도달하지 않는 곳"이라고 하였다.

3) 일제강점기 불교계의 독립운동 참여와 마곡사

조선 세종대에 승려들의 도성 출입 금지 조치가 시행된 이후 40여 년간 승려들은 도성의 출입이 금지되어 왔다. 이러한 조치가 1895년에 해제되면서 불교계는 새로운 변화를 맞게 된다. 승려 도성 출입 금지 해제는 자의적인 결정에 의한 것이라기보다 당시의 시대 상황에 맞게 취해진 조치이다. 당시는 이미 가톨릭과 개신교의 포교가 활발히 이루어졌기 때문에 불교계에 대한 탄압은 무의미하였다. 이에 따라 1894년 발생한 동학농민

---

115 "其中麻谷寺寺東五里許 有所謂明家洞者 極幽僻明朗 可以隱居 明齋以尼山路傍 非老境安靜之所 欲移 於其處.", 『農隱遺稿』卷2, 「詩·感懷」
116 "麻谷千年寺 高僧普濟爲 溪聲一樓得 石色數峯奇 福地災難到 神人語不欺 禪門傳古跡金塔自高麗(道詵秘記云麻是第三福地 三災不到之處云).", 『頭陀草』册11, 「詩·麻谷寺」

혁명에서 정부에 제출한 폐정개혁안을 시행하기 위해 신설된 군국기무처의 개혁법에 승려들의 도성 출입 금지를 폐지하는 내용이 포함되었다. 하지만 실제 이 정책이 폐지된 것은 일본승 사노佐野의 건의에 의한 것으로, 이 일로 조선의 불교계는 일본에 우호적인 입장을 가지게 되었고 이후 일본 불교의 침투가 수월하게 이루어지는 상황이 마련되었다.

1906년 일제 통감부는 일본 사찰의 조선 사찰 지배를 합법화하는 내용을 포함하는 '종교의 선포에 관한 규칙'을 제정하였다. 이 규칙의 4조에는 "교파, 종파의 관리자 또는 제2조의 포교자와 그 외의 제국신민으로 한국 사원의 관리 위탁에 응하고자 할 때는 필요한 서류를 첨부하여 그 사원 소재지의 관할 이사관을 거쳐 통감 인가를 받아야 한다."고 되어 있다.

종교의 선포에 관한 규칙[117]

제1조 제국에서의 신도, 불교, 그 외의 종교에 속한 교파, 종파로 포교에 종사하고자 할 때는 해당 관장 또는 이에 준하는 자가 한국에서의 관리자를 선정하여 이력서를 첨부하고 다음의 사항을 구비하여 관할 이사관을 거쳐 통감 인가를 받아야 한다.

　1. 포교의 방법

　2. 포교자의 감독 방법

제2조 전 조(前条)의 경우를 제외하고 그 외의 제국신민으로 종교의 선포

117　박광수·이부용·장혜진·최세경·편용우 편, 『대한제국시기 한국통감부 공문서 국역 「종교에 관한 잡건철」 1906-1909』, 집문당, 2016, pp.43-47.

에 종사하고자 할 때는 종교의 명칭 및 포교의 방법에 관한 사항을 구비하여 이력서를 첨부하고 관할 이사관을 거쳐 통감 인가를 받아야 한다.

제3조 종교의 용도로 제공하기 위한 사원, 당우, 회당, 설교소 또는 강의소 등을 설립하고자 할 때는 교파, 종파의 관리자 또는 전 조의 포교자는 다음의 사항을 구비하여 그 소재지의 관할이사관의 인가를 받아야 한다.

  1. 명칭 및 소재지
  2. 종교의 명칭
  3. 관리 및 유지 방법

제4조 교파, 종파의 관리자 또는 제2조의 포교자와 그 외의 제국신민으로 한국사원의 관리 위탁에 응하고자 할 때는 필요한 서류를 첨부하여 그 사원 소재지의 관할 이사관을 거쳐 통감 인가를 받아야 한다.

제5조 앞의 각 조의 인가 사항을 변경하고자 할 때는 다시 인가를 받아야 한다.

제6조 교파, 종파의 관리자 또는 제2조의 포교자는 소속 포교자의 성명 및 자격을 관할이사관에게 신고해야 하며 그 포교자에 변경사항이 발생할 때도 마찬가지이다.

부칙

제7조 본칙은 1906년 12월 1일부터 이를 시행한다.

제8조 본칙 시행 시 현재 포교에 종사하고 또는 제3조 혹은 제4조의 규정에 해당하는 자는 본칙 시행 후 3개월 이내에 각 조의 인가사항을 신고해야 한다.

이 규칙으로 우리나라의 많은 사찰들은 일본 사찰의 말사에 편입되어 일본 사찰의 통제를 받기 위한 '관리청원管理請願'을 신청하게 되었다.[118] 여기서 '관리청원'이란 조선 사찰이 일본불교 종파의 말사로 편입한다는 의미의 일본식 표현이다.[119]

조선총독부는 조선의 사찰 가운데 지역별 30개의 큰 사찰을 본산으로 지정하고 나머지 사찰을 해당 지역의 본산에 소속하게 하는 '말사末寺'의 개념을 도입하였다. 말사는 주지 임명에서부터 사찰의 모든 규칙을 본산의 지시에 따라야 했다. 사찰령에서 지정한 본산은 말사에 대한 지배권을 갖고 있었기 때문에 말사에 해당하는 사찰들은 개개의 권리가 박탈되고 승려들의 불만이 증가하였다.[120] 본산 주지는 조선 총독의 인가를 받아야 취임할 수 있었고, 말사 주지는 본산의 주지가 임명하더라도 지방 행정관의 인가를 받아야 했다. 따라서 말사의 주지조차 관청의 비위에 맞지 않으면 인가되지 않았다. 사찰의 재산 증감도 조선총독의 허가를 받도록 하여 사찰의 재정권도 조선 총독에 넘어가 버렸다. 이와 같이 조선총독부는 우리 사찰의 인사권과 경제권을 장악함으로써 우리 불교계는 조선총독부의 정책에 협력할 수밖에 없었다.[121] 조선총독부 학무국은 한국의 모든 사찰이 본말사법을 개정하도록 독려하였다. 제일 먼저 범어사의 신청을 시작으로 용주사, 전등사, 마곡사, 화엄사, 법주사, 위봉사, 보석사 등 10

118 김방룡, 「구한말 불교계의 동향과 충남불교」, 『충청남도지』 22, 충청남도, 2010, pp.104-106.
119 정광호, 『일본 침략시기의 한·일 불교관계사』, 아름다운 세상, 2001, p.89.
120 가마타 시게오 저, 신현숙 역, 『한국불교사』, 민족사, 1994, p.223.
121 김순석, 「개화기 불교」, 『충청남도지』 8, 충청남도, 2010, pp.375-376.

여 사찰로부터 신청이 있었고, 이미 인가 지령을 발포한 사찰도 8, 9개였다.[122] 마곡사의 경우 1928년 8월 22일 개정인가 되었다.[123]

한국 불교계는 일본 불교의 세력 확장에 대항하기 위한 자구책을 마련하였다. 이러한 움직임으로 1902년 사사관리서寺社管理署를 설치하여 불교계를 스스로 관할하려 하였다. 이때에 서울의 원흥사元興寺를 대법산大法山 수사찰首寺刹로 두고 이하 전국의 지방 수사찰을 중법산中法山으로 정하였는데, 16개의 중법산중에 충청남도에서는 마곡사가 유일하게 지정되었다. 이것은 개화기 이후 한국 불교계에서 충청남도의 대표 사찰로 마곡사를 인정하는 계기가 된다.[124] 이후 일제의 사찰령에 의한 본산-말사 체계에서도 전국 30본산 중 마곡사가 충청남도에서 유일하게 지정되었다. 충남 유일의 본산인 마곡사는 소속 말사가 124개로 전국 30본산 가운데 가장 많은 말사를 거느려 인적·경제적인 여유를 가진 사찰이었다.[125]

이후 거족적인 3·1운동에 불교계도 자발적으로 참여하였다. 이는 우선 식민통치의 실상 파악, 그리고 독립을 쟁취하겠다는 열의가 불교계에서도 자생하였기에 가능한 것이었다. 특히 〈사찰령〉체제에서 야기된 온갖 모순은 바로 그 인식의 촉매제가 되었다. 친일 주지의 전횡, 사찰 공동체의 파괴, 비판적인 청년 승려들의 사찰 밖으로의 구축, 나약한 불교사업 등은 3·1운동이 발발하였을 때 불교계 동참의 기반이 되었다. 마곡사에서는 우경조禹敬祚, 나경화羅慶華 등이 공주, 마곡사, 부여 등 충남 일대를

---

122 《매일신보》1926. 11. 26.
123 「本末寺法中改正認可」, 『朝鮮總督府 官報』 第0496号, 昭和3年 8月22日.
124 김방룡, 앞의 글, pp.107-108.
125 김순석, 위의 글, p.375.

돌며 독립선언서를 배포하였다.[126]

특히 한국독립운동사에서 마곡사는 만공滿空(1871-1946)과 김구의 공간이었다. 일제강점기 대의 마곡사 주지가 바로 만공이었다. 만공은 독립운동가로도 잘 알려져 있다.[127] 만공은 한용운에게 대한민국임시정부를 지원하기 위한 군자금을 보내기도 하였다.[128]

만공이 마곡사 주지로 있던 1937년 3월 11일, 조선총독부가 주최한 13도 지사와 전국 31본산 주지회의에서 만공이 한국 불교를 일본 불교와 병합하려는 시도에 맞서 조선총독 미나미 지로南次郎(1874-1955)에게 호통을 치며 단호하게 반대했다는 일화는 유명하다.

회의를 소집하고 주재한 조선총독 미나미 지로는 "조선의 불교란 것이 과거에는 아무리 고유한 역사를 가졌다고 하더라도 오늘에 와서는 부패한 종교가 되었으므로 본관의 전임인 데라우치 마사다케寺内正毅 총독이 일본 불교와 조선 불교를 통합하려고 했던 정책은 백번 지당한 것이었다. 이제 일본 불교와 조선 불교는 더 이상 둘이 아니므로 마땅히 합쳐야 할 것이다"[129]라고 한국 불교를 일본 불교에 예속시키려고 하였다. 이에 대해

---

126 蔡貞福 編,「三・一運動과 海印寺」,『曉堂崔凡述文集』1, 민족사, 2013, p.397; 蔡貞福 編,「청춘은 아름다와라」6화,『曉堂崔凡述文集』1, 민족사, 2013, p.540.

127 한용운은 다수의 승려들을 민족대표에 추가시키고자 노력하였다. 한용운이 고려한 불교계 민족대표 대상자는 만공과 더불어 朴漢永・陳震應・白初月・吳惺月 등이었다. 그러나 이들은 산간의 사찰에 기거하였던 사정과 교통 불편 등으로 인하여 민족대표에 추가로 포함되지 못하였다. 이동언,「불교계의 대한민국임시정부 참여와 지원활동」,『(2019년도 호국불교연구 학술세미나 자료집) 불교계의 3.1운동과 항일운동』, 대한불교조계종 백년대계본부 불교사회연구소, 2019. 2. 27., p.109.

128 한상길,「백범 김구와 불교」,『대각사상』29, 대각사상연구원, 2018, pp.163-165.

129 황원갑,『고승과 명찰』, 책이있는마을, 2000, p.403.

만공이 자리를 박차고 일어나 "청정淸淨이 본연本然커늘 어찌하여 산하대지가 나왔는고"[130]라고 '갈喝'을 하고, "지난번 총독 데라우치는 우리 조선 불교를 망친 사람이다. 숱하게 많은 승려에게 일본 불교를 본받아 대처帶妻·음주飮酒·식육食肉을 마음대로 하게 만들어 부처님의 계율을 파계토록 하여 불교계에 큰 죄악을 지은 사람이다. 이 사람은 마땅히 지금 무간아비지옥에 떨어져서 한량없는 고통을 받고 있을 것이다. 우리 조선 불교는 1500년의 역사를 가지고 그 수행 정법과 교화 방편이 법에 어긋남이 없건만 일본 불교와 합쳐 잘될 이유가 없으므로 정부에서는 종교간 간섭하지 말라. 오늘 말하는 불교 진흥책이란 것도 정부가 간섭하지 않는 것이야말로 가장 좋은 방책이리라"[131]고 하였다. 이는 정교분리의 원칙을 강조하면서 조선 불교의 자주성을 수호하려 한 것이다.

특기할 것은 31본산 주지 중에서 만공만이 창씨개명을 하지 않았다는 사실이다. 2015년에는 독립운동가로서의 만공의 삶을 재조명하고 독립유공자로 선정하려는 움직임이 활발히 진행된 바 있으나[132] 아직까지 독립유공자로 선정되지 않고 있다.

독립운동사와 관련해서는 마곡사와 백범 김구의 인연도 중요하다. 김구는 일본군 중좌 살해범으로 체포되어 인천교도소에서 사형수로 복역하던 중 탈옥하여 1898년 2월부터 마곡사에서 은거생활을 하며 하은에게

130 위의 책, p.404.
131 위의 책, pp.404-405.
132 「만공스님 독립유공자 선정 추진한다」, 《불교신문》 2015. 07. 07. 만공의 독립운동을 조명한 세미나 등이 개최되기도 했다.(「만공 선사 독립운동 조명 세미나 열린다」, 《현대불교》 2015. 09. 09.)

계를 받고 '원종圓宗'이란 법명으로 출가했다. 응진전 옆에 그가 지냈던 백범당(백범기념관)과 해방 후 다시 찾아와 심었다는 향나무, 승려가 되기 위해 삭발식을 치르며 눈물을 흘렸다는 삭발바위가 그대로 남아 있다. 현재 마곡사, 삭발바위, 군왕대 및 백련암을 연결한 '백범 명상길(마곡사 솔바람길)'이 조성되어 있다. 이러한 역사성이 인정되어 2017년 문화체육관광부와 한국관광공사가 공주 마곡사의 '솔바람길'을 '6월 걷기 여행길'로 선정한 바 있다.

김구의 『백범일지白凡逸志』에는 그가 마곡사의 승려 신분으로 서울을 거쳐 북방으로 여행을 하는 이야기가 나오는데, 그 역시 성내에는 들어가지 못하고 이리저리 외곽지대로 돌아 북상을 하였다는 회고담이 있다.[133] 이처럼 19세기 후반의 불교는 사람으로서의 인권이 거의 무시된 상태에서 가지가지의 침탈과 핍박을 당하고 있었다.

김구는 승려 생활을 했던 마곡사를 못잊어 1946년 8월 13일 해방된 조국에 귀국한 후 이시영李始榮(1869-1953)과 함께 이곳을 찾았다. 그리고 인근의 주요 인사들을 초청, 간담회를 갖기도 했다. 이때 마곡사 방문 기념으로 향나무 한 그루를 심었는데 지금도 대광보전 우측에 그때 심은 향나무가 잘 보존되어 있다.

한편 마곡사가 일제강점기에 만공, 김구와 같은 당시로서는 '위험인물'들을 품을 수 있었던 것은 임진왜란 때 계룡산 갑사에서 출가한 기허영규騎虛靈圭(?-1592)가 승병을 일으켰던 호국불교의 전통을 가진 화엄도량이

---

133 金九, 『原本 白凡逸志』, 서문당, 1989, p.134.

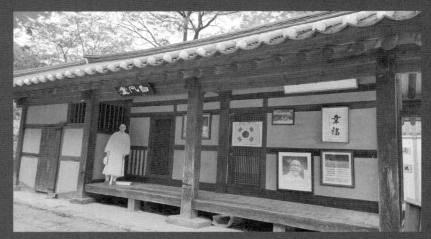

그림18. 마곡사 백범당

그림19. 마곡사 솔바람길(백범명상길)

었기에 가능했을 것이다.[134]

일반적으로 한국 불교계의 3·1운동 참여는[135] 중앙과 지방으로 대별하여 살펴볼 수 있다. 이 중 중앙에서의 활동은 한용운과 백용성의 민족대표 33인의 참가와 중앙학림 학생의 〈독립선언서〉 배포 활동을 거론할 수 있다. 한용운은 3·1운동 준비단계에서부터 그 운동의 중심부에서 활약하였다. 한용운의 개입은 그가 이전의 임제종운동을 주도하면서 보여준 민족불교 지향 정신의 계승에서 나온 것이었다. 특히 그는 3·1운동 직전에는 불교계 잡지 『유심惟心』을 발간하면서 민족의 지도자들과 빈번한 접촉을 하는 과정에서 자연스럽게 독립운동을 주도하게 되었다. 또한 임제종 운동시에도 한용운과 같은 노선을 경주하였던 백용성도 민족대표로 참여하였다.

3·1운동 이전 한용운과 백용성이 주도한 선종중앙포교당(범어사 포교당)에 출입하였던 불교청년들은 3·1운동이 발발하자 그 운동의 대중화 일선에 나서게 되었다. 3·1운동 직전 한용운은 당시 그를 따르던 중앙학림의 학생들을 초치하여 그간의 경과를 소개하면서 〈독립선언서〉 배포 등 독립운동의 최일선에 나설 것을 요청하였다. 당시 그 요청을 받은 학생들은 1만여 매의 독립선언서를 서울 시내와 지방 사찰에 배포·전달하고, 서울 시내에서 만세운동을 마친 후에는 각 연고 사찰을 찾아 지방에서의 만

---

134 마곡사에서는 2019년 3월 5일 주지 취성원경(심재욱)을 초대 이사장으로 하여 사단법인 승병장영규대사기념사업회를 발족, 영규의 호국정신을 계승하고 선양하는 조직을 구성하였다. 「마곡사 주도로 승병장영규대사기념사업회 발족」, 《불교신문》 2019. 03. 06.
135 여기에 대한 자세한 내용은 安啓賢, 「三·一運動과 佛敎界」, 『三·一運動 50周年紀念論集』, 동아일보사, 1969, pp.271-280 참조.

세운동의 확산을 시도하였다.

학생들의 영향으로 만세운동이 일어난 사찰은 범어사·해인사·동화사·김룡사·통도사·마곡사 등이다.[136] 이들 사찰에서는 그 사찰의 학인學人과 인근의 주민들이 연계하여 만세운동이 자발적으로 일어났다. 그러나 중앙에서의 연락이 없었지만 자생적으로 만세운동에 참여한 사찰도 적지 않았다. 예컨대 봉선사와 신륵사에서는 승려·인근 주민·신도들이 함께 태극기를 제작하여 만세운동에 나섰다.

한편 한용운과 백용성은 민족대표로 활동하였기에 옥중에 수감되었지만, 일제에 좌절치 않고 민족불교 지향을 끝내 고수하였다. 한용운은 옥중에서 〈조선독립에 대한 감상〉을 서술하여 비밀리에 옥 밖으로 전달하였는데, 이것이 상해《독립신문》[137]에 기고되었다. 현재 만해기념관에서 이 내용을 홈페이지에 공개하고 있다.

백용성은 옥중에서 불교개혁을 고민하였는데, 당시 그의 고민은 출옥 후 전개한 불교의 혁신 및 대중화의 기초가 되었다.

---

136 정광호, 「일본 침략시기 佛教界의 민족의식」, 윤병석교수화갑기념 한국근대사논총간행위원회 편, 『(尹炳錫教授華甲紀念) 韓國近代史論叢』, 지식산업사, 1990, pp.525-528.
137 《독립신문》1919년 11월 4일자 부록.

참고문헌

1. 원전

『伽藍考』

『景德傳燈錄』(『大正藏』51)

『鏡虛集』

『古尊宿語錄』(『卍續藏』68)

『農隱遺稿』

『唐大薦福寺故寺主翻經大德法藏和尙傳』

『棟溪集』

『東師列傳』

『梅月堂集』

『梅泉集』

『明齋遺稿』

『宣祖實錄』

『星湖全集』

『新增東國輿地勝覽』

『練藜室記述』

『玉吾齋集』

『位土願入錄』

『應雲空如大師遺忘錄』

『鄭鑑錄』

『擇里志』

2. 단행본

가마타 시게오 저, 신현숙 역, 『한국불교사』, 민족사, 1994.

공주대학교 공주학연구원, 『마곡사 오층석탑 상륜(풍마동) 조사 연구 용역: 결과보고서』, 공주시, 2014.

공주시, 『공주 마곡사 오층석탑: 정밀실측조사보고서』, 공주시, 2016.

공주시 · 마곡사 · (재)한얼문화유산연구원, 『마곡사지』, 공주시 · 마곡사 · (재)한얼문화유산연구원, 2012.

국립문화재연구소 편, 『전통 단청안료의 과학적 조사 · 분석(충청도 편)』, 국립문화재연구소, 2021.

국립부여문화재연구소, 『서산 보원사지』 II, 국립부여문화재연구소 학술연구총서 제68집, 2012.

金九, 『原本 白凡逸志』, 서문당, 1989.

김봉렬, 『앎과 삶의 공간』, 이상건축, 1999.

김수산 편, 『원본 정감록』, 명문당, 1976.

김영한, 「이상사회와 유토피아」, 『한국사 시민강좌』10, 일조각, 1992.

김 탁, 「남조선 신앙의 성립과 전개」, 『충청문화연구』22, 충남대학교 충청문화연구소, 2019.

＿＿, 「정감록신앙의 역사적 전개와 의의」, 『충청문화연구』23, 충남대학교 충청문화연구
　　　소, 2000.

더랩 씨(The lab C), 『문화유산 통계: 대표지표 개발 연구』, 문화재청, 2018.

문화공보부 문화재관리국, 『麻谷寺 實測調査報告書』, 문화공보부 문화재관리국, 1989.

문화재관리국, 『전국사찰소장 고승초상화 보고서』, 문화재관리국, 1990.

문화재청 불교문화재연구소, 『한국의 사찰문화재: 충남 자료집』, 문화재청, 2004.

문화재청, 『공주 마곡사 대웅보전·대광보전 정밀실측조사보고서(상)』, 문화재청, 2012.

박광수·이부용·장혜진·최세경·편용우 편, 『대한제국시기 한국통감부 공문서 국역
　　　「종교에 관한 잡건철」1906-1909』, 집문당, 2016.

梵海 撰, 金侖世 譯, 『東師列傳』, 광제원, 1994.

불교문화재연구소, 『공주 마곡사 종합정비계획』, 대한불교조계종 제6교구 본사 마곡사·
　　　공주시, 2017.

산사세계유산등재추진위원회 편, 『세계유산 등재 기념 백서: 산사, 한국의 산지 승원』, 산
　　　사세계유산등재추진위원회, 2019.

성보문화재연구원, 『한국의 불화: 마곡사본말사』, 성보문화재연구원, 2002.

李能和, 『朝鮮基督敎及外交史』下, 朝鮮基督敎彰文社, 1928.

＿＿＿ 편, 조선불교통사역주편찬위원회 역, 『역주 조선불교통사』2권, 동국대학교출판부,
　　　2010.

李智冠, 『校勘譯註 歷代高僧碑文』, 가산불교문화재연구원, 2000.

정광호, 『일본 침략시기의 한·일 불교관계사』, 아름다운 세상, 2001.

조명화·김봉건·이은희, 『마곡사』, 대원사, 1998.

朝鮮總督府, 『大正6年 古蹟調査報告』, 朝鮮總督府, 1920.

蔡貞福 編, 『曉堂崔凡述文集』1, 민족사, 2013.

崔南善, 『朝鮮常識問答』, 三星美術文化財團, 1980.

최영준, 『영남대로』, 고려대학교 민족문화연구원, 2004.

최완수, 『명찰순례』2, 대원사, 1994.

황원갑, 『고승과 명찰』, 책이있는마을, 2000.

高橋亨, 『李朝佛敎』, 東京: 寶文館, 1929.

3. 논문류

김광식, 「만공의 정신사와 총독부에서의 '禪機 發露(1937) 사건」, 『鄕土서울』, 서울역사판

찬원, 2015.

김방룡, 「구한말 불교계의 동향과 충남불교」, 『충청남도지』22, 충청남도, 2010.

김병인, 「고려시대 행려와 유람의 소통 공간으로서 사찰」, 『역사와 경계』74, 부산경남사
　　　학회, 2010.

김순석, 「조선총독부의 불교정책과 불교계의 대응」, 고려대 박사논문, 2001.

_____, 「개화기 불교」, 『충청남도지』8, 충청남도, 2010.

김일림, 「전통산사의 입지조건」, 『한국의 전통산사 세계유산등재추진위원회 제1차
　　　국내학술회의: 세계유산과 한국의 전통산사』, 세계유산등재추진위원회, 2014.

김종헌, 「우리나라 사찰건축의 입지와 교통의 연관성에 관한 연구」, 『건축역사연구』9-2,
　　　한국건축역사학회, 2000.

김지견, 「鏡虛先師考」, 『德崇禪學』1, 한국불교선학연구원 무불선원, 2000.

김진무, 「마조 선사상의 특징과 충청지역의 전래」, 『동서철학연구』83, 한국동서철학회
　　　논문집, 2017.

동아대학교 산학협력단, 『공주 마곡사 소장 문화재 지정 관련 연구용역 조사사업 조사보
　　　고서』, 공주시·대한불교조계종 제6교구본사 마곡사, 2021.

문명대, 「서산지역의 불교 유적」, 『서산권역 문화유적』, 서산문화원, 1996.

박경식, 「마곡사 오층석탑에 관한 고찰」, 『백제문화』52, 공주대학교 백제문화연구소, 2015.

박병선, 「朝鮮後期 願堂의 政治的 基盤: 官人 및 王室의 佛敎 認識을 中心으로」, 『민족문
　　　화논총』25, 영남대학교 민족문화연구소, 2002.

박종관, 「한국 산사 입지의 OUV적 가치」, 『한국의 전통산사 세계유산등재추진위원회
　　　제2차 국내학술회의: 한국 전통산사의 불교문화유산과 가치』, 세계유산등재추진
　　　위원회, 2015.

박종익, 「무성산 산신제의 형성과 변천: 부전동 대동계문서를 중심으로」, 『한국민속학』49,
　　　한국민속학회, 2009.

배정관, 「사찰 내 암자의 입지 특성에 관한 연구: 조계종 사찰을 중심으로」, 배재대 박사논
　　　문, 2005.

서정석, 「공주 무성산성의 구조와 축조시기」, 『역사와 담론』62, 호남사학회, 2012.

안계현, 「三·一運動과 佛敎界」, 『三·一運動 50周年紀念論集』, 동아일보사, 1969.

양은용, 「韓國圖讖思想에서 본 人間愛問題」, 『石堂論叢』19, 동아대 석당전통문화연구원, 1993.

_____, 「정감록 신앙의 재조명」, 김종서 외 공저, 『전통사상의 현대적 의미』, 한국정신문
　　　화연구원, 1990.

엄기표, 「公州 麻谷寺 五層石塔의 건립 시기와 미술사적 의의」, 『문화사학』52, 한국문화
　　　사학회, 2019.

_____, 「麻谷寺 오층석탑의 특징과 조성 시기」, 『산사 한국의 산지 승원 마곡사: 세계유산
　　　등재 1주년 기념 마곡사 학술대회』, 충청남도·공주시, 2019.

오경후, 「鏡虛·滿空의 法脈과 韓國佛敎에 미친 영향」, 『동학연구』26, 한국동학학회, 2009.

유원재,「百濟 熊津城 硏究」,『국사관논총』45, 국사편찬위원회, 1993.

윤득근,「전통 사찰 공간의 선조형 사상에 관한 연구」, 국민대 석사논문, 2015.

윤병철,「정감록의 사회변혁 논리와 사회적 의의」,『정신문화연구』28-1, 한국학중앙연구원, 2005.

윤장섭,「麻谷寺에 對하야」,『考古美術』통권 63 · 64합집, 고고미술동인회, 1965.

이동언,「불교계의 대한민국임시정부 참여와 지원활동」,『(2019년도 호국불교연구 학술세미나 자료집) 불교계의 3.1운동과 항일운동』, 대한불교조계종 백년대계본부 불교사회연구소, 2019.

이봉열,「조선시대 사찰건축의 전각구성과 배치형식 연구」, 서울대 박사논문, 1989.

이은희,「조선 임진왜란 승장 삼화상의 진영 연구」, 국립문화재연구소,『다시 보는 우리 초상의 세계: 조선시대 초상화 학술논문집』, 국립문화재연구소, 2007.

이찬희 · 김지선,「공주 마곡사 세조대왕연의 안료분석 및 채색기법 해석」,『보존과학회지』35-5, 한국문화재보존과학회, 2019.

_____,「공주 마곡사 세조대왕연의 안료분석 및 채색기법 해석」,『산사, 한국의 산지 승원 마곡사: 세계유산 등재 1주년 기념 마곡사 학술대회』, 마곡사, 2019.

정광호,「일본 침략시기 佛敎界의 민족의식」, 윤병석교수화갑기념 한국근대사논총간행위원회 편,『(尹炳錫敎授華甲紀念) 韓國近代史論叢』, 지식산업사, 1990.

정병삼,「전통산사의 창건과 전승」,『한국의 전통산사 세계유산등재추진위원회 제1차 국내학술회의: 세계유산과 한국의 전통산사』, 세계유산등재추진위원회, 2014.

정우택,「조선시대 후기 불교 진영고」,『깨달음의 길을 간 얼굴들』, 직지사성보박물관, 2000.

정병삼,「진경시대 불교의 진흥과 불교문화의 발전」, 최완수 외,『우리문화의 황금기 진경시대』, 돌베개, 1998.

정은우,「공주 마곡사 오층석탑 금동보탑 연구」,『백제문화』52, 공주대학교 백제문화연구소, 2015.

_____,「마곡사 영산전 목조칠불좌상과 천불의 조영과 가치」,『미술사연구』41, 미술사연구회, 2021.

정치영,「조선시대 유토피아의 양상과 그 지리적 특성」,『문화역사지리』17-1, 한국문화역사지리학회, 2005.

조성호 · 성동환,「신라말 구산선문 사찰의 입지 연구: 풍수적 측면을 중심으로」,『한국지역지리학회지』6-3, 한국지역지리학회, 2000.

조영훈,「非破壞 精密技術을 活用한 石造文化財의 物理的 損傷度 評價와 構造安定性 診斷」, 공주대 박사논문, 2011.

조원창,「마곡사의 가람배치와 조선 국광과의 관련성 검토」,『산사, 한국의 승지승원 마곡사 세계유산 등재 1주년 기념 마곡사 학술대회』, 마곡사, 2019.

주수완,「마곡사의 세계유산으로서의 가치」,『한국의 전통산사 세계유산등재추진위원회 제2차 국내학술회의: 한국 전통산사의 불교문화유산과 가치』, 세계유산등재추진위원회, 2015.

최공호, 「마곡사 대광보전 '굴피자리'의 내력과 문화재적 가치」, 『공주 마곡사 소장 문화재 지정 관련 연구용역 조사사업 조사보고서』, 공주시청 · 대한불교 조계종 제6교구본사 마곡사, 2021.

탁효정, 「朝鮮王室 願堂 硏究」, 한국학중앙연구원 박사논문, 2012.

한상길, 「백범 김구와 불교」, 『대각사상』29, 대각사상연구원, 2018.

홍광표, 「한국 전통산사의 조경과 세계유산적 가치」, 『한국의 전통산사 세계유산등재추진위원회 제1차 국내학술회의: 세계유산과 한국의 전통산사』, 세계유산등재추진위원회, 2014.

홍대한, 「고려 석탑 연구」, 단국대 박사논문, 2011.

_____, 「麻谷寺 五層石塔의 樣式과 建立時期 硏究: 라마양식 석탑구분에 대한 문제제기를 중심으로」, 『동아시아문화연구』53, 한양대학교 동아시아문화연구소, 2013.

홍현지, 「鏡虛 惺牛의 '中道不二' 思想 硏究」, 동국대 박사논문, 2015.

4. 기타

'寺刹令施行規則', 〈朝鮮總督府令 第84號〉, 『朝鮮總督府官報』제257호, 1911년 7월 8일.

「(사찰 편액을 찾아서 · 27) 만공의 수덕사 · 부석사 편액」, 《현대불교》 2000년 11월 15일.

「(한국의 선지식 · 1) 동방의 달마 경허」, 《현대불교》 2003년 3월 4일.

「國內寺刹現行細則演義」, 『韓國近現代佛敎資料全集』65, 民族社, 1996.

「국보 풍마동 도난」, 《동아일보》 1956년 6월 2일.

「國寶風磨銅을 竊取 生活難에 빠진 前科者一黨三名 所行」《동아일보》1958년 1월 23일.

「마곡사 주도로 승병장영규대사기념사업회 발족」, 《불교신문》 2019년 3월 6일.

「만공 선사 독립운동 조명 세미나 열린다」《현대불교》 2015년 9월 9일.

「만공스님 독립유공자 선정 추진한다」《불교신문》 2015년 7월 7일

「名勝과 古蹟」, 『개벽』제46호, 開闢社, 1924.

「本末寺法中改正認可」, 『朝鮮總督府 官報』第0496号, 昭和3年 8月 22日.

「僧侶들의 所行 風磨銅遺棄眞相」《동아일보》1956년 9월 16일.

국가기록원(https://www.archives.go.kr)

만해기념관(https://www.manhae.or.kr)

불교기록문화유산 아카이브(https://kabc.dongguk.edu/content)

세계유산등재추진위원회(http://cnblog.koreanbuddhism.net)

자현 스님, '자현의 아제아제바라아제: 한국 절들은 왜 산에 있을까?', 《한국일보》 2021년 1월 13일.

충청투데이(http://www.cctoday.co.kr)

한미희, 「신록의 계절에 더욱 좋은 세계유산, 공주 마곡사」, 『연합이매진』통권457호, 연합뉴스, 2019.

제 5장

마곡사의 불화와
근대 화승의 기록

1. 마곡사의 불화

1) 불화의 의미와 종류

불화佛畵는 불교회화를 줄여서 부르는 용어이다. 불화는 사찰에서 신
앙적인 목적으로 조성되어 전도나 계몽 등을 위해 신봉되고 유포되어 왔
다. 즉 불탑, 불상 등과 함께 불교의 신앙 대상이 되는 그림을 말하며 넓은
의미에서 불교 경전에 등장하는 여러 존상이나, 부처의 일화를 표현한 그
림, 사찰의 전각을 장엄하는 벽화와 단청 등이 불화에 속한다.

최초의 불화는 서기전 2세기경에 그려진 인도 아잔타(Ajanta)석굴의 벽
화로 알려져 있다. 『근본설일체유부비나야잡사根本說一切有部毘奈耶雜事』
에서는 최초의 사원인 기원정사祇園精舍에 사원의 건물이나 용도에 따라
불화를 장식했다는 기록이 나오고, 『현우경賢愚經』, 『현겁경賢劫經』에서
는 화사들이 부처의 형상을 그려 예배 공양했다고 하고, 『화엄경華嚴經』,
『아미담경阿毘曇經』에도 화사가 그림을 그렸다는 등의 기록이 나온다.

불화는 제작 형태에 따라 탱화幀畵, 벽화壁畵, 경화經畵 등으로 분류할
수 있다. 탱화는 천이나 종이에 그린 다음 표장해서 불단이나 의식단의
벽에 봉안하며, 주존불의 뒤에 모실 경우 후불탱後佛幀으로 부르거나, 주

존불의 명호를 따라 아미타불탱阿彌陀佛幀, 신중탱神衆幀 등으로 부르기도 한다. 탱화는 액자나 족자의 형식으로 만들어 거는 그림이므로 이동이 가능하다. 특별한 재나 의식이 있을 때 야외에 거는 두루마리 탱화는 따로 괘불掛佛[1]이라고 부르며 대체로 그 크기가 매우 커서 장대하고 화려하다. 벽화는 부처를 봉안하는 전각 안팎의 벽면에 그리는 크고 작은 그림으로, 불국토를 상징하는 공간을 구현하고 장엄한다. 경화는 변상탱變相幀이라고 하며, 수많은 불교경전의 세계와 내용을 그림으로 압축해 표현한다.

현존 유물이 많지는 않지만 고구려 고분벽화나 통일신라시대 사경변상탱寫經變相幀 등을 통해 한국 불화의 유구한 역사를 더듬어 볼 수 있다. 한국의 불화는 4세기 불교 전파와 함께 전래된 것으로 보인다. 『삼국사기』에 신라의 화가 솔거率居가 황룡사벽에 노송老松을 그렸다는 기록은 이미 삼국시대 초기 사찰에 불화가 그려졌음을 짐작하게 한다.

"일찍이 황룡사 벽에 늙은 소나무를 그렸는데, 몸체와 줄기는 비늘이 주름 지고, 가지와 잎이 얽혔다. 까마귀, 솔개, 제비, 참새가 가끔 그것을 보고 날아들었다가 와서는 길을 잃고 헤매다가 떨어지곤 하였다. 세월이 오래 되어 색이 바래지자 절의 승려가 단청으로 보수하였더니 까마귀와 참새가 다시 오지 않았다.

---

1 '掛'의 사전적 의미는 '끈 같은 것으로 매달아', '~에 매달아 놓은 것'으로 괘불은 어디에 매달아 놓은 부처라는 뜻이 된다. 이영숙, 「朝鮮後期 掛佛幀 硏究」, 동국대 박사논문, 2003, p.7.

嘗於皇龍寺壁畫老松 體幹鱗皴 枝葉盤屈 烏鳶燕雀 徃徃望之飛入 及到蹭

蹬而落 歲久色暗 寺僧以丹靑補之 烏雀不復至"

- 『三國史記』卷48,「列傳」第8, 率居

고려의 불화는 불교의 발전과 더불어 화려하게 꽃피었다. 수많은 사찰
과 귀족의 소유, 각종 의식 등을 목적으로 상당한 양의 불화가 제작되었
을 것이다. 대표적인 고려 불화로 충렬왕 때 원나라에서 제국대장공주齊
國大長公主의 사속인私屬人으로 고려에 왔다가 귀화한 노영魯英이 그린
〈아미타여래구존도〉(보물. 국립중앙박물관 소장)를 꼽을 수 있다.

이 작품은 충렬왕 33년(1307)에 제작된 흑칠바탕의 금니회화로, 어딘가
에 끼우도록 되어 있는 촉형으로 제작되어 있다. 한쪽에는 아미타불과 8
대보살을 반대쪽에는 지장보살과 담무갈보살 등을 담았다.[2]

2 문화재청의 〈문화재 설명〉을 참고하면 이 작품을 이해하는 데 도움이 된다. "이 작품은
   1307년 작가 노영魯英이 흑칠한 나무바탕 위에 금니로 그린 금선묘金線描 불화이다. 노
   영은 1327년에 강화도 선원사 비로전 벽화와 단청을 그릴 때 반두班頭(그 항렬의 우두
   머리)로 활약했던 화가로도 유명하다. 정면에는 아미타여래를 중심으로 팔대보살을 표
   현하였고, 뒷면에는 고려 태조가 금강산 배재拜岾(절고개)에서 담무갈보살에게 예경하
   였다는 이야기를 그렸다. 특히 고려 태조의 배재 이야기는 금강산 신앙과 깊은 관련이
   있어, 당시 크게 유행했던 금강산 신앙의 일단면을 엿볼 수 있다. 바닥면에는 두 개의 촉
   을 달아 받침대에 꽂아 앞뒤의 불화를 예배할 수 있도록 만들었다. 정면에 표현된 아미
   타여래팔대보살도는 엄격한 상하 2단 구도, 섬세하고 우아한 귀족적인 인물 표현과 유
   려한 선묘, 단아한 형태미를 기반으로 하는 고려불화의 특징을 잘 담고 있다. 후면의 고
   려 태조의 금강산 배재 장면에서는 뚜렷한 윤곽선, 치형돌기齒形突起, 침형세수針形細
   樹 등의 세부 표현 기법에서 북송대 이곽파李郭派 화풍을 반영하고 있으므로 일반회화
   작품이 거의 없는 고려시대 산수화풍을 읽을 수 있어 중요하다. 더욱이 수직준으로 표
   현된 금강산의 웅장하고 신비로운 모습은 조선 후기 겸재 정선의 〈금강산도〉와 직·
   간접적으로 연결되고 있다는 점에서도 중요한 의의가 있다. 관련 연구는 문명대, 「노영

조선시대에는 숭유억불 정책으로 불화 제작이 다소 쇠퇴하기도 했다. 그러나 양난 이후 피해를 입은 사찰들이 중건사업을 펼치면서 다수의 불화가 새롭게 조성되기 시작하였다. 사찰의 불화 조성은 주요한 불사의 일환으로 현재까지도 많은 화승들이 명맥을 잇고 있다.

불화는 등장인물에 따라 부처와 보살을 위주로 그린 여래탱如來幀, 보살탱菩薩幀, 무장의 모습을 하고 불교를 수호하며 중생을 지켜주는 신들을 그린 신중탱神衆幀, 석가모니의 제자를 그린 나한탱羅漢幀 등으로도 구분할 수 있다. 부처 위주의 불화는 그 주존불에 따라 영산회상탱靈山會上幀, 약사불탱藥師佛幀, 아미타불탱阿彌陀佛幀 등이 있다. 보살도는 관음보살도가, 신중도는 사천왕도와 팔부중도, 나한도는 십육나한도, 오백나한도 등이 대표적이다. 이런 불화는 증명證明의식, 복장服裝의식, 점안點眼의식 등의 신앙의식 절차를 거쳐 주요 신앙대상물로 불단에 봉안된다.

불화제작은 출초出草, 배접褙接, 바탕초숫긋기를 거쳐 채색이 이루어진다. 출초는 도상의 내용과 구성을 고려해 밑그림을 그리는 과정이다. 해당 불화의 토대가 되기 때문에 가장 뛰어난 화승이 맡는다. 채색은 발색이 선명하고 오래가는 석채안료를 이용해 주홍과 장단을 칠하고 양록, 삼청, 진녹의 순서로 여러 겹을 덧칠한다. 채색이 완료된 불화는 백반수를 바르고 명도가 다른 두색이 서로 섞이도록 하는 바림질과 금박붙이기, 먹선을 긋는 끝좇기, 금선과 문양묘사 등의 정교한 단계를 거쳐 화려하게

필 아미타구존도 뒷면 불화의 재검토: 고려 태조의 금강산배점 담무갈(법기) 보살 예배도」, 『고문화』18, 한국대학박물관협회, 1980, pp.2-12 참조; 염중섭, 「고려불화의 지장보살 도상 연구」, 동국대 박사논문, 2021, pp.124-136.

장엄한다. 채색의 마지막 단계인 안채顔彩에서 얼굴빛을 칠하고 불보살의 상호를 32상 80종호의 도상에 맞추어 덕스럽게 묘사한다. 화기畫記까지 작성하여 완성된 불화는 복장의식과 점안의식을 거침으로써 비로소 법法을 지닌 대상으로서 봉안된다.

불화뿐만 아니라 어떤 그림을 그리든지 작가가 되기 위해서는 오랜 수행 과정이 필요하다. 그렇다고 해서 오랜 세월 수행만 쌓으면 자동적으로 품격 있는 불화를 그릴 수 있는 것은 아니다. 불교 전반에 대한 해박한 지식과 교리의 이해가 선행되어야 비로소 그 창작물이 격조 있는 작품으로 승화될 수 있다. 즉 불화는 초월의 세계를 표현하는 것이다.

불화는 화승이 자신이 체득한 깨달음의 세계를 자기화한 후에 사람들에게 보여주는 것인 만큼 보는 사람은 그 깨달음을 얻은 사람의 환한 얼굴과 언행 및 그 깨달음의 결과인 작품에서 감명을 받게 된다.

불화를 그리는 화승의 경우도 어려서부터 익힌 기술의 축적이 기초가 되겠지만, 그 이면에는 오랜 수행 공력이 축적되어 있어야 한다. 예술의 완성은 작가의 죽음으로부터 시작되기 때문에 작가가 죽는 순간 미완의 작품이 비로소 완성되는 것이다. 인간은 태어나면서부터 죽음을 향해 행진하는 존재가 아니라 죽음이라는 완성의 순간을 향해 삶의 지혜를 축적하는 존재이다. 즉, 삶이란 죽음이라는 이름의 완성을 위한 준비 단계일 뿐이다.

문화재로서의 불화는 이미 죽은 화승이 남긴 완성 작품이라는 점에서 우리는 그들의 숭고한 삶의 궤적을 엿보게 된다. 물론 불교에서는 완성이라는 개념을 열반涅槃으로 표현한다. 열반이란 몸, 의식, 번뇌, 깨달음, 윤회의 굴레도 꺼진 상태를 말하는 것으로 삶 속에서 진리의 실상을 깨닫지 못하는 무명에서 벗어나 깨달음을 얻는 유여열반有餘涅槃과 무명도 깨달음도 모두 영원한 완성으로 마무리되는 삶에 대한 미련을 남기지 않는 무여열반無餘涅槃이 있다. 유여열반이든 무여열반이든 모두 결국 인식을 통한 깨달음이라 할 수 있다.

불교에서 형상[色]은 그리 큰 의미가 없다. 불교에서는 현상계 전체를 색으로 보는데, 불화는 형상을 통해 현상계를 드러내고 있다는 점에서 '색'의 표현이다. '색즉시공色卽是空'의 공론空論에서 보면 삼라만상의 현상계는 우리의 인식체계상의 인식에 따라 달라질 수도 있는 것이다. 이를 『화엄경』에서는 다음과 같이 게송으로 읊고 있다.

> "마치 그림 잘 그리는 화사가 여러 가지 채색을 칠해 가면서 허망하게 여러 모양 그리지마는 대종大種은 차별이 없으며 대종 가운데 빛깔이 없고 빛깔 중에 대종이 없지만 그러나 대종을 떠나서 빛깔을 찾을 수도 없느니라. 마음속에 그림이 없고 그림 속에 마음이 없지만 그러나 마음을 떠나서 그림을 찾을 수도 없나니.
>
> 譬如工畫師 分布諸彩色 虛妄取異相 大種無差別 大種中無色 色中無大種 亦不離大種 而有色可得 心中無彩畫 彩畫中無心 然不離於心 有彩畫可得."
>
> -『大方廣佛華嚴經』,「夜摩宮中偈讚品」(ABC, v8, p.541a)

여기서 화폭은 우리의 인식체계이고, 화사는 감각기관이다. 감각기관은 안이비설신에 의식인 의意를 포함한다. 그 감각기관을 통해 식별할 수 있는 것이 바로 색성향미촉법이다. 여기서 그림을 그리는 행위는 법法으로 이해할 수 있다. 『화엄경』에서는 "마음이 화가와 같아서 모든 세간을

그려내는데 오온이 마음 따라 생겨서 무슨 법이나 못 짓는 것 없다心如工
畵師 能畵諸世間 五蘊悉從生 無法而不造."(『大方廣佛華嚴經』, 「夜摩宮中偈讚品」
(ABC, v8, p.541a)고 하였다. 즉, 마음으로 그리는 대상이 바로 법이요 부처
이다. 이러한 불교의 이치에 의해 불화가 제작되는 것이다.

2) 화승과 불화소

화승의 지위와 역할

전통적으로 불화 제작을 담당하는 장인이나 승려를 금어金魚, 화승畵
僧, 화사畵師, 화원畵員 등으로 부른다. 화승은 개인적인 감수성에 의지해
서 창작하는 것이 아니고 스승으로부터 혹은 앞 시대로부터 이어받은 전
통양식과 시대적 문제의식에 의해 불화를 그린다. 또한 특별한 경우를 제
외하고는 집단을 이루어 작업한다.

19세기에 들어와 많은 불사가 이루어지면서 다양한 양식의 불화가 조
성되었다. 불화는 화승들의 집단에 따라 양식적 특징을 달리하는 화풍을
가졌다. 화기를 통해 밝혀진 일부 화승 집단이 지역별 혹은 사승 관계를
이루어 그들만의 양식을 형성한 유파를 이루고 있다. 이러한 유파의 형성
과 더불어 각 지역을 대표하는 화승 집단이 있었다.

해봉석정海峰石鼎(1928-2012)은 다음과 같이 불모佛母를 양성하는 대표
적인 사찰과 화승을 제시[3]한 바 있다.

---

3   石鼎, 「한국의 불화초」, 통도사성보박물관 편, 『한국의 불화초본』, 통도사성보박물관,
    1992, p.9.

운홍사雲興寺 - 의겸義謙

사불산四佛山 - 하은霞隱

계룡산鷄龍山 - 금호錦湖·보응普應·정연定淵

봉원사奉元寺 - 예운禮雲

통도사通度寺 - 관행寬幸

금강산金剛山 - 석옹石翁·고산古山·곽운廓雲

해인사海印寺 - 송파松坡

건봉사乾鳳寺 - 중봉中峰

송광사松廣寺 - 일섭日燮

유점사楡岾寺 - 상명雙明

구암사龜岩寺 - 석초石初

범어사梵魚寺 - 완호玩虎

화엄사華嚴寺 - 일원一源

　규모가 큰 사찰에서는 불화소佛畵所를 두어 불화 제작 기술을 전승하였다. 화승들은 불교사상과 세계관을 깊이 이해하고 도상을 정확히 파악하여 표현해야 할 뿐 아니라, 오래된 불화를 보수하거나 불상을 개금하는 일도 담당한다. 제작 시기와 목적, 참여 장인들의 이름은 불화와 함께 기록되어 보존된다. 따라서 불화도 기록문화유산의 하나로 자리매김 되어야 할 것이다.

　화승들은 자신이 주석하는 사찰의 불화를 제작하거나, 다른 사찰의 의뢰나 초청을 받아 제작에 참여하였다. 이용윤은 "화승이 주석한 사찰과 초청한 사찰은 화승의 출신 승려문중이거나 출신 문중과 우호적 관계를 맺고 있는 승려문중일 가능성이 높으며, 화승과 문중 간의 관계는 불화 제작에 비용을 마련하는 화주나 불화 조성이 사상적으로 여법如法함을 증명하는 증사, 그리고 행정을 지원하는 주지, 지전 등 연화질의 승려를 통해 드러난다"[4]고 하였다.

화승들은 어떻게 하면 아름다우면서도 종교적 위상을 갖춘 이상적인 모습을 표현해 낼까, 어떻게 하면 참배자에게 경건함과 자비심을 느끼게 할까를 끊임없이 고민하면서 개선된 기법을 찾기 위해 연마하였을 것이다. 그들은 스승을 따라다니면서 오랜 기간 수련을 거쳐 실력을 쌓고 성장한 후에는 자신들의 제자를 길러내기도 하였다. 화승은 사회적으로 승려라는 신분과 기능적으로 장인이라는 신분의 두 가지 정체성을 함께 지닌다. 이는 시대적으로 화승의 성격과 위상이 달라지는 원인이 된다. 시간의 변화와 함께 집단적 특수성이 강화되면서 불교계 내부에서도 교와 선뿐만 아니라 이판·사판승과도 구별되는 또 다른 존재로 여겨지기도 했다.

삼국시대부터 고려시대까지 화승은 전에 없던 새로운 기술을 갖춘 전문가 또는 지식인으로 대우 받았다. 삼국시대 회화에서는 종이나 비단 등에 그려진 것은 남아 있는 것이 없고, 고분의 벽화에서 당시의 회화를 알 수 있을 뿐이다.[5] 고구려의 담징曇徵(579~631)은 오경五經과 불법에 통달한 학승이면서 채색 및 종이와 먹을 만들 수 있는 화승으로서[6] 일본 호류

4   이용윤, 「조선 후기 통도사의 僧侶門中과 畫僧 任閑」, 『불교미술사학』 23, 불교미술사학회, 2017, p.127.
5   정영호, 「개요」, 국사편찬위원회 편, 『한국사8: 삼국의 문화』, 국사편찬위원회, 2002, p.7.
6   "曇徵知五經 且能作彩色及紙墨.", 『日本書紀』 22, 推古天皇 18年 庚午(610) 참조.

지法隆寺의 금당벽화金堂壁畫[7]를 그렸다.

본격적인 화승이라고 보기는 어렵지만, 기예의 면에서 출중한 이는 선
덕여왕 때 불상과 기와 제작에 출중했던 경주 석장사錫杖寺의 승려 양지
良志를 꼽을 수 있다.[8] 그는 기예뿐만 아니라 덕이 높은 고승으로도 존경
받았다. 양지는 635년 영묘사靈廟寺의 장육삼존丈六三尊과 천왕상天王像
을 비롯한 전殿과 탑塔의 기와를 제작하고 직접 현판까지 썼다. 양지에 대
한 『삼국유사』의 기록을 보면 다음과 같다.

"여러 가지 기예에도 통달하여 신묘함이 비할 데가 없었다. 또한 필찰筆札
에도 능하여 영묘사 장륙삼존상과 천왕상과 전탑의 기와, 천왕사 탑 아래
의 8부신장, 법림사의 주불삼존과 좌우 금강신 등은 모두 그가 만든 것들
이다. 영묘, 법림 두 절의 현판도 썼으며, 또 일찍이 벽돌을 다듬어 작은 탑
하나를 만들고 아울러 3천 불상을 만들어 그 탑에 모시어 절 안에 두고 공
경하였다.

旁通雜譽神妙絕比. 又善筆扎靈廟丈六三尊 天王像幷殿塔之瓦 天王寺塔下
八部神將 法林寺主佛三尊 左右金剛神等皆所槊也. 書靈廟法林二寺額 又

---

7   석가 · 아미타 · 미륵 · 약사 등으로 구성된 사불정토도四佛淨土圖인 이 금당벽화는
    1949년 1월 수리 중에 화재를 당하여 소실되었고, 현재는 모사화가 일부 남아 있을 뿐
    이다. 일본학계에서는 이것이 한 사람의 수법이 아닐 뿐만 아니라 요철법凹凸法 · 채색
    법 · 인물의 묘사법 등이 서역화풍西域畵風에 토대를 두고 당풍唐風으로 변형된 특징을
    반영하고 있다고 하여 담징의 작품으로 인정하지 않고, 7세기 후반경의 하쿠호시대白
    鳳時代에 그려진 것으로 추정하고 있다.
8   양지에 대해서는 다음을 참조. 문명대, 「良志와 그의 작품론」, 『불교미술』1, 동국대학교
    박물관, 1973, pp.1-24; 장충식, 「錫杖寺址 출토유물과 釋良志의 조각유풍」, 『신라문화』
    3 · 4, 동국대학교 신라문화연구소, 1987, pp.87-118.

嘗彫磚造一小塔并造三千佛安其塔 置於寺中致敬焉."

-『三國遺事』卷第4 義解 第5 良志使錫

"선덕왕이 절을 창건하여 소상을 만든 인연에 관하여는 모두『양지법사
전』에 자세히 실려 있다. 경덕왕 즉위 23년에 장육존상을 개금하였는데
조가 2만 3천 7백 섬이었다.

善德王創寺塑像因縁 具載良志法師傳 景德王即位二十三年丈六初改金 租
二万三千七百碩."

-『三國遺事』卷第3, 塔像 第4 靈妙寺丈六

위에서 장육존상 조성 비용을 초성시 곡식 23,700이라고 하였지만, "장
륙상을 처음 조성할 때 든 비용은 곡식 2만 3천 7백 섬이었다. 혹은 다시
도금할 때의 비용이라고도 한다(蓋始于此. 像成之費入穀二萬三千七百碩 或
金時祖.")[9](『三國遺事』卷第4, 義解 第5 良志使錫)고 보기도 한다.

고려시대는 불교문화가 더욱 융성해지면서 승려 수도 대폭 늘어나고
승과僧科제도가 시행되는 등 승려의 권위가 그 어느 때보다 높은 시대였
다. 그에 따라 승려들 사이에도 계층 분화가 일어나 단순 노역이나 잡역
을 하는 승려 집단도 생겨났지만, 승려 장인들은 비교적 고위직에 속했
다. 그러나 고려 후기로 가면서 점차 이들의 사회적 지위와 신분은 하락
하는 추세였다.[10]

9   여기서 祖는 '租'의 오기로 보인다.
10 허형욱,「우리나라 승려 장인의 시기별 성격 변천」, 국립중앙박물관 편,『조선의 승려 장

신진사대부의 등장과 더불어 유교가 국가 지배 이념이 된 조선시대에 불교는 여러모로 배척되었다. 그러나 불교문화와 신앙 활동은 지속되었다. 국가 권력에서 멀어지게 된 불교는 대중화·서민화가 이뤄져서 기층민의 종교로 자리 잡게 된다. 승려들의 사회적 지위는 낮아졌고, 그에 따라 화승들의 위치도 마찬가지였다. 조선 전기에는 관청인 탱화서幀畫署에서 왕실 발원의 불상이나 불화, 범종 제작 등을 담당했으나 조선 후기에는 불상과 불화 제작을 주로 화승들이 담당했다.[11] 특히 임진·병자 양난 이후 사찰의 피해를 재건하면서 전각, 불상, 불화 등의 조성을 화승들이 맡아 불사 조영 체계를 구축하여 화승 조직의 편성과 운용이 원활해졌고 그들의 기술이 후대에 전승될 수 있는 기반이 마련되었다.

불화는 낡으면 불에 태워 버린 후 새로 조성했으므로 이를 새로 조성하기 위해서는 화승의 역할이 중시될 수밖에 없다. 더군다나 화승은 그림만 그리는 것이 아니라 불상을 만들거나 조각을 하는 등 조각승의 역할까지도 도맡았기 때문에 장르를 넘나드는 복합적 기능의 소유자였다.

개항과 근대를 맞아 사회적·사상적으로 급격한 변화가 일어났다. 일본과 서구 열강에 문호가 개방되어 새로운 문화가 사회 전반을 휩쓸었다. 금강산 유점사의 화승 고산축연古山竺衍(19C후-20C초)[12]은 불화 제작에도

인」, 국립중앙박물관, 2021, p.42.
11 연산군 대(1494-1506)와 중종 대(1506-1544)에 관영수공업 체제가 제대로 작동되지 않았음에 기인하는 것으로 볼 수 있다. 강삼혜, 「화원으로 불린 승려들」, 국립중앙박물관 편, 위의 책, p.46.
12 고산축연에 대한 정보는 그리 많지 않다. 일제강점기의 신문 기사에 의하면, "二十二日 朝에 朝鮮 老僧 一人이 太華亭에 無佛居士를 訪問ᄒᆞ얏ᄂᆞ디 此僧은 佛畫로 著名ᄒᆞᆫ 釋王寺의 金石翁과 並稱ᄒᆞᄂᆞᆫ 金剛山 楡岾寺의 文古山 和尙이라, 文古山 曰 小僧은 性來作畫

능했지만 풍속화나 혁필화도 그려서 판매하는 등 자본주의적 시장 개념의 확산 조류에서 자유롭지 못했다. 1910년대까지는 화기에 혜산축연이라고 썼으나 이후 문고산, 또는 고산축연으로 당호를 바꾸었다. 석왕사의 석옹철유石翁喆侑(1851-1917)[13]와 함께 당대 불화의 명인으로 일컬어지고, 50점 이상이 현전한다. 근대의 문물, 서양화법의 입체적 명암법 등 근대적 변화를 도입하기도 했다.

▶ 고산축연 주요 작품

보석사 대웅전 석가모니후불도(1911, 충청남도 금산군 보석사 소장)

전등사 대웅보전 신중도 (1916, 인천광역시 강화군 전등사 소장)

통도사 응진 전 16나한도(1926, 경상남도 양산시 통도사 소장)

▶ 석옹철유 주요 작품

신흥사 아미타불도(1875, 강원도 삼척시 신흥사 소장)

---

13 를 好ᄒ야 二十歲時 平壤 靈泉庵 僧으로 性雲이라 ᄒᄂ 和尙이 佛畵에 有名ᄒ다는 所聞을 듯고 仝和尙의게 師事ᄒ야 于今 四十年을 佛畵에 從事 ᄒᄂᄃᆡ 釋王寺의 金石翁은 當時 釋王寺 僧 中峯和尙의게 學習ᄒ더라. 甲午年에 金剛山에 入ᄒ야 五年前ᄭ지ᄂ 楡岾寺 居士로 在ᄒ다가 六十一歲 還甲에 佛籍에 入ᄒ고 子息 二人도 佛弟子를 命ᄒ야 方今 修行中이오 ᄒ며 … 古山和尙은 二三日內로 更히 金剛山으로 入去ᄒ다더라."(「佛畵의 名人 文古山 釋王寺 金石翁과 單二人」,《每日申報》, 1915. 11. 23)고 하여 20세 정도에 평양 영천암 성운에게 불화를 배우고 40여 년 동안 불화를 그려왔음을 알 수 있다. 불화 외에도 산수화와 초상화, 도석화道釋畵에 두루 능했다. 서울 〈미타사 관음보살탱〉이나 서울 〈삼성암 산신탱〉 등을 보면 치밀한 표현기법과 세밀한 묘사, 부분적으로 서양화법의 영향을 볼 수 있다. 『근역서화징槿域書畵徵』에 "性金氏 號石翁 哲宗二年辛亥生 卒年六十八 畵佛像及山水."라는 기록이 있어 석옹철유가 일반 회화에도 능했음을 보여준다. 吳世昌 著, 東洋古典學會 譯, 『國譯 槿域書畵徵』, 시공사, 1998, p.262.

산수도(1875, 국립중앙박물관 소장)

대승사 지장보살도(1876)

대승사 신중도(1876)

도리사 아미타불도(1876)

장안사 현왕도(1879, 월정사성보박물관 소장)

경국사 감로왕도(1887, 서울특별시 경국사 소장)

화장사 신중도(1887, 서울특별시 화장사 소장)

망월사 괘불도(1887, 경기도 의정부시 망월사 소장)

김룡사 칠성도(1888, 경상북도 문경시 김룡사 소장)

김룡사 독성도(1888, 경상북도 문경시 김룡사 소장)

선암사 약사여래도(1901, 전라남도 순천시 선암사 소장)

대흥사 영산회상도(1901, 전라남도 해남군 대흥사 소장)

대흥사 나한도(1901, 전라남도 해남군 대흥사 소장)

대흥사 독성도(1901, 전라남도 해남군 대흥사 소장)

삼성암 산신도(1908, 서울특별시 삼성암 소장)

산수인물도(연대미상, 개인 소장)

석가여래도(1914, 소장처 미상)

달마도(1915, 소장처 미상)

달마도(연대 미상, 경상남도 양산시 통도사성보박물관 소장)

원효존사법영(연대 미상, 개인소장)

자화상(연대 미상, 간송미술관 소장)

달마도(1916, 동경 홍법원 묘각원장 소장)

금용일섭도 1935년 금산사 미륵대불 조성 공사의 공개입찰에 참가하여[14] 당시 일본에서 서양 조각을 배워 온 조각가 김복진金復鎭(1901-1940)과 경쟁을 벌이는 등 새로운 시대 상황에 화승들도 궤를 함께하였다.

화승들은 개인의 이익을 위해 제작 활동에 임한 것이 아니다. 더군다나 불·보살이나 신중, 칠성, 산신, 독성 등 신앙의 대상을 형상화하는 성스러운 일을 담당하였기 때문에 판매를 전제로 하는 상업적 활동과는 거리가 멀었다. 비록 불교계에서 이름난 장인이 되어 여러 불사에 초빙되고 작업 보수를 받으면서 사유재산을 늘린 이들도 있었지만, 이들은 축적된 자금을 바탕으로 필요한 재료와 도구를 장만하거나 후배와 제자를 양성하고 불사에 시주하는 등 후원자로서의 면모를 보이기도 했다.[15] 즉 재산을 '재생산의 방편'으로 활용하였던 것이다.

불화 제작 기술은 1972년에 국가무형문화재 제48호 단청장이 지정되면서 함께 전승되어 왔으나 실제 전승 현장에서 단청과 불화는 각각의 고유한 기술과 영역을 바탕으로 분리 전승되어 왔으므로 종목의 특성을 고려해 2006년에 제118호 불화장을 지정하였다.

14 금용일섭은 36세이던 1935년 4월 12일~5월 15일까지 금산사 대적광전 비로자나불을 보결하고 개금하였다. 이후 동년 7월 23일부터 8월 13일까지 금산사 미륵대불 소조상 조성 입찰에 응했던 것이다. 당시 입찰에 참여한 화원은 "김보응, 김복진, 김일섭, 이석성이었고 심사위원은 朴漢永(映湖鼎鎬, 1870-1948)과 金殷鎬(1892-1979)였는데 금용·일섭의 작품이 가장 유망하다고 호평을 받았다.", 古鏡 감수, 申恩英 역주, 앞의 책, p.86.
15 허형욱, 「수행승이자 예술가」, 국립중앙박물관 편, 앞의 책, p.32.

불화소

조선 후기 숙종에서 영·정조대를 지나면서 사찰의 중창사업이 대대적으로 이루어졌다. 이때는 사찰의 규모가 커지고 활기찬 분위기에서 진행되었다.[16] 현존하는 사찰의 대종大種을 이루며 주요한 유산으로 내려오는 바탕을 마련한 대가람의 웅장한 건축물들이 대체로 이 시기까지 이루어진 것이다. 이러한 형세가 법통의 확정에 따른 문파의 강조와 함께 규모를 재정비한 사원의 내력과 당시의 성세를 기록하려는 사적비의 건립으로 이어졌다.

법당의 재건은 불교문화의 난만한 진전도 가져왔다. 먼저 법당 내부에 봉안하는 불상의 조성으로 이어졌다. 숙종 대의 마곡사 영산전의 칠존상도 이 시대에 조성된 것이다. 이 외에도 파계사 원통전 관음상, 영조 대의 은해사 백흥암 극락전 삼존상, 정조 대의 용주사 대웅전 삼존상 등이 계속 조성되어 이들 불상들이 이 시대 사찰의 중심을 이루었다.

불상과 아울러 초기에 많이 그려지던 불전의 벽화는 이 시기에 들어 이동이 가능한 후불탱화로 대치되어 불화의 발전을 보였다. 이와 동시에 거대한 괘불이 많이 조성되었는데, 괘불의 크기는 세로의 길이가 작은 것은 길이 4~5미터 정도로, 법당 안에 모시는 후불탱과 비슷한 것에서부터, 큰 것은 길이 15미터에 이르는 대형까지 다양하다.[17] 이는 많은 사람들이 모여 괘불을 걸어 놓고 수륙재나 천도재 등의 대규모 법회를 갖는 기회가

---

16 금산사 대적광전(숙종12)을 비롯하여 화엄사 각황전 · 관룡사 대웅전(숙종28) · 불국사 대웅전(영조41) · 해인사 대적광전(영조45) 등 많은 당우가 중창되었다. 윤장섭, 『韓國의 建築』, 서울대출판부, 1996, pp.421-491 참조.
17 이영숙, 앞의 논문, p.19.

많아졌으며, 사원의 침탈에도 불구하고 이들 사업이 추진될 수 있는 재정이 뒷받침되었음을 의미한다.

민중들에 의해 기도·불공·재공양 등과 같은 불교의 기원의례가 행해졌다. 특히 재공양은 천도재에 해당하는 의례로서 살아 있는 자의 복락도 비는 것이었으므로 이를 통해 야단법석·야외법회·괘불재 등의 민중적인 행사 공간도 마련되었다. 무주고혼無住孤魂을 천도하는 수륙재, 생전에 부처를 위하고 공을 닦는다는 뜻으로 윤년에 지내는 예수재 등은 자식들의 부모에 대한 효도의 하나로서 마을잔치의 성격을 띠고 유행처럼 행해졌다.[18]

18세기 대표적인 화승인 전라도의 의겸義謙, 경상도의 의균義均, 임한任閑 등을 비롯하여 19세기 퇴운신겸退雲信謙,[19] 하은응상霞隱應祥[20] 등 많은 화승들이 조직적으로 활동했다.

19세기 말에서 20세기 초는 화승들의 활동이 지역적인 연고를 중심으로 폭이 넓어졌다. 서울, 경기 남양주 흥국사를 중심으로 활동한 경선응석慶船應釋, 강원도 금강산을 무대로 활동한 석옹철유와 고산축연 그리고 마곡사와 계룡산 일대에 많은 불화를 남긴 금호약효와 그의 제자 보응문

---

18 정승모, 「민간신앙」, 『신편 한국사』 35, 국사편찬위원회, 2002, p.172.
19 퇴운신겸은 『正祖大王胎室石欄干造排儀軌』(1801)에 '尙州僧'으로 기록되어 있어 그가 상주 출신의 화원임을 알 수 있다. 『正祖大王胎室石欄干造排儀軌』「工匠秩」 참조. 황병진은 신겸이 김홍도의 불화 스승이라고 하였다. 황병진, 『佛畵帖本』 기초편, 대홍기획, 1989, p.224.
20 하은응상은 은해사 〈심검당 아미타후불도〉와 〈석가모니후불도〉(1855)에 처음 이름이 보인다. 이 작품을 시작으로 1890년경까지 약 30년 동안 40여 점 정도의 작품을 남기고 있다.

성, 호은정연, 춘화만총 등을 들 수 있다.

보응문성과 호은정연에 대해서는 뒤에 다시 살펴보겠지만, 춘화만총은 마곡사에 작품이 남아 있지 않기 때문에 여기서 언급하도록 하겠다. 그의 스승은 송광사 수화승인 봉린鳳麟이었지만, 금호약효의 문하에서 집중적인 불화 수업을 받으면서 화풍을 형성하였다. 봉린은 금용일섭에게 처음으로 불화를 가르쳐준 스승이기도 하다.[21] 그만큼 송광사에서는 수화승으로 명성이 자자한 화승이었다.

춘화만총은 출초出草에 능하여 1898년 〈동학사 신중탱〉, 1923년 논산 〈쌍계사 삼세불탱〉, 1919년 정읍 〈옥천사 지장시왕탱〉 등을 출초하였다. 1901년에는 전주 〈정혜암 신중탱〉를 그렸고, 1907년 공주 〈신원사 대웅전 석가모니불탱〉, 〈신중탱〉, 〈칠성탱〉을 그렸다. 1920년대 전반까지 충청도와 전라도 지역을 중심으로 활발한 작품 활동을 하였다. 주요 작품은 다음과 같다.

〈천황사 대웅전 삼세불탱〉(1893, 전라북도 진안군 천황사 소장)

〈석천사 아미타불탱〉(1893, 경희대학교 박물관 소장)

〈갑사 대웅전 십육성중탱〉(1895, 충청남도 공주시 갑사 소장)

〈갑사 대성암 신중탱(1895, 충청남도 공주시 갑사 소장)

〈위봉사 보광명전 신중탱〉(1896, 전라북도 완주시 위봉사 소장)

21 봉린의 현존작이 많지 않아 화풍의 변화의 특징은 알 수 없다. 〈불영사 응진전 아미타불탱〉(1906), 〈은적사 아미타삼존홍탱〉(1918), 〈송광사 성산각 칠성탱〉(1925) 정도가 확인된다.

〈위봉사 보광명전 삼세불탱〉(1897, 전라북도 완주시 위봉사 소장)

〈동학사 약사불탱〉(1898, 충청남도 공주시 동학사 소장)

〈동학사 아미타불탱〉(1898, 충청남도 공주시 동학사 소장)

〈동학사 신중탱〉(1898, 충청남도 공주시 동학사 소장)

〈동학사 현왕탱〉(1898, 충청남도 공주시 동학사 소장)

〈정혜암 신중탱〉(1901, 충청남도 보령시 중대암 소장)

〈신원사 대웅전 석가모니불탱〉(1907, 충청남도 공주시 신원사 소장)

〈신원사 대웅전 신중탱〉(1907, 충청남도 공주시 신원사 소장)

〈신원사 칠성탱〉(1907, 충청남도 공주시 신원사 소장)

〈숭림사 보광전 삼세불탱〉(1913, 전라북도 익산시 숭림사 소장)

〈선원사 법당 비로사나불탱〉(1917, 전라북도 남원시 선원사 소장)

〈선원사 명부전 지장탱〉(1917, 전라북도 남원시 선원사 소장)

〈선원사 대웅전 신중탱〉(1917, 전라북도 남원시 선원사 소장)

〈쌍계사 대웅전 삼세불탱〉(1923, 충청남도 논산시 쌍계사 소장)

〈쌍계사 대웅전 신중탱〉(1923, 충청남도 논산시 쌍계사 소장)

〈옥천사 법당 지장보살탱〉(1929, 전라북도 정읍시 옥천사 소장)

〈옥천사 법당 현왕탱〉(1929, 전라북도 정읍시 옥천사 소장)

〈옥천사 법당 신중탱〉(1929, 전라북도 정읍시 옥천사 소장)

　이상과 같이 춘화만총은 충청남도와 전라도 지역에 한정된 작품을 남기고 있어 그의 활동 범위가 넓지는 않았음을 알 수 있다. 충청남도의 갑사나 동학사에는 그의 작품이 남아 있지만 정작 마곡사에는 없다는 점이 아쉽다. 〈신원사 대웅전 석가모니불탱〉(1907)의 화기에는 '신사信士 만총

万聰'으로 되어 있다. '신사'라는 당호를 쓰는 화승이 없기 때문에 이는 그가 이 시기에 환속하여 승려가 아닌 일반인을 의미하는 용어로 쓴 것이 아닌가 추측된다.

불사를 하기 위해서는 화주승이 필요하다. 화주승은 불사 재정을 마련하고 동참자를 모집하는 일뿐만 아니라 화승을 선정해 초빙하는 일도 맡았다. 이때 화승은 개인보다는 집단을 초청하는데 이들은 '화파畫派' 또는 '유파流派'라는 개념보다는 '호남산인湖南山人', '팔공산인八公山人', '월성산인月城山人'과 같이 '산인山人'으로 기록되는 경우가 많았다. 이들은 소속 사찰이나 산명, 출신 지역으로 인식된다. 학식이 높고 교단에 영향력이 있는 승려는 불사의 증명을 맡았다.

불화소는 화승들이 불사에 필요한 소임을 맡은 다른 승려들과 함께 신성한 불화를 제작하는 곳이므로 일반인은 이곳에 함부로 드나들 수 없었다. 화승들도 변소에 다녀오면 목욕하고 옷을 바꿔 입는 등 경건한 자세를 취하는 곳이었다. 불공不空 역譯의『금강공포집회방광궤의관자재보살삼세최승심명왕경金剛恐怖集會方廣軌儀觀自在菩薩三世最勝心明王經』에서는 불화의 바탕이 되는 재료는 깨끗한 곳에서 짜야 하고, 베짜는 동녀童女는 입을 가리고 하루에 세 번씩 목욕해야 하며, 흰옷을 입어야 한다[22]고 할 만큼 불화를 그리는 일은 청정함을 유지할 것을 요구받는다. 또한 화승은 불사 중에는 사찰 밖 출입을 하지 않는다. 이는 사찰 밖에서 자칫 사고를 당할 수도 있고, 삿된 기운을 묻혀 올 수도 있기 때문이다.

---

22 "應令童女於淸淨處織氈絹等 以帛覆口三時洗浴身著白衣.",『金剛恐怖集會方廣軌儀觀自在菩薩三世最勝心明王經』(大正藏 20, p.14c)

화승 집단은 근거지가 되는 사찰과 자신이 속한 문중이라는 인적 연결 망을 기반으로 작업했기 때문에 활동 지역 범위가 넓었다. 의뢰를 받은 사찰의 상황에 맞춰 작업하는 일종의 공방적 체계를 따랐으며, 후원자의 신분이나 모인 물품과 자금에 따라 제작 환경도 달라졌다. 또한 불사를 위해 모인 다른 집단의 화승들과 협업도 했다. 1788년 상주 남장사에는 인근 불사를 도맡아 하던 화승들뿐만 아니라 호남화승, 경성화승들이 모였다. 경기, 호남, 영남의 화승 70여 명이 모여 20일간 괘불과 지장시왕탱을 비롯한 불화를 제작했다.[23]

또한 괘불과 같은 대형 불화를 그리려면 작업실로 큰 방이 필요하다. 작업실은 주로 불사가 있는 사찰에 차려졌는데, 해당 사찰을 중심으로 시주자의 모연, 재료의 수급, 공사의 감독, 증명 절차가 이루어졌기 때문이다. 작업실은 누각이나 암자를 활용하기도 했고, 큰 불사에는 임시 작업장을 만들기도 했다. 많은 수의 화승들이 모여 작업을 하기 위한 공간을 갖춘 사찰이 극히 드물었지만, 마곡사에는 불화소가 마련되어 있어서 가능했다. 화승이 많이 필요한 이유는 화폭이 크고 많은 수의 불화를 제작하기 위해서는 분업이 필요했기 때문이다. 이들 중 화승들을 이끈 우두머리 화승을 '수화사首畫師'라 한다.[24] 근대에 들어 이들 수화사의 존재가 부

23 南嶽愃悟는 서울·경기 지역의 화승 應釋과 尙謙 등 경성화승을 참여시켰고, 括虛取如 (1720-1789)는 信謙을 참여시켰다. 〈남장사 십육나한도〉는 경북 지역에서 활동한 影修, 瑋全, 상겸, 戒冠 등 서울·경기 지역에서 활동한 이들의 협업으로 제작되었다. 정명희, 「움직이는 공방, 이동하는 승려」, 국립중앙박물관 편, 『조선의 승려 장인』, 서울: 국립중앙박물관, 2021, p.77.; 『佛事成功錄』(보물, 1788, 상주 남장사) 「南長寺掛佛新畫成記」, 「掛佛服藏願文」, 「幽冥教主地藏大聖新畫成服藏願文」 등 참조.
24 〈남장사 삼장탱〉(1741)의 화기에서 "龍眠山人世冠請直指"라고 하여 18세기에는 화원의

각되었으며 이들을 중심으로 불화 제작이 활발해졌다.

불화초

불화 작업은 크게 밑그림과 채색으로 나뉜다. 전체 과정에서 가장 중요한 것이 바로 밑그림이라 할 수 있다. 이 밑그림을 '초본草本'이라고 하고 줄여서 '초草'라고도 한다. 초본이 전체 화면의 구성과 조화를 결정하므로 경험이 많고 능숙한 화승이 그렸다. 출초出草의 중요성을 인정하여 화기에 출초 화승이 별도로 기록되기도 한다.

불교에서는 초를 '그린다'고 하지 않고 '친다'고 부른다. '초를 친다'는 말은 "유탄柳炭으로 선묘해 내는 밑그림을 말하며 본本을 데고 등긁기 묘사를 하거나 기존 그림을 보고 묘사하는 게 아니고 창의성을 발휘하여 신앙적 의식이나 격식에 벗어나지 않는 범위에서 창작하는 것이다."[25] 화승은 불화의 초를 종류별로 따라 그리는 연습을 수도 없이 했을 것이다. 또한 그들만의 집단 내부 규율과 전통, 기술자로서 전문용어도 익혔을 것이다. 이러한 관습은 불화소를 기반으로 한 집단 작업의 특징을 보이며 불화에서 비슷한 양식이 공유되고 보편화되며 지속되었다.[26]

불화를 그리기 위해서는 3개의 초를 기본으로 익혀야 한다. 초의 난이도에 따라 수련의 순서를 정한다. 첫 번째는 죽은 자를 심판한다는 시왕을 그리는 시왕초十王草이다. 시왕초는 내려 긋는 획이 많고 좀 간단하다.

우두머리로 '龍眠'이라는 명칭도 사용되었다.
25 이강하, 「丹靑의 繪畵史的 考察」, 조선대 석사논문, 1987, p.24.
26 허형욱, 「수행승이자 예술가」, 국립중앙박물관 편, 앞의 책, p.32.

두 번째는 각종 보살을 그리는 보살초菩薩草인데, 보살초가 아름다운 그림이라면, 세 번째 사천왕을 그리는 천왕초天王草는 엄하고 위엄 있는 그림이다. 보통은 보살초 다음에 부처를 그리는 여래초如來草를 수련한다. 각 1천장씩 4천장을 그려야 금어로서 인정받아 탱화 불사를 할 수 있다. 마곡사 금호약효의 비문에는 다음과 같이 전한다.

> "스님은 항상 有誠 佛母의 草를 보고 그대로 그리는 일을 게을리 하지 않았으니 초를 익힌 그림이 몇천 몇만장이나 되는지 알 수 없을 정도였다."
>
> 〈錦湖若效碑文〉(마곡사 소재, 2004.10.31)

이와 같이 당대 최고라고 하는 금호약효도 수없이 연습을 해서 거장으로 성장할 수 있었던 것이다. 금호약효가 연습한 초를 그린 유성은 보물로 지정된 경주 〈불국사 대웅전 영산회상탱〉과 좌우 벽의 〈사천왕벽화〉를 그린 화승으로 지첨智瞻과 포관抱冠이 이 불사에 함께했다. 특히 포관과 유성은 1769년 불국사 〈사천왕벽화〉를 제작하는데, 포관은 혼자서, 유성은 다른 화원의 보조화원으로 참여한다.

이 작품은 1769년 영조의 딸인 화원옹주和緩翁主(1738-1808)와 상궁 김씨 등의 시주로 제작되었다. 현재 보물로 지정되어 있다. 이 작품을 남긴 이후 유성은 영남을 대표하는 거장으로 성장하였다. 따라서 마곡사에서 금호약효의 스승은 춘담봉은이라 할지라도, 초본의 스승은 유성이라 해도 과언이 아닐 것이다.

금호약효의 초본이 국립중앙박물관에 남아 있는데, 유성의 초본은 과문한 탓에 보지 못했다. 따라서 아직까지는 약효의 초본을 통해 유성의 초를 유추할 수밖에 없다.

이 초본은 총 일곱 매 중 첫 번째에 해당하는 것으로 우측 상단에 '약효
출초若效出草'라 하여 약효가 초를 낸 것임을 분명히 밝혀 두었다. 인물의
윤곽과 옷 주름 부분에 희미하게 목탄으로 밑그림을 그린 흔적이 있으나,
그 외에는 가는 붓으로 한번에 그려냈다. 불화를 제작하기 위한 초본은
바탕천을 위에 덮고 베껴 그릴 수 있도록 선을 또렷하게 표현하는 것에
비해 이 작품은 좀 더 자유로운 필력을 보인다. 따라서 실제 불화 제작에
사용한 것이 아니라 학습용으로 그린 것이라 추정된다.

화승들은 다른 불사에서 범본範本으로 활용하기 위해 불화 제작과 별
도로 초본을 남기기도 했다. 이런 경우 밑그림이라는 성격을 넘어 하나의
완성 작품의 수준에 도달할 정도로 높은 경지를 보여준다.

3) 마곡사의 불화

주요 화승의 불화

마곡사의 불화는 괘불을 필두로 화면의 주인공에 따라 크게 후불탱, 보
살, 명부중, 신중, 고승진영 등으로 구분된다. 1934년 금호약효의 진영이
제작되기까지의 불화를 각각의 제작연대와 크기, 화사를 종합하여 표로
간략히 정리해 보면 다음과 같다.

표1. 마곡사의 불화

구분		명칭	제작년대	크기	金魚·片手
괘불		마곡사 석가모니불괘불탱	1687	길이 1,065×폭 709cm	능학, 계호, 유순, 처묵, 인행, 정인
후불탱	삼세	마곡사 대웅보전 삼세불탱(석가모니불)	1905	길이411×폭285cm	금호약효, 청응목우, 보응문성, 천연정연, 진음상오, 천일, 성주, 몽화, 상현, 대형, 유연, 성엽
		마곡사 대웅보전 삼세불탱(약사여래불)	1905	길이410×폭268cm	보응문성, 진음상오, 대형, 천일
		마곡사 대웅보전 삼세불탱(아미타불)	1905	길이411.5×폭269cm	천연정연, 성주, 상현, 유연, 성엽
	석가	마곡사 대광보전 석가모니후불탱(영산회상도)	1788	길이345.5×폭294cm	도편수 동홍, 행상, 승익, 상훈, 축함, 삼유, 세화, 영조, 원기, 운철, 윤호, 성운, 설순, 돈진, 경잠
		마곡사 청련암 석가모니후불탱	1861	길이143×폭211cm	경욱, 봉은, 창훈, 상은, 두엽, 상운, 두해, 향림
		마곡사 심검당 석가모니후불탱	1924	길이182×폭266.5cm	금호약효, 호은정연, 청응목우, 원응천일, 영성몽화, 효암재찬, 연암경인, 침룡윤규, 사미 내순, 재학
		마곡사 대원암 석가모니후불탱	1936	길이81×폭168cm	향암성엽, 효암재찬, 연암경인, 용해갑룡
	아미타	마곡사 부용암 아미타후불탱	1861	길이108×폭73cm	봉은, 창훈, 향림
보살	관음	마곡사 대광보전 백의관음벽화	조선후기	길이515×폭296cm	
명부중	지장	마곡사 영은암 지장탱	1931	162×172	영성몽화, 효암재찬, 용해갑룡
		마곡사 대원암 지장탱	20C초	84×51.5	
	현왕	마곡사 현왕탱	20C초	길이122×폭81cm	
		마곡사 대원암 현왕탱	20C초	길이82.5×폭55.5cm	
	시왕	정토종 포교당 지장탱	1928	길이196×폭221.5cm	
		정토종 포교당 시왕탱(제1진광대왕)	1928	길이144.5×폭112.5cm	봉영
		정토종 포교당 시왕탱(제2초강대왕)	1928	길이145.2×폭110.6cm	호은정연, 관준
		정토종 포교당 시왕탱(제3송제대왕)	1928	길이147×폭112.5cm	호은정연, 봉주

		정토종 포교당 시왕탱(제4오관대왕)	1928	길이144.7×폭113cm	호은정연
		정토종 포교당 시왕탱(제5염라대왕)	1928	길이145×폭112.2cm	호은정연
		정토종 포교당 시왕탱(제6변성대왕)	1928	길이143.5×폭111.2cm	관하
		정토종 포교당 시왕탱(제7태산대왕)	1928	길이144.5×폭110cm	호은정연, 관준
		정토종 포교당 시왕탱(제8평등대왕)	1928	길이145.5×폭112.5cm	관하
		정토종 포교당 시왕탱(제9도시대왕)	1928	길이146×폭93.3cm	호은정연, 봉주
		정토종 포교당 시왕탱(제10전륜대왕)	1928	길이145.5×폭93.7cm	봉영
		정토종 포교당 사자탱(감제)	1928	길이130.7×폭71.3cm	
		정토종 포교당 사자탱(직부)	1928	길이130.7×폭71.5cm	
신중탱	신중	마곡사 백련정사 신중탱	1794	길이117×폭88cm	승초, 원정, 보심, 품관, 대운
		마곡사 ○○암 신중탱	1799	길이140×폭80cm	승○, 유○
		마곡사 청련암 신중탱	1889	길이141×폭116.3cm	어성[27]
		마곡사 은적암 신중탱	1909	길이141.5×폭83cm	금호약효, 몽화, 성엽, 행성
		마곡사 영산전 신중탱	1910	길이220×폭259cm	호은정연, 청응목우, 성엽
		마곡사 대웅보전 신중탱	1910	길이157×폭212cm	봉주, 혼응성주, 봉종, 대흥
		마곡사 영은암 신중탱	1912	길이138×폭128.5cm	금호약효, 보응문성, 호은정연, 진음상오, 월현도순, 천일, 몽화, 성엽, 창호, 대흥, 재찬, 중목, 경인, 몽일
		마곡사 신중탱	20C초	길이125.5×폭159cm	
		마곡사 심검당 신중탱	1924	길이148×폭165cm	금호약효, 호은정연, 청응목우, 원응천일, 영성몽화, 효암재찬, 연담경인, 침룡윤규, 내순, 재학
		마곡사 대광보전 신중탱	1924	길이192.5×폭271cm	금호약효, 호은정연, 청응목우, 원응천일, 영성몽화, 효암재찬, 연담경인, 침룡윤규, 내순, 재학

		마곡사 원성암 신중탱	20C 초	길이92×폭91cm	혜산축연[28]
		마곡사 백련암 신중탱	20C 초	길이105.8×폭144cm	
	칠성	마곡사 대광보전 칠성탱	19C 후	길이181×폭281cm	선율, 상열, 약효, 기예, 정민, 혜호
		마곡사 청련암 칠성탱	1912	길이101×폭129cm	금호약효, 성역, 사미 경인[29]
		마곡사 백련암 칠성탱	1914	길이126×폭246cm	금호약효, 향암성엽
		마곡사 영은암 칠성탱	1918	길이134.3×폭160.5cm	금호약효, 청암, 향암
		마곡사 대원암 칠성탱	1936	길이112×폭160.5cm	향암성엽, 효암재찬, 연담경인, 용해갑룡
	독성	마곡사 청련암 독성탱	1912	길이86×폭65.5cm	금호약효, 성엽, 사미 경인
		마곡사 백련암 독성탱	1913	길이120×폭83.5cm	금호약효, 성엽, 경인
		마곡사 영은암 독성탱	1918	길이117×폭67.5cm	금호약효, 청암
		마곡사 대원암 독성탱	1936	길이111.5×폭93.5cm	
	산신	마곡사 청련암 산신탱	1889	길이105.5×폭68.5cm	
		마곡사 영은암 산신탱	1918	길이129×폭96cm	금호약효
		마곡사 대원암 산신탱	1936	길이111.7×폭94cm	
고승	고승진영	마곡사 금파당묘화진영	1861	길이108×폭73cm	
		마곡사 홍계당영일진영	1862	길이109×폭73cm	
		마곡사 금화당대선사성유진영	조선 후기	길이87.5×폭65.5cm	
		마곡사 인월당지행대선사진영	19C 후	길이110.5×폭67cm	
		마곡사 대종사향계당진영	20C	길이115×폭76.5cm	
		마곡사 서산대화상휴정진영	1927	길이111.5×폭81.5cm	춘담봉은, 상열

		마곡사 사명당대선사유정진영	1927	길이111×폭78.5cm	
		마곡사 기허대화상영규진영	1927	길이111×폭82cm	
		마곡사 대선사금호당진영	1934	길이115.5×폭60cm	

작품수로 보면, 금호약효가 14작품, 호은정연이 13작품,[30] 성엽이 10작품, 연암경인蓮庵敬仁이 9작품으로 많이 참여했음을 알 수 있다. 마곡사 불화 화기에 나오는 화승들의 빈도수를 나타내 보면 다음과 같다.

갑룡(3), 경욱(1), 경인(9), 경잠(1), 계호(1), 관준(2), 관하(2), 기예(1), 내순(3), 능학(1), 대운(1), 대형(2), 대흥(2), 도순(1), 돈진(1), 동홍(1), 두엽(1), 두해(1), 목우(5), 몽일(1), 몽화(7), 문성(3), 보심(1), 봉영(2), 봉은(3), 봉종(1), 봉주(3), 삼유(1), 상열(2), 상오(3), 상운(1), 상은(1), 상현(2), 상훈(1), 선율

---

27 語性은 悟性, 悟惺, 五性, 五星 등으로도 기록되어 있다. 〈華嚴宗主雪坡堂大師碑銘〉(1925)의 현존 문도 명단에 화승인 琫榮과 같이 기록되어 있어 설파상언의 후손으로 추정된다. 〈갑사 대비암 신중탱〉(1885), 〈갑사 대비암 칠성탱〉(1885), 〈신원사 영원전 신중탱〉(1887) 등도 남겼다.

28 축연의 당호는 古山과 蕙山을 사용하였는데, 전반기에 주로 사용한 당호가 혜산이고 후반기인 1910년 이후에는 고산을 주로 사용했다. 崔燁, 「近代 畵僧 古山堂 竺演의 佛畵 硏究」, 이화여대 석사논문, 2001, p.6.

29 '경인'은 〈定慧寺七星幀〉(1911) 화기에도 나오는데, '沙彌柳敬仁'이라 하였으므로 이때의 사미도 성이 류씨라고 추정된다. 또한 〈마곡사 大院庵七星幀〉(1936)의 화기에 '蓮潭堂 敬仁'이 나오는 걸로 봐서 사미 시절의 경인이 계속 정진하여 화사로서 활동하였음을 알 수 있다.

30 호은정연은 〈마곡사 대웅보전 삼세불탱(석가모니불)〉(1905), 〈마곡사 대웅보전 삼세불탱(아미타불)〉(1905)의 화기에는 '天然定淵'으로 되어 있어서 이것까지를 포함한 숫자이다. 정연의 당호가 東星堂, 천연당, 호은당이라는 점에 주의해야 한다.

(1), 설순(1), 성역(1), 성엽(10), 성운(1), 성주(3), 세화(1), 승ㅇ(1), 승익(1), 승초(1), 약효(14), 어성(1), 영조(1), 운철(1), 원기(1), 원정(1), 유ㅇ(1), 유순(1), 유연(2), 윤규(3), 윤호(1), 인행(1), 재찬(7), 재학(3), 정민(1), 정연(13), 정인(1), 중목(1), 창호(1), 창훈(2), 처묵(1), 천일(6), 청암(2), 청암(1), 축연(1), 축함(1), 품관(1), 행상(1), 행성(1), 향림(2), 향암(1), 혜호(1)

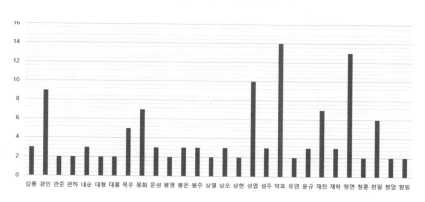

그림1. 마곡사 불화 화기 화승 빈도수

위 그래프는 마곡사 불화에 등장하는 화승 76명 중 2작품 이상에 참여한 화승들의 빈도수를 간략히 제시한 것이다. 한눈에 보더라도 약효-정연-성엽-경인-몽화-천일-목우 등의 순으로 작품을 남기고 있음을 알 수 있다.

금호약효의 작품

현재까지 금호약효의 작품으로 알려진 불화는 100여 점에 달한다. 1878년 작인 수원 〈봉녕사 석가모니불탱〉와 〈봉녕사 칠성탱〉을 시작으로 입적하기 4년 전, 1924년에 그린 예산 〈향천사 괘불탱〉에 이르기까지 50여 년에 걸쳐 불화를 그렸기 때문에 누구보다도 많은 작품을 남기고 있다. 금호약효의 주요 불화를 지역별로 살펴보면 다음과 같다.

① 서울특별시(7)

화장사 지장시왕탱(1893, 서울특별시 호국지장사 소장)

화장사 신중탱(1893, 서울특별시 호국지장사 소장)

화장사 현왕탱(1893, 서울특별시 호국지장사 소장)

화장사 감로탱(1893, 서울특별시 호국지장사 소장)

화장사 독성탱(1893, 서울특별시 호국지장사 소장)

화장사 산신탱(1893, 서울특별시 호국지장사 소장)

화장사 구품탱(1893, 서울특별시 호국지장사 소장)

② 경기도(6)

봉녕사 석가모니불탱(1878, 경기도 수원시 봉녕사 소장)

봉녕사 칠성탱(1878, 경기도 수원시 봉녕사 소장)

견성암 독성탱(1882, 경기도 남양주시 견성암 소장)

용주사 오여래탱(1882, 경기도 화성시 용주사 소장)

용주사 팔금강번(1882, 경기도 화성시 용주사 소장)

원홍사 독성탱(1903, 경기도 남양주시 봉선사 소장)

③ 충청북도(9)

법주사 원통보전 관음탱(1897, 충청북도 보은군 법주사 소장)

법주사 원통보전 신중탱(1897, 충청북도 보은군 법주사 소장)

법주사 팔상전 팔상탱(1897, 충청북도 보은군 법주사 소장)

영국사 독성탱(1907, 충청북도 영동군 영국사 소장)

영국사 신중탱(1907, 충청북도 영동군 영국사 소장)

영국사 석가모니불탱(1907, 충청북도 영동군 영국사 소장)

영국사 산신탱(1907, 충청북도 영동군 영국사 소장)

영국사 칠성탱(1907, 충청북도 영동군 영국사 소장)

법주사 복천암 독성탱(1909, 충청북도 보은군 법주사 소장)

④ 충청남도(47)

갑사 대비암 독성탱(1883, 충청남도 공주시 갑사 대자암 소장)

정혜사 극락전 칠성탱(1884, 충청남도 공주시 마곡사 소장)

갑사 대비암 신중탱(1885, 충청남도 공주시 갑사 대자암 소장)

갑사 대비암 칠성탱(1885, 충청남도 공주시 갑사 대자암 소장)

신원사 영원전 신중탱 (1877, 충청남도 공주시 신원사 소장)

영은사 석가모니불탱(1888, 충청남도 공주시 영은사 소장)

영은사 원통전 칠성탱(1888, 충청남도 공주시 영은사 소장)

문수사 신장탱(1892, 충청남도 서산시 수덕사 소장)

보덕사 관음전 아미타불탱(1893, 충청남도 예산시 수덕사 소장)

보덕사 관음전 칠성탱(1894, 충청남도 예산시 수덕사 소장)

갑사 대자암 16나한탱(1895, 충청남도 공주시 갑사 소장)

갑사 대성암 신중탱(1895, 충청남도 공주시 갑사 소장)

개심사 신중탱(1895, 충청남도 서산시 개심사 소장)

천장암 지장시왕탱(1898, 충청남도 서산시 천장사 소장)

천장암 현왕탱(1898, 충청남도 서산시 천장사 소장)

고산사 석가모니불탱(1899, 충청남도 예산시 수덕사 소장)

고산사 칠성탱(1899, 충청남도 예산시 수덕사 소장)

향천사 산신탱(1899, 충청남도 예산시 수덕사 소장)

마곡사 대광보전 칠성탱(19세기 후기, 충청남도 공주시 마곡사 소장)

용운암 칠성탱(1904, 충청남도 진천군 영수사 소장)

마곡사 대웅보전 삼세불탱(1905, 충청남도 공주시 마곡사 소장)

갑사 대웅전 삼장보살탱(1905, 충청남도 공주시 갑사 소장)

금선대 칠성탱(1906, 충청남도 예산시 정혜사 소장)

오봉암 현왕탱(1906, 충청남도 아산시 오봉암 소장)

갑사 대적전 삼세불탱(1907, 충청남도 공주시 갑사 소장)

신안사 석가모니불탱(1907, 충청남도 금산군 신안사 소장)

갑사 신향각 사천왕탱(1907, 충청남도 공주시 갑사 소장)

수덕사 대웅전 삼세불탱(1908, 충청남도 예산군 수덕사 소장)

마곡사 은적암 신중탱(1909, 충청남도 공주시 마곡사 소장)

갑사 팔상전 석가모니불탱(1910, 충청남도 공주시 갑사 소장)

갑사 대웅전 신중탱(1910, 충청남도 공주시 갑사 소장)

갑사 대성암 독성탱(1910, 충청남도 공주시 갑사 소장)

갑사 대웅전 현왕탱(1910, 충청남도 공주시 갑사 소장)

정혜사 칠성탱(1911, 충청남도 청양군 정혜사 소장)

마곡사 영은암 신중탱(1912, 충청남도 공주시 마곡사 소장)

마곡사 청련암 칠성탱(1912, 충청남도 공주시 마곡사 소장)

마곡사 청련암 독성탱(1912, 충청남도 공주시 마곡사 소장)

마곡사 백련암 독성탱 (1913, 충청남도 공주시 마곡사 소장)

마곡사 백련암 칠성탱(1914, 충청남도 공주시 마곡사 소장)

마곡사 영은암 칠성탱(1918, 충청남도 공주시 마곡사 소장)

마곡사 영은암 독성탱(1918, 충청남도 공주시 마곡사 소장)

마곡사 영은암 산신탱(1918, 충청남도 공주시 마곡사 소장)

마곡사 심검당 석가모니불탱(1924, 충청남도 공주시 마곡사 소장)

마곡사 심검당 신중탱(1924, 충청남도 공주시 마곡사 소장)

마곡사 대광보전 신중탱(1924, 충청남도 공주시 마곡사 소장)

부석사 칠성탱(1924, 충청남도 공주시 부석사 소장)

향천사 괘불탱(1924, 충청남도 예산군 향천사 소장)

⑤ 경상남도(1)

해인사 대적광전 삼신불탱(1885, 경상남도 합천군 해인사 소장)

⑥ 전라남도(1)

천관사 응진전 석가모니불탱(1891, 전라남도 순천시 송광사 소장)

⑦ 전라북도(5)

심곡사 아미타불탱(1892, 전라북도 익산시 심곡사 소장)

심곡사 삼성각 독성탱(1892, 전라북도 익산시 심곡사 소장)

천황사 대웅전 삼세불탱(1893, 전라북도 진안군 천왕사 소장)

천황사 대웅전 신중탱(1893, 전라북도 진안군 천왕사 소장)

원통사 원통보전 칠성탱(1907, 전라북도 무주군 원통사 소장)

⑧ 부산광역시(4)

범어사 나한전 석가모니불탱(1905, 부산광역시 범어사 소장)

범어사 팔상전 아미타불탱(1905, 부산광역시 범어사 소장)

범어사 괘불탱(1905, 부산광역시 범어사 소장)

범어사 나한전 16나한탱(1905, 부산광역시 범어사 소장)

⑨ 기타(1)

신중탱(20세기 초, 경기도 여주시 목아박물관 소장)

이상과 같이 금호약효의 작품은 강원도, 경상북도, 제주도 지역에서는 발견할 수 없고, 충청남도 지역 사찰에서 가장 많이 제작되었음을 알 수 있다. 현재 남아 있는 작품을 통해 그의 활동 무대가 충청남도 지역을 중심으로 위로는 충청북도, 경기도, 서울 지역에까지 퍼져 있고, 아래로는 전라남·북도, 경상남도, 부산까지 영향을 미치고 있었음을 확인할 수 있는 근거가 된다. 특히 충청남도에서도 마곡사의 금호약효 작품은 〈마곡사 대웅보전 삼세불탱(석가모니불)〉, 〈마곡사 심검당 석가모니후불탱〉, 〈마곡사 은적암 신중탱〉, 〈마곡사 영은암 신중탱〉, 〈마곡사 심검당 신중탱〉, 〈마곡사 대광보전 신중탱〉, 〈마곡사 청련암 칠성탱〉, 〈마곡사 백련암 칠성탱〉, 〈마곡사 영은암 칠성탱〉, 〈마곡사 청련암 독성탱〉, 〈마곡사 백련암 독성탱〉, 〈마곡사 영은암 독성탱〉, 〈마곡사 영은암 산신탱〉의 13 작품으로 조사되어 있다.

호은정연의 작품

호은정연은 5세 때 마곡사로 출가하여 13세에 금호약효를 은사로 사미계를 받았다. 그때까지 금호약효는 상좌와 제자를 두지 않았기 때문에 호은정연이 첫 상좌이며 첫 제자인 셈이다.[31] 9세 되는 1890년 용준聳俊의 주도 아래 조성된 〈금산사 미륵전 신중탱〉에 이름이 처음 나오는 것으로 보아 어릴 때부터 기량이 특출 났던 것 같다. 이후 1892년 서암전기瑞巖典琪의 주도로 조성한 〈해인사 괘불탱〉과 〈해인사 팔상탱〉, 〈관음사 칠성탱〉을 시작으로 본격적인 활동을 하였다.

남아 있는 호은정연의 작품을 정리해 보면 다음과 같다.

① 서울(1)

호국지장사 대웅보전 지장탱(1893, 서울특별시 호국지장사 소장)

② 경기도(1)

보광사 대웅전 독성탱(1898, 경기도 파주시 보광사 소장)

③ 충청북도(8)

법주사 능인전 석가모니불탱(1896, 충청북도 보은군 법주사 소장)

법주사 팔상전 팔상탱(1897, 충청북도 보은군 법주사 소장)

법주사 대웅보전 아미타불탱(1897, 충청북도 보은군 법주사 소장)

---

31 炳震, 〈湖隱堂定淵佛母碑〉 참조.

법주사 원통보전 관음보살탱(1897, 충청북도 보은군 법주사 소장)

영국사 석가모니불탱(1907, 충청북도 영동군 영국사 소장)

법주사 대웅보전 삼장보살탱(1928, 충청북도 보은군 법주사 소장)

품관사 독성탱(1934, 충청북도 영동군 품관사 소장)

보살사 신중탱(20세기 초, 충청북도 청주시 보살사 소장)

④ 충청남도(50)

개심사 신장탱(1895, 충청남도 서산시 개심사 소장)

갑사 대자암 16성중탱(1895, 충청남도 공주시 갑사 소장)

갑사 대성암 신중탱(1895, 충청남도 공주시 갑사 소장)

천장암 신중탱(1896, 충청남도 서산시 천장암 소장)

영탑사 신중탱(1896, 충청남도 당진군 영탑사 소장)

동학사 약사불탱(1898, 충청남도 공주시 동학사 소장)

동학사 아미타불탱(1898, 충청남도 공주시 동학사 소장)

동학사 신중탱(1898, 충청남도 공주시 동학사 소장)

동학사 현왕탱(1898, 충청남도 공주시 동학사 소장)

고산사 석가모니불탱(1899, 충청남도 예산군 수덕사 근역성보관 소장)

화암사 신장탱(1900, 충청남도 예산군 수덕사 근역성보관 소장)

마곡사 대웅보전 삼세불탱(1905, 충청남도 공주시 마곡사 소장)

갑사 대웅전 삼장보살탱(1905, 충청남도 공주시 갑사 소장)

갑사 대적전 삼세불탱(1907, 충청남도 공주시 갑사 소장)

신안사 석가모니불탱(1907, 충청남도 금산군 신안사 소장)

신원사 대웅전 석가모니불탱(1907, 충청남도 공주시 신원사 소장)

신원사 대웅전 신중탱(1907, 충청남도 공주시 신원사 소장)

신원사 칠성탱(1907, 충청남도 공주시 신원사 소장)

갑사 신향각 사천왕탱(1910, 충청남도 공주시 갑사 소장)

갑사 대적전 사천왕탱(1910, 충청남도 공주 시 갑사 소장)

마곡사 영산전 신중탱(1910, 충청남도 공주시 마곡사 소장)

갑사 팔상전 석가모니불탱 (1910, 충청남도 공주시 갑사 소장)

갑사 대웅전 신중탱(1910, 충청남도 공주시 갑사 소장)

마곡사 영은암 신중탱(1912, 충청남도 공주시 마곡사 소장)

정혜암 금선대 신중탱(1916, 충청남도 예산시 수덕사 소장)

보덕사 석가모니불탱(1919, 충청남도 예산시 보덕사 소장)

영랑사 석가모니불탱(1919, 충청남도 예산시 수덕사 근역성보관 소장)

일락사 신중탱(1919, 충청남도 서산시 일락사 소장)

일락사 칠성탱(1919, 충청남도 서산시 일락사 소장)

일락사 독성탱(1919, 충청남도 서산시 일락사 소장)

문수사 현왕탱(1919, 충청남도 서산시 문수사 소장)

쌍계사 대웅전 삼세불탱(1923, 충청남도 논산시 쌍계사 소장)

쌍계사 대웅전 신중탱(1923, 충청남도 논산시 쌍계사 소장)

향천사 괘불탱(1924, 충청남도 예산군 향천사 소장)

비암사 극락보전 신중탱(1924, 충청남도 연기군 비암사 소장)

비암사 칠성탱(1924, 충청남도 연기군 비암사 소장)

마곡사 심검당 석가모니불탱(1924, 충청남도 공주시 마곡사 소장)

마곡사 대광보전 신중탱(1924, 충청남도 공주시 마곡사 소장)

부석사 칠성탱(1924, 충청남도 서산시 부석사 소장)

정혜사 석가모니불탱(1925, 충청남도 서산시 간월암 소장)

정혜사 견성암 신중탱(1925, 충청남도 예산군 정혜사 소장)

정혜사 신중탱(1925, 충청남도 예산군 정혜사 소장)

은석사 신중탱(1926, 충청남도 천안시 은석사 소장)

정토종 포교당 지장탱(1928, 충청남도 공주시 마곡사 소장)

정토종 포교당 시왕탱(1928, 충청남도 공주시 마곡사 소장)

오덕사 석가모니불탱(1928, 충청남도 부여군 오덕사 소장)

오덕사 칠성탱(1928, 충청남도 부여군 오덕사 소장)

오덕사 산신탱(1928, 충청남도 부여군 오덕사 소장)

마곡사 청련암 아미타불탱(1934, 충청남도 공주시 마곡사 소장)

정혜사 견성암 아미타불탱(1939, 충청남도 예산군 정혜사 소장)

⑤ 대전(7)

심광사 석가모니불탱(1933, 대전광역시 심광사 소장)

심광사 지장탱(1933, 대전광역시 심광사 소장)

심광사 신중탱(1933, 대전광역시 심광사 소장)

심광사 현왕탱(1933, 대전광역시 심광사 소장)

심광사 칠성탱(1933, 대전광역시 심광사 소장)

심광사 독성탱(1933, 대전광역시 심광사 소장)

심광사 산신탱(1933, 대전광역시 심광사 소장)

⑥ 경상북도(3)

관음사 칠성탱(1892, 경상북도 고령군 관음사 소장)

직지사 아미타불탱(1898, 경상북도 김천시 직지사 소장)

보덕암 금선대 아미타불탱(1916, 경상북도 구미시 남화사 소장)

⑦ 경상남도(3)

해인사 괘불탱(1892, 경상남도 합천군 해인사 소장)

해인사 대적광전 팔상탱(1892, 경상남도 합천군 해인사 소장)

통도사 만세루 감로왕탱(1900, 경상남도 양산시 통도사 소장)

⑧ 전라북도(14)

금산사 미륵전 신중탱(1890, 전라북도 김제군 금산사 소장)

심곡사 아미타불탱(1892, 전라북도 김제군 금산사성보박물관 소장)

남고사 아미타불탱 (1907, 전라북도 전주시 남고사 소장)

남고사 지장시왕탱(1908, 전라북도 전주시 남고사 소장)

승암사 칠성탱(1908, 전라북도 전주시 남고사 소장)

백운암 칠성탱(1909, 전라북도 익산시 백운암 소장)

백운암 독성탱(1909, 전라북도 익산시 백운암 소장)

백운암 산신탱(1909, 전라북도 익산시 백운암 소장)

서고사 나한전 독성탱(1911, 전라북도 전주시 서고사 소장)

영월암 지장탱(1912, 전라북도 장수군 영월암 소장)

영월암 칠성탱(1912, 전라북도 장수군 영월암 소장)

숭림사 보광전 삼세불탱(1913, 전라북도 익산시 숭림사 소장)

위봉사 보광명전 신중탱(1896, 전라북도 완주군 위봉사 소장)

원통사 원통보전 칠성탱(1907, 전라북도 무주군 원통사 소장)

⑨ 전라남도(1)

고란사 아미타불탱(1931, 전라남도 영광군 봉정사 소장)

⑩ 기타(3)

석천암 아미타불탱(1893, 경희대학교 박물관 소장)

석천암 신중탱(1893, 경상북도 경주시 동국대학교 박물관 소장)

석천암 칠성탱(1893, 서울특별시 동국대학교 박물관 소장)

이와 같이 90여 점의 작품을 토대로 활동 영역을 보면, 그의 작품은 1898년 경선응석과 파주 〈보광사 독성탱〉을, 동호진철東湖震徹과 〈통도사 감로왕탱〉을 조성한 것을 제외하면 대부분 충청도와 전라도 지역을 크게 벗어나지 않았다. 특히 초본 제작에 뛰어난 기량을 보여 당시 보응문성의 바림질과 더불어 최고로 꼽혔다. 현존하는 작품 가운데 50여 점이 직접 출초한 것이다.

이 중 마곡사에 소장되어 있는 작품은 〈마곡사 대웅보전 삼세불탱〉(1905), 〈마곡사 영산전 신중탱〉(1910), 〈마곡사 영은암 신중탱〉(1912), 〈마곡사 심검당 석가모니불탱〉(1924), 〈마곡사 대광보전 신중탱〉(1924), 〈정토종 포교당 지장탱〉(1928), 〈정토종 포교당 시왕탱〉(1928), 〈마곡사 청련암 아미타불탱〉(1934)의 8점으로, 1905년부터 1934년까지 제작된 작품들이 남아 있다.

연암경인의 작품

연암경인蓮庵敬仁은 금호약효의 화맥도에는 보이지 않지만, 금호약효의 문하에서 불화 수업을 받은 제자임에는 틀림없다.[32] 〈마곡사 대광보전 신중탱〉(1924), 〈마곡사 심검당 신중탱〉(1924), 〈마곡사 대원암칠성탱〉(1936)의 화기에는 '연담당 경인蓮潭堂 敬仁'으로 되어 있다. 속성은 류씨柳氏이며 속명은 알 수 없다. 화승 외에 1929년 11월부터 1931년 4월까지 보령 중대암 주지를 맡았다.

그는 19세기 후반에서 20세기 전반까지 활동했던 화승으로 현존 작품으로 볼 때 1910년부터 1942년까지의 작품이 남아 있다. 1910년 갑사 〈팔상전 석가모니후불탱〉과 〈대웅전 신중탱〉에서 처음으로 이름이 보인다. 이후 1913년까지 금호약효 문하에서 갑사와 마곡사의 불화를 조성하였다. 1917년에는 보응문성과 법주사 〈대웅보전 후불탱〉을 조성하면서 '연암蓮庵'이라는 당호를 사용하였다.[33]

1918년에는 활동 지역의 범위를 넓혀 순천 선암사에서 〈응진당 십육나한탱〉을 조성하는 데 참여하였다. 이때 벽월창오碧月昌旿·고산축연·초암세복草庵世復·관하종인觀河宗仁·석초봉영石樵琫榮 등 당시 서울과 전라도·금강산 지역을 대표하는 화승들과 함께하면서 기량을 닦았을 것으로 여겨진다. 그러나 독립하여 일가를 이루지 못하고 다른 화승의 보조 역할에 머물렀다.

마곡사에 전하는 작품은 〈마곡사 영은암 신중탱〉(1912), 〈마곡사 청련암 칠성탱〉(1912), 〈마곡사 청련암 독성탱〉(1912), 〈마곡사 백련암 독성

---

32 화기들을 종합해 볼 때, 영성몽화나 향암성엽 · 효암재찬과 같이 약효의 2세대 제자였던 것으로 추정된다.
33 국립문화재연구소, 『한국역대서화가사전』, 국립문화재연구소, 2011, p.189.

탱〉(1913), 〈마곡사 심검당 아미타후불탱〉(1924), 〈마곡사 심검당 신중탱
〉(1924), 〈마곡사 대광보전 신중탱〉(1924), 〈마곡사 대원암 석가모니후불
탱〉(1936), 〈마곡사 대원암 칠성탱〉(1936)의 9점이 있다.

보응문성의 작품

보응문성이 화사로 참여한 것은 1892년 수화승 서암전기瑞巖典琪와 더
불어 조성한 〈해인사 괘불탱〉과 〈해인사 팔상탱〉, 해인사 국일암에서 조
성된 〈관음사 칠성탱〉의 화기에 처음으로 이름이 기록되었다.[34] 1895년
에는 직접 수화승이 되어 완주 〈학림사 지장시왕탱〉을 조성하였고, 1901
년에는 〈선운사 팔상전 아미타불탱〉, 〈선운사 팔상전 팔상탱〉, 〈선운사
신중탱〉, 〈선운사 산신탱〉 등을 조성하였다. 이때 선운사에서는 섬광이
보였다고 하며, 1947년 권상로權相老는 당시의 정황을 다음과 남겼다.

> "지금으로부터 47년 전 광무신축(1901) 전북 무장[지금의 고창]의 도솔산
> 선운사에서 대불모 보응장로를 청하여 팔상탱을 조성하였다. 그러나 가뭄
> 으로 양식이 다하여 불사를 중단하고 가을까지 기다리자고 결의한 밤, 갑
> 자기 영산전 주불에서 여덟 줄기의 빛이 뻗어 나와 밝게 빛나며 꺼지지 않
> 았다. 이 모습을 보고 들은 주변의 사람들은 모두 정성을 내어 이로 인하
> 여 완성하였다.
> 往在四十七年前 光武辛丑 自全北茂長今 高敞之兜率山禪雲寺 邀請大佛母

---

34 보응문성의 이름이 처음 나타난 작품은 1891년 산청 〈정취암 칠성도〉이다. 그러나 이는
증명으로 기록된 것이므로 그가 화사로 참여했다고 보기는 어렵다.

普應長老 造成八相各部 適 値天早 糧餉艱匱 乃欲中輟 待秋續成 決議之夜
忽自靈山殿 主佛 放八條光明 徹宵不滅 遠近見聞 咸輸誠信 仍得完成."
- 權相老, 『退耕堂全書』卷1,「京城府終南山鶴松寺佛像新造成 腹藏願文」

　1903년에는 순천 송광사에서 고종황제의 기로소 입소를 기념하는 원
당을 설치하고 단청을 하였는데, 보응문성은 묘영·천희와 더불어 초본을
담당하였다. 이때 그려진 벽화가 현재 송광사 관음전 내부에 남아 있다.

　현재 보응문성의 작품으로는 1892~1952년까지 60여 년 동안 제작한 작
품이 남아 있으며, 활동 범위도 어느 한 지역에 머무르지 않고 전국 각지
에서 제작한 것이 대다수이다. 또한 말년까지도 붓을 놓지 않는 왕성한
열정을 보여주었다. 그의 작품은 배경의 사실적인 묘사와 섬세한 바림질
에 특징이 있다. 또한 시대 상황에 맞는 새로운 도상을 창출하려는 모습
도 보여준다.

　마곡사에 남아 있는 보응문성의 작품은 〈마곡사 대웅보전 삼세불탱
(1905), 〈마곡사 영은암 신중탱〉(1912)만 남아 있어 단순히 수치 면으로만
보면, 그가 당시 마곡사 화승으로서 마곡사에 남긴 작품은 매우 적다고
볼 수 있다. 그 밖에 금호약효의 스승인 춘담봉은의 작품도 몇 점 보이는
데, 〈마곡사 청련암 석가모니후불탱〉(1861), 〈마곡사 부용암 아미타후불
탱〉(1861), 〈마곡사 서산대화상휴정진영〉(1927)에 춘담봉은이 화사로 기
록되어 있다.

　마곡사의 불화는 2012년 9월 27일부터 12월 9일까지 국립공주박물관에
서 '마곡사, 근대 불화를 만나다' 라는 주제로 특별전이 개최되어 일반에
소개된 바 있다. 이 특별전에는 19세기 후반부터 1945년 사이에 제작된

마곡사의 근대불화가 전시되어 당시의 시대상을 반영한 모습을 보여주었다. 고려시대에 제작된 보물 『감지은니묘법연화경』(1388)과 마곡사의 화승들이 참여한 〈신원사 신중탱〉(1907), 〈표충사 천수천안관음탱〉(1930), 〈흥천사 감로탱〉(1939) 등 100여 작품이 소개되었다. 쉽게 볼 수 없는 작품들을 한자리에서 감상할 수 있다는 것은 연구자에게는 큰 감동을 주기 충분하다. 따라서 앞으로도 이러한 특별전이 자주 개최되기를 기대한다.

〈마곡사 석가모니불괘불탱〉

〈마곡사 석가모니불괘불탱〉[35]은 1997년 8월 보물 제1260호로 지정되었다. 제작 시기는 조선 숙종13년(1687)[36]으로 석가모니불을 주존으로 비로자나불과 노사나불이 좌우 협시한 삼신불을 위시로 육대보살, 십대제자, 제석과 범천, 사천왕, 천자, 아수라, 용왕, 벽지불 등을 갖추고 보살 형태의 보관을 쓰고 연꽃 가지를 들고 서 있는 모습이다.

화사는 능학能學이 수화사를 맡아 그린 것이다. 능학을 비롯하여 계호

---

35 이 괘불탱에 대한 좀 더 자세한 정보는 다음을 참조. 문화재청, 『대형불화정밀조사보고서1: 마곡사 석가모니불괘불탱』, 문화재청, 2016; 문화재청, 『전국 사찰소장 불화 조사보고서4: 마곡사 본·말사 편』, 문화재청, 2000; 김정희, 「麻谷寺 掛佛幀」, 『통도사성보박물관 괘불탱 특별전』도록12, 통도사성보박물관, 2004; 김선태, 「충남지방의 괘불조사: 마곡사, 갑사, 신원사괘불을 중심으로」, 『학술연구발표논집』4, 국립문화재연구소, 1990; 박은경, 「조선 17세기 충청권역 戴冠菩薩形 掛佛의 특색」, 『文物硏究』23, 동아시아문물연구학술재단, 2013.
36 이는 화기에 의해 제작연대가 밝혀진 것이다. 화기의 기록에는 "강희26년 정묘, 5월에 공주목의 서쪽 화산 마곡사괘불탱을 조성하여 마쳤다(康熙二十六年丁卯五月日公洪道公州牧地西嶺華山麻谷寺掛佛幀造成畢功)"라고 기록하여 괘불탱을 조성한 시기와 장소를 밝히고 있다.

그림2. 〈마곡사 석가모니불괘불탱〉
(조선 후기, 1,169cm×752.2cm, 삼배바탕에 채색)

戒湖, 유순唯順, 처묵處黙, 인행印行, 정인精印이 화원으로 참여했다. 이 중 능학, 계호, 인행은 「공산지화산마곡사이층대장전단청기公山地華山麻谷寺 二層大藏殿丹靑記」(1670)를 통해 17년 전 마곡사 대장전의 단청 작업에도 참여했음을 알 수 있다. 따라서 이들도 마곡사를 비롯한 충청 지역 일대 에서 활동했던 인물이라 추정된다.

임진·병자 양난으로 피폐해진 마곡사를 다시 일으키기 위해 대규모 중 창이 이루어졌고, 중창 불사가 이어지는 중에 괘불이 조성되었다. 마곡사 승려와 신도 등이 바탕천, 금, 아교, 먹 등 괘불 제작에 필요한 물목을 시 주했다.[37]

조선의 치국 이념이 숭유억불에 있었음에도 불구하고 조선왕조 기간 동안 국왕들의 불교 옹호 정책 덕분에 불교미술 조형 활동 등이 중지되지 않고 지속되어 왔다. 그 일단을 실록의 기사를 통해 살펴보자.

"임금이 화공에게 분부하여 부처를 그려서 새 궁궐에 안치하고 불사를 일 으키게 하였다.
上命工畫佛, 安于新宮, 作佛事, 『태조실록』 9권, 태조 5년 1월 24일 계미.

"명하여 화원 이원해 등 15인을 각림사로 보내니, 절에서 낙성을 알린 때 문이었다. 또 여러 채색을 내려 주었다.
命遣畫員李原海等十五人于覺林寺, 以寺告成也. 且賜諸彩色, 『태종실록

---

37 「서울에 나툰 공주 마곡사 석가모니부처님 '괘불'」, 《법보신문》 2019. 04. 23.

33권, 태종 17년 4월 2일 무오.

"창성은 미타불과 팔대보살을 그릴 금 1전 5푼을 요구하고, 윤봉은 소불을
장식할 채색을 요구하니, 명하여 이를 주게 하였다.
昌盛求金一錢五分 畫彌陀八大菩薩, 尹鳳求粧小佛彩色, 命與之, 『세종실
록』44권, 세종 11년 6월 8일 계미.

"흥천사 사리각의 화공 20여 인이 석가의 상을 그리는 것과, 동우와 종루
에 단청을 하는 역사는 오히려 그치지 않았다.
興天寺舍利閣畫工二十餘人圖(盡)〔畫〕釋伽像, 丹臒棟宇及鍾樓之役則猶不
輟,『세종실록』89권, 세종 22년 4월 25일 정유.

"새로 불탱을 그려서 이루어지니, 점안의 법연을 빈전에서 베풀고, 승도들
에게 보시하기를 차등 있게 하였다.
新畫佛幀成, 設點眼法筵于殯殿, 布施僧徒有差,『예종실록』2권, 예종 즉위
년 11월 8일 갑자.

〈마곡사 석가모니불괘불탱〉 또한 왕실발원 불화[38]의 일면을 보여준다.

38 이에 대해서는 다음을 참조. 문명대, 「조선 명종대 지장시왕도의 성행과 가정 34년
    (1555) 지장시왕도의 연구」, 『강좌미술사』7, 한국미술사연구소, 1995, pp.7-19; 정우
    택, 「조선왕조시대 전기 궁정화풍 불화의 연구」, 『미술사학』13, 한국미술사교육연구회,
    1999, pp.129-166; 김정희, 「문정왕후의 중흥불사와 16세기의 왕실발원 불화」, 『미술사
    학연구』231, 한국미술사학회, 2001, pp.5-36.

중앙의 석가모니불은 용화수 가지를 양손에 받쳐 들고 있는 모습으로 손이 다른 신체 부분에 비해 크게 그려져 있다. 괘불 뒷면에는 도광道光12년(1832) 4월에 수륙재를 위해 괘불을 모셨고, 대한광무大韓光武 8년(1904) 9월 23일에 사십구재를 위해 모셨다는 기록이 있다. 또한 2층 누각의 개수 때인 신묘년辛卯年에 이 괘불도 개수했다는 기록이 보인다. 근래에는 1997년 불모인 석정石鼎이 화주로 보수를 했다.[39]

보관불형寶冠佛形[40] 주존불상은 머리에 보관을 쓴 모습으로 관을 쓰고 있어서인지 얼굴이 크게 보인다. 〈마곡사 석가모니불괘불탱〉은 얼굴이 갸름한 형태로 〈율곡사괘불탱〉[41]·〈적천사괘불탱〉[42]도 이와 유사한 형태를 보이고 있다.

이 세 작품 모두 관에 화불을 모시고 있지만, 마곡사의 경우는 턱이 뾰족하게 그려져 있다.[43]

광배는 둥근 머리광배와 배[舟] 모양의 몸광배로 구분되는데 머리광배에는 작은 부처 여러 구를 그려 넣었다. 보관에는 연화문과 여의두문, 봉황문 등과 육자대명왕진언六字大明王眞言이 쓰인 화염보주가 화려하게 장

---

39 문화재청,『全國 寺刹所藏 佛畵 調査報告書4: 麻谷寺 本·末寺 篇』문화재청·사단법인 성보문화재연구원, 2000, p.25.
40 보관불형은 주존불상이 머리에 보관을 쓰고 설법인을 취하거나 손에 연꽃 가지를 든 蓮持印으로 보살상의 모습을 취하고 있는 상을 말한다. 마곡사 석가모니불괘불탱은 연지인 보관불형에 속한다.
41 국립문화재연구소,『괘불조사보고서 제Ⅲ집 경상남·북도』, 국립문화재연구소, 2004, p.51.(도7)
42 위의 책, p.11.(도1)
43 김창균,「조선 仁祖-肅宗代 불화의 도상 특징 연구」,『강좌미술사』28, 한국불교미술사학회, 2007, p.71

식되어 있다. 또한 보관의 끝부분에는 지권인을 한 7존의 화불이 표현되어 있다. 특히 화면 상단 좌우에 법신法身 비로자나불과 보신報身 노사나불을 배치하여 화신化身 석가모니불과 더불어 전체적으로는 삼신불三身佛의 구도를 갖추었다. 또한 좌우 협시로는 미륵보살과 제화갈라보살을 배치하여 수기삼존授記三尊 형식을 갖추었다. 석가모니불을 좌우에서 협시하고 있는 제화갈라보살을 비롯한 6대 보살은 관음·대세지·문수·보현보살로 구성되었으며 10대 제자상과 보향·명월천자가 상단 좌우 끝에 그리고 아수라 가루라 용왕들이 배치되어 있다. 하단 중앙의 화기로 보아 시주자를 비롯한 여러 승려와 일반인들이 제작에 참여하였으며 석가탄신일 외에도 수륙재와 49재에 쓰였던 그림임을 알 수 있다.

삼신불 가운데 석가불을 노사나불과 동일하게 보살형으로 형상화한 독특한 형태의 그림이며 중앙의 '천백억화신석가모니불千百億化身釋迦牟尼佛'이란 석가의 존명을 기록한 방제와 함께 각 상들의 방제도 기록되어 있어 17세기 도상 비교 연구에 자료적 의의가 큰 작품이다.

각 상들의 방제를 보면 중앙 천백억화신석가모니불은 중생을 제도하기 위하여 그들의 근기에 맞추어 수없이 모습을 바꾸어 보인다는 석가모니불이라는 의미이다. 좌측은 위쪽부터 아래 방향으로 다음과 같은 존명이 기록되어 있다.

청정법신비로차나불淸淨法身毘盧遮那佛, 아도세왕阿闍世王, 나후아수라왕羅睺阿修羅王, 바가라용왕娑迦羅龍王, 벽지불辟支佛, 손다라존자孫陀羅尊者, 명월천자明月天子, 나후라존자羅睺羅尊者, 수보리존자須菩提尊者, 대목건련존자大目揵連尊者, 마하가섭존자摩訶迦葉尊者, 상방대범천왕上方大梵天王,

관세음보살觀世音菩薩, 대지문수사리보살大智文殊師利菩薩, 좌보처자씨미륵보살左補處慈氏彌勒菩薩, 북방다문천왕北方多門天王, 동방지국천왕東方持旺天王.

그리고 우측에는 좌측과 대칭적으로 다음과 같은 존명이 기록되어 있다.

원만보신노사나불圓滿報身盧舍那佛, 대위덕가루라왕大威德迦樓羅王, 파치아수라왕婆稚阿修羅王, 벽지불辟支佛, 화수길용왕和修吉龍王, 보향천자普香天子, 마하구치라존자摩訶俱絺羅尊者, 사리불존자舍利佛尊者, 교범파제憍梵波提, 부루나존자富樓那尊者, 유통교해아난존자流通教海阿難尊者, 도리천주제석천왕忉利天主帝釋天王, 대세지보살大勢至菩薩, 대행보현보살大行普賢菩薩, 우보처제화갈라보살右補處提花竭羅菩薩, 서방광목천왕西方廣目天王, 남방증장천왕南方增長天王.

그런데 존명을 적은 방제 가운데 9개의 경우 존명 앞에 '발[犮]'이라는 글자가 더 기록되어 있다.

『대형불화정밀조사보고서1: 마곡사 석가모니불괘불탱』(2016)에서는 9개의 방제는 중앙의 천백억화신석가모니불과 좌측의 명월천자, 벽지불, 관세음보살, 대지문수보사리보살, 그리고 우측의 보향천자, 벽지불, 대세지보살, 남방증장천왕으로 존명 앞에 왜 '발犮'이라는 글자를 추가한 이유

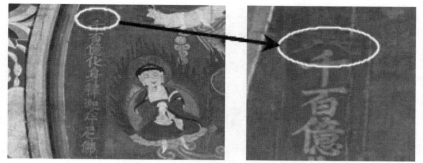

그림3. ꝏ千百億化身釋迦牟尼佛의 'ꝏ'字

에 대해서는 알 수 없다고 했으나,[44] 이 글자를 '발'자가 아닌 '입'자로 봐야

하는 이유는 석가모니불·관세음보살·문수보살과 같은 9존명의 각 권속

들까지 내재되어 있다는 의미로 이해할 수 있다.

특히 괘불 화면 상단의 화면과 상축 사이 변아邊兒에는 아홉 마리의 용

이 길게 목을 내밀고 물을 뿜는 듯한 모습으로 장식되어 있다. 이는 석존

탄생 시 아홉 마리의 용이 물을 뿜어 목욕을 시켰다는 '구룡토수九龍吐水'

설화를 표현한 것이다. 그리고 용과 용 사이에 13개의 붉은 이 중 원을 그

리고 안에 진언을 넣어 대형 화면에 생명력을 부여했다.

이 진언은 『조상경造像經』[45] 「삼실지단석三悉地壇釋」에 나타난 '24열금

---

44 문화재청, 『대형불화정밀조사보고서1: 마곡사 석가모니불괘불탱』, 앞의 책, pp.30-31.
    이 보고서에서는 '발'자로 보고 있다. 그러나 마곡사의 정통 화맥을 잇고 있는 태산지정
    泰山知靜의 제자 진호병진眞皓炳震의 증언(2021.12.19.)에 의해 '입'자로 바로 잡는다.
45 『조상경』은 龍泉寺板(1575), 楞伽寺板(1697), 華莊寺板(1720), 金龍寺板(1746), 楡岾寺
    板(1824), 필사본(조선 후기)이 전해지고 있다.

강왕여래' 중 13개를 나타낸 것으로, 이선용의 연구에서 각 진언의 방위와 존명을 잘 정리해 주고 있다.[46] 〈마곡사 석가모니불괘불탱〉에 사용된 진언과 열금강왕여래는 다음과 같다.

日精菩薩(작-丑)·月精菩薩(잠-甲)·精進菩薩(빙-丁)·文殊菩薩(참-寅)·觀世音菩薩(삭-戌)·彌勒菩薩(믹-丙)·釋迦如來(밤-卯)·藥師如來(부-巳)·阿彌陀如來(ᄒ릭-巽)·大勢至菩薩(삼-乾)·普賢菩薩(밤-癸)·虛空菩薩(캄-辰)·盧舍那佛(샹-乙)

이상, 〈마곡사 석가모니불괘불탱〉에 표현된 불보살과 제자, 신중 등은 석가모니불이 영취산에서 설법할 때 운집했던 청중들의 모습을 대표적으로 묘사한 것임을 알 수 있다.

2. 화승의 계파와 금호약효의 화맥 전승

초기 불교에서는 승려가 수행에만 전념하도록 노동이나 생산 활동에 종사는 것을 금하였다. 그러나 대승불교의 보살사상이 나오면서 『유가사지론瑜伽師地論』에서는 승려가 보살이 되려면 다섯 가지 일에 밝아야 한다는 '오명五明'[47]을 익혀서 중생에게 베풀 것을 제시하고 있다. 여기서 오

---

46 이선용, 「불화에 기록된 범자와 진언에 관한 고찰」, 『미술사학연구』278, 한국미술사학회, 2013, pp.131-133. 〈표1〉 '『조상경』에 기록된 범자와 진언' 참조

47 오명五明은 인도 고대의 학과學科를 총칭하는 것인데, 첫째는 내명처內明處로서 불교를 말하고, 둘째는 의방명처醫方明處로서 의술과 약학을 말하고, 셋째는 인명처因明處

명 중 하나인 '공업명工業明'은 온갖 세간의 공교한 일에 능숙할 것을 말한다.[48] 즉, 이것은 현실 생활에 유용한 제작 기술을 습득하는 것이다. 이러한 의미에서 불화승들의 행위가 정당화될 수 있다.

사원 정착 생활이 일반화되면서 신앙 활동에 필요한 각종 기물들을 만드는 역할을 하는 것도 승려의 몫이었다. 특히 선종에서는 자급자족하는 공동체 생활을 영위하면서 승려 개개인에게 특성에 맞는 임무가 주어져 왔다. 한국불교 또한 이러한 영향을 받아 각 분야에서 특출한 능력을 가진 승려들이 나오게 된다.

마곡사가 세계유산으로 등재되기까지 다른 사원과 비교되는 특징이 바로 불화소에 있는 만큼 이에 대한 탐색은 마곡사의 특징을 정초 짓는 일이라 하겠다. 따라서 여기서는 마곡사 불화소의 근본을 이루고 있는 금호약효 문도의 화맥과 불화들에 대해 점검해 보고자 한다.

1) 한국 화승의 계파

임난·병난은 전 국토를 초토화시켰다. 극심한 피해가 어느 정도 회복된 것은 영·정조대에 와서이다. 이 시기에는 모든 면에서 새로운 융성기

로서 변론학을 말하고, 넷째는 성명처聲明處로서 문전文典과 문학文學을 말하고, 다섯째는 공업명처工業明處로서 공예와 미술을 말한다.

48 이 공업명에도 다음의 12가지가 있다. "營農工業 商估工業 事王工業 書算計度數印工業 占相工業 呪術工業 營造工業 生成工業 防邪工業 和合工業 成熟工業 音樂工業.", 『瑜伽師地論』(大正藏 30, p.361b)

를 맞았는데, 사찰에서도 전각의 중건과 불상이나 불화의 조성[49]이 많이 이뤄졌다. 당시의 공역工役 동원 체계는 대개 수화승과 유파 중심의 공동 작업으로 이루어졌기 때문에 화사의 전승 계보 또한 그러한 맥락에서 이해할 수 있다.

이와 같이 화승은 불화를 조성한 것이 주 임무였지만, 불상을 조성하기도 하고 사찰 내의 전각이나 궁궐 건물 등의 단청도 맡아 하였다. 이들은 특정 사찰에서 집중적으로 배출되었고 전승이 이루어졌다.

불화를 총괄하는 승려를 '금어金魚'라 하며 수화사 또는 수화승으로 부르고 주로 불화의 밑그림인 출초를 내는 역할을 맡는다. '금어'란 명칭의 유래는 정확히 알 수는 없으나 "부처님이 극락의 못에 들어가 금어가 없는 것을 보시고 불의 모습을 현세에 묘사하는 자가 있으면 내세에 극락의 금어로 환생시켜줄 것을 약속한 데서 부처의 모습을 그리는 승려를 금어라 하였다"[50]라고 한다. 금어는 불모佛母·화사畵師·畵士·화원畵員·畵圓·화공畵工·편수片手·용면龍眠·양공良工·출초出草·수두首頭·비수毘首·경화敬畵·채화彩畵·회사繪事라고도 하는데, 지역별로 다르게 표현되기도 한다. 경상도 지역에서는 화기에 용면, 수두, 양공 등이 보이고, 전라도 지역은 경화, 비수 등의 용어가 보인다.

현재 마곡사에는 불화를 그리는 화승들의 비를 모셔 놓은 '불모비림佛母碑林'이 있다. 이 불모비림은 다른 사찰에서는 볼 수 없는 오직 마곡사에

---

49 양난 이전의 불화는 거의 남아 있지 않는데, 이는 새로운 불화를 봉안할 때 관행에 따라 퇴색되고 낡은 고불화古佛畵를 소각시켰기 때문이다.
50 李宗洙·許詳浩, 「17-18세기 불화의 畵記 분석과 용어 考察」, 『불교미술』 21, 2009, p.144; 김정희, 『찬란한 불교미술의 세계 불화』, 돌베개, 2009, p.338.

그림4. 마곡사 불모비림(佛母碑林) 전경

만 있는 것으로, 마곡사가 화승 교육의 중심지임을 강변해 주는 것이다.
불모비림은 일섭문도회가 2000년 3월 창립총회를 열고 동년 10월 보응불
모비 제막식 이후 경내 뒤편에 조성하기 시작하여 2006년 10월 금호약효,
호은정연, 금용일섭, 회응상균, 명성우일 불모비를 제막하였고 매년 불모
비림다례재(불모다례제)가 개최된다. 이 다례제는 마곡사가 유네스코에
등재되는데 결정적 기여를 하였다.

　이와 같이 마곡사는 근대 불화의 중심지로서 충청도 지역을 중심으로
근대불교문화의 맥을 이어오고 있다. 이 밖에 북방 지역은 유점사楡岾寺
를 중심으로 한 금강산 유파, 경기·서울 화소[51]는 흥국사를 중심으로 한
수락산 유파가 있다.

표2. 한국 불화의 화소와 계파

불화소	중심사찰	계파
마곡사 화소	마곡사	계룡산 유파
유점사 화소	유점사	금강산 유파
흥국사 화소	흥국사	수락산 유파, 경산 유파

　마곡사 화소에 대해서는 뒤에서 금호약효를 중심으로 살펴보도록 하
고, 여기서는 유점사 화소와 흥국사 화소에 대해서만 언급하도록 하겠다.

51　경산화소의 계맥에 대한 좀 더 자세한 연구는 다음을 참조. 유경자,「京山畵脈 系譜와
　　萬奉佛畵 圖像 硏究」, 위덕대 박사논문, 2020.

유점사 화소

유점사 화소는 강원도를 중심으로 금강산의 유점사와 건봉산의 건봉사, 오대산의 월정사와 상원사 등이다. 이 중에서 화승 교육의 핵심 사찰은 유점사이다. 유점사는 강원도 고성군 서면에 위치해 있고 지금은 북한 땅으로 편입되어 그 터만 남아 있는 실정이다. 일제강점기에는 31본산 중 하나로 말사 57개를 관장하던 금강산 제일의 사찰이었다.

유점사는 1168년 자순資順과 혜쌍慧雙이 왕실의 시주로 건물 500여 칸을 중수한 것을 비롯하여, 조선 후기에 이르기까지 화재와 양난 등의 피해 속에서도 왕실의 후원으로 중창과 중수가 수없이 이루어졌다. 이렇듯 유구한 역사와 왕실의 후원으로 이룬 중창 기록에 비하여 현존 불화의 시기가 이른 것은 알려지지 않는다.

유경자는 "당시 유명한 불모들의 근거지였던 유점사와 말사인 신계사, 장안사, 표훈사 등의 연화질에는 19세기의 화사로 만파萬波, 창화瑲瞱, 화산華山, 체훈體訓, 긍율肯律, 응석應釋, 상규尙奎, 축연竺演, 철유喆侑, 종인宗人, 혜호慧皓, 응상應相 등의 화적이 남아 있다"[52]고 하였다.

특히 2000년 '제1종 전문박물관'이 된 월정사 성보박물관은 강원도 남부 전통사찰들에 봉안되었던 18-19세기 불화 등 많은 성보문화재가 소장되어 있다. 월정사를 비롯한 강원도 사찰 불화 화기에는 18세기 서울·경기 화맥을 잇는 수화승 관허설훈寬虛雪訓과 예운상규禮芸尙奎, 19세기 사불산파의 신겸信謙, 19세기 말에서 20세기 초의 화사 재근在根, 고산축연,

---

52 유경자, 「경산화맥 계보와 만봉불화 도상 연구」, 위덕대 박사논문, 2019, p.25.

석옹철유 등의 기록이 보인다.

고산축연과 석옹철유는 공동작업을 많이 하였다. 이들은 유점사에서 불화 수업을 한 후 강원도를 경유하여 수도권으로 내려와 서울·경기 화사들과 교유하며 활동하다가 경상도, 전라도 등지로 이동하며 활동하였는데, 화려한 서울·경기 화풍보다는 1880년대 이후 음영 표현의 서양화법을 적극 수용한 불화를 조성하였다.[53]

흥국사 화소

흥국사 화소는 주로 서울·경기지역에서 활동하면서 화맥의 전승을 이루어 왔다. 만봉자성萬奉慈性(1910-2006)을 중심으로 현재까지 유일하게 그 화맥이 전승되고 있다. 만봉자성의 생존 시 구술 증언과 불화초본과 관련 자료에 의해 8대에 걸쳐 현재까지 이어지고 있는 화맥의 계보가 확인된다. 즉, 흥국사 화소의 시작을 알린 학송각총鶴松覺聰에 이어서 관허설훈→상겸尙謙→인원체정仁源體定→경선응석慶船應釋의 화맥을 이은 예운상규의 화법은 다시 봉원사의 만봉자성에게로 맥이 이어지면서 현대까지 전승되고 있다.

흥국사 화소는 지역적 특성상 전통과 함께 근대에 유입된 외래 사조를 반영하고 있으며 국외로부터 재료의 도입에도 적극적이었다. 그리고 사찰 내외와 시대적 상황에서 불화의 도상을 새롭게 창출하면서 불교미술이 일반적 확산에도 기여했다. 이 흥국사 화소의 중심 사찰은 남양주시에

53 장희정, 『조선 후기 불화와 화사 연구』, 일지사, 2003, pp.152-154 참조.

있는 대한불교조계종 제25교구 본사인 봉선사의 말사 수락산 홍국사이다. 홍국사는 1568년 선조宣祖가 부친인 덕흥대원군德興大院君의 능침陵寢 원찰願刹[54]로 지은 것으로, 이때는 '홍덕사興德寺'(일명 '덕절')로 불리다가 1626년 홍국사로 개명하였다.

홍국사의 대표 화승은 경선응석으로 그는 은봉신경隱峰信瓊에게서 배워 화업을 시작하였다. 이후 봉원사의 만봉자성에 의해 홍국사 화소가 서울·경기 지역의 유일한 화승 교육의 산실로 인정받고 있다. 이 밖에도 서울 성북구 안암동에 위치한 개운사는 근대의 고승 석전 박한영石顚 朴漢永(1870-1948)이 1926년부터 머물면서 불교전문강원을 개설하여 불교계 지도자를 길러낸 곳으로, 1981년부터 중앙승가대학의 교육장으로 정착되면서 한국 불교 인재양성의 도량이 된 곳이다. 이곳에서 1970년대 탄허吞虛(1913-1983)가 주석하면서 역경사업을 펼쳤고, 조선 후기 서울·경기 지역의 화승 양성소로 거론[55]되기도 하지만 관련 기록을 찾을 수 없는 한계가 있다. 단지 홍국사 응석의 불화가 남아 있을 뿐이다.

홍국사 화소의 화사들이 조성한 불화는 현재까지 전국적으로 다수가 전하고 있으며, 현존하는 이들의 불화는 18세기 초에 이어서 특히 18세기 후반에서 19세기 후반에 이르기까지의 불화가 대다수이다. 이는 서울·경

---

54 덕흥대원군의 원찰은 남양주 홍국사와 삼각산의 華溪寺이다. 이 두 사찰은 왕실의 비호를 받으면 발전하였다. 홍국사는 화승의 양성을 맡았고, 화계사는 범패승의 양성을 맡아 "덕절은 불을 때면서도 불막대기로 十王草를 내고, 화계중은 불을 때면서도 初喝香을 한다"(김형우·신대현·안병인 공저, 『韓國의 寺刹』上, (재)대한불교진흥원, 2004, p.127)는 속담이 생겨났다.

55 石鼎, 「韓國의 佛畵草」, 『韓國의 佛畵草本』, 통도사성보박물관, 1992, p.9.

기지역의 사찰들이 거리상 왕실과 가까웠고 왕실의 후원과 보호 아래에서 원찰이 지속되며 특권층의 시주로 이루어진 불사가 많았기 때문이다. 또한 불사에 사용되는 재료를 구하는 데도 용이하였던 서울·경기지역의 화승들은 그 역량을 한껏 발휘할 수 있는 유리한 환경에 있었다.

2) 금호약효의 화맥 전승

불모 금호약효의 화맥 전승

마곡사에 봉안 또는 소장되어 있는 불화는 거의가 당대 대불모大佛母인 금호약효의 헌신적인 불사에 의해 조성된 것으로 금호약효는 불모를 양성하는 여러 화소畵所 가운데 마곡사 화소 출신으로 마곡사에 오랫동안 주석하면서 가람의 중수와 불화 조성 등에 따른 화주化主를 했다.

금호약효는 많은 제자를 양성하여 보응문성普應文性[56]·호은정연湖隱定淵·금용일섭金容日燮·춘화만총春花萬聰·청응목우淸應牧雨 등과 융파법융隆坡法融·예암상옥睿庵詳玉·송파정순松坡淨順·춘담성한春潭盛漢·진음상오震音尙昨·월암응탄月庵應坦·영성몽화永惺夢華·원응천일圓應天一·연암경인蓮庵敬仁·효암재찬孝庵在讚·성화性燁 등 유명한 화승들이 금호약효의 영향을 받았다.[57]

마곡사 화소는 19세기 후반 금호약효를 중심으로 계룡산 일대에서 화

---

56 불모비림 중 문성의 뒷면에 현대로 이어지는 화승들의 화맥이 빼곡하게 적혀 있다.
57 문화재청, 『전국 사찰소장 불화 조사보고서4: 마곡사 본 · 말사 편』, 문화재청, 2000, p.23; 장희정, 「조선 후반기 지역 불화의 활성과 계룡산의 화승들」, 국립공주박물관, 『마곡사 근대불화를 만나다』, 국립공주박물관, 2012, p.216.

그림5. 금호당 약효 진영
(1934년, 견본채색, 115.5×60cm)

맥이 형성되어 충청도 지역의 불화 제작이 활성화되었다. 특히 충청도 불화는 금호약효가 활동하기 이전, 즉 18세기에는 거점 화사가 없이 전라도나 경상도 화사들이 왕래하며 제작하였지만 19세기 후반부터는 금호약효가 제작하고 있어 19세기 후기 금호약효의 역할은 매우 중요하다. 또한 다른 화승들의 화맥이 끊긴 상황에서 금호약효의 화맥만이 지금까지 이어지고 있어 현대의 화승 계보를 조명하기 위해서도 금호약효에 대한 연구는 지속될 필요가 있다.

금호약효는 서울, 경기도, 충청도, 전라도, 경상도 등에 걸쳐 폭넓게 화업 활동을 하였다.[58] 금호약효를 필두로 하는 마곡사 화소 화원들은 보수적이고 전통적인 불화를 학습하였으나 서구적 화풍으로 대변되는 음영법과 서양화법의 수용에도 적극적이었다.[59] 또한 이들의 화풍에서는 대좌 아래로 천이 내려오는 형태가 불화에서 자주 확인되며 대개 주황색 계열의 바탕에 문양을 그려 넣었다. 또 불화 하단의 지면에 인물의 그림자를 표현하였다.

현재 마곡사에는 금호약효의 제자들이 그린 금호약효의 진영이 전해오고 있다.[60] 이 진영은 서구 문물과 함께 유입된 서양 화법의 요소들이 불

---

58 김소의, 「錦湖堂 若效의 佛畵 研究」, 동국대 석사논문, 2010, pp.11-25 참조.
59 이유진, 「근대기 범어사 불화 연구」, 동아대 석사논문, 2015, p.9.
60 김정희는 화기란에 "大佛紀二千九百六十一年甲戌臘月十日門孫香德再拜贊門孫夢華筆"
   이라 한 데 주목하여 약효의 제자 夢華가 그린 것으로 유추한 바 있으나(김정희, 앞의 논문, p.716.) 뒤에 다시 고찰하여 몽화의 작품 중 약효 진영과 같이 사진기법을 응용하여 그린 예가 없고, 또 화기에 夢華筆이라고 적혀 있어 몽화는 찬문만 쓴 것으로 생각된다고 밝히고 있다.(김정희, 「조선 후기 畵僧의 眞影像」, 『강좌미술사』 35, 한국불교미술사학회, 2010, p.95) 따라서 약효의 진영은 전해오는 바와 같이 약효의 제자이자 후일 계룡산 화맥을 확고히 하고 근세 불교미술계에 큰 족적을 남긴 普應文性(1867-1954)이 그린

화에 적용된 사례를 잘 보여주는 것으로 원근법이 적용된 배경 일부가 이채롭고 금호약효의 얼굴 부분이 마치 서양 세밀화를 보는 듯 자세히 표현되어 있다. 진영에는 생전에 많은 보시를 하고 검약하게 산 금호약효의 따뜻한 인품이 잘 드러나 있다. 진영 속의 금호약효는 회색장삼에 붉은색 가사를 걸치고 있으며 정면을 응시한 채 두 손으로는 염주를 돌리고 있다. 눈가와 입모양 등의 표현이 섬세해 표정이 살아 있는 듯하다. 손과 복식의 주름은 명암법을 사용해 입체감을 주었다.[61]

국내에 화원의 진영은 몇 점 남아 있지 않다. 금호약효의 진영은 선암사 소장 금암천여錦菴天如(1794-1878)[62]의 진영과 문경 김룡사金龍寺의 퇴운신겸退雲愼謙(18C후반-19C전반),[63] 대승사大乘寺의 의운자우意雲慈雨(1858-1870 활동),[64] 동호진혁東昊震爀(1883-1906 활동)의 진영과 더불어 중요한 자료이다. 김정희의 조사에 의하면 현존하는 예로 19세기 초에서 20세기 전반에 걸쳐 제작된 쌍원민관雙圓旻寬, 퇴운신겸退雲信謙, 금암천여錦庵天如(2점), 초의의순草衣意恂(2점), 의운자우意雲慈雨, 동호진혁東昊震

것으로 볼 수 있다.

61 「대선사금호당진영」,《불교신문》2015. 3. 11.
62 금암천여에 대한 연구는 다음을 참조. 김정희, 「조선 후기 화승연구(1): 금암당 천여」, 『성곡논총』29-3, 성곡언론문화재단, 1998, pp.427-506.
63 퇴운신겸에 대해서는 이용윤, 「조선 후기 편양문중의 불사와 승려장인의 활동」, 『미술사연구』32, 미술사연구회, 2017, pp.137-165; 박옥생, 「퇴운당 신겸의 불화 연구」, 동국대 석사논문, 2005 참조.
64 의운자우의 진영에 대해서는 다음을 참조. 김국보·김미경, 「畵師 意雲堂 慈雨의 고승진영」, 『석당논총』39, 동아대학교 석당학술원, 2007, pp.357-394; 「Ⅳ.화승 의운자우·하은응상의 활동과 문중의 조력」, 『남도문화연구』39, 순천대학교 남도문화연구소, 2020, pp.133-139.

㷩, 석옹철유石翁喆侑, 금호약효錦湖若效, 융파법융隆波法融, 완호윤우玩虎倫佑, 무경당관주無鏡堂觀周 진영의 13점이다.[65] 이들 중 금암천여, 초의의순, 완호윤우의 진영은 군상 형식도 존재한다.

진영 속의 금호약효는 수묵산수가 그려진 병풍을 뒤로 하고 정면을 향해 의자에 앉아 있는 모습으로 그려졌다. 이는 20세기 전반 유행한 사실주의 기법이 적용된 것이다. 우측 상단에 붉은색으로 '대선사금호당진영大禪師錦湖堂眞影'이라 적혀 있고 우측 하단에는 다음과 같은 영찬影讚이 적혀 있다.

影贊 顏慈相淸 道德氣像 心靜性敏 定慧精神 遵戒修行 不愧南山 工畵爲業 不下僧維 獻土扶寺 石碑是證 施恩布德 衆□其據 錦花淨淨 湖水空空 安用相爲 相亦空空 其不空者 丹靑莫狀 七分相似 老師之眞[66] 佛紀二千九百六十一年 甲戌臘月十日 門孫香德再拜贊 門孫夢華筆,〈錦湖堂若效眞影〉影讚.

영찬을 쓴 문손門孫이자 화승인 영성몽화永惺夢華가 '칠분의 모습이 같으니 스님의 진영이라 한다(七分相似 老師之眞)'고 한 점을 보면 생전 금호

65 김정희, 「조선 후기 畵僧의 眞影像」, 위의 논문, pp.71-103 참조.
66 "얼굴은 자비롭고 모습은 청빈하여 도와 덕의 기상이며 마음은 맑고 성품은 영민해 정과 혜의 정신이다. 지계 수행을 존중해 남산 율종을 부럽지 않게 하고 그림을 그리는 것을 업으로 했으나 승가의 유나 소임을 놓지 않았다. 토지를 헌납해 절을 돕고 비석을 세우는데 증명을 하여 시주의 은혜와 보시의 덕을 대중들에게 이야기하고 증험했다. 금화처럼 맑고 맑으며 호수처럼 비우고 비워 편안하게 서로 쓰게 하되 모습 또한 비우고 비웠다. 비운 것도 아니다. 그린 그림으로 모양이라 할 수 없다. 칠분의 모습이 같으니 스님의 진영이라 한다.",《불교신문》 3178호, 2016.2.20.

약효의 모습과 거의 비슷하게 그려진 것임을 알 수 있다. 영찬을 쓴 이는 향덕수영香德守永(1919-1941 활동)이다.

금호약효는 1840년대 충남 예산의 김씨 성을 가진 집안에서 태어났다.[67] 어려서 부모를 여의고 걸식을 하며 방랑생활을 하였고, 20대에 예산 화암사華嚴寺에서 출가하였다. 출가 후 불화를 그리는 화승들의 대접이 융숭한 것을 보고 화승의 길로 접어들게 되었다. 어렸을 때 금호약효를 보았다고 한 태화산인泰華山人은 "이때 유성有成화원이 명화원이란 말을 듣고 그의 출초出草를 모방하여 여러 천장과 만장을 그렸다. 그래서 금호 스님은 십년 만에 성공하여 어느 불사에든지 도편수가 되어서 지휘감독하고 큰 불사를 맡게 되어서 뜻밖에 큰돈이 모이게 되었다"[68]고 하여 금호약효가 유성이라는 화승의 그림을 모방함으로써 자신의 실력을 쌓아 왔음을 밝히고 있다. 유성이 그린 대부분의 화기에서 '유성有誠'으로 기록하고 있기 때문에 태화산인이 말한 '有成' 보다는 '有誠'이 옳다고 보인다.[69]

앞에서도 잠깐 언급한바 있지만, 여기서 금호약효의 간접적 스승으로

---

67 약효의 생애에 대해서는 다음을 참조. 泰華山人,「近代의 숨은 高德」,『月刊 法施』53, 法施舍, 1972, pp.8-11; 石鼎,『韓國의 佛畵 草本』, 통도사성보박물관, 1992, pp.8-11; 성보문화재연구원 · 문화재청,『修德寺 本 · 末寺 佛畵 調査報告書』, 성보문화재연구원 · 문화재청, 2002.
68 泰華山人, 위의 글, pp.8-11 참조.
69 〈開心寺靈山會掛佛幀〉(보물 제1264호), 〈通度寺靈山殿八相圖〉(보물 제1041호)의 화기 등 대부분의 유성의 작품에는 '有誠'으로 되어 있다. 그 밖에도 화기에 '有成'과 '有性'으로 되어 있는 것도 있는데, 먼저 '有成'은 〈안동 봉정사 청허당대선사진영〉(1768), 〈안동 봉정사 송운당대선사진영〉(1768)이며, 다음으로 '有性'으로 되어 있는 것으로 〈청도 운문사 비로자나삼신불회도〉(1755), 〈온양민속박물관 소장 삼장보살도〉(1755), 〈구미 대둔사 아미타설법도〉(1761)가 있다.

보이는 유성은 경상도 지역을 중심으로 활동했던 화승으로 〈개심사영산회괘불탱開心寺靈山會掛佛幀〉(1772, 보물 제1264호),[70] 〈통도사영산전팔상탱通度寺靈山殿八相幀〉(1775, 보물 제1041호)[71] 등을 그린 화승이다.

1897년 금호약효가 그린 〈법주사 팔상탱〉은 세로로 긴 화면을 배치한 것이나 청록의 산수, 거대한 나무 등으로 장면을 분할한 기법 등은 유성이 참여하여 그린 1775년의 〈통도사 영산전 팔상탱〉과 구성의 유사성이 보이기 때문에[72] 이를 통해 유성의 기법이 금호약효에게도 영향을 미쳤을 것으로 추정된다. 그러나 유성의 활동 연대와 금호약효의 활동 연대는 약 1세기의 차이가 나므로 유성을 금호약효의 직접 스승으로는 볼 수 없고, 금호약효의 기법 형성에 영향을 준 간접적 스승이라고 보는 게 옳을 것 같다.

금호약효는 계룡사鷄龍寺에서 불화 수업을 하고 1876년경 마곡사로 옮겼다.[73] 그는 화사들을 쫓아 다니며 불화를 배웠다. 일반 승려가 여러 곳을 유랑하며 탁발수행을 하듯이 전국을 돌아다니며 불사에 참여하며 자신의 기량을 다져나간 것이다.[74]

70　화면 하단 좌측의 화기에 〈개심사영산회괘불탱〉을 조성한 화원이 밝혀져 있다. 화원으로는 有誠을 비롯하여 宥倖, 性聰, 報恩, 尚欽, 富一, 守仁, 信日, 法筌, 錦仁, 義玄, 快宗 등 12명이 참여했다.

71　화기에 의하면 이 그림을 그린 화원은 抱冠, 有誠, 定寬, 志言, 丹悟, 守旲, 悟守, 定讓, 斗明, 尚悟, 廣信, 厚文 등 12명이다.

72　김정희, 「금호당 若效와 남방화소 계룡산파: 조선 후기 화승연구(3)」, 『강좌미술사』 26-2, 한국불교미술사학회, 2006, p.715.

73　石鼎 撰, 月丁 鄭周相 書, 〈禪淨兼修定慧圓明恒作佛事廣利群生錦湖堂若效大佛母碑〉, 2004.

74　김승희, 「畵僧 石翁喆侑와 古山竺衍의 生涯와 作品」, 『東垣學術論文集』 4, 한국고고미술

금호약효는 화승으로 조선팔도에 이름을 날리게 되면서 많은 재산이 생기자 논과 밭 등 61필의 땅을 마곡사에 헌납하거나 제자들에게 나누어 주었다.[75] 마곡사에는 금호약효가 전답을 헌납한 것을 기념하여 세운 〈금호헌답기념비錦湖獻畓記念碑〉(1925)가 남아 있다.

그는 1860년부터 1924년까지 약 100점의 작품[76]을 남겼다.[77] 1928년 마곡사에서 홍수로 끊어진 다리를 복구하는 공사를 하고 있을 때 너럭바위에 앉아 이를 지켜보다가 열반에 들었다.[78] 금호약효의 작품은 부처나 보살, 제자 등의 얼굴이 둥글고, 이목구비는 작게 표현한 특징이 있다. 또한 부처의 육계는 볼록한 대신 뾰족한 모습으로 그렸다. 특히 4주를 다스리는 사천왕의 경우 검은 수염을 덥수룩하게 표현하여 무섭게 느껴지도록 하였다.

마곡사에서는 금호약효를 기리기 위해 1925년에 〈금호불모비錦湖佛母碑〉와 〈금호헌답기념비〉를 세웠고, 1934년에 금호약효의 진영을 제작하였다.[79] 금호약효는 앞서 살펴본 경허鏡虛의 속가俗家 형인 태허太虛와 사

연구소, 2001, p.69.

75 「篤志와 慈善-金氏慈善」,《時代日報》, 1926.1.12. 3면 9단 참조.

76 약효의 작품이 남아 있는 사찰은 다음과 같다. 서울 호국지장사, 수원 봉령사, 화성 용주사, 남양주 봉선사, 공주 마곡사 · 갑사 · 신원사 · 영은사, 예산 수덕사 · 향천사, 청양 정혜사, 아산 오봉암, 서산 부석사 · 문수사 · 개심사, 금산 신안사, 보은 법주사, 진천 영수사, 영동 영국사, 순천 송광사, 익산 심곡사, 진안 천황사, 무주 원통사, 부산 범어사, 합천 해인사.

77 조원창, 「마곡사의 가람배치와 조선 국왕과의 관련성 검토」, 『(산사, 한국의 산지 승원 마곡사) 세계유산등재 1주년 기념 마곡사 학술대회』, 마곡사, 2019, pp.25-26.

78 김정희, 앞의 논문, p.716.

79 국립공주박물관, 『마곡사 근대불화를 만나다』, 국립공주박물관, 2012, p.123.

그림6. 〈금호불모비(錦湖佛母碑)〉

〈금호헌답기념비(錦湖獻畓記念碑)〉

형제간이고 태허의 법을 이은 수월음관水月音觀은 조카 상좌가 된다.[80]

일생동안 130여 명이나 되는 화승들과 함께 불화를 그리고 많은 제자들을 양성한 금호약효지만 정작 그가 누구로부터 직접 그림을 배웠는지는 명확하지 않다. 20대 초반 예산의 화암사에 불사를 하러 온 화승을 만나 불화에 입문한 것으로 보아 당시 화암사의 불사를 맡았던 화승이 누구였는지를 밝히면 금호약효의 최초 스승이 누구인지 유추가 가능하겠지만, 화암사의 불사를 맡은 화승이 누구인지 밝힐 수 있는 자료가 부족하여 유보상태로 남겨둘 수밖에 없다. 단지, 마곡사에서는 마곡사의 중흥조 포봉 봉선抱鳳奉善(1879-1889 활동)의 법을 이어 청허휴정의 제자 정관일선靜觀 一禪(1533-1608)의 14대 법손이라는[81] 기록이 남아 있다.

마곡사에서 주석하던 금호약효는 불화를 배우기 위해 자신을 찾아온 이들을 제자로 받아들였다. 금호약효의 가르침과 그들의 활발한 활동은 하나의 화파를 이룰 만큼 성장하였다. 이들이 제작한 불화는 계룡산 인근의 암자에서도 쉽게 볼 수 있으며 전국 여러 사찰에서도 확인된다.

마곡사 화소의 화승들은 전통성과 근대성이 융합된 자신들만의 화풍을 형성하였다. 마곡사 화소 화원들은 당시 전통불화를 계승하면서 현실에 대응할 수 있는 화풍을 개척해 한국불화사의 새로운 출로를 제시하였다.[82] 또한 근대기 활동하였던 여러 화파 중 유일하게 현재까지도 그 맥이 이어져오고 있기 때문에 그 의미와 가치가 더욱 크다. 마곡사에서는 이러

---

80 石鼎 撰, 月丁 鄭周相 書, 〈禪淨兼修定慧圓明恒作佛事廣利群生錦湖堂若效大佛母碑〉, 2004.
81 위의 비문.
82 장희정, 앞의 논문, p.217.

그림7. 마곡사 금어원 조감도

한 가치를 후대에까지 전승시키기 위해 '금어원' 건립을 계획하고 있다.[83]

금어원은 2022년 첫 삽을 떠서 2024년 완공을 목표로 하고 있다. 이는 금호약효의 제자인 금용일섭 사후 일섭문도회가 2000년 3월에 조성되어 국내 불교미술인의 약 85%가 이 문도회에 소속되어 있을 만큼[84] 한국 불교문화에 미치고 있는 영향력이 크다는 점과 비교할 때 뒤늦은 감이 없지 않지만, 마곡사가 불교문화 진흥에 얼마나 지대한 노력을 기울이는지 잘 보여주는 예이다. 금어원 건립을 통해 불화를 그리는 진정한 금어의 양성과 불교문화 전반을 담당하는 인재 양성이 더욱 탄력을 받을 것으로 기대된다.

금용일섭의 화맥 전승

최근 화승의 계보를 정리하고 확립하려는 관심이 점차 높아지고 있다. 화승의 계보를 통해 시대별·지역별 양식적 특징이 정리될 수 있기 때문이다. 금호약효가 활동하기 이전 충청도에는 이렇다 할 화승이 없었다. 그래서 18세기 전반 전라도·경상도를 중심으로 활동한 의겸義謙, 경상도에서 활동한 유성有誠, 경상도와 경기도에서 활동한 상겸尙謙 등 다른 지역

---

83 자세한 금어원 건립 계획에 대해서는 사단법인 불교문화재연구소, 『공주 마곡사 종합정비계획 중간보고서』(내부자료), 사단법인 불교문화재연구소, 2016, pp.36-46 참조. 현재 금어원은 대웅보전 뒤편의 한국문화연수원 맞은편에 건축되고 있다. 공사는 2024년 10월 완료 예정으로 지상 1-2층, 연면적 1,810.02㎡, 건축면적 1,247.33㎡이다.
84 일섭문도회는 일섭불모 열반 25주년이었던 2000년 3월에 창립되었다. 초대회장은 신언수였으며 해봉석정, 조정우, 이정오, 전연호를 거쳐 일섭의 제자로 전 문화재전문위원을 지낸 박준주의 제자인 김성규가 회장을 맡고 있다. 고경 감수, 신은영 역주, 앞의 책, p.336.

화승들을 초빙하여 불사를 행했다. 그러나 금호약효가 등장하면서 마곡사 화맥이 형성되어 충청도 지역 대부분의 불화 제작을 맡아 진행했다.

금호약효는 마곡사를 중심으로 그 문하에 보응문성, 호은정연, 춘화만총, 춘담성한이라는 4대 제자를 길러 냈고, 이들이 또 각각의 화맥을 형성했다. 화승들의 계보는 구체적인 관련 기록이 없는 한 화기의 기록을 중심으로 화풍이나 봉안 지역 등에 의해 결정되는 것이 일반적이다.[85] 다행히 금호약효의 문도 중 화맥을 잘 정리하고 있는 화승으로 보응문성의 제자인 금용일섭이 있다. 그는 근대의 화승이자 조각가로 알려져 있다.[86] 법호는 퇴운退耘, 부용芙蓉이며, 금용은 화호이다. 14세에 송광사에서 출가해 연봉봉린連峰鳳麟을 만나 불화에 입문했다. 이후 금호약효의 맥을 이은 보응문성을 서울 청련사에서 만나 그의 제자로 충청도 마곡사 화맥과 전라도 선암사 쾌윤快允, 송광사 의겸儀謙으로 이어지는 화맥을 이은 화승이기도 하다.[87]

보응문성은 금호약효 문하에서 불화 수업을 받고 선운사 팔상탱화, 표충사 천수관음도를 비롯 법주사, 해인사 등에 걸출한 작품을 남겼다.

---

85 최영철, 「18세기말-19세기초 경기지역 首畵僧 考察: 楊州牧·水原府 首畵僧들의 畵籍을 중심으로」, 『동악미술사학』3, 동악미술사학회, 2002, p.236.
86 금용일섭에 대한 연구는 다음을 참조. 고성주, 「근대 탱화 작가 연구: 김일섭을 중심으로」, 전남대 석사논문, 2005; 김영희, 「금용일섭(1900-1975)의 불상조각 연구」, 고려대 석사논문, 2009; 신은미, 「화승 김일섭의 불화연구」, 『강좌미술사』26-2, 한국불교미술사학회, 2006, pp.787-810; 최엽, 「근현대 화승 일섭 불화의 신도상과 표현기법: 송광사성보박물관소장 〈제존집회도〉와 〈치성광여래도〉를 중심으로」, 『동악미술사학』22, 동악미술사학회, 2017, pp.31-56; 신은영, 「금용일섭의 『연보』와 불교예술운동」, 『동악미술사학』24, 동악미술사학회, 2018, pp.7-34.
87 신은미, 앞의 논문, p.787.

1890년대부터 활동하기 시작해 고산축연과 함께 서양화법의 입체적 표현을 도입했으며, 근대기의 생활풍속을 불화 속에 담기도 했다.

말기 작품인 서울 홍천사 〈감로왕도〉(1939, 159×224cm)를 보면, 비행기나 탱크가 출현한 전쟁 장면, 남산의 신사神社 등 일제강점기의 시대상황은 물론, 전차, 서커스 등의 근대적 문물을 관찰할 수 있다.[88] 주로 충청·전라도와 경남의 사찰에 많은 불화를 남겼다. 1949년에는 불교미술연구회 초대회장을 역임했다.[89]

2016년에 금용일섭이 평생 동안 작업했던 작품목록을 정리한 『연보年譜』라는 책이 발간되었다.[90] 이 『연보』에는 개인의 일상적인 기록도 담겨 있지만, 무엇보다도 일제강점기를 지나 해방 후 정치적 혼란기, 4.19, 5.16 등 역사적·정치적으로 힘들고 어려웠던 시기에 기록되었기에 근대사를 보완할 수 있는 중요한 자료적 성격이 강하다.

특히 『연보』에는 금용일섭이 일생 동안 작업했던 작품을 스스로 연대순, 날짜별로 정리해 두고 있어서 이 분야 연구자들에 좋은 지침을 준다.

---

88 그 밖에도 도로 확장 공사에 부역 나간 한국인과 이를 감독하는 일본인의 모습, 번화가와 양복을 입은 신사, 빨간 양장을 입은 숙녀, 자동차를 타고 여행하는 장면, 모내기 하는 모습, 새참을 내오는 광경, 관아에서 벌어지는 재판, 기차가 다니는 어촌, 가마 행렬, 코끼리 서커스단, 호랑이에게 쫓기는 장면, 고기잡이, 번화가, 대장간, 전당포, 전깃줄 공사, 다툼, 도로 확장 공사, 전화 거는 사람, 스케이트 타기, 뱀에 놀라거나 바위에서 떨어지는 소년, 거센 물살에 휩쓸려 가는 모습, 농악 장면, 일본 헌병이 서 있고 건물을 향해 말을 타고 오는 일본 군인 등의 당시 시대와 생활상을 반영하는 장면이 그려진 것은 이 감로도만의 특징이다.

89 국립무형유산원, 『(국가무형문화재 전승자 구술자서전 제118호 불화장) 임석정: 불화는 신심으로부터지』, 국립무형유산원, 2017, p.54.

90 古鏡 감수, 申恩英 역주, 앞의 책.

또한 마곡사의 화승들이 기록을 잘 남기지 않은 것에 비해 금용일섭의 철저한 기록 보존의 정신은 본보기가 된다고 할 수 있다.[91] 『연보』에 남아 있는 참가한 화원, 시주자, 주지 등의 기록들과 작품의 숨은 배경과 작품 제작 동기와 과정 등의 기록은 현재 남아 있는 작품 속의 화기와 비교해 보면 정확히 일치한다. 따라서 자료의 정확성은 담보되어 있다.

이해를 돕기 위해 먼저 『연보』의 부록에 제시된 금호약효 문도 계보도를 제시해 보면 다음과 같다.[92]

표3. 금호약효 문도 계보도

1세	2세	3세	4세	5세	6세	7세
錦湖若效 1846-1928	湖隱定淵 1882-1954	泰山知靜	黃炳震	金香希		
				朴一禪		
				金正明		
				金正淳		
				申正日		
				金基蘭		
				玉賢珠		
				李一鎭		
				金慧日		
				裵慶原		
				朴未禮		

91 금용일섭 스스로 자신의 작품에 번호를 붙여 기록하여 근현대 불교미술의 흐름은 물론이고 그의 작품을 전체적으로 조명하고 연구할 수 있는 내용을 담고 있다. 이는 그가 정확하면서도 주도면밀한 성격이었음을 보여주는 것이다.(위의 책, 序) 또한 그가 기록한 자신의 畫員入門行路는 불화를 배우기 위해 스승을 찾아 나선 도보 여정을 낱낱이 기록하고 있다.(신은영, 앞의 논문, p.16 〈표2〉 일섭의 화원입문행로 참조)

92 『연보』에는 공주 마곡사 소재 〈錦湖若效門徒秩碑〉의 내용이 제시되어 있고(古鏡 감수, 申恩英 역주, 앞의 책, pp.295-300), 이 비문에 근거하여 계보도를 작성한 것이다.

				李슬지		
				林敬淑		
				金自然		
				黃淳柏		
				黃玟淳		
		青雲鎭九	金在範			
			黃世煥			
			張正雄			
	普應文性 1867-1954	金蓉日燮 1900-1975	金又日 1910-1998	趙基煥 1954-	黃英植 1967-	
					安禹寅 1971-	
					白仁華 1956-	
				許吉亮 1953-	韓鳳錫 1958-	
					李東植 1960-	
					林聖安 1958-	
					洪石和 1975-	
				金光烈 1955-	朴東天	
					姜民九 1969-	
			南仁植 1910-?	權賢圭 1915-?		
			朴尙順 1914-?			
			高在奭 1924-2005	高成柱 1956-		
				朴允載 1947-		
			申炳哲			
			申彦守 1926-2007	裵宰晚 1948-		
				李哲佑 1950-	元美姬	

						朴甲鐵 1968-	
						黃美卿	
					申佑淳 1951-		
					任貴蘭		
				金奉斗 1927-			
				林石鼎 1928-2012	襄宗浩 1936-	河景晉 1966-	金貴玉
						趙昌信 1966-	
						鄭哲 1966-	
						安瑜美 1979-	
						金炳均	
					田基萬 1929-	南基杲 1956-	
						張榮春 1962-	全炳男 1966-
							朴正齊
						文龍大 1955-	尹大炳 1962-
							朱聖辰 1970-
						李邦鎬 1957-	林義松
						李喜錫 1969-	
						吳金白 1958-	
						崔俊植	
						李光民 1967-	
						玄鍾鎮 1968-	
						鄭勝現 1956-	

				許修滿	韓承九 1959-	金東國
					丁娥賢	
					魯秀亨	
					洪寬植	
					兪智媛	
					姜美州	
				李熙甲 1964-		
				朴度勳 1954-		
				金振熙		
				張允熙		
				姜吉珍		
				金昤希		
				李美珍		
			庚蓬萊 1928-	吳珍洙		
				庚炳權		
				庚炳錄 1952-		
				庚炳來 1955-		
				田桂振 1955-		
				李仁基 1956-		
				李喆九		
				李銀庚 1972-		
				金今淑 1974-		
				金秀蓮		
				徐恩辰 1981-		
			朴俊柱 1930-2007	朴致相 1944-	李綠洙 1962-	金相旭 1971-
						金宥宣

					金泫洙 1965-	尹文基
					嚴淳鍾 1971-	
					姜宗奭 1971-	
					李鍾聖 1971-	
					李淳珉 1973-	
					朴贊植 1975-	
				梁用浩 1949-	姜尙萬 1970-	
					吳世宗 1961-	
					劉景敏	
					朴信暎	
					周光觀	
					金起楠	
					金修延 1967-	
				金星奎 1955-	林釆靈 1962-	
					權大血 1964-	
					金浩俊 1969-	
					金一	
					姜基泰 1968-	
					姜相泰 1973-	
					尹盛德 1973-	
					趙恩珠 1978-	
				洪春姬 1951-		

					李連旭 1956-	李明九 1970-	
					金瑢大 1957-	金興碩 1973-	
						金成洙 1973-	
					梁容瑄 1962-	金永錫 1971-	
					李俊浩 1962-		
					車秉旭 1959-		
					金泰吉 1959-	金永炫 1963-	
					梁泳松 1958-		
					金吉俊 1964-		
				申彦植 1932-			
				李忠烈 1937-2008	柳忠石 1948-		
					李三烈		
					林点模 1961-		
					秋三燁		
					金仙玉		
					劉奇哲		
					宋聖根		
				林東龍 ?-2010	林采虎 1960-		
					林采植 1970-		
					林采完 1973-		
					孔起鉉		
				朴有宗 1941-?	朴正碩 1971-		
					朴龍 1976-		

			曹廷宇 1943-2012	朴顯洙 1951-	金渡京 1965-	
					尹涌珍 1973-	
				全沿昊 1954-	金成熙 1969-	
					曹海鍾 1969-	李承奎 1975-
					金允淨 1970-	
					徐兒令	
					崔允錫 1959-	
				金義植 1959-	李喆承 1965-	
					孫珍銖 1972-	
					蘇秉善 1980-	
					李淑珍 1980-	
				裵賢根 1954-		
			徐光生 1940-	崔琪成		
			禹國楨			
			李守喆 1948-?			
			李正悟 1948-	金植 1957-		
				趙燦雄 1958-	許垓	
					趙清坤	
					金廣洙	
					姜正九	
					金用周 1975-	
					皇甫宗秀	
				金岐泰 1959-	朴性甲 1969-	

				洪承豪	吉斗列
				朴正煥 1964-	
				方仁淑 1961-	
				池用漢	
				尹壽烈 1967-	崔基泰 1977-
				田根昌 1962-	
				片起承	
				宋보람 1985-	
			金盃弘 ?-2008		
		永悜夢華			
		南山秉文	嚴基友	李明遠	
				金東植	裵康善
					金廷垠
				申鎭煥	
		會應尙均 1915-1986	申象武		
			鄭奎鎭	李桂和	
				李鎭京	
				尹熙新	
				鄭保蓮	
				劉珍熙	
				李始衍	
				金善愛	
			李翊相	金昌鎬	
			朴貞元	裵乙熙	
			申光鎬		
			朴東秀	申東洛	
				李成萬	
				金勇載	
				魯光一	
			孫東述	高永吉	

					金正國		
				尹起綠	金永喆		
					朴殷圭		
				尹成重			
				甄鍾九	甄鍾鳴		
					姜英燮		
					許千錫		
				朴玄德			
				李京輔			
				朴萬壽			
				郭哲弘			
				朴用心	朴用淡	成耆錫	
					金憲英		
			麟峰長遠 1904-?	許萬旭	安昌男		
					崔仁凡		
					朴恩靜		
					朴永萬		
					鄭民化		
					禹智成		
			法海鎭祐	李禮鍾	金致中		
					趙听		
				李允鍾			
				申順基			
				李漢植	金容夏		
					李性在		
					張元均		
					朴龍珠		
					安渲梅		
					尹寶英		
					趙潤行		
				洪大奉	李億培		
					鄭星淑		
					權允德		
					洪仙耕		

				襄貞雅		
			張正一	申忠男		
				具煜熙		
				申相潤		
				朴商守		
				李庚祐		
				金正國		
				李美英		
				任聖玉		
	春花萬聰 1893-1929	萬應正眞 -1940- 1964-	柳道源	柳月永		
				鄭康美		
		法眞延福				
	春潭盛漢					
1명	4명	10명	48명	146명	104명	24명
계 337						

　위 계보도에서 볼 수 있듯, 마곡사 불화소의 계보는 현재 금호약효 이후 7세에 이르고 있다. 금호약효를 1세로 하고, 4대 제자인 호은정연-보응문성-춘화만총-춘담성한을 2세로 한다. 이 중에서도 호은정연만이 마곡사 화맥을 오롯이 전한 화승이다. 호은정연은 태산지정-청운진구에게 가르침을 전하였고, 보응문성은 금용일섭-영성몽화-남산병문-회응상균-인봉장원-법해진우를 제자로 두었다. 춘화만총은 만응정진과 법진연복을 제자로 두었고, 춘담성한은 이후 문도를 형성하지 못했다. 호은정연의 화맥을 밝히기 전에 우선 금호약효를 중심으로 한 마곡사 주요 화맥을 간략

히 도식화 해보고 논의를 전개하겠다.[93]

표4. 마곡사 주요 화맥

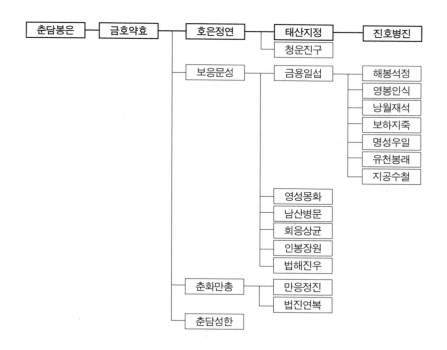

금호약효의 스승 춘담봉은은 19세기 중반 활동한 화승으로 익찬益讚
밑에서 화업을 닦으며 봉화奉華·경욱敬郁 등과 활동하였다. 해명산수海溟
山水와 교유하며 그의 화풍에 영향을 받았다. 춘담봉은의 화명이 처음 나
오는 화엄사 나한전 〈석가모니불도〉는 1854년 내원乃圓이 수화승과 편수

93 진하게 표시한 것이 마곡사 화승들이다.

를 맡고 익찬·도순道詢·태화泰華·의익義益·도희道希·경욱·창전昶琠·인관
仁寬·봉운奉云·봉은奉銀이 함께 제작한 불화이다. 화기에 춘담봉은의 이
름이 가장 뒤에 기록된 것으로 보아 아마도 이때가 불화 제작에 입문한
시기로 보인다.

　1861년 〈마곡사 청련암 석가모니불탱〉은 경욱이 수화승을 맡고 봉은·
창훈昌訓·상은尙恩·두엽斗燁·북해斗海·향림香林 등이 함께 조성하였다.
같은 해 조성된 〈마곡사 부용암 아미타불탱〉은 봉은이 수화승이 되어 창
훈·향림과 함께 제작한 것으로, 부용암 불상 개금시에 새롭게 조성되었
다. 이 불화에서 봉은은 스승인 익찬의 화풍을 이어받아 다소 둥근 얼굴
에 눈과 입술을 가늘게 그리고 이전에 부분적으로 사용되었던 꽃무늬를
보다 적극적으로 사용하였다.

　호은정연의 법을 이은 태산지정은 진호병진眞皓炳震에게 화법을 전했
고, 진호병진은 김향희·박일선 등 16명에게 불화를 가르쳐 오고 있다. 호
은정연의 또 다른 제자 청운진구는 김재범, 황세환, 장정웅을 제자로 두
었고 이들은 아직 문도를 형성하지 못하였다. 금호약효의 열반 뒤에 오직
호은정연만이 마곡사에 남게 된다. 다른 화승들은 6.25전쟁 이후 전국에
불사가 많이 생기는 바람에 전부 뿔뿔이 흩어지면서 마곡사의 정통 화맥
은 호은정연의 화맥이 잇고 있다. 호은정연의 비문[94] 제2면에 있는 마곡
사의 정통 화맥을 간략히 도식화해 보면 다음과 같다.

94　이 비문은 2005년 4월 호은정연의 손제자 眞皓炳眞이 撰을 하고 海峰石鼎(1928-2012)이
　校閱, 碧樵金泰國이 글을 썼다. 여기서 해봉석정은 금용일섭의 문도로서 국가지정 중요
　무형문화재 제118호 불화장이다. 정식 명칭은 〈信行圓滿勤修 淨業常住道場恒作佛事湖
　隱堂定淵佛母碑〉이다.

표5. 마곡사 정통 화맥

| 춘담봉은 |
| 금호약효 |
| 호은정연 |

| 청운진구 | 태산지정 |
| 진성인행 | 진호병진 |

정도항희	만기일선	현광정명혜	원정순양	초정일정	우기란
현소희경	정혜현주	정선일진정	행혜일정	원경원정	담미례
정산현주	정지솔지	여강경숙정	현자연남	계성범성	유성철

진호병진의 화맥을 잇고 있는 화승 18명 중 〈호은정연불모비〉에는 법명과 성을 포함한 속명이 혼합되어 기록되어 있다. 특히 위 표에서 제1열은 변함없으나, 2열과 3열은 〈호은정연불모비〉와 차이가 있다. 〈호은정연불모비〉에는 제2열 우측에서 좌측으로 '正智李솔지-正潭朴未禮-正圓裵慶原-正行金慧日-正慧玉賢珠'로 기록되어 있고, 제3열 우측에서 좌측으로 '星維趙誠喆-靑溪趙誠範-玄谷黃玟淳-虎山黃淳柏-正玄金自然-呂剛林敬淑' 순으로 되어 있으나,[95] 위 표는 진호병진과 필자와의 인터뷰 과정[96]에서 진호병진이 직접 기록해준 것을 그대로 적은 것이다. 비문에서 청계

---

95 古鏡 감수, 申恩英 역주, 앞의 책, p.330 참조.
96 2021.12.10. 15:10. 경기도 의정부시 호원동 금어원화실에서 필자와 화승 진호병진과의 인터뷰 내용은 〈부록〉으로 제시한다.

조성범이라고 했으나 조성범은 청계가 아니라 남계이며, 비문에 기록되어 있는 현곡황민순과 호산황순백 대신에 현소희경과 정산현주가 진호병진의 화맥이라고 하였다.

〈금호약효문도질비문〉에는 속명으로만 기록되어 있었으나, 〈호은정연불모비〉에는 법명과 속명이 같이 기록되어 있어서 좀 더 자세한 정보를 보여준다. 그러나 〈금호약효문도질비문〉에서 청운진구의 제자에 김재범, 황세환, 장정웅 이 세 사람을 들고 있으나, 〈호은정연불모비〉에는 진성인행을 들고 있고, 진성인행 이후로는 계파 형성을 싣지 않았다.

보응문성은 금호약효의 4대 제자 중 가장 많은 문도를 형성하였다. 금용일섭을 필두로 영성몽화, 남산병문, 회응상균, 인봉장원, 법해진우가 그들이다. 이 중 금용일섭의 경우 일섭문도회를 조성하는 등 가장 활발한 활동을 하고 있다.[97] 1965년에 창립된 대한불교미술협회의 초대회장이 되었고, 1972년에 만봉자성,[98] 월주덕문과 함께 국가무형문화재 제48호 단청장 보유자로 인정되었다. 금용일섭의 제자들을 살펴보면 다음과 같다.

금용일섭의 문도로는 김우일(명성우일), 남인식(영봉인식), 박상순(금산상순), 고재석, 신병철(묘봉신봉철), 신언수(호월창영·계륜), 김봉두, 임석정(해봉석정·임환경), 유봉래, 박준주(춘호준주), 신언식, 이충열(효송충열), 임

---

97 정확한 명칭은 '불교미술 일섭문도회'이다. 금용일섭의 삶과 사상을 기리기 위해 2000년 3월 금용일섭의 열반 26주년을 맞아 창립총회를 하였다. 주로 불화, 단청, 조각, 공예, 고건축 등 한국 불교미술을 견인하고 있는 무형문화재로 지정된 사람이 15명이나 되는 큰 조직이다. 古鏡 감수, 申恩英 역주, 앞의 책, p.32.
98 만봉자성에 대해서는 다음을 참조. 박원자, 『현세에 꽃피운 극락: 금어 만봉 스님의 삶과 불화이야기』, 북랩, 2013.

동용(춘원동용), 박유종(치운유종), 조정우(송곡정우), 서광생(몽선광생·서광성), 우국정, 이수철(지공수철), 이정오(우정정오), 김익홍 등 20여 명 정도가 확인된다.

각각의 제자를 살펴보면 먼저 김우일은 보응문성의 명으로 금용일섭의 제자가 되었다. 스승인 금용일섭이 입적하자 시봉을 잘못한 탓이라며, 국가무형문화재 인정을 거부하고 평생 불사에만 전념했다.[99] 그는 조기환, 허길량, 김광열을 제자로 두었고, 조기환은 황영식, 안우연, 백인화를 허길량은 한봉석, 안동식, 임성안, 홍석화를 김광열은 박동천과 강민구를 제자로 두고 있다.

남인식은 권현규에 불화를 가르쳤다. 권현규 이후 계파는 형성되지 않고 있다.

고재석은 고성주와 박윤재를 제자로 두었고, 신언수는 배재만, 이철우, 신우순, 임귀란을 제자로 두었다. 이 중 이철우는 금용일섭의 외손자로 강미희와 박갑철, 황미경에게 불화를 가르치고 있다.

임석정(해봉석정)은 금용일섭의 문도 중 가장 많은 제자를 양성하였는데, 배종호, 전기만, 허수만, 이희갑, 박도훈, 김진희, 장윤희, 강길진, 김영희, 이미진 등이 임석정에게 불화를 배웠다. 이 중 배종호는 하경진, 조창

---

99 국립무형유산원, 앞의 책, p.84. 김우일(명성우일)의 불화 초본은 1997년 전시회를 통해 공개된 바 있다. 당시 공개된 초는 〈석가여래후불탱화 초-가섭·아란존자초〉, 〈칠성탱화초〉, 〈지장탱화초-도명존자·무독귀왕초〉, 〈신중탱화초〉, 〈팔상탱화초〉, 〈시왕각부초〉, 〈여래초〉, 〈보살초〉, 〈나한(16나한)·독성초〉, 〈사천왕초〉, 〈팔금강초〉, 〈산신탱화초〉, 〈용왕·조왕초〉, 〈동진보살초〉, 〈신중초〉, 〈칠원성군초〉, 〈동남·동녀초〉, 〈남순동자초〉이다. 우일, 『(金魚 又日 스님) 佛畵草本展』, 반, 1997, pp.10-149 참조.

신, 정철, 안유미, 김병균을 제자로 두었고 하경진만이 김귀옥을 제자로 두고 있다. 전기만은 남기설, 장영춘, 문용대, 이방호, 이희석, 오금백, 최준식, 이광민, 현종진, 정승현을 가르쳤고, 장영춘이 전병남과 박정제를 문용대가 윤대병과 주성진을 이방호가 임의송을 제자로 두고 있다. 나머지는 아직까지 제자 양성을 하지 못하고 있다.

허수만은 한승구, 정아현, 노수형, 홍관식, 유지원, 강미주에게 불화를 전승하였고 한승구만이 김동국을 제자로 두고 있다. 임석정의 제자 중 이희갑, 박제훈, 김진희, 장윤희, 강길진, 김영희, 이미진은 아직까지 제자에게 불화를 전하지 못하고 있다.

유봉래는 오진수, 유병권, 유병록, 유병래, 전계진, 이인기, 이철구, 이은경, 김금숙, 김수련, 서은진을 제자로 두었으나 이들은 아직까지 제자를 길러 내지 않고 있다.

박준주도 임석정에 이어 많은 제자를 양성하였다. 그는 박치상, 양용호, 김성규, 홍춘희, 이연욱, 김용대, 양용선, 이준호, 차병욱, 김태길, 양영송, 김길준을 제자로 두었다. 박치상이 이녹주, 김현수, 엄순종, 강종석, 이종성, 이순민, 박찬식에게 불화를 전수하고 이녹주는 김상욱과 김유선에게 김현수가 윤문기에게 불화를 전수하고 있다. 나머지는 아직 제자 양성을 하지 않고 있다. 양용호는 강상만, 오세종, 유경민, 박신영, 주광관, 김기남, 김수연에게 불화를 전수하고 있고, 김성규는 임채령, 권대혈, 김호준, 김일, 강기태, 강상태, 윤성덕, 조은주를 제자로 두었다. 홍춘희·이준호·차겸욱·양영송·김길준은 아직 제자가 없고, 이연욱은 이명구를 김용대는 김홍석과 김성수를 제자로 두었다. 양용선은 김영석을 제자로 두었고, 김태길은 김영현을 제자로 두었다.

이충열은 유충석, 이삼열, 임점모, 추삼엽, 김선옥, 유기철, 송성근을 제자로 두었고, 임동용은 임채호, 임채식, 임채완 3형제와 공기현을 제자로 두었다. 박유종은 박정석과 박용을 제자로 두었고, 조정우는 박현수, 전연호, 김의식, 배현근을 제자로 두었다. 이 중 박현수는 김도경과 윤용진을 전연호는 김성희와 조해종, 김윤정, 서아영, 최윤석을 제자로 두었으며 이 중 조해종이 이승규를 가르치고 있다. 조정우의 제자중 김의식은 이철승, 손진수, 소병선, 이숙진을 제자로 두었고, 배현근은 제자가 없다.

서광생은 금용일섭의 처조카이다. 그는 최기성만을 제자로 두었고, 이정오는 김식, 조찬웅, 김기태, 홍승호, 박정환, 방인숙, 지용한, 윤수열, 전근창, 편기승, 송보람을 제자로 두었다. 이 중 조찬웅인 허준, 조청곤, 김광수, 강정구, 김용주, 황보종수를 제자로 두고 활동하고 있다. 김기태는 박성갑을 홍승호는 길두열을 윤수열은 최기태를 제자에게 불화를 전수하고 있는 정도이다.

박상순, 신병철, 김봉두, 신언식, 우국정, 이수철, 김익홍은 제자를 양성하지 않았다.

다음으로 보응문성의 문도 중에서 영성몽화는 그 이후 문도를 형성하지 못하였고, 남산병문은 엄기우에게 불화를 전수하였다. 엄기우는 이명원, 김동식, 신진환을 가르쳤고, 이 중 김동식이 배강선과 김정근을 제자로 두고 있을 뿐이다.

회응상균도 금용일섭과 비견될 만큼 상당한 수의 제자를 양성하였다. 신상무, 정규진, 이익상, 박정원, 신광호, 박동수, 손동술, 윤기록, 윤성중, 견중구, 박현덕, 이경보, 박만수, 곽철홍, 박용심이 그들이다.

인봉장원은 허만욱에게만 법을 전하였고 허만욱은 안창남, 최인범, 박은정, 박영만, 정민화, 우지성에게 불화를 가르치고 있다.

법해진우는 이예종, 이윤종, 신순기, 이한식, 홍대봉, 장정일에게 불화를 가르쳤고 이들이 또 각자 제자를 양성하고 있다.

금호약효의 4대 제자 중 춘화만총은 만응정진과 법진연복에게 법을 전하였는데 이 중 만응정진이 유도원에게 유도원이 유월영과 정강미에게 가르침을 전하였다.

이상에서 살펴본 바와 같이, 현재는 호은정연의 손제자인 진호병진과 보응문성의 제자인 금용일섭의 문도가 마곡사 화소의 핵심을 이룬다 해도 과언이 아닐 것이다.

3. 마곡사 근대 화승의 기록

마곡사의 불화는 조선 후기에서 일제강점기까지 제작된 것이 중심이다. 금호약효가 선승으로서 불립문자不立文字·교외별전敎外別傳·직지인심直指人心이라고 하는 선의 종지를 제자들에게 전수했을 것으로 추정되는데, 마곡사 화승들은 자신의 직분에만 몰두할 뿐, 여타의 이름을 드러내거나 역사를 기록하는 일 등에는 큰 관심을 두지 않았다. 이는 글을 쓰는 사람에게는 매우 곤혹스러운 일이 아닐 수 없다. 그러나 남아 있는 작품의 화기를 통해 어느 정도 확인이 가능하다. 화기에 확실한 조성 연대가 밝혀진 불화를 토대로 개인 혹은 공동의 유대관계나 계보가 파악될 수 있기 때문이다.

조선 후기인 인조 대에서 숙종연간(1623-1724)에 제작된 불화는 7점으로 법경法冏·혜윤慧允·인학仁學·희상熙尚의 〈무량사괘불탱〉(1627), 경잠敬岑·

행운幸雲·수현守玄·응열應悅·해명海明·학능學能·도원道元의 〈갑사괘불탱〉(1650), 응열의 〈갑사괘불탱〉(1650)과 〈신원사괘불탱〉(1664), 학전學田·일측一測·석능釋能·○한○漢의 〈신원사괘불탱〉(1664), 철학哲學·천승天勝·신밀信密·일호一湖·해종海宗의 〈장곡사괘불탱〉(1673), 능학能學·계호戒湖·유순唯順·처묵處黙·인행印行·정인精印의 〈마곡사석가모니불괘불탱〉(1687) 뿐이다. 이후 영조대에서 정조 연간(1725-1800)에도 몇 점 되지 않는다. 〈갑사대웅전삼세불탱〉(1730) 2점, 〈광덕사대웅전삼세불탱〉(1741) 2점, 〈광덕사괘불탱〉(1749), 〈마곡사대광보전석가모니후불탱〉(1788), 〈마곡사백련정사신중탱〉(1794), 〈마곡사○○암신중탱〉 등을 더하여 8점뿐이다.

근·현대의 작품은 비록 정통 마곡사 화승으로 볼 수 없으나 마곡사 화맥을 잇고 화승의 기록이 남아 있다. 즉,『연보』를 남긴 금용일섭이 1918년부터 1970년까지 제작한 506건의 작품에 대한 기록이 남아 있어서 대강의 작품을 알 수 있다.

금용일섭은 1922년부터 송광사의 시왕상을 모사하였다.[100] 그러나 스승의 가르침을 받기 원하여 이후부터 불화 스승을 찾아 나섰다. 처음에는 호은정연에게 사사하고자 하였지만 만나기 어려워 청련사에서 보응문성을 만나 그림을 배우기 시작하였다. 보응문성과 함께 인천 능인포교당의 칠성탱, 산신탱, 신장탱을 그린 후 천안 성불사에서 드디어 호은정연을 만나 그로부터 탱화 출초를 사사 받고 1924년부터 본격적인 화승의 길을 걷게 된다.

---

100 古鏡 감수, 申恩英 역주, 앞의 책, p.15.

1924년부터 1937년까지 그의 작품은 그리 많지 않다. 이하, 시기별로 조각이나 단청은 제외하고 불화만 정리해 보면 다음과 같다.

1926년　장성 백양사 산신탱, 독성탱, 삼존 조성[101]

1927년　함남 함흥군 귀주사 해월루 후불탱, 신중탱, 지장탱, 칠성탱, 독성탱, 관음탱 조성[102]

1928년　순천 송광사 만일회 벽화, 함호스님 재식용 그림 조성[103]

1929년　대전 탄동면 수운교 삼천대천세계도 조성[104]

1930년　밀양 표충사 대웅전 삼세불, 이만연등불, 천수천안관세음보살, 104위 신장탱 조성[105] 순천 송광사 목련존자 연극 무대배경 조

101　당시 백양사의 주지는 송만암(曼庵宗憲, 1876-1956)이고 화원은 춘화, 석초봉영, 관하종인, 영래, 응하봉인이다.

102　귀주사의 주지는 柳寶庵이고(『관보』제119호 1927.5.25., 『관보』제301호, 1927.12.29., 『관보』제373호, 1928.3.30., 『관보』제1071호, 1930.7.29., 『관보』제2975호, 1936.12.12.), 참여 화원은 이확운(廓雲敬天), 이풍오, 한봉린, 안운암, 김선호, 이봉종(月仙奉宗), 김춘고, 지송파, 남성관, 정동명, 최현종, 최남기, 김하담이다.

103　조수는 손영환(依雲永桓, 1905-?), 조동환(溪松東煥, 1904-1947)이다.

104　화원은 김보응(보응문성), 최석암, 단두정, 이필곤, 이춘화, 박현규, 황성렬, 이남곡, 이상길, 최장원(麟峰長遠, 1904-?), 이기연, 김영호, 강창규, 강군선, 문진음, 이규재, 빈봉인(應霞奉仁), 박상순, 김월파, 김상순, 권법성, 정창순, 전국진, 박영래, 이달기(春潭達基), 유한덕, 배상엽, 김태인, 한몽화(永惺夢華), 이성엽(香庵性曄), 김우일(明星又日, 1910-1998), 이풍오, 김일화이다.

105　주지는 구연운(蓮耘壯曄)이고 화주는 인파당이다. 화원은 중앙 비로자나불은 권세창, 지송파이며 동방약사와 서방아미타불은 김예운(禮芸尙奎), 김청암(青庵鉉成), 김동호, 이자성(萬奉慈性, 1909-2006)이 했고, 천수천안은 보응문성, 104위는 금용일섭이 했다. 박상순이 세 곳을 도왔다.

성[106]

1931년   익산 일본교당의 후불탱, 산신탱, 칠성탱, 독성탱 조성[107]

1932년   순천 송광사 임경당 인왕탱 조성[108]

1933년   합천 해인사 사천왕탱 조성[109]

1934년   서울 숭인동 이만해교당 후불탱과 신중탱 조성[110]

1935년   서울 삼각사 괘불 조성[111]

　　　　 강경 황금정 122 불교포교당 후불탱, 신중탱, 칠성탱 조성

1936년   묘향산 보현사 현왕 1위, 양화사 산신 1위, 각 말사의 개산조사
　　　　 영정 4건 조성

1937년   영암 군서면 도갑사 대웅보전 후불탱화(삼세여래 육광보살) 조성,
　　　　 김제 신곡리 미륵당 산신탱, 독성탱 조성

　이와 같이 이 시기 매년 많지는 않지만 작품 활동을 계속해 왔다. 불화
만 그린 것이 아니라 1930년 순천 송광사에서 목련존자 연극의 무대배경
을 그리기도 하고, 묘향산 양화사 개산조사 진영 제작도 하였다. 금용일

---

106 주지는 김율암, 감무는 임기산(綺山錫珍, 1892-1968), 화원은 손영환, 조동순 외 기타
　　 학인이었다.
107 이것은 전북 익산 숭림사에서 갑사의 渾虛和尚의 부탁을 받아 그리게 된 것으로 박상
　　 순이 함께했다.
108 송광사 임경당의 인왕탱은 금용일섭 혼자 그린 것이다.
109 1933년 2월 22일부터 5월 5일까지 지송파와 함께 제작한 것이다.
110 화원은 보응문성, 단두정, 안병문이었다.
111 3월 3일에서 4월 6일까지 약 한달간 서울 창신정 안양암 화소에서 서울 삼청동 삼각사
　　 혜운의 부탁으로 그린 것이다. 화원은 보응문성, 지송파, 김우일, 안병문이었다.

섭의 스승인 보응문성과 호은정연이 1954년 입적하였는데, 이들이 금용
일섭과 함께 활동한 것은 1936년 묘향산 보현사 불사를 할 때까지였다.

　이후 1938년부터 1951년 이전까지는 김제 백구면 부용사芙蓉寺를 근거
지로 작품 활동을 했다. 여기서 화원을 양성하는 '성예원聖藝院'을 설립하
기도 하였다. 이 시기 불화 제작 작품 활동은 다음과 같다.

1938년　부안군 외하리 관성묘 마초탱, 조운(조자룡)탱, 장비탱,

　　　　주창탱, 장선관탱, 산신탱, 칠성탱, 상제탱, 신농탱 조성

　　　　서울 조계사(조선불교총본산) 후불탱 조성[112]

　　　　논산 축암향림원 후불탱, 칠성탱, 산신탱, 독성탱, 신장탱,

　　　　인왕탱, 양쪽 벽에 관음과 지장, 천정에 용과 구름 그림(망월암 출

　　　　초 부용사 완수)

　　　　김제 관성묘 관평(관우의 아들)과 주창장군 탱화 조성

　　　　영암 군서면 도갑사 상견성암 지장탱 조성

1939년　김제 부용사 신중탱, 산신탱 조성, 후불탱, 지장탱, 칠성탱 조성

　　　　강진 무위사 신장탱, 독성탱 조성

1940년　제주 김녕 대흥사포교당 후불탱, 지장탱, 칠성탱, 신장탱,

　　　　산신탱, 독성탱, 감로탱, 산천단 칠성탱, 산천단 신장탱 조성[113]

112　금어는 금용일섭, 지송파, 김보경이다. 2000년 7월 15일 서울시유형문화재 제125호로
　　지정되었다.
113　대흥사포교당의 주지는 당시 제주도에서 유일한 비구니였던 이화선이고 오영홍, 김성
　　봉과 전 제주도 군수 부인인 대원행이 지공이었다. 화원은 김우일, 박상순, 신병철, 고
　　재섭이었다.

제주 성내교당 후불탱, 칠성탱, 신장탱, 5여래, 산신탱, 독성탱
조성

제주 애월포교당 지장탱, 산신탱 조성

제주 조천포교당 신장탱 조성

제주 삼양 원당사 지장탱, 칠성탱, 산신탱, 독성탱, 감로탱,
인왕탱, 현왕탱 조성

1941년　제주 삼양 원당사 감로탱, 현왕탱 조성

제주 조천포교당 현왕탱 조성

제주 김녕 백양사포교당 감로탱 조성

완주 안행사(일명 정혜사 승방) 삼세여래 육보살탱 조성

순천 주암면 천태암 칠성탱, 달마대사 영정 조성[114]

군산 칠성암 칠성탱, 산신탱, 독성탱 조성

군산 신사리 이영자의 칠성탱 조성

김제 신곡리 미륵당 칠성탱 조성

완주 정혜사 승방 나한전 후불탱 조성

전주 위봉사포교당 후불탱, 천정의 용 조성

부안 정혜사포교당 승방 칠성탱, 신중탱 조성

완산 칠성암 칠성탱 조성

전주 봉동면 학림사 후불탱 조성

1942년　만주 봉천 관음사 지장탱 조성

114 천태암의 주지는 임기산화상이었고 화주는 김대우(大愚錦秋, 1874-1949) 화상, 화원은
　　　기우일, 고재섭, 신병철, 박현규(끝 무렵에 오다)였다.

남원 선원사 괘불 조성

밀양 표충사 괘불, 신장탱, 5폭의 관음원불(상순 작품) 조성

봉천 관음사 칠성탱과 육조선사 영정 조성

부안 줄포포교당 칠성탱 조성(고부 두승산의 스님 부탁)

부산 교당 독성탱 조성

전주 위봉사 지장탱, 칠성탱 조성 1943년 완주 우전면 석불리 이

연우포교당 후불탱, 삼세여래 육광보살탱의 초안 첨부

해남 송지면 미황사 신중탱, 칠성탱, 산신탱, 독성탱 조성

정읍 정주면 윗○○ 비울묵탕 조종순포교당 칠성태 조성

부안 후마동 약수산제당 산신탱, 독성탱 조성

김제 부용 활터 무당집 산신탱 조성

김제 용지면 봉오리 이영자 영자신탱 조성

부안 줄포 미륵당 신장탱 조성

김제 신곡리 미륵당 사천왕탱 조성

1944년 부안 외하리 백양사포교당 후불탱, 칠성탱, 신장탱, 산신탱,
독성탱 조성

함평 백양사포교당 지장탱, 칠성탱, 신장탱, 현왕탱, 산신탱 조성

김제 금산사포교당 후불탱, 칠성탱, 신장탱, 산신탱, 독성탱 조성

익산 부처당 관음사 지장탱 조성

정읍 내장면 칠보산 산당 산신탱 조성

김제 금산면 산제암 지장탱 조성

나주 경현리 다보사 현왕탱, 산신탱 조성

영암 신북면 호산 망월암 후불탱, 지장탱, 칠성탱, 신장탱, 산신

탱, 독성탱 조성

해남 삼산면 교당 칠성탱, 산신택 조성

영암 시종면 옥야리 백련사 후불탱, 지장탱, 칠성탱, 신중탱,

독성탱, 감로탱, 산신탱 조성

1945년 남원 창덕암 후불탱, 산신탱 조성

1946년 김제 백산면 흥복사 관음탱 조성

정읍 태인면 옥천사 칠성탱, 독성탱 조성

김제 신풍교당 칠성탱, 신중탱 조성

김제 금산사 미륵전 서전 후불탱 조성

김제 성덕면 고현리 후불탱, 신장탱, 칠성탱 조성

영암 도갑사 현왕탱, 칠성탱 조성

신태인 명금산교당 후불탱 조성(집에서 조성)

완주 남고사 칠성탱, 독성탱 조성

1947년 전주 대원사 지장탱, 인왕탱 조성(집에서 조성)

부안 변선 불석산 산신탱, 관음탱 조성, 달마탱 조성(집에서 조성)

태인 관성묘구 산신탱 조성

부안 청일암 지장탱, 신중탱 조성(순금 이용)

목포 정혜원 후불탱 조성

신태인 명금산 왕명수교당 후불탱 조성

목포 대흥사포교당 약사사 칠성탱, 신중탱 조성

나주 문평면 북동 삼수사 후불탱, 산신탱, 신중탱, 칠성탱 조성

1948년 임피 상주사 현왕탱 조성

고창 상원사 후불탱 조성

부안 외하리 관성 3보살탱 3축 조성

1949년   목포 유달동 3번지 학암사 후불탱, 칠성탱, 신중탱, 산신탱,

독성탱, 지장탱 조성

목포 홍관사 산신탱 조성

김제 부용사 칠성탱 조성

이와 같이 이 시기 금용일섭의 불화 제작은 전북 김제 부용사를 중심으로 전라남도·전라북도·제주도 지역에서 집중적으로 이루어졌다. 1938년부터는 스승으로부터 독립하여 부용사에 성예원을 설립하고 활동한다.

1942년 만주 봉천 관음사에까지 가서 지장탱을 조성하기도 하였고, 군산 신사리 이영자의 칠성탱은 무당집인 것으로 추정되며, 1943년 김제 부안 활터의 무당집 산신탱을 조성하기도 했다. 또한 부안 줄포 미륵당의 신장탱을 조성하였는데, 이 탱화는 1960년경부터 인천 일성암(주지 해관)에 봉안되었다가 1991년 해관스님 열반 후 일성암은 폐사되었다. 이후 후손이 소장하였고 근래 경기도 고양시 일산 원각사(주지 정각)에 기증하였다. 보전처리 중 불화초도 발견되었다. 이 밖에도 1938년 부안군 외하리 관성묘關聖廟나 김제 관성묘, 1947년 태인의 관성묘 탱화 제작 등 종교를 초월한 활동을 했다.

다음으로 금용일섭은 1951년 이후 전북 김제 부용사에서 대구 장수사(현 선법사)로 거처를 옮겨서 활동한다. 이곳에서 경상도뿐만 아니라 전국

적으로 작품 활동을 하여 명성을 떨치게 된다.[115] 이는 그가 항상 많은 화승들과 함께 불사에 임했기 때문에 가능한 일이었다. 스승인 보응문성이나 금호약효 또한 많은 수의 화승들과 함께 작업을 하였다.[116] 1951년부터 1969년까지 금용일섭의 불화 작품에 대해 살펴보면 다음과 같다.

> 1951년   김제 용지면 예촌 사창산 노파교당 산신탱 조성
>
>   김제 부용사 신중탱, 미륵탱 조성
>
>   정동두(개명 우성) 집에 사창노파 관음원불탱, 사창노파 관음원
>
>   불탱, 영자 관음원불탱 조성
>
>   대구 남산동 정혜사 후불탱, 칠성탱, 신중탱 조성
>
>   대구 남산동 극락암 칠성탱, 산신탱, 신중탱 조성
>
>   대구 칠성동 견불암 후불탱, 칠성탱, 신중탱, 산신탱 조성
>
>   대구 대봉정 수도원 칠성탱, 신중탱, 산신탱, 단군색화 조성
>
> 1952년   부산 영도 법화사 시왕상 각부와 지장탱, 사자탱 2등 13축 조
>
>   성, 삼신불, 미타, 지장, 인로개 출초, 달마도(김운호 화상 부탁) 조성
>
>   합천 해인사 후불탱, 신장탱 조성
>
>   부산 범일정 연심사 후불탱, 산신탱 점안

---

115   당시 《한국일보》 기자 芮庸海(1929-1995)와의 인터뷰 기사가 1962년 1월 23일 신문에 실리기도 했다. 기사에 의하면 예용해는 금용일섭을 만나기까지 1년이 걸렸다고 할 정도로 이 기간 동안 금용일섭은 쉬지 않고 작품 활동에 매진하였다. '인간문화재'라는 말을 처음 사용한 이가 예용해이다.

116   금호약효는 함께 불사를 한 화승들이 130여 명에 달했다고 한다. 최엽, 「한국 근대기 불화와 화승 금용일섭의 불화」, 『동악미술사학』 24, 동악미술사학회, 2018, p.48.

부산 법화사 42수관음탱 점안

광주 동광사 칠성탱 조성

대구 원만사 칠성탱, 후불탱, 산신탱 점안

왜관 산신탱 조성

대구 남산동 부인교당 최장원 화실에서 칠성탱·신중탱,[117] 산신

탱 조성

1953년 부산 용궁사 신중탱, 칠성탱 조성

대구 완전동 보광사 후불탱, 독성탱, 인왕탱 조성

대구 봉산정 정각원 정철우포교당 후불탱, 신중탱, 칠성탱 조성

영천 청통면 은해사 사천왕, 칠성탱 조성

대구 선은사 신중탱 조성

대구 범어동 장수암 칠성탱 조성

영천 자천면 보현산 후불탱, 신중탱 조성

경산 고산면 시지동 중심사 후불탱, 지장탱, 칠성탱, 신중탱,

산신탱, 독성탱 조성

목포 유달동 청명사 후불탱, 지장탱, 칠성탱, 신중탱, 산신탱,

독성탱 조성

목포 죽동 정혜원 칠성탱, 지장탱, 산신탱, 독성탱 조성

김제 백구면 전안리 영신자신탱, 칠성탱, 산신탱, 주창, 천제

조성

---

117 이 칠성탱과 신중탱은 경기도 고양시 일산서구 탄현동 원각사 소장(주지 정각), 107.0×
135.0cm.

경산 시지동포교당 후불탱, 신장탱, 지장탱, 칠성탱, 산신탱, 독성탱 조성

대구 실상사 후불탱, 칠성탱, 신중탱 조성

대구 인교동 견성암 승방 후불탱, 칠성탱, 신중탱, 산신탱, 독성탱 조성

청도 보현사 칠성탱, 산신탱 조성

1954년 김제 백산면 수룡리 금복사 후불탱 조성(부용사에서 만들다)

청도 보현사 칠성탱, 산신탱 조성

목포 죽교동 달성사 지옥도, 인간도, 극락도, 칠성탱, 산신탱 조성

경산 서면 모량역 앞의 법흥사 후불탱, 칠성탱, 신중탱, 산신탱 조성

대구 대명동 안일암(일명 안진암, 앞산 절) 후불탱, 신중탱, 칠성탱 조성

대구 신천동 신흥사 후불탱, 신중탱, 칠성탱 조성

1955년 청도 비구니절 후불탱, 칠성탱, 신중탱, 산신탱, 독성탱 조성

대구 동인동 보각사 후불탱, 칠성탱, 신중탱, 산신탱, 용왕탱 조성

대구 신천동(방천) 관음사 신중탱 2축 조성

대구 신암동수도원 후불홍탱 조성

삼척 장성면 장명사 후불탱, 칠성탱, 신중탱, 산신탱, 독성탱 조성

대구 내당동 원적사 칠성탱, 산신탱 조성

대구 성당동 대원사(또는 김룡사) 칠성탱, 산신탱 조성

대구 범어동 장수암 산신탱, 용왕탱 조성

1956년 대구 대덕사 후불탱, 칠성탱, 신중탱, 용왕탱 조성

대구 신암동 신흥사 지장탱, 산신탱, 용왕탱 조성

부안 보광사 괘불 조성

영천 묘각사 칠성탱 조성

경북 신녕포교당 칠성탱, 인왕탱 조성

포항 화장사 칠성탱, 후불탱, 신중탱 조성

달성 현풍읍포교당 칠성탱, 산신탱 조성

대구 대명동 광명사 후불탱, 칠성탱, 신중탱 조성

영주군 풍기면 삼가동 비로사 칠성탱 조성

경산 남천면 삼성역 앞 소지암 칠성탱, 신중탱, 산신탱 조성

1957년 강경 신작리 정양사 부처님탄생도, 성도도, 하강도 조성

영천 임고면 선정사 칠성탱 조성(선정사 주지 정태영이 와서 부
탁함)

대구 신암동 유양보포교당 후불탱, 칠성탱, 신중탱 조성

서울 성북구 무량사 칠성탱, 산신탱 조성(무량사 주지 김해산이
와서 부탁함)

대구 대봉동교당 후불탱, 신중탱 조성(가창 운흥사 전 주지인 조윤
암이 와서 부탁함)

대구 산격동 대승사 후불탱, 신중탱, 칠성탱, 산신탱 조성

경주 월성군 아화역 오봉산 주사암 삼성탱 조성

대구 산격동 대승사 산신탱 조성

1958년　대구 남산정 극락암 지장탱, 감로탱 조성

　　　　경주 월성군 서면 건천시 복구암 후불탱, 신중탱 조성(복구암
　　　　주지 석봉의 부탁)

　　　　대구 신천동 수도원 칠성탱, 신중탱, 산신탱, 독성탱, 미타탱
　　　　조성

　　　　대구 대명동 서봉사 칠성탱 조성

　　　　대구 산격동 개림사 신중탱, 칠성탱, 영신탱, 산신탱, 용왕탱
　　　　조성

　　　　방천 대덕사 산신탱, 독성탱, 천신탱 조성(대덕사 화주 문철쇠
　　　　씨 부탁)

　　　　대구 삼덕동 삼덕사 신중탱, 칠성탱 조성

　　　　경산 백천동 죽림사 사천왕탱 조성

　　　　대구 신천동 신흥사 제왕탱 조성

　　　　대구 내당동 화엄사 신중탱, 산신탱 조성, 박순선 초상화 조성

　　　　대구 대명동 학림사 신중탱 조성(학림사 주지 송연파의 부탁)

　　　　대구 칠성동 맹인사 칠성탱 조성

　　　　대구 칠성동 견불암 제왕탱 조성

　　　　대구 대명동 안일암 산신탱 조성

　　　　대구 방천(하동) 대덕사 칠성탱, 제왕탱, 기마장군 조성(대덕사
　　　　화주 문철쇠씨 부탁)

　　　　경산 용성면 고죽동 영원사 칠성탱, 산신탱, 후불탱 조성

1959년　대구 칠성동 일월사 칠성탱 조성

　　　　경산 백천동 죽림사 후불탱 조성

영천 문외동 영광사 칠성탱 조성

대구 대원사 후불탱, 산신탱 조성

대구 봉산동 대원사 후불탱, 산신탱 조성(봉산동 주지 비구니 태 호
스님이 와서 부탁)

대구 내당동 보문사 칠성탱 조성

대구 내당동 내원사 신중탱, 칠성탱, 산신탱 출초

대구 대명동 황룡사 후불탱 조성

대구 대성사 후불탱 조성

영천 문내동 박두출 칠성탱 조성

대구 내당동 점집의 염라대왕, 지옥왕 출초

1960년 김제 공덕리 무당의 부탁으로 제갈, 소강절, 칠성, 매화, 산신,
도로신 등 8축 조성

대구 옥련암 후불탱, 신중탱 조성

대구 청안사 후불탱, 신중탱 조성

고성 개천면 옥천사 용왕탱, 팔상탱, 후불탱 조성

진주 수도승의 원불탱 2축 조성

대구 대봉동 서봉암 괘불 조성

영해 벌영동교당 후불탱, 신중탱, 칠성탱, 독성탱, 산신탱 조성

대구 범어동 영락사 후불탱, 신중탱, 칠성탱, 산신탱 조성

경산 압량 삼룡사 후불탱, 칠성탱, 신중탱, 산신탱 조성

대구 신암동 유양보의 부탁으로 산신탱 조성

밀양 스님 한 분의 부탁으로 소본 산신탱 조성

삼척 신중탱, 관음탱 조성

안동 사람의 부탁으로 칠성탱, 신중탱 조성

대구 달성동 안동약방 소개로 강원도 어느 절의 신중탱, 관음탱 조성

영천포교당 칠성탱, 신중탱, 산신탱 조성

제주 일도동 보림사 후불탱, 칠성탱, 신중탱, 산신탱, 독성탱, 지장탱 조성

1961년   김제 금구면 남산사 산신탱, 칠성탱 조성

대구 서봉사 독성탱 조성

경산 와촌면 천성사 후불탱 조성

대덕산 남운사 선관하강도(칠성탱), 신중탱 조성

금릉 대항면 운수암 신중탱 조성

고성 상리면 무선리 문수암 칠성탱 조성

송광사 괘불, 후불탱, 신중탱, 재식용 그림 조성

대구 동인동 점집 유제필 신탱 6축 조성

대구 대덕사 아래 대성사 산신탱, 독성탱, 용왕탱 조성

대구 선운사 산신탱 조성

대구 칠성동 법련사 신중탱 조성

경산 와촌면 불굴사 후불탱, 미타탱 출초

1962년   김제 금구 남산사 신중탱 조성

경산 와촌면 불굴사 미타탱 조성

부산 범천동 광명사 신중탱 조성, 문수·보현탱 출초

대구 대명동 견성암 후불탱, 칠성탱, 신중탱 조성

대구 동천강머리 통천사 칠성탱 조성

대구 시장북로 14번 백철흑철상 독성탱, 산신탱 조성(김석범씨
부탁)

하동 진교면 고이리 대성사 칠성탱, 신중탱 조성

김제 부용사 산신탱 조성

1963년 대구 남산동 정법사 칠성탱, 후불탱, 산신탱, 독성탱 조성

경산 고산면 증심사 괘불[118]

대구 신천동 원효사 후불탱, 신중탱, 칠성탱 조성

김제 부용사 칠성탱 조성

김제 금구교당 조카 진관의 독성탱 조성

1964년 구례 지리산 상선암 후불탱, 신중탱, 칠성탱, 산신탱, 독성탱,
인왕탱 조성

대구 남산동 정법사 신중탱 조성

영천 청통면 신원동 김호범씨의 부탁으로 신중탱, 칠성탱, 독성
탱 조성

낙안 금강암 신중탱, 산신탱 조성

옥구 지경사 칠성탱 조성

1965년 구례 화엄사 대웅전 신중탱, 나한전 후불탱 조성

울산 북정동포교당 지장탱 조성

함평 보광사 후불탱 조성

대구 봉산동 정법사 지장탱 조성

118 높이 38척, 폭22척, 포의 길이 37척 5촌, 폭 21척 3촌이다.

광주 지원동 광륵사 독성탱 조성

남원 실상사 산신탱 조성

대구 칠성동 유창선의 처인 점술인의 신탱 조성

서울 서대문구 부암동 자명사 후불탱, 신중탱, 지장탱, 칠성탱,

관음탱 조성

대구 대명동 신광사 후불탱, 신중탱 조성

대구 보성암 신중탱 조성

영천 산신탱, 후불탱, 관음탱 조성

1966년 부안 청일암 일월용도 조성, 제비, 까마귀, 참새, 기러기, 부엉

이 출초

김제 부용사 6위탱화 조성

서울 진관사 후불3탱, 신중탱 조성

대구 대봉동 밀교 대일여래탱, 여의륜보살탱 조성

월성 오봉산 주사암 용왕탱 조성

대구 동구 파동 총지사 후불탱, 신중탱 조성

칠곡 동명 도덕암 후불탱, 신중탱, 산신탱, 독성탱, 인왕탱 조성

강릉 법왕사 후불탱, 신중탱, 칠성탱, 산신탱, 독성탱 조성

전주 효자동 정혜사 사천왕탱 출초

서울 밀교 18비준제보살탱 조성

1967년 완주 송광사 후불탱 3폭 조성

영광 남천리 성명사 후불탱, 신중탱, 지장탱, 산신탱 조성

대구 대명동 앞산 대성사 칠성탱, 신중탱 조성

김제 부용사 불단 6성탱 조성

대구 대명동 화엄사 괘불 조성[119]

부산 금정사 대웅전 후불탱, 신중탱 조성

전주 유철규씨 12지 화투 그림 조성

서울 영등포구 상도동 사자암 관음탱, 후불탱 조성

대구 대명동 안지랑사 신중탱, 칠성탱, 산신탱, 독성탱 조성

경주 불국사 주지 채벽암(碧岩東日, 1924-2005) 처소에 후불탱 기증

광주 충장로 관음사 주지가 청하여 형무소용 석가좌불탱 조성[120]

서울 대동염불회 정토탱 출초

경주 월성군 건천 보현사 후불탱, 신중탱, 산신탱, 독성탱 조성

1968년 서울 성북구 성북동 수월암 후불탱, 신중탱, 독성탱, 나한탱 조성[121]

대구 삼덕동 관음사 후불탱, 신중탱 조성

의정부 수락산 석림사 후불탱 조성

서울 마포구 노고산동 만덕사 후불탱, 칠성탱, 신중탱, 인왕탱 조성

---

119 높이 11척, 폭 9척으로 화원은 유종, 철우, 정우이고, 증명은 고성, 주지는 엄씨이다.
120 이 탱화는 남도불교문화연구회 회원인 세종병원 이순규 원장이 결혼기념으로 시주했다. 형무소 시설 변경시 철거되자 시주자가 회수하여 보관중이다.
121 이 불사는 상당히 큰 규모였는데, 원주는 문법신, 홍일규, 선광옥, 효성이고 공사는 서석순이었다. 창건주는 서울시 종로구 관철동 삼안여관 주인인 최수월의 지아비인 김상순이고 화원이 연인원 5백명이었다. 古鏡 감수, 申恩英 역주, 앞의 책, pp.174-175.

대구 신천동 부인교당 칠성탱, 신중탱 조성

대구 상동 청수암 후불탱, 신중탱 조성

대구 원만사 삼장탱 조성

청양 장곡사 후불탱 조성

나주 대성사 칠성탱, 독성탱, 산신탱, 초상 2점 조성

영천 동도사 후불탱 조성

월성 주사암 용왕탱 조성

양산 홍룡사 천수관음탱, 신중탱, 용왕탱 각 6축 조성

1969년　김제 부용사 후불탱, 용왕탱 조성

광주 충장로 관음사 석가모니탱 조성

대구 안지랑사 후불탱 조성

완주 송광사 대웅전 금강벽화 출초

서울 칠보사 후불탱 조성

서울 안양암 후불탱, 신중탱, 지장탱 조성

영천 은해사 중암 산신탱, 독성탱 조성

1950년에는 6.25전쟁으로 인해 불화 제작을 하지 않았던 것으로 보인다. 금용일섭은 불화 외에도 1960년 김제 공덕리 무당 제갈, 소강절, 칠성, 매화, 산신, 도로신 등 8축, 1961년 대구 동인동 유제필 점집 신탱 6축, 1965년 대구 칠성동 유창선처 점집 신탱, 1966년 부안 청일암 일월용도 조성 등 여러 무속도도 제작하였다. 또한 1966년 제비, 까마귀, 참새, 기러기, 부엉이 등의 출초를 하였고, 대일여래탱, 여의륜보살탱, 18비준제보살탱 등 밀교의 불화도 조성하였다. 그 밖에 1967년 전주 유철규 씨 12지

화투 그림 조성, 광주 형무소용 석가좌불탱 조성 등 화투 그림을 그렸다 거나, 형무소 교화용 불화를 그리기도 하여 다양한 주제의 작품을 제작하였음을 알 수 있다. 작품의 중심에는 후불탱, 칠성탱, 산신탱, 신중탱, 독성탱 등의 불화가 차지하고 있다.

이상, 마곡사 불화소의 작품이라고 해서 반드시 마곡사에서 제작한 것을 말하는 것은 아니다. 금용일섭은 금호약효와 보응문성, 호은정연 등의 스승으로부터 그림을 배웠으나 마곡사에 주석하면서 작품 활동을 한 것은 아니었다. 이는 화승들이 어느 한 곳에 머물면서 작품 활동을 한 것이 아니라 요청에 의해 여기저기 다니면서 작품 활동을 했다는 점에서 쉽게 납득이 갈 것이다. 마곡사 불화소의 태두인 금호약효가 그랬던 것처럼 금용일섭도 불사를 마치고 보시를 나눌 때면 자신은 물론 초학조수에 이르기까지 차별하지 않고 평등하게 분배했다. 이것이 곧 마곡사 불화소 화풍의 중요한 특징이었다.

참고문헌

1. 원전류

『金剛恐怖集會方廣軌儀觀自在菩薩三世最勝心明王經』(大正藏 20)

『大方廣佛華嚴經』(ABC, v8)

『佛事成功錄』(보물, 1788, 상주 남장사)

『三國史記』, 『三國遺事』

『瑜伽師地論』(大正藏 30)

『日本書紀』

2. 단행본

古鏡 감수, 申恩英 역주, 『(金魚 金蓉日變의) 年譜』, 송광사성보박물관, 2016.

국립공주박물관 편, 『마곡사, 근대불화를 만나다』, 국립공주박물관, 2012.

국립무형유산원, 『(국가무형문화재 전승자 구술자서전 제118호 불화장) 임석정: 불화는
　　신심으로부터지』, 국립무형유산원, 2017.

국립문화재연구소, 『괘불조사보고서 제III집 경상남·북도』, 국립문화재연구소, 2004.

김정희, 『찬란한 불교미술의 세계 불화』, 돌베개, 2009.

김형우·신대현·안병인 공저, 『韓國의 寺刹』上, (재)대한불교진흥원, 2004.

대한불교조계종 총무원, 『불교문화재도난백서』, 대한불교조계종, 1999.

문화재청, 『대형불화정밀조사보고서1: 마곡사 석가모니불괘불탱』, 문화재청, 2016.

＿＿＿＿＿, 『전국 사찰소장 불화 조사보고서4: 마곡사 본·말사 편』, 문화재청, 2000.

박원자, 『현세에 꽃피운 극락: 금어 만봉 스님의 삶과 불화이야기』, 북랩, 2013.

사단법인 불교문화재연구소, 『공주 마곡사 종합정비계획 중간보고서』(내부자료), 2016.

石 鼎, 『韓國의 佛畵 草本』, 통도사성보박물관, 1992.

성보문화재연구원·문화재청, 『修德寺 本·末寺 佛畵 調査報告書』, 성보문화재연구원·
　　문화재청, 2002.

吳世昌 著, 東洋古典學會 譯, 『國譯 槿域書畵徵』, 시공사, 1998.

우 일, 『(金魚 又日 스님) 佛畵草本展』, 반, 1997.

윤장섭, 『韓國의 建築』, 서울대출판부, 1996.

장희정, 『조선 후기 불화와 화사 연구』, 일지사, 2003.

황병진, 『佛畵幀本』기초편, 대홍기획, 1989.

Andreas Eckardt, Geschicme der Koreanischen Kunst, Leibzig, 1929.

3. 논문류

강삼혜, 「화원으로 불린 승려들」, 국립중앙박물관 편, 『조선의 승려 장인』, 국립중앙박물

관, 2021.

고성주, 「근대 탱화 작가 연구: 김일섭을 중심으로」, 전남대 석사논문, 2005.

김국보·김미경, 「畵師 意雲堂 慈雨의 고승진영」, 『석당논총』39, 동아대학교 석당학술원, 2007.

_____, 「IV.화승 의운자우·하은응상의 활동과 문중의 조력」, 『남도문화연구』39, 순천대학교 남도문화연구소, 2020.

김선태, 「충남지방의 괘불조사: 마곡사, 갑사, 신원사괘불을 중심으로」, 『학술연구발표논집』4, 국립문화재연구소, 1990.

김소의, 「錦湖堂 若效의 佛畵 研究」, 동국대 석사논문, 2010.

김승희, 「畵僧 石翁喆侑와 古山竺衍의 生涯와 作品」, 『東垣學術論文集』4, 한국고고미술연구소, 2001.

김영희, 「금용일섭(1900-1975)의 불상조각 연구」, 고려대 석사논문, 2009.

김정희, 「조선 후기 화승연구(1): 금암당 천여」, 『성곡논총』29-3, 성곡언론문화재단, 1998.

_____, 「문정왕후의 중흥불사와 16세기의 왕실발원 불화」, 『미술사학연구』231, 한국미술사학회, 2001.

_____, 「麻谷寺 掛佛幀」, 『통도사성보박물관 괘불탱 특별전』도록12, 통도사성보박물관, 2004.

_____, 「금호당 若效와 남방화소 계룡산파: 조선 후기 화승연구(3)」, 『강좌미술사』26-2, 한국불교미술사학회, 2006.

_____, 「조선 후기 畵僧의 眞影像」, 『강좌미술사』35, 한국불교미술사학회, 2010.

김창균, 「조선 仁祖-肅宗代 불화의 도상 특징 연구」, 『강좌미술사』28, 한국불교미술사학회, 2007.

문명대, 「良志와 그의 작품론」, 『불교미술』1, 동국대학교박물관, 1973.

_____, 「노영필 아미타구존도 뒷면 불화의 재검토: 고려 태조의 금강산배점 담무갈(법기)보살 예배도」, 『고문화』18, 한국대학박물관협회, 1980.

_____, 「조선 명종대 지장시왕도의 성행과 가정 34년(1555) 지장시왕도의 연구」, 『강좌미술사』7, 한국미술사연구소, 1995.

박옥생, 「퇴운당 신겸의 불화 연구」, 동국대 석사논문, 2005.

박은경, 「조선 17세기 충청권역 戴冠菩薩形 掛佛의 특색」, 『文物研究』23, 동아시아문물연구학술재단, 2013.

石鼎, 「한국의 불화초」, 통도사성보박물관 편, 『한국의 불화초본』, 통도사성보박물관, 1992.

신은미, 「화승 김일섭의 불화연구」, 『강좌미술사』26-2, 한국불교미술사학회, 2006.

신은영, 「금용일섭의 『연보』와 불교예술운동」, 『동악미술사학』24, 동악미술사학회, 2018.

염중섭, 「고려불화의 지장보살 도상 연구」, 동국대 박사논문, 2021.

유경자, 「京山畵脈 系譜와 萬奉佛畵 圖像 研究」, 위덕대 박사논문, 2020.

이강하, 「丹靑의 繪畵史的 考察」, 조선대 석사논문, 1987.

이선용, 「불화에 기록된 범자와 진언에 관한 고찰」, 『미술사학연구』278, 한국미술사학회, 2013.

이영숙, 「朝鮮後期 掛佛幀 硏究」, 동국대 박사논문, 2003.

이용윤, 「조선 후기 통도사의 僧侶門中과 畫僧 任閑」, 『불교미술사학』 23, 불교미술사학
　　회, 2017.

＿＿＿, 「조선 후기 편양문중의 불사와 승려장인의 활동」, 『미술사연구』 32, 미술사연구회, 2017.

이유진, 「근대기 범어사 불화 연구」, 동아대 석사논문, 2015.

李宗洙・許詳浩, 「17-18세기 불화의 畫記 분석과 용어 考察」, 『불교미술』 21, 2009.

장충식, 「錫杖寺址 출토유물과 釋良志의 조각유풍」, 『신라문화』 3・4, 동국대학교
　　신라문화연구소, 1987.

장희정, 「조선 후반기 지역 불화의 활성과 계룡산의 화승들」, 국립공주박물관, 『마곡사
　　근대불화를 만나다』, 국립공주박물관, 2012.

정명희, 「움직이는 공방, 이동하는 승려」, 국립중앙박물관 편, 『조선의 승려 장인』, 서울:
　　국립중앙박물관, 2021.

정승모, 「민간신앙」, 『신편 한국사』 35, 국사편찬위원회, 2002.

정영호, 「개요」, 국사편찬위원회 편, 『한국사 8: 삼국의 문화』, 국사편찬위원회, 2002.

정우택, 「조선왕조시대 전기 궁정화풍 불화의 연구」, 『미술사학』 13, 한국미술사교육연구
　　회, 1999.

조원창, 「마곡사의 가람배치와 조선 국왕과의 관련성 검토」, 『(산사, 한국의 산지 승원
　　마곡사) 세계유산등재 1주년 기념 마곡사 학술대회』, 마곡사, 2019.

崔 燁, 「近代 畫僧 古山堂 竺演의 佛畫 硏究」, 이화여대 석사논문, 2001.

＿＿＿, 「근현대 화승 일섭 불화의 신도상과 표현기법: 송광사성보박물관소장 〈제존집회
　　도〉와 〈치성광여래도〉를 중심으로」, 『동악미술사학』 22, 동악미술사학회, 2017.

＿＿＿, 「한국 근대기 불화와 화승 금용 일섭의 불화」, 『동악미술사학』 24, 동악미술사학
　　회, 2018.

최영철, 「18세기말-19세기초 경기지역 首畫僧 考察: 楊州牧・水原府 首畫僧들의 畫籍을
　　중심으로」, 『동악미술사학』 3, 동악미술사학회, 2002.

허형욱, 「수행승이자 예술가」, 국립중앙박물관 편, 『조선의 승려 장인』, 국립중앙박물관,
　　2021.

＿＿＿, 「우리나라 승려 장인의 시기별 성격 변천」, 국립중앙박물관 편, 『조선의 승려
　　장인』, 국립중앙박물관, 2021.

4. 기타

「대선사금호당진영」, 《불교신문》, 2015. 3. 11.

「篤志와 慈善-金氏慈善」, 《時代日報》, 1926. 1. 12.

「佛畫의 名人 文古山 釋王寺 金石翁과 單二人」, 《每日申報》, 1915. 11. 23.

「서울에 나툰 공주 마곡사 석가모니부처님 '괘불'」, 《법보신문》, 2019. 04. 23.

泰華山人, 「近代의 숨은 高德」, 『月刊 法施』 53, 法施舍, 1972.

제 6장

마곡사 불교유산의
보존관리와 과제

1. 불교유산의 보존관리

　유·무형의 불교유산은 시대를 초월한 그 사회의 결과물로서 과거를 바탕으로 현재와 미래에 전승되어야 할 소중한 자산이다. 전통에 대한 지식은 새로운 창조 과정의 일부이다.

　우리나라 국민들이 '문화유산의 보존'이라는 의미를 인식하기 시작한 것은 20세기 초 서양 문물과 함께 개념이 도입되면서부터이다. 일제강점기 당시 세키노 다다시(關野貞, 1868-1935)에 의해 조선고적조사가 이루어지면서 여러 유물들이 손실되거나 원래의 위치에서 이동되는 등 많은 변화가 있었다. 해방 이후 문화재 보존과학의 필요성이 대두된 것은 우리나라 문화재 발굴의 시작인 1946년으로 신라시대의 고분인 경상북도 경주시 노서동 호우총壺杅塚 발굴과 함께 문화재들이 출토되면서부터이다. 그 후 1961년 10월 2일 법률 제743호로 구황실재산 사무총국의 조직과 문교부 문화국 문화보존과의 기능을 통합하여 문교부에 문화재관리국(현 문화재청)이 설치되었다. 그리고 1962년 '문화재보호법'이 제정되었다.[1] 특

1　서정호, 『문화재를 위한 보존 방법론』, 경인문화사, 2008, pp.21-22.

히 우리의 불교문화유산 보존을 위한 노력은 21세기에 들어와서야 본격
적으로 경주되기 시작한다.

2013년 불교문화재연구소에서는 불교유산을 보존관리하기 위해 통합
관리시스템 구축 계획을 발표하였다.[2] 이는 기존의 조사 중심의 체제에서
보존과 활용의 측면을 보완하기 위한 방책이다. 통합관리시스템 구축을
통해 축적된 자료의 목록화 등 종합 정비계획을 수립하는 데 활용하고 있
다. 특히 그동안 등한시했던 근현대 문화재 조사에도 관심을 기울이고 있
어서 '종합'이란 키워드가 설득력을 지닌다.

2014년에는 대한불교조계종과 문화재청이 불교문화유산의 가치를 보
호·보존하고 효율적인 협력사업을 추진하기 위한 업무협약(MOU)[3]을 맺
었다. 또한 2016년에는 대한불교조계종이 불교문화유산의 보존관리를
위한 센터 설립 계획을 발표하였다. 즉, '불교문화유산보존센터'라는 명칭
으로 경기도 성남의 위례신도시 종교용지 1번지에 건립 추진 계획을 발
표하였다. 정현(대한불교조계종 문화부장)의 인터뷰 내용에서 "불교문화유
산보존센터는 세월이 지나면서 유실되거나 손상되고 잊혀지는 성보들을
되살리기 위한 종단적 방침에서 추진되는 불사인 만큼 그동안의 아쉬움

2　「불교유산 보존관리 '역점' 통합관리시스템 구축한다」,《불교신문》 2013년 2월 14일.
3　중요 사찰 목조문화재와 동산문화재(목조불·철불·건칠불 등) 기록화 사찰문화재 도
　난 예방과 불법거래 차단 등 불교문화유산 안전관리 강화 중요 동산문화재 다량 소장처
　훈증 소독과 소장자 보존·관리 교육 시행 등 사찰유물전시관의 운영·관리 강화 전국
　옛 절터 발굴조사 등의 학술조사와 보존관리 기반 조성 북한 불교문화유산 보존관리를
　위한 남북 교류 활성화와 해외 불교문화유산 보호를 위한 공적개발원조(ODA) 시행 사
　찰문화재 안내판 정비와 홍보자료 발간 등의 사항에 대해 정책 수립과 집행에 협력하기
　로 했다. 「문화재청, 대한불교조계종과 불교문화유산 보존을 위한 업무협약 체결」, 문
　화재청 〈보도자료〉, 2014. 8. 6.

을 상당 부분 해소할 수 있을 것. (중략) 특히 국내 유일의 괘불전문 보존 처리기관으로 건립된다는 점에서 지류문화재 분야만큼은 세계에서 손꼽히는 전문시설로 성장할 수 있을 것"[4]이라는 기대감을 내비쳤다.

이 센터에서는 전국 사찰 소장 성보 데이터베이스를 결집하고 이를 토대로 각종 연구·조사를 통해 성보 관리에 대한 불교 종단적 역량이 극대화 될 수 있을 것이다. 그러나 완공을 앞두고 좀 더 합리적 위치와 효율적 운영이 필요하다는 의견에 의해 이전을 검토하고 유치 사찰을 응모하는 등 건립에는 난행이 따르기도 했다.[5] 다행히 이 센터는 양평 용문사 일원에 건립하기로 결정되어 2024년 12월 완공을 목표로 사업이 추진된다.

2021년에는 불교중앙박물관에서 비지정 문화재에 대한 체계적 보존 관리를 강화하여 불교문화 유산의 역사적 문화적 가치가 제대로 평가받기 위해 노력하겠다[6]는 의지를 표명하기도 하였다.

특히 우리의 문화재 보존관리 기술이 세계적으로도 주목받고 있다. 세계불교유산인 미얀마 바간 벽화의 보존관리 매뉴얼을 현지에 전달하여 일명 'K-문화재보존기술'의 세계화가 이루어지고 있어서[7] 문화외교에도 좋은 성과를 올리고 있다.

이 매뉴얼에는 국보 46호 부석사 조사당 벽화 등 그동안 축적된 우리

4 「불교유산보존센터, 성보 관리 토대 구축할 대작불사」,《법보신문》 2017년 5월 31일.
5 「불교문화유산보존센터 유치할 사찰을 찾습니다」,《불교신문》 2020년 6월 15일.
6 「불교중앙박물관, 비지정 문화재 체계적 보존 관리 나섰다」,〈BBS NEWS〉 2021년 4월 8일.
7 「세계불교유산 미얀마 바간 벽화에 'K-문화재보존기술'접목」,〈BBS NEWS〉 2021년 1월 12일.

사찰 벽화 5천 3백여 점의 보존과 처리, 관리 노하우와 첨단기법이 담겨 있다. 이는 미얀마 문화재 보존관리와 인력양성에 활용될 것으로 보인다.

무엇보다도 교육기관을 통해 불교유산의 보존·관리를 위해 노력하는 것이 중요하다. 특히 중앙승가대학교의 문화재학 전공에서는 승가에는 유·무형의 사찰문화유산을 보존·계승하는 의무와 역할이 부여되어 있다는 점을 인식하여 불교문화유산을 관리하고 그것을 후손들에게 올바로 전승해 주기 위해 사명감을 가지고 교육을 시행하고 있다. 중앙승가대학교의 학생은 전원이 승려라는 점에서 이들이 바로 불교문화유산을 보존·관리하는 책임의 위치에 있는 구성원으로 짜여 있다는 특징이 있다. 그밖에도 경주대학교 문화재보존과학과를 비롯한 대학교 학부 과정에 9개의 학과가 개설되어 있고, 경주대학교 일반대학원 문화재학과를 비롯한 5개의 대학원에 학과가 개설되어 있는 정도이다.[8]

우리나라는 현재 문화유산을 보호하기 위해 세계문화유산에 등록시키는 작업을 꾸준히 진행하고 있다. 앞에서 살펴본 대로 세계문화유산 등재를 위해서는 문화유산, 자연유산, 복합유산인 경우 가능하다. 문화유산은 문화재 중 인간이 만든 유형문화재 전반을 말하고, 자연유산은 산이나 늪, 동굴 등 자연적인 현상에 의해 생긴 것을 말한다. 다른 나라들의 등록 선례를 계속적으로 살피면서 장단점을 면밀히 분석하여 우리의 문화유산과 대비시켜 문화유산 보존을 위해 지속적인 노력을 경주해야만 할 것이다. 특히 불교 문화유산은 종교적·신앙적 차원에서 숭고한 가치를 지니는 것

---

8   국내 문화재 보존관련 학교와 학과에 대해서는 서정호, 앞의 책, p.23 참조.

인 만큼 공공성의 의미를 살려 보존에 더욱 주의를 기울여야 한다.

2. 마곡사 불교유산 보존관리와 과제

마곡사는 대형주차장에서 2009년 6월 11일 개원한 '한국문화연수원'까지 이어지는 계곡을 중심으로 개별 공간이 구성되어 있다. 크게는 주차장-매표소-경내주차장-남원-북원-별원 등 총 6개 영역으로 구분할 수 있다. 또한 남원 인근의 샘골마을 진입부[9]에 불모비림佛母碑林이 조성되어 있다. 이 모든 공간이 마곡사 불교유산 보존관리의 영역이다.

마곡사 경내인 남원과 북원의 경우, 남원에는 영산전·해탈문·천왕문 등 지정문화재와 태화선원 등 선원 운영 건축물이 혼재되어 있다. 여기서 태화선원은 비교적 양호한 상태이지만, 영산전·해탈문·천왕문 등은 지속적인 모니터링이 요구된다.

북원은 대웅보전이나 대광보전이 있는 공간으로 국가지정문화재로 지정된 대광보전, 오층석탑 등의 보존 상태는 비교적 양호한 편이나 대웅보전은 보존 상태가 좋지 않다. 북원의 동쪽 영역은 공양간, 요사채, 템플스테이 전용공간, 주지의 업무 공간, 종루 등이 있으며 시설은 대체로 양호한 편이다. 지하부에 해당하는 종무소와 요사 공간은 누수, 건물하자 등이 있었으나 수리하였다. 특히 이 공간은 종무, 주거, 식당 등 복합용도로 활용되어 승려, 종무원, 신도 및 일반 관람객 등의 동선이 혼재되는 양상

---

9 은적암으로 가는 갈림길에서 우측으로 들어서 백련암 가는 길에 위치한다.

을 보여 독립성이 요구되는 승려들의 방사 공간이 일반인들의 접근이 가능하게 되어 있는 점은 문제점으로 지적된다. 북원 서쪽에는 응진당과 백범당이 위치하고 있으며 도지정문화재인 응진당은 보존상태가 양호하고 근래에 새로 조성된 백범당도 상태는 양호한 편이다.

　건축문화재인 오층석탑, 대웅보전, 대광보전, 영산전 등의 관리는 비교적 체계적으로 이루어지고 있다. 그러나 동산문화재의 경우 대부분 성보박물관에 소장되어 있으나 성보박물관은 수장, 전시 및 보존관리 시설이 제대로 운영되고 있지 않아 다수의 문화재에 생물학적 피해 등이 발생되어 많은 문제를 안고 있다. 이를 해결하기 위해서는 학예사 자격증을 가진 전문가가 반드시 배치되어야 할 것이다. 그에 따른 예산 지원은 말할 것도 없다. 다행히 마곡사 성보박물관은 2019년 리모델링 사업을 하여 작은 규모이지만[10] 마곡사의 유물들을 관리하기 위한 새로운 공간으로 탈바꿈을 시도하고 있고, 2020년 마곡사에서는 성보박물관 운영상의 문제점을 해결하기 위해 학예사 채용을 위해 지원 자격을 3급 이상, 경력자 우대, 숙식 가능 등 최고의 조건으로 모집 공고를 내는 등 개선의 노력을 경주하고 있다.

　그러나 타 성보박물관에 갖춰져 있는 홈페이지[11]가 마곡사 성보박물관

10　마곡사 성보박물관은 382.32㎡의 유물관과 51.30㎡의 기계실 및 화장실로 구성된 건축 면적 2동의 규모이다. 보물 제269-1호와 제270호 〈감지은니묘법연화경〉, 보물 제1260 호 〈석가모니괘불탱〉을 비롯한 〈동제은입사향로〉, 〈세종대왕연〉 등 다양한 마곡사 관련 유물들이 전시되어 있다.

11　통도사 성보박물관(www.tongdomuseum.or.kr), 직지성보박물관(www.jikjimuseum. org), 월정사 성보박물관(www.woljeongsamuseum.or.kr), 범어사 성보박물관(www. beomeomuseum.org), 선암사 성보박물관(www.seonammuseum.com), 해인사 성보박

에는 갖춰지지 않았다. 이러한 실정은 우리가 성보박물관을 어떻게 인식하고 있는지를 잘 보여주는 대목이다. 성보박물관은 글자 그대로 불교의 성스러운 보배를 보관하는 곳이기 때문에 사찰에서 관리를 하고 있다. 더나아가 이재수는 "성보박물관을 불교의 종교적 기능과 역할에만 국한하지 않고 과거의 종교 활동의 결과를 담은 유물 보존 전시장을 넘어서 현재와 미래의 소통의 공간이라는 종교문화적 가치에 더 주목해야 한다"[12]고 보았다.

불교의 보배들은 우리 문화유산으로서 국가와 지자체에서 관리와 보존의 책무가 있기 때문에 적절한 예산 지원은 반드시 필요하다. 그러나 아직까지 필요한 만큼 예산 지원이 이뤄지지 않아서 운영상 많은 애로사항이 있다. 마곡사와 같이 세계유산으로 지정된 사찰들만이라도 시급히 예산 지원 문제가 해결되어야 할 것이다.

현재 2007년 개관한 불교중앙박물관에서 대한불교조계종 종단 소속 34곳의 성보박물관 및 유물전시관을 지원, 통합하고 관리, 감독하는 역할을 맡고 있다. 또한 2015년에는 대한불교조계종 성보박물관협회를 발족하여 성보의 효율적인 보존과 불교문화 발전을 위해 전국 성보박물관 간의 교류를 공고히 하고, 성보박물관이 제도적으로 보호와 지원을 받을 수 있도록 노력하고 있다.[13]

물관(www.haeinsamuseum.com) 정도이다.
12 이재수, 「한국 성보박물관의 현황과 과제」, 『종교문화연구』 24, 한신대학교 종교와 문화 연구소, 2015, p.1.
13 2015년부터 불교중앙박물관과 문화재청에서 지원하는 〈문화재 다량소장처 보존관리 지원사업〉으로 경상경비(전기세 등) 지원이나 교육 지원을 해온 실적이 있다. 이 사업

그러나 불상, 현판 등 사찰에서 실제로 사용하는 문화재는 그 특성상 중앙의 관리를 받기 어려운 점이 있기 때문에 최대한 개별 사찰의 보존 관리 실태를 주기적으로 파악하고 지원하는 역할을 하는 것이 옳다고 판단된다. 이 문제는 추후 다른 기회에 심도 있게 논의토록 하겠다.

앞에서 살펴본 바와 같이 세계유산으로 등재된 '산사, 한국의 산지 승원'의 하나인 마곡사는 탁월한 보편적 가치와 진정성과 완전성을 인정받고 관리와 보호요건을 충족한 것으로 평가받았다. 〈문화재보호법〉에 의거하여 지정 문화재로 보호 및 관리되고 있는 만큼 그에 따른 의무와 책임이 따르기 마련이다. 특히 현대식 건축공사와 사찰 주변을 임의로 개발하는 행위는 엄격한 통제를 받고 있다. 여기에는 〈전통사찰의 보존 및 지원에 관한 법률〉이 적용된다. 이 법률의 목적은 "이 법은 민족문화의 유산으로서 역사적 의의를 가진 전통사찰과 전통사찰에 속하는 문화유산을 보존·지원함으로써 전통문화의 계승 및 민족문화 향상에 이바지함을 목적으로 한다"[14]고 되어 있다. 전통사찰은 불교 신앙의 대상으로서의 형상을 봉안하고 승려가 수행하며 신도를 교화하기 위한 시설 및 공간으로 그 대표자인 주지가 사찰의 운영 및 재산을 관리하고 전통사찰의 보존·발전·계승을 관장한다.

의 목적은 성보박물관 등 문화재 다량소장처가 소장한 문화재의 보존을 위해 항온·항습가동에 대한 운영비(전기료)를 지원하여, 보존환경을 개선하고 문화재가 일상적으로 보존 관리될 수 있도록 하기 위함이다. 〈불교중앙박물관〉 '성보박물관-자료실' 참조 (http://museum.buddhism.or.kr/?c=5/25/38).

14 〈전통사찰의 보존 및 지원에 관한 법률〉(개정 2009.3.5., 2012.2.17. 시행일 2012.8.18), 법률 제16596호(문화재보호법). 약칭: 전통사찰법.

전통사찰 보존지는 다음 7가지로 규정하고 있다.

　가. 사찰 소유의 건조물[건물, 立木, 竹, 그 밖의 地上物을 포함한다. 이하
　　　같다]이 정착되어 있는 토지 및 이와 연결된 그 부속 토지

　나. 參拜路로 사용되는 토지

　다. 불교의식 행사를 위하여 사용되는 토지[佛供用·修道用 토지를 포함한다]

　라. 사찰 소유의 정원·산림·경작지 및 초지

　마. 사찰의 존엄 또는 風致의 보존을 위하여 사용되는 사찰 소유의 토지

　바. 역사나 기록 등에 의하여 해당 사찰과 밀접한 연고가 있다고 인정되는
　　　토지로서 그 사찰의 관리에 속하는 토지

　사. 사찰 소유의 건조물과 가목부터 바목까지의 규정에 따른 토지의 재해
　　　방지를 위하여 사용되는 토지.[15]

　우리가 일반적으로 생각하는 사찰의 전각은 물론이고 불교의식에 사용
되는 토지나 주변의 정원·산림·경작지·초지까지도 모두 보존지로 관리
되어야 한다. 특히 중요한 것은 제3조의 2(국가 등의 책무)에 해당하는 내
용으로 국가와 지방자치단체는 전통사찰의 보존·관리 및 활용을 위하여
적극 노력하여야 한다는 점이다. 즉, 전통사찰의 보존 관리의 주책임자는
해당 사찰의 주지이지만, 최종 책임자는 국가나 지방자치단체라는 말이
다. 그만큼 사찰의 보존 관리가 중요하다는 것임을 알 수 있다.

15　위의 법률 제2조(정의) 3항.

3. 글을 맺으며

 2018년 마곡사와 더불어 통도사, 부석사, 법주사, 대흥사, 봉정사, 선암사의 7개 사찰이 세계문화유산으로 등재되면서 마곡사의 사격은 이제 국내에서 뿐만 아니라 세계무대에서 빛을 발하게 되었다. 그만큼 향후 보존과 관리의 책임도 뒤따르게 된 점은 당연한 귀결이다.

 '산사, 한국의 산지 승원'이 유네스코 세계유산에 등재된 것은 한국 사회 전체가 반겨야 할 일이지만, 일체의 개·증축 등 산사의 물리적 환경 변경을 마음대로 할 수 없다는 제약이 따른다. 또한 관람객의 숫자도 통제를 받게 된다. 즉, 관리의 주체성에 부정적 변화가 발생할 수 밖에 없다는 말이다. 이 밖에도 여러 가지 제약에 따른 새로운 변화에 적응해야 하는 문제가 남아 있다. 이러한 문제를 어떻게 볼 것인가 하는 논의는 또 다른 관점에서 살펴봐야 할 과제이다.

 사찰은 다른 종교 건축물에서는 찾아보기 어려울 정도로 종교적 요소와 미술적 요소가 많은 공간이다. 특히 단청과 벽화, 탱화 등의 불교 미술은 오랜 시간 이어온 화승들의 전통 계승의 산물이다. 수화승의 지도와 감독하에 엄격한 통제를 받으며 초월의 세계를 표현해 낸 것이 바로 불화이다. 단순한 '그림 그리기'가 아닌 오랜 수행의 결과가 표출된 것이다. 그리고 불화 제작을 완료하면 화기를 작성하여 훗날 모범으로 삼았다. 이러한 전통은 현대에까지 오롯이 전승되고 있고, 우리는 그 화기를 통해 해당 불화를 그린 주인공들을 파악할 수 있다. 해봉석정海峰石鼎이 제시한 바와 같이 13곳의 불모佛母 양성처 중에서도 충청도 계룡산을 중심으로 활동한 마곡사의 화승들이 가장 활발하고도 규모 있는 집단을 이루었고,

현대에까지도 그 맥이 이어지고 있다는 점은 마곡사가 현대 화승들의 교육처로서 역할해야 할 당위성을 입증하고 있다. 그렇기 때문에 마곡사의 금어원金魚院은 앞으로 막중한 책임 의식을 지니고 한국 불교를 대표하는 금어 양성소로서 발전해 나갈 수 있어야 할 것이다.

금용일섭金容日燮의 『연보』에서도 볼 수 있었듯, 화승들은 단청이나 불상 조각, 불화 제작만 했던 것이 아니라 무속도까지 제작했음을 알 수 있다. 이는 한국 불교의 특징 중 하나인 원융회통성과 통불교적인 현상으로 이해할 수 있을 것이다. 교리 공부와 선수행을 통한 자력신앙과 염불 수행을 통한 타력신앙을 아우르는 합일의 정신이 바로 불화를 그린 화승들에게서 발견된다. 비록 화승들이 요청에 의해 불화를 제작했다고는 하지만, 그들에게 내재되어 있는 스승으로부터 받은 가르침은 자부심으로 표출되어 작업을 하는 내내 누구도 간섭할 수 없는 독자적인 영역을 이어왔다. 이러한 화승들의 자부심은 그들의 맥이 현대에까지 이어져 올 수 있는 원동력이 되었다.

마곡사는 금호약효와 그의 제자들에 의해 화맥이 전승되고 있다. 즉 금호약효를 스승으로 하여 제2세 보응문성, 호은정연, 춘화만총, 춘담성한의 뒤를 이어 제3세 태산지정, 청운진구, 금용일섭, 영성몽화, 남산병문, 회응상균 그리고 제4세 진호병진, 해봉석정 등과 5세, 6세로 이어지는 그들의 제자들까지의 화맥 전승은 다른 불화소에서는 쉽게 찾아보기 어려운 전승사를 보여준다.

그러나 불교문화도 시대의 변화에 유동적으로 대처해 가야 하는 현실을 무시할 수만은 없기 때문에, 과거 전통의 고수만을 고집할 수는 없다. 화승의 경우, 사미시절부터 스승을 따라다니며 불화 제작의 현장을 함께

하는 경우가 거의 없을 정도로 극히 드물어졌고 이러한 현상은 앞으로 더욱 심해질 것이다. 그렇기 때문에 앞으로 어떻게 화맥 전승을 해 나갈 것인지 고민해야 한다. 스승의 역할이 더욱 강조되는 현실이다.

끝으로, 마곡사가 세계유산인 '산사, 한국의 산지 승원'이 될 수 있었던 이유를 정리해 보면 첫째, 마곡사는 다른 산사에서 발견할 수 없는 독특한 가람배치를 지닌다. 즉 대광보전과 대웅보전이라는 대웅전이 두 곳이라는 점이다. 이는 마곡사가 특정 종파를 표방하지는 않지만 한때 화엄종 계통의 사찰이었음을 말해준다. 특히 대광보전의 중정에 있는 고려 말 원나라 라마양식의 오층석탑은 청동으로 조성된 상륜부에 상하 기단의 너비가 거의 동일하여 국내에서는 보기 드문 독특한 형식의 탑으로써 마곡사를 상징하고 있다.

둘째, 태화선원과 군왕대는 마곡사의 특징을 잘 보여준다. 태화선원은 영산전 옆에 위치한 아담한 선원으로 매년 하안거와 동안거에 수좌스님들의 정진을 책임지는 곳이다. 태화선원 위의 군왕대는 조선시대 세조가 '만세불망지지萬世不忘之地'라 부를 만큼 융성한 기가 쌓인 곳으로 수많은 선객들이 찾는 곳이다. 앉은뱅이가 삿자리를 짜면서 기도를 하여 다리를 낫게 했다는 전설은 마곡사가 영험한 기도처로 알려지는 스토리텔링의 소재가 되고 있다.

셋째, 비록 본문에서는 밝히지 않았으나 마곡사에서는 기도와 법회 등 불자들을 위한 행사뿐만 아니라 다양한 대중 의례와 축제가 활성화되어 있다. 연속으로 우수 템플스테이 지정 사찰로 선정되어 다채로운 수련회와 어린이법회, 템플스테이 프로그램이 갖춰져 있다. 또한 목련회, 좌선회, 금강회, 합창단, 선수련회 등 여러 신도단체들의 조직이 활성화되어 있어서 앞으로 마곡사의 발전에 큰 기여를 할 것으로 기대된다.

특히 2021년 5월 1일 마곡사에서는 '산사, 한국의 산지 승원' 유네스코 세계유산 등재를 기념하여 7세기 중엽 제작되어 해방 후 일본으로 반출된 '백제금동관음보살입상百濟金銅觀音菩薩立像'의 환수를 기원하는 행사를 펼치기도 했다. 그리고 그 기원을 담아 대광보전 옆에 높이 3미터, 무게 3톤의 옥으로 만든 '관세음보살상'을 세워 놓았다. 일본에 반출된 '백제금동관음보살입상'은 흔히 '백제의 미소 관세음보살'로 부르는 불상으로 마곡사에서 이 불상의 환수를 기원한 것은 큰 의미가 있다. 즉, 유네스코에서 인정한 백제의 산지 승원으로서 마곡사에서 백제의 미소를 찾는 일은 한국 불교의 자존심을 회복하는 일이며, 백제 불교의 자긍심을 널리 알리는 일이다.

넷째, 마곡사는 근대불화의 중심지로 한국 불화승들의 성지로 여겨지고 있는 불화소의 본산이다. 금호약효를 중심으로 한때 80여 명의 화승들이 기거하며 마곡사의 불사는 물론이고 전국 사찰의 불상, 불화, 단청 중 불교미술의 산실이 되었다. 더군다나 '불모비림'의 조성은 전국에서 유일무이한 것이며, 불모비림다례재 또한 다른 사찰에서는 감히 엄두도 낼 수 없는 만큼 역사성이 인정된다.

이와 같이 무엇이 마곡사를 세계문화유산으로 인정받게 하였을까 라는 점을 모색해 본 결과, '산사, 한국의 산지 승원' 중에서도 마곡사에서만 '불모비림'이 조성되어 있다는 점에서 가장 큰 특징을 발견할 수 있다.

한국의 전통 사찰들이 산지에 조성된 특성상 사람들의 왕래에 그다지 큰 편리성을 제공한다고는 할 수 없다. 그럼에도 불구하고 사찰을 찾는 사람들의 공통된 서원은 우리의 산사가 발전적으로 보존되기를 바라는 점에 있을 것이다. 따라서 앞으로 '산사, 한국의 산지 승원'을 세계에 널리 알리는 작업이 활기를 띠어야 한다.

이미 2020년 12월 28일에 한국불교종단협의회에서 'SANSA, UNESCO WORLD HERITAGE TEMPLES OF KOREA'(주수완 집필, 박희원 번역)라는 제목의 외국어 책자가 발행된 만큼 홍보를 위한 기초 콘텐츠는 갖췄다고 본다. 이 책자의 내용을 국내·외의 독자들에게 어떻게 전달할 것인가가 관건이다. 이를 위해 4차 산업의 산물인 메타버스 형식의 디지털 창작물을 개발하여 세계 각국의 유저들과 공유하며 발전시켜 나간다면 효율적인 홍보가 가능할 것으로 기대된다.

참고문헌

서정호, 『문화재를 위한 보존 방법론』, 경인문화사, 2008.

이재수, 「한국 성보박물관의 현황과 과제」, 『종교문화연구』 24, 한신대학교 종교와 문화연구소, 2015.

「문화재청, 대한불교조계종과 불교문화유산 보존을 위한 업무협약 체결」, 문화재청 〈보도자료〉, 2014. 8. 6.

「불교문화유산보존센터 유치할 사찰을 찾습니다」, 《불교신문》 2020년 6월 15일.

「불교유산 보존관리 '역점' 통합관리시스템 구축한다」, 《불교신문》 2013년 2월 14일.

「불교유산보존센터, 성보 관리 토대 구축할 대작불사」, 《법보신문》 2017년 5월 31일.

「불교중앙박물관, 비지정 문화재 체계적 보존 관리 나섰다」, 〈BBS NEWS〉 2021년 4월 8일.

〈불교중앙박물관〉 (http://museum.buddhism.or.kr)

「세계불교유산 미얀마 바간 벽화에 'K-문화재보존기술' 접목」, 〈BBS NEWS〉 2021년 1월 12일.

부록

1. 화승 진호병진 스님 인터뷰

□ 일시: 2021.12.07.(화) 15:00~17:00

□ 장소: 경기도 의정부시 호원동 금어원화실

□ 질문자: 임창옥(정우)

□ 답변자: 화승 진호병진

Q1. 불화는 언제부터 그리기 시작하셨습니까?

　A. 글쎄요. 제가 언제부터 그림을 그렸는지는 잘 생각이 안 납니다만, 1968년도부터 불화를 배우기 시작한 것 같아요. 성불사에 가면 신중탱화와 칠성탱화가 있는데 그걸 제가 1969년에 그린 겁니다. 당시 마곡사에는 유명했던 스님, 윤보선 스님이라고 동국대학교 총장까지 했던 스님이 있었어요. 그러나 만공 노스님이나 금호(필자주: 약효스님) 노스님에 비하면 약하죠. 그분(필자주: 약효) 밑에 있으면서 그림을 그리던 스님이 한 분(필자주: 지정스님) 있었어요. 저는 바로 그분 밑에서 그림을 배우게 됐어요. 『명심보감』 배우면서요. 제가 1966년도에 마곡사에 처음 들어갔는데, 행자일만 시키더라구요. 그래서 내가 1968년도부터 불화를 배우기 시작했죠.

Q2. 불화를 그리게 된 동기는 무엇입니까?

A. 내가 행자 때 마곡사 국사당이라는 곳에 탱화가 몇 개 있었는데 누가 훔쳐갔어요. 그때 당시에 마곡사에는 매화당 살림 따로 큰 절 살림 따로 했어요. 그런데 매화당에는 비구니들이 살았거든요. 탱화를 잊어 먹었으니까 다시 그려야 될 거 아니에요. 그때 내 사숙님인 지정스님이 불화를 그리러 오셨어요. 그래서 그때서부터 불화를 정식으로 배우기 시작했죠. 그때 사숙님 심부름 해주면서. 그런데 은사 스님이 "야 병진아 네가 그림 그렸으니까 이거 네가 시공을 해" 그래서 그 일이 그림을 처음 배우게 된 동기가 돼요.

Q3. 맨 처음 누구로부터 불화를 배우게 되셨습니까?

A. 사숙님인 지정스님이죠.

Q4. 스승으로부터 어떤 방식으로 불화를 전수 받으셨습니까?

A. 스승으로부터 어떤 방식으로 불화를 전수받은 게 아니고, 1971년도까지는 우리 이전 스님이 주지를 3대를 했었어요. 그런데 우리 사형들이 싸움질을 하고, 진철스님이라는 스님이 있었거든요. 그분이 주지를 왔어요. 지정스님이 마곡사에서 떠나 당신 상좌가 있는 비암사에 가서 계셨어요. 근데 거기서 지정스님이 돌아가신 거에요. 돌아가셨을 때 나도 참석을 했는데 49재 때 가니까 지정스님이 보따리 하나 놓고 갔다는 거예요. 병진이한테 주라고. 이렇게 보니까 오래 묵은 초들이에요. 그래서 내가 불화를 해야 되겠다고 다시 한 번 마음을 먹게 된 거죠.

Q5. 그간 완성하신 작품은 어떤 것들이 있습니까? 생각나는 대로 말씀해 주시기 바랍니다.

A. 제가 그린 건 전국에 몇 작품 되겠지만, 지금 없어요. 내가 볼 때 왜 없느냐. 화원들이 힘이 달려요. 불사하는 데는 '금란방'이라고 설치를 해요. (필자: 바깥에 나가다 보면 별 잡스러운 걸 다 보게 되니까 그러는 거죠) 불화소에는 금란방이라고 금줄을 쳐요. 부엌에는 정재서, 그다음에 남들, 특히 여자들을 접근하지 말라고. 그런데 이 불화를 그릴 동안에 힘이 부적 들거든요. 수원 영주사의 후불탱화를 단원 김홍도가 그렸다고 그러잖아요. 그런데 사실은 그 초를 내준 분이 학겸스님이에요. 의겸, 신겸, 학겸이 삼형제예요. 의겸, 신겸, 학겸 그분들이 그림을 그렸는데 그때 당시에 임금한테 상서를 올렸어요. 그림 그리는 사람은 한 사람 앞에 소고기 얼마씩 매일, 해가지고 그리고 끝났지만 끝난 다음에 100일도 안 돼서 김홍도는 죽었거든요. (필자: 먹는 것이 부실하여) 탈진해서 죽은 거예요. 사실은,그래서 이것을 공개하는 것은 금란줄, 금줄을 친다 그러죠.

Q6. 불화를 그리는 동안 생각나는 에피소드가 있다면 말씀해 주시기 바랍니다.

A. 에피소드가 뭐 있겠어요. 제가 알았던 선배 중에 안병문 스님이라고 있었어요. 그 분은 씻기를 그렇게 게을리한대요. 그래서 '너 양말 빨아라' 하면 '알았어요' 그러고 새 양말 하나 더 신는 거예요. 또 며칠 후에 '너 양말 빨았냐?' 그러면 '빨았어요' 그런 게 에피소드죠.

Q7. 불화를 그리지 않는 기간에는 어떤 수행을 하시는지요?

A. 제가 그림을 그리지 않을 때는 불사를 많이 했어요. 저는 사실 그림보다도 글쓰기를 조금 좋아해요. 그래서 책을 내기를 좋아하거든요. 내가 낸 책들이 좀 돼요. (필자: 어떤 내용인가요?) 뭐 굿거리장단 이런 것도 있고. 이게 최근에 낸『팔도굿 사설무가 선거리』라 해서 전국의 팔도굿을 정리한 거고, 그다음에『탁본의 세계』, 그것은 제가 1982년도에 낸 책이고, 그다음에 전부 염불집 스님 앞으로 해서 내주고 그런 거죠.

Q8. 불화는 마음으로 그리는 것이라 들었습니다. 현재 마음은 어디에 있는지요?

A. 아니 부처님도 모르는 마음을 어떻게…. (필자: 세속적인 마음을 말씀드리는 겁니다. 여기에는 어떤 도인이 들어가는 게 아니고요. 누구나 그럴 수 있는 게 있지 않습니까). 정성!!

Q9. 스스로 생각하실 때 불화 제작 수준은 어느 정도 궤도에 올랐다고 생각하십니까?

A. 이것은 제가 금어원을 마곡사 주지에게 지으라고 했거든요. 거기에 맞게 스님이 알아서 생각하세요.

(필자: 10-11은 겸손의 면에서 말씀해 주시면 됩니다)

Q10. 청출어람이라고 했는데, 스승의 불화 수준을 넘어서려고 노력하신 적은 있습니까?

A. 없지 뭐~.

Q11. 마곡사에서 주로 하시는 일은 무엇입니까?

A. 지금은 마곡사에 있지 않으니까…. 나는 여기 있더라도 마곡사 생각나면 아무 때나 가요. 주지에게 전화나 인사하면 폐끼칠까봐 아무 때나 갑니다. (필자: 자문 역할이라고 보면 되겠네요) 스님이 알아서 생각하세요.

Q12. 마곡사의 불화승 계보를 아십니까? 아신다면 생각나는 대로 말씀해 주시기 바랍니다.

A. 이걸 보면 되요. (자료 제공해 줌)

Q13. 별도로 제공해 주실 수 있는 자료는 있습니까? 있다면 어떤 것들이 있는지요?

A. 별도로 줄 수 있는 자료는 '이거 저기 동국대학교 전서 한 권 더 있어?' (주변- 예) 그러면 저것도 갖고 가서 복사를 하세요. (주변- 그건 돌려 주셔야 돼요.)

Q14. 본 질문이 마곡사의 불화승들의 미래에 좋은 영향을 미칠 수 있을 것이라고 기대하시는지요?

A. 이게 스님이 방향타를 잘 잡아야 해요. 스님이 키잡이 노릇을 잘 하세요. 스님의 한국불교미술이 바른 길로 나갈 수 있는 방향을 생각해서 쓰세요.

Q15. 앞으로의 계획은 어떻게 되십니까? 그 계획이 보편적인 것입니까? 아니면 자신만의 계획입니까?

A. 만일 마곡사에 금어원이 세워지면 나는 뭘 하려고 그러냐면, 박물관도 겸해서 지어가지고 금어원이 지어지게 되면, 불화가 우리나라에만 있는 것은 아니니까, 각국 불교 국가의 불교예술을 하는 사람들을 다 유학을 오게끔 하고 싶어요. 그래서 한국 불교의 불화가 세계로 퍼질 수 있게 하는 것이 꿈이예요. 그리고 사실 스리랑카, 그다음에 중국, (인도는 없고) 일본·대만에 가면 좋은 불화들이 많아요. 그런 걸 여기서 전시하고 한국 사람들이 보고 배울 수 있도록 했으면 좋을 것 같아요. 그래서 만약 금어원이 생기게 되면, 중국에 보면 반월성에 있는 돈암석굴 그 동네에 불교미술학과가 있어요. 그 학생들도 여기에 와서 유학을 시키고 여기서 배우고 거기에 가서 다시 할 수 있도록 하는 것을 생각하고 있어요.

Q16. 불화는 불교문화에 어떠한 의미가 있다고 생각하십니까?
A. 불교문화의 근간이라고 해야지요.

Q17. 불교 회화문화재에서 불화가 차지하는 비중은 얼마나 크다고 보십니까?
A. 제가 어려서부터 절집에서 중노릇 하는데, 국보·보물이 거의 다 불상·불탑이에요. 불화가 없었어요. 그런데 이 괘불이 갖는 의미가 굉장히 커요. 이게 야단법석의 근본인데, 민중들이 부처님을 뵐 수 있는 곳은 야단법석일 때뿐이었어요. 웬만해서는 법당에 들어가지도 못하게 했어요. 그래서 괘불에 대해서 무척 깊게 생각하고 있었는데 어느 날 갑자기 괘불에 문화재 직원들이 관심을 가지다가 갑자기 한 10년, 20년 전부터 국보·보물로 많이 지정되는 거예요. '야~ 이제 괘불의 싹이 자리잡으면 한국 불

교미술이 저거(필자 주: 발전)하겠구나.' 그래서 마곡사 원경스님한테 가서 "스님 금어원 화실은 몇 평 정도 생각해요?" 라고 물어봤더니 65평 정도 생각한대요. 그래서 "에잇~ 뭔 소리 하는 거에요. 100평!", "65평도 충분히 돼요." "괘불 하나뿐이 못 그려요. 65평 가지고는 괘불 하나뿐이 못 그려요. 두 작품 정도는 한꺼번에 나와야죠." 그래서 이제 100평으로 정하게 했어요. 왜? 비중이 크니까요. (필자: 제 욕심 같아서는 한 150평 했으면 좋겠다는 생각입니다) 아니요, 100평짜리 하나 하고 60평짜리 하나 해서 본관-별관해서 하면 돼요.

Q18. 앞으로 불교 발전을 위해 하고자 하는 일이 있다면 무엇입니까?

A. 불교 발전을 하려면 탱화가 살아야 돼요. 우리나라에는 불교 핵심이 부처님도 되겠지만, 부처는 다른 나라도 많고 그러기 때문에 불교 발전을 위해 올바른 불화가 많이 만들어져야 돼요. 정신 있는 불화!

Q19. 한국 화승들의 계보에 대해 아시는 대로 말씀해 주시기 바랍니다.

A. 사찰불사를 위하여 큰 절에는 화승들이 있었어요. 크게 세 구분으로 나눌 수 있어요. 하나는 유점사 화승, 두 번째는, 한양의 화원들, 세 번째가 마곡사 화승들이에요. 유점사 화승들은 수양을 위주로 해요. 서울 화상들은 주문이 많거든요. 주문은 많은데, 옛날 서울에는 승려들보다도 무속인들이 무척 많았어요. 그래서 탱화를 보면 절집 탱화인지 무속을 위주로 한 탱화인지 모르게 서울 화승들이 그 계통을 많이 따르고 있어요. 그다음에 단청도 궁정 단청인지 사찰 단청인지 모르게 그런 식으로 흘렀

거든요. 그런데 마곡사는 진짜 살아 있는 화승들이 있었어요. 지금 남방화사라고 했는데, 이게 다 잘못됐어요. 남방화사라는 얘기를 누가 했냐면, 이미 돌아가셨지만 석정스님이 이 말을 만들어 낸 거예요. 원래 유점사에 석정스님의 아버지가 석두스님이라는 거 알고 계시죠? 석정스님의 친아버지가 석두스님이라고 유점사에 큰 스님이었어요. 석정스님 아버지가 유점사 스님이거든요. 그러니까 유점사는 북쪽, 마곡사는 남쪽 그래서 남방화사 이렇게 붙인 거예요. 그래서 이게 잘못된 거예요. 바로 잡으세요. 게다가 계룡산파라는 것도 고쳐야 되요. 석정스님의 노스님이 보응스님이예요. 석정스님의 스님이 일섭스님이거든요. 아버지는 유점사 스님이고 석정스님의 은사 스님의 출가 본사가 계룡산이니까 계룡산파 이렇게 하는 거예요. 이게 잘못된 거예요. 잘못된 것은 고쳐야죠. 이건 완전히 고쳐야 해요. 이 얘기를 내 제자들도 논문 쓸 때 엉터리로 쓰고 있더라고요. 이게 잘못된 거예요.

Q20. 마곡사 화승들의 계보에 대해 말씀해 주시기 바랍니다.

A. 마곡사는 금호(필자주: 약호) 노스님을 근본으로 화승들이 기거하고 있었어요. 그중에서도 서울 화승들은 마곡사에 한 10년 있다가 다 떠납니다. 연고지가 아니까요. 그들이 서울로 갔는데 거기서 만들어진 화원들이 누구냐면 초월스님이예요. 초월스님은 회기동 관음사 화승인데, 초월스님의 아들이 그 유명한 한석성 씨예요. 단청하는 사람, 돌아가셨죠. 그래서 서울 화승들이 관음사에 있다가 일부가 계운사로 와서 계운사파가 또 갈라져요. 안정사파, 봉은사파라는 식으로요. 안정사파는 왕십리 안정사, 그런데 그 절은 없어졌어요. 그분들의 또 일부가 봉은사 만봉스

님, 이 사람들은 정식 화원들이 아니고 단청 화승들이에요. 단청을 할 때 보면 마곡사도 대웅전 단청, 웅진전 단청, 명부전 단청이 틀려요. 그걸 보면 이건 서울 화원들이 한 단청, 이게 다 제 눈에는 보여요. 그래서 전국에 있던 화승들이 다 뿔뿔이 흩어지면서 마곡사 계통의 화원들이 자리를 잡게 되죠. 축연스님, 축성스님, 남고스님, 고산스님 이런 사람들은 다시 서울로 가고 그다음에 오고 갈 때는 이제 지방에서 오는 출입네들은 그대로 마곡사에 있어서 마곡사 화맥이 정해지죠. 그런데 왜 마곡사 화승들이 이렇게 자리를 잡게 됐느냐면, 금호 노스님도 결혼 안 하셨고, 우리 노스님 정현 스님은 결혼을 했지만 보수를 안 받고 절에서 밥 먹고 생활하는 걸로 만족을 했어요. 마곡사 화승들은 자기가 보수를 받으면 절에 다시 바치게 했어요. 그러니까 자연히 부흥할 수밖에 없죠. 그래서 마곡사 화승들은 자리를 잡았어요. 만공스님이 일제시대 때 마곡사 주지를 했거든요. 그래서 선맥을 계통으로 해서 화승들도 참선을 하게끔 했어요. 그 정신이 마곡사 화승들이 흐트러지지 않고 단합되게 된 원동력이 된 거예요. 용훈스님이 나한테 노스님이니까 만공스님은 나한테는 중조 스님이고, 금호스님을 굉장히 존경했어요. 그리고 그다음에 금호스님이 돌아가신 다음에 마곡사에는 정현스님만 남게 돼요. 그리고 보응스님이나 이런 분들은 6.25 이후에 전국에 불사가 많이 생기니까 전부 뿔뿔이 흩어지면서 화원들이 한 열 명으로 줄어들었답니다. 그래서 그 계맥을 겨우 근근이 유지해 가지고 이렇게 나까지 남게 된 거예요. 정리된 화원들 계맥을 정리한 걸 보려고 하면 보응스님, 다음에 정현스님 이분들의 제자 계맥을 보셔야 할 거예요.

Q21. 마곡사 불화 작품들의 이름과 작품 숫자를 아시는지요?

A. 마곡사의 화원들은 기록하는 걸 잘 하지 않아요. 다른 화원들은 자기가 어디 어디 붙었다고 꼼꼼히 적어 놔요. 그런데 마곡사 화승들은 여기서 먹고 자고 생활 하니까 일상화된 거예요. 그러니까 기록된 역사가 없어요. 적지를 않으니까요. 그래서 불화 갯수도 모르는 거죠. 한국 불화의 이름과 갯수 이런 것은 석정스님이 한국 불화 책을 냈잖아요. 이 책을 내게 된 동기도 제가 제자들 가르치려고 88년도 초에 정리를 해서 기초편이라는 책을 한 권을 내게 돼요. 그걸 보더니 석정스님이 통도사 박물관장인 범하스님하고 쇼크를 받은 모양이에요. 그래서 이걸 전시를 하자, 초 전시를. 내가 병원에 있는데 날 찾아왔어요. '스님 초 전시를 하면 어떻겠냐고 빌려달라고 해서 다 빌려줬어요. 그러다 보니까 석정스님이 자기가 최고의 마지막 화원인 줄 알고 있다가 이건 안 되겠구나 해서 한국 불화 책을 내게 된 거예요. 범하스님하고. 근데 석정스님은 처음에 나를 몰랐어요. 저는 나 다니는 걸 싫어하거든요. 그다음에 이름 나는 것도 싫어하고. 그래서 통도사에서 일본 경신사 관음 탱화 전시를 할 때 내가 내려갔더니 박물관장 범하스님이 "석정스님 뵀어요." "안 봤어요." "한 번 보실래요." 그러니까 너무 안 본 것도 또 미안하더라고요. 그래서 뵙겠다고 했더니 주소를 적어줘요. 그걸 들고 석정스님 화실에 갔더니 식물원 밑에 화실을 갖고 있더라고요. 내가 문 열고 들어가니까 날 보더니 '왜 병진노스님 왜 안 들어오세요' 그래요. 제가 병진인데…. (웃음) 나보다 나이가 석정스님이 스물 몇 살 더 많아요. 그때 석정스님이 인간문화재 단청장이었어요. 내가 석정스님께 "스님 내가 싫은 소리 좀 할게요", "왜요", "화원이 단청장이 뭡니까. 화원이 창피하지도 않아요? 화원이 불화만 그려

야지 단청에 관심을 둬서 인간문화재 됐다고 좋아하면 되겠어요?"라고 했어요. 그랬더니 석정스님도 그러지 않아도 그것에 대해서 신경을 쓰고 있다고 그러더니 진짜 나중에는 불화장이 됐더라고. 그리고 한국 불화 책이 나왔는데 발미에 보면 그림을 어디서 누가 그렸는지가 다 나옵니다. 그런데 그 책에도 빠진 게 많아요. 사실 한 40% 빠졌을 거예요. 왜 그러냐면 정현스님하고 금호스님 작품은 내가 하도 봐서 어디 갖다 걸어놔도 딱 보이거든요. 보니까 조그만 절에 진짜 좋은 탱화들 많아요. 그런 건 하나도 안 나와 있어요. 그렇지만 논문 쓸 때는 저 책만 갖고 있으면 화원 계맥을 다 알 수 있어요. 그다음에 계맥은 간단히 얘기하면 보응문성스님, 정연스님, 그다음에 춘담, 성환, 그다음에 춘화만총스님, 이때는 이 네 분 화원들이 탱화 하면은 아무리 큰 작품도 보름이면 다 끝냈대요. 문성스님은 바림질을 잘하고, 만총 스님은 출초를 빨리 내고, 정연 스님은 출초를 잘 내면서 손이 빠르고 끝을 정확히 읽고, 성환 스님은 다음 다리를 잘하고 이런 특징이 있고, 여기에 보응스님 제자들이 다 나와 있어요.

Q22. 스님께서 알고 계신 마곡사의 창건과 중창자들에 대해 말씀해 주시기 바랍니다.

A. 네 분이 계세요. 자장율사, 도선국사, 보조국사, 범일국사. 이분들은 다 하나같이 승려이면서 풍수의 대가들이에요. 그래서 제가 이 책을 구입을 했어요. 여기 보면 첫 대목이 우리나라는 땅이 좁아서 명당이 천리에 하나뿐이 없대요. 중국은 만리에 한군데고, 우리나라는 천리에 한군데. 도선국사가 자장율사보다 연배에요. 먼저 중국 유학을 가신 분이에요. 그래서 거기서 풍수학을 공부하고. 도선국사는 영암 출신이에요. 그

래서 우리나라 비기라고 이렇게 써서 전해져 왔으니까 이건 내가 번역을 하려다가 애들 그림 가르치느라고 번역도 못하고 이렇게 원문 그대로 있기 때문에 스님 드리는 겁니다.

Q23. 마곡사에서 중요하게 언급되어야 할 스님들에 대해 말씀해 주시기 바랍니다.

A. 만공스님이 주지를 할 때 일제 총독부가 30본산을 정하는데 마곡사는 대처승들이 장악하고 있었거든요. 그렇지만 주지는 만공스님을 추천해서 만공스님이 토굴에 사셨는데 우리 노스님이 시봉을 하고 계셨거든요. 우리 노스님은 만공스님의 맞상자였거든요. 용운스님. 용운스님이 수덕사 견성암에서 조실까지 지내셨어요. 그러다가 마곡사의 은사스님이 주지로 내려오니까 시봉을 하라고 하신 거예요. 굉장히 유명한데, 이때 당시에 또 설봉스님이라고 계세요. 유명한 학승인데요. 설봉스님이 마곡사에 있다가 해인사로 가시게 되죠. 자운스님이 설봉스님 제자예요. 자운스님의 상자가 지관스님이에요. 그래서 마곡사는 만공스님이 계시니까 참선을 자랑하면 안 되고, 그다음에 설봉스님이 계시니까 글 자랑하면 안 되고, 금호스님이 계시니까 화원 자랑하면 안 되죠. 이게 유명한 세 스님들의 일화예요. 또 십승지에 들어가니까 터자랑하면 안 되죠. 그런데 지금 마곡사는 가운데 다리가 났잖아요. 예전엔 여기 다리를 못 놨대요. 이 다리를 놓으면 싸움질이 일어난다고 해서 옛날부터 징검다리로 다녔는데 금호스님 때 나무로 다리를 놨대요. 다리를 놨는데, 다 놓고 그다음날 비가 와서 싹 떠내려갔대요. 그런데 지금 이렇게 다리가 나있고 물이 흘러요. 옛날에 여기 화장실에 있었는데 우리 은사 스님이 주지 때 여기

또 나무로 다리를 낳었거든요. '아이고 신난다' 했는데 이것도 비가 오니까 싹 다 떠내려갔어요. 그래서 지금 이 다리를 누가 놨느냐면 진철스님이 놨어요. 다리를 놓고 마곡사의 분란이 끊기지 않는 거예요. 여기는 청룡참사혈이고 여기는 맹호출림혈이에요. 이게 물이 산에 태극이 됐잖아요. 이렇게 돌아가고 또 물이 그렇게 흐르니까 길을 이렇게 냈어요. 이게 삼태극인데요. 그래서 싸움이 그치지 않는다는 거예요. 이걸 놓지 말라는 거죠. 설봉스님은 우리나라 강맥의 중추적인 역할을 하는 분이에요. 그러니까 설봉 스님이 계실 때는 동네에서도 글 배우로 오는 사람들이 한 300명이 넘었대요. 그리고 마곡사 골짜기가 많아가지고 글 배우는 선비들이 많았어요. 다들 서당 다녔으니까요.

Q24. 마곡사가 유네스코에 등재된 주요 요인은 무엇이라 생각하십니까?

A. 평소 '내 본사가 마곡사인데, 그림을 그리는 중인데'하는 생각을 자주했어요. 더군다나 마곡사에는 금호스님이 절에 헌답했다는 조그마한 비 하나뿐이 없었어요. 그래서 제가 생각을 참 많이 했어요. 비석을 세워드려야 되는데 하고 말이죠. 제가 전국에 사설 납골당 허가 일인자에요. 그래서 몇 십 년 고생해서 납골당을 지어서 돈이 좀 잘 들어왔죠. 그때 제가 이 스님네들 비석을 세워드려야 되겠다 마음먹고 비석을 세워줬어요. 장소를 고르다가, 거기가 지금 눈이 녹아 있어서 주지한테 가서 그랬죠. (필자: 사제가 주지니까), "스님, 마곡사 금호스님 비석이 없으니까 세워 드릴까 합니다. 내가 법당 앞이라도 달라면 줄 수 있겠어요" 그랬더니 "아, 스님이 세운다고 하면 뭐든지 하세요". "그럼 저기에다 세우게 천 평만

쥐" 그러니까 "스님이 하시고 싶은 대로 다 하세요." 그래서 그 비석을 거기다 세우게 된 거예요. 철웅, 진호, 진각 전부 내 사제거든요. 나이는 나보다 전부 다 많아요. 그래서 그 스님네들 비를 세워 가지고 국내 유일의 화승비림이 세워졌어요. 그게 하나의 문화가 만들어졌잖아요. 마곡사는 사실 절 형편을 보면 유네스코에 등재할 것도 없어요. 그런데 이걸로 등재가 됐어요. 이것이 유네스코에 등재되는데 다른 사찰보다도 더 큰 힘이 될 수 있어요. 《불교신문》이나 《법보신문》에 보면 마곡사 화승비림으로 인해서 유네스코에 등재되었다고 나와요. 그런데 유네스코라는 것이 인류 문화유산에 혁혁한 공적이 있는 것을 정한다고 그랬거든요. 나는 금원을 왜 마곡사에 세우게 하냐면, 금어라는 얘기가 스님네들만 얘기하는 게 아니라 신라시대 때 금어 자사라는 직책이 있었어요. 그건 국가 고문기관이에요. 자문기관. 금어라는 것은 학식도 높고 실력이 있고 모든 것이 뛰어난 걸 금어라고 하거든요. 그래서 내가 그 이름을 한 40년간 지금까지 쓰고 있어요. 그래서 제가 금어원을 꼭 지어라고 했더니 주지스님이 자기가 목숨 걸고 짓겠다고 했어요. 그 결과 유네스코 등재는 비림이 주요 역할을 한 거예요. 끝.

2. 진호병진 스님 수행 약력

□ 성명: 황선민黃善玟 / 법명: 병진炳震 / 당호: 진호眞皓

□ 본적: 서울시 종로구 내자동 2번지

□ 불화 제작

1962년 8월	충청남도 공주군 사곡면 운암리 마곡사에 입산출가, 마곡사 금어 지정스님으로부터 불화수업, 일현스님께 염불 수업
1964년 4월 15일	마곡사 지정스님을 계사로 일현스님을 은사로 하여 사미계 수지
1966년 3월~1968년 8월.	경상북도 금릉군 증산면 청암사 강원에서 고산스님으로부터 사교과 수료
1968년 12월	충청남도 성주군 백운사의 칠성탱화 조성 봉안
1969년 2월~	충남 천안시 성불사의 칠성, 산중탱화 조성 봉안, 천안시 문수암의 후불탱화 조성 봉안
1970년	조계종 총무원에서 주최하는 제2회 불교미술 공모전에서 후불탱화 외 작품을 출품, 불화 부문 최우수상 수상
1970년 12월	서울 성북구 소재 영취사 산신탱화 조성 봉안
1971년 4월~	서울 서대문 능인정사의 후불탱화, 신중탱화, 칠성탱화, 산신탱화 조성 봉안
1972년 11월	서울 성북구 홍천사(신흥사) 명부전 지장탱화 원덕문 스님과 함께 조성 봉안
1973년 4월	인천 올림포스호텔 한국관 단청
1973년 10월	경기도 포천 자인사 독성탱화 조성 봉안
1974년	서울 영등포구 원지동 관현사, 후불탱화, 신중탱화, 칠성탱화, 지장탱화, 독성탱화, 산신탱화, 조성 봉안
1975년	원지동 관현사 법당 금단청

1975년	충남 천안시 홍천사 후불탱화, 신중탱화 조성 봉안
1976년	마곡사 은적암 칠성탱화, 산신탱화 모사 봉안
1977년	서울 성북구 정릉 청수장 약수암 독성탱화 조성 봉안
1977년	청수장, 약수암 법당 금단청
1979년	경기도 파주 용암사 법당 금단청과 후불탱화, 신중탱화, 칠성탱화, 지장탱화 조성 봉안
1980년	경기도 과천 혜안사, 후불탱화, 신중탱화 조성 봉안
1981년	서울 동대문구 휘경동 자인사 후불탱화, 신중탱화, 칠성탱화 조성
1982년	미국 로스엔젤레스 소재 희정사 천수관음탱화 조성 봉안
1982년	서울 성북구 월인사 후불탱화, 칠성탱화 조성 봉안
1983년	경기도 수원시 조왕사 후불탱화, 신중탱화. 칠성탱화, 산신탱화, 지장탱화 조성 봉안
1984년	경기도 일산 동국대병원 괘불탱화 조성 봉안
1988년	서울시 강남구 봉은사 법왕루 괘불탱화 조성 봉안, 이외에도 장안사 후불탱화, 신중탱화, 칠성탱화, 산신탱화, 괘불탱화, 미국 미네소타 삼불사, 포천 마태사 등 30여 사찰의 단청과 탱화 등 조성 봉안
2021년	전남 영암군 소재 관음사 후불탱화 조성 봉안
2021년 10월	충남 천안시 성불사 감로탱화 조성 봉안
2022년	현재 충남 천안시 성불사 괘불탱화 조성 중

□ 전시회

1985년 5월	서울 견지동 조계사에서 오백나한 초본 전시
2002년	동국대학교 박물관에서 소장 조선 불화초본 전시
2003년	미국 L.A.의 카운티 미술관에서 소장 조선 불화초본 전시

□ 저서

1983년	『진택영부비전』 출간(보련각)
1983년	『탁본의 세계』 출간(일지사)
1988년	『한국불화도본(기초편)』 출간(대홍기획)
1990년	『한국불화도본 관세음 그 모습』 출간(대홍기획)
1992년	『한국불화도본 십육나한 및 오백라한』 출간(대홍기획)
2005년	『열반에서 다비까지』 출간(문이재)
2020년	『팔도굿 사설무가전』 10권 출간(카피랜드)

3. 취성원경 스님 수행 약력

□ 현, 대한불교조계종 제6교구 태화산 마곡사 제30대 주지

□ 법명: 원경圓鏡 / 법호: 취성醉性 / 은사: 진연珍然

□ 수계

| 1988년 6월 | 사미계 수지(계사_운경스님) |
| 1991년 9월 | 구족계 수지(계사-자운스님) |

□ 학력

| 1984년 2월 | 단국대학교 이공대학 화학과 졸업 |
| 1992년 2월 | 범어사 승가대학 대교과 졸업 |

□ 경력

1996년 ~ 1999년	충남 공주 마곡사 포교당 주지
1999년 12월 ~ 2013년 7월	천안 성불사 주지
2002년 ~ 2013년 7월	대한불교조계종 종회의원 3선
2013년	종립학교 관리위원장 역임
2013년 9월	대한불교조계종 제6교구 마곡사 제28대 주지 취임
2013년 9월 ~ 현재	대전지방경찰청 경승지 단장
2013년 9월 ~ 현재	대전, 세종, 충남 파라미타 총재
2013년 9월 ~ 현재	사회복지법인 대한불교조계종 마곡 대표이사
2017년 9월	대한불교조계종 제6교구 마곡사 제29대 주지 취임
2021년 9월	대한불교조계종 제6교구 마곡사 제30대 주지 취임

찾아보기

유네스코 세계유산 '산사, 한국의 산지승원' 마곡사와 화승계보

등록 1994.7.1 제1-1071
1쇄 발행 2023년 7월 31일

지은이 임창욱(정우)
펴낸이 박길수
편집장 소경희
편 집 조영준
관 리 위현정
디자인 이주향
펴낸곳 도서출판 모시는사람들
      03147 서울시 종로구 삼일대로 457(경운동 수운회관) 1207호
전 화 02-735-7173, 02-737-7173 / 팩스 02-730-7173

인 쇄 피오디북(031-955-8100)
배 본 문화유통북스(031-937-6100)
홈페이지 http://www.mosinsaram.com/

값은 뒤표지에 있습니다.
ISBN 979-11-6629-173-9   93220